应对气候变化的环境法律思考

Reflect on the Environmental Law of Response to Climate Change

周珂 著

知识产权出版社
全国百佳图书出版单位

图书在版编目（CIP）数据

应对气候变化的环境法律思考 / 周珂著．—北京：知识产权出版社，2014.3
ISBN 978－7－5130－2630－7

Ⅰ.①应…　Ⅱ.①周…　Ⅲ.①环境保护法－研究－中国　Ⅳ.①D922.684

中国版本图书馆 CIP 数据核字（2014）第 046856 号

责任编辑： 彭小华　　**责任校对：** 韩秀天
特约编辑： 程　飞　　**责任出版：** 卢运霞

应对气候变化的环境法律思考
周　珂　著

出版发行：知识产权出版社 有限责任公司　　网　　址：http://www.ipph.cn
社　　址：北京市海淀区马甸南村 1 号　　邮　　编：100088
责编电话：010－82000860 转 8115　　责编邮箱：pengxiaohua@cnipr.com
发行电话：010－82000860 转 8101/8102　　发行传真：010－82000893/82005070/82000270
印　　刷：北京紫瑞利印刷有限公司　　经　　销：各大网上书店、新华书店及相关专业书店
开　　本：720mm×960mm　1/16　　印　　张：26
版　　次：2014 年 4 月第一版　　印　　次：2014 年 4 月第一次印刷
字　　数：478 千字　　定　　价：68.00 元
ISBN 978－7－5130－2630－7

应对气候变化的知行合一之路（自序）

当今环境问题，没有什么比气候变化问题更宏大而诡异。它充满了风险与不确定性、谈判与博弈、合作与壁垒、良知与阴谋，每一个环境法学者都回避不了对它的关注。

引领笔者进入气候变化问题研究的是杨志教授，她是研究经济学的，而经济远比天性保守和滞后的法律更敏感地关注新事物，特别是全球性的问题。2007 年，经韩大元院长引荐，笔者认识了杨志教授，并参与了她的低碳经济研究项目。当时国内法学界研究气候变化问题刚刚起步，而我更有幸在研究之初就与欧洲研究气候变化问题著名的学者建立了合作，第一位合作者是杨志教授介绍的维也纳大学的鲍姆教授，他当时正在主笔欧洲议会提交哥本哈根会议的一个研究报告，他的专业是经济学和社会学，其研究范式与话语体系与法学有很大不同，他的研究报告充满了统计数字和分析模型，在涉及公平观的问题上以基本人权为基础，以历史和未来回应现实，这远比标榜公平正义的法学研究范式更有说服力。与他们的合作决定了我对气候变化问题的研究以利益分析为重点，自觉或不自觉地带有功利主义和法经济学色彩。

在此后的国际合作研究方面，德国罗莎·卢森堡基金会委托我主持了与中国人民大学法学院的合作项目：中欧社会生态与法律比较论坛。这个论坛迄今为止的三届都是与气候变化问题关联，第一届主题为中欧气候变化与社会生态比较，第二届主题为共同但有区别责任原则的国际与国内适用，第三届主题为生态文明建设过程中的社会生态转型问题，即将举行的第四届主题为可持续交通问题。欧洲许多著名学者参加了这一合作项目，并提交了多篇高质量的学术论文。2007 年笔者参与的联合国 IUCN 防治土地退化能力建设研究项目和 2011 年参与的联合国 UNDP 三江源生物多样性保护项目也都涉及气候变化问题。此外，欧洲之友、瑞士政府、韩国循环经济论坛、日本一桥大学东亚合作机制论坛等访问期间召开的会议也都是以气候变化问题为研讨的主题，这些国际合作对笔者的研究提供了很大的帮助。国内研究方面，笔者最早涉及气候变化的研究项目是国家社科基金重点项目《我国入世后企业面临的环境法律问题》中有关的绿色贸易壁垒问题研究，此后主持完成了北京市法学会、中国法学会、中国人民大学、国家林业局等委托的有关气候变化、低碳经济、湿地保护等多个研究项目，参与了杨志教授主持的苏州工业园低碳发展规划和

《中国低碳经济发展年度报告》的研究。此外，应香港中文大学、澳门大学、台湾中正大学和经研院等港澳台院校和研究机构的邀请，参与了有关气候变化的学术会议并发表了学术论文。更可喜的是，我指导的研究生把气候变化治理的理论应用于其专业实践，完成了低碳公路碳减排可测量技术、固体废物无害化处理技术等研究和实施，并在国际学术刊物（EI）上发表了学术论文。

笔者在对这一问题的研究之初曾困惑重重，信息铺天盖地，百思不得其解。有趣的是，在与鲍姆教授交往时，看到这位消瘦的智者凝神而思，使笔者联想起堪比西方苏格拉底的中国明朝那位面对竹子格物7日的王阳明先生，他的心学既讲究唯心主义形式的格物致良知，又提倡唯物主义的理论与实践相结合的知行合一，强调利益的驱动和变通，也就是功利主义的妥协，以求在变通中发展，这在联合国有关公约和气候变化谈判中，耳熟能详地叫作可持续发展、共同但有区别的责任云云。中国气候变化的影响并非某些高官们想当然地宣称是世界上最严重的，因而中国人对气候变化的格物并没有欧洲人来得真切。为弥补这个不足，欧洲人带笔者去了他们的农场，亲眼目睹联合收割机收上来的乒乓球大小的马铃薯和严重欠产的葡萄种植园，看到了降水变化带来的严重的水土流失。在瑞士议会，笔者听到了对开征碳税两种截然不同观点的议员们的激烈辩论，他们像王阳明老先生一样感受到了格物致良知是一个痛苦的过程。

笔者关于气候变化研究的拙见掐要如下：

第一，关于气候变化的认知，首先需要的是理念上的良知，其次才是科学上的认知，所谓气候变化的良知要以环境意识为基础。第二，从法律的视角，首先需要进行利益格局的分析，利益的分析并非仅仅传统意义上的法律公平正义，而是可持续发展意义上的公平正义观，如共同但有区别的责任。第三，知行合一需要合作各方的利益妥协，也需要变通，即各尽所能。碳减排与清洁发展的二元机制不能为强制减排的一元机制所取代，相反，要鼓励多元化的治理机制，特别是水循环治理对温室效应的修复功能应当得到充分的重视。第四，中国碳减排是加强环境保护的催化剂，应当纳入环境保护的体系，即以环保为主导而非经济主导。第五，应对气候变化，认识要良知，行动要积极，立法要谨慎。

笔者关于气候变化的研究成果中有关绿色经济的观点已在联合国刊物《Natural Resources Forum》（SSCI&SCI）上发表，关于低碳发展的若干篇论文被一些国际学术会议论文集（EI）收录，而有关水循环和多元机制的研究成果尚未为国际学术刊物所认可，而只在国内学术刊物上发表，但近来已有国际刊物向笔者就此方面问题约稿。本书以作者上述研究成果为基础，参加研究的博士生有：曹霞、马绍峰、楚道文、李姗姗、李博、尹兵、徐雅、张卉聪、梁文婷、欧阳杉、吕霞、宋德新、林潇潇、李修棋，硕士生付江湲、黄艳、蒋菘华，博士后徐岭、杜辉等。谭柏平、于钧鸿等同学为资料的整理和文字编排付出了辛勤的劳动，在此表示衷心的感谢。水平所限，谬误之处敬请批评指正。

周珂

2014 年 2 月于惟矣草堂

目　　录

第一章　气候变化认知与利益格局分析

第一节　科学语境——气候变化认知

一、气候变化概述

（一）气候变化的概念

"气候"是指某一长时间（月、季、年、数年到数百年及以上）内气候要素（如温度、降水、风、日照、辐射等）和天气过程的平均或统计状况。"气候系统"是一个由大气圈、水圈、冰雪圈、岩石圈（陆面）和生物圈组成的高度复杂的系统，这些部分相互之间发生相互作用，气候系统整体也随时间不断地发生演变。而科学意义上的"气候变化"，是指气候平均状态在统计学意义上的显著改变或者持续较长一段时间的（典型的为10年或更长）气候变动。但是在当代国际政治、经济、外交语境中，"气候变化"（climate change）与"全球变暖"（global warming）是同义语，特指当前全球气候系统气温整体升高、极端天气频发的现象和趋势。政府间气候变化专门委员会（Intergovernmental Panel on Climate Change，IPCC）给"气候变化"下的定义是：气候系统随时间发生的任何变化，既可能是自然变率造成，也可能是人类活动引起的变化。在《联合国气候变化框架公约》（UNFCCC）中，"气候变化"专指因人类活动直接或间接引起的气候变化，同时将"气候变率"用来专指归因于自然原因的气候变化。❶

20世纪七八十年代，国际社会意识到气候变化问题的严重性，呼吁对气候变化进行研究并制订相应的对策。1988年，世界气象组织和联合国环境规划署联合组建了政府间气候变化专门委员会，定期对气候变化的科学、影响和减缓进行评估，提供科学和技术咨询意见。IPCC评估报告反映的是科学界对气候变化问题最权威、最全面的认识，代表了目前对全球气候变化研究的科学认知水平，成为各国制定相关政策的重要依据。IPCC对推动气候变化谈判，影响深远。IPCC《第一次评估报告》于1990年发表，报告确认了对有关气候变化问题的科学基础。它促使《联合国气候变化框架公约》（United Nations Framework Conren-

---

❶ 参见《联合国气候变化框架公约》。

tion on Climate Change，UNFCCC）的出台。《第二次评估报告》“气候变化1995”提交给了UNFCCC第二次缔约方大会，并为公约的《京都议定书》谈判作出了贡献。《第三次评估报告》（IPCC TRA）“气候变化2001”也包括三个工作组的有关“科学基础”“影响、适应性和脆弱性”和“减缓”的报告，以及侧重于各种与政策有关的科学与技术问题的综合报告。《第四次评估报告》（IPCC AR4）于2007年完成。

（二）气候变化的原因❶

引起全球气候系统变化的原因有多种，包括自然的气候波动和人类活动的影响两类。前者包括太阳辐射的变化、火山爆发、气候系统内部要素之间相互作用产生的自然变率等；后者包括人类燃烧化石燃料以及毁林引起的大气中温室气体浓度的增加，硫化物气溶胶浓度的变化，陆面和土地利用的变化等。IPCC发布的四次气候变化评估报告，对气候变化原因的阐释都略有不同，不过总的结论还是认为，人类影响是20世纪中期以来全球气候变暖的主要原因，且这种“可能性”越来越大。

2001年IPCC《第三次评估报告》（TAR）关于对人类活动作用的认识获得了重大进展，不但以更多、更强有力的证据肯定了近百年全球气候变化是由人类活动引起的温室气体增加和自然气候波动共同引起的，而且第一次提出最近50年大部分观测到的增暖可能都由人类活动排放的温室气体浓度增加引起。因为通过数值模拟方法发现，最近50年如果不加入人类活动影响，则不能真实地模拟出观测的温度变化；加上人类活动的影响，则可以再现近50年来的温度变化。总之，IPCC第三次评估报告认为，近50年来的气候变化主要是由人类活动引起的可能性在66%以上，而第二次评估报告这一数值是50%。

2007年IPCC《第四次评估报告》对2001年《第三次评估报告》（TAR）的结论在两个方面作出了重要发展：一是对于人类活动影响全球气候变化的因果关系的判断由原来66%的可信度的最低限提高到90%的可信度，从而使人们以更高的可信度确信人类活动是造成近50年来全球气候变化的主因；二是全球气候变化的检测与归因研究在空间尺度和气候变量方面扩展到六大洲，并且包括海洋增暖、大陆尺度的平均温度、温度极值、降水、气压场与风场。因而越来越强有力的科学证据表明：最近50年的全球气候变化主要是由人类活动造成的。当然也有学者认为，要历史地、全面地、辩证地看问题，现在尚难肯定当代的气候变暖就是人类活动所致，现在的气候变化很可能是气候变化长河中的一段

❶ 周珂、宋德新：“气候变化问题之批判”，载《河南省政法管理干部学院学报》2008年第4期。

波涛，并非永远变暖的趋势；而且其变幅并未超出历史上出现过的范畴。[1]

最新的进展是，IPCC 第五次气候变化评估报告第一工作组第十二次会议于 2013 年 9 月 23 日至 26 日在斯德哥尔摩召开。各国政府代表 27 日在斯德哥尔摩签署了 IPCC 第一工作组有关气候变化的自然科学基础报告。27 日发布的最新报告称，人类影响“极其可能”是 20 世纪中期以来全球气候变暖的主要原因，可能性在 95% 以上。新报告进一步提高了对人类引发气候变化的确信程度。之前三次评估报告分别于 1995 年、2001 年与 2007 年发布，所提出的可能性依次是 50% 以上、66% 以上以及 90% 以上。新报告结合了 32 个国家 600 多位作者的努力，引用了 9200 多篇科学论文和超过 200 万 G 的数据，得出了前述结论。报告显示，全球变暖的事实非常明确，人类活动对气候的影响也很清楚。目前，大气中二氧化碳、甲烷和一氧化氮等温室气体的浓度已上升到过去 80 万年来的最高水平，人类使用化石燃料和开发利用土地是温室气体浓度上升的主要原因。[2]

二、气候变化的事实

对气候变化的预测存在着不确定性，但对全球平均结果及长期变化趋势的预测具有较高的可信度。尽管科学界对 IPCC 报告科学性、对气候变化的真实性、对人类活动是否是导致气候变化的主因这些问题一直存有质疑，但 IPCC 对全球气候变暖这一现象和趋势的预测，仍然是目前国际社会的主流共识。

IPCC 分别于 2007 年的 2 月、4 月和 5 月正式发布了第四次气候变化评估报告，阐述了对气候变化主要原因、气候变化观测事实、气候的多种过程及原因以及未来气候可能变化的科学认识，气候变化的主要影响以及减缓气候变化的研究进展，反映了当今国际科学界的主流观点。报告认为，人类活动对气候的影响总体上是增暖的。由于人类活动的影响，自 1750 年工业革命以来全球大气中二氧化碳、甲烷和氧化亚氮等温室气体的浓度显著增加，它们的总体效应是引起气候变暖。

最新的观测事实表明气候系统的变暖是不容置疑的。科学研究表明，地球正在经历一次以全球气候变暖为主要特征的气候变化。IPCC 第四次气候评估报告指出，1990～2004 年，全球主要温室气体排放量增加了 24%，预计 2030 年全球二氧化碳排放量将比 2000 年增加 45%～110%，因此全球会继续变暖。预计到 2100 年，地球平均地表气温将比 1990 年上升 1.4℃～5.8℃，全球平均

[1] 李佩成：“关于气候变化的哲学思考”，载《地球科学与环境学报》2008 年第 4 期，第 336 页。

[2] “报告称：人类影响气候可能性超 95%”，载中国新闻网 2013 年 9 月 29 日。

海平面将会上升0.09～0.88米。冰冻圈是地球气候变化的关键圈层，由于气候变暖，国际冰川协会统计的20条冰川都表现为退缩。海冰也在变化：北极海冰在减少，尤其是春季海冰，但是南极海冰面积有所扩大。在欧亚大陆，北半球中高纬地区，每年三四月平均的积雪面积也在逐渐缩小，这也和全球变暖有关系。全球变暖造成的冰川、积雪融化，以及海洋温度上升引起的热膨胀等，导致了海平面的上升。整个20世纪的海平面上升估计为0.17米，最近50年上升的速度还在加快。

近50年极端天气气候事件发生了明显变化。观测表明，近50年来，大部分陆地区域的强降水发生频率已经上升，与增暖和观测到的大气水汽含量增加相一致。极端温度发生了大范围变化，冷昼、冷夜和霜冻变得更为少见，而热昼、热夜和热浪变得更为频繁。自1970年以来，在更大范围地区，尤其是在热带和副热带，发生了强度更强、持续更长的干旱。全球大气二氧化碳浓度已从工业化前的约280ppm，增加到了2005年的379ppm，该浓度值已经远远超出了根据冰芯记录得到的65万年以来的自然变化范围。人类活动（尤其是化石燃料的使用）“很可能”是导致气候变暖的主要原因。“很可能”表示至少有90%以上的可能性，这比6年前的科学认识水平有所提高。在全球继续变暖的背景下，本世纪极端干旱、高温和暴雨发生频率可能增加，热带气旋强度可能增强。大约从1970年以来，全球呈现出热带气旋强度增大的趋势，未来随着热带海表面温度的升高，热带气旋（包括台风和飓风）可能会变得更强，这会导致风速更大、降水更强。❶

2013年9月，据IPCC一次专门会议披露，1990～2012年，海平面上升了19厘米，即使在温室气体排放量突然下降的最乐观的情况下，未来这一数字还是很有可能增加两倍。然而，最糟糕的情况是，海平面会继续上升82厘米，这一数字将影响数千万人民的生存。联合国气候变化小组为此召开了会议，耗费大量时间协商如何有效缓解过去15年来的气候变化问题。而最终的文本报告指出，“全球地表温度变化显示出了明显的年级和年代变化”，尽管仍然有很多巨大的气候现象有待调查和解释。❷

总之，国际主流气候科学界再一次向全世界发出了比以往更加明确、肯定的信息：更大程度的、不寻常的全球气候变暖已经是不争的科学事实，人类活动对气候变化具有显著影响。

---

❶ 秦大河：“中国气候与环境演变”，载http：//www.gmw.cn/01gmrb/2007－07/05/content_634147.htm。

❷ 吴丹丹：“联合国气候变化专家小组称全球气候变暖仍在持续”，载中国网，2013年9月29日。

三、气候变化对全球的影响

气候变化对人类有哪些影响，目前仍有争议。有学者认为，气候变暖是好事还是坏事，要作具体分析。❶ 总的来说，全球变暖既有有利的影响，也有不利的影响，现在我们更加关注的是不利影响。❷ 气候变化对地球生态系统、农业、水资源以及人类健康和生活环境都会产生广泛、深远和复杂的影响，其中大部分以负面影响为主。气候变化将增加自然灾害，数十亿人将受到影响，上亿人将面临饥荒的威胁。如果温升超过1.5~2.5℃，20%~30%的动植物物种将面临灭绝的威胁。舆论声称，“气候变化是人类21世纪最大的挑战”。联合国秘书长潘基文表示，气候变化问题将是他议事日程上首要议题之一，并称气候变化的影响“不亚于战争和冲突”。国际社会各种多边或双边活动日益频繁，达沃斯论坛、G8+5峰会、中欧领导人会晤，都把气候变化作为重要议题。气候变化在世界优先议题中的地位不断提升。❸

具体来说，气候变暖在全球范围内对人类和自然界带来的不良影响包括：(1) 气候变化导致南北两极和内陆冰川融化，威胁物种生存；(2) 气候变化导致海平面上升，威胁国家存亡；(3) 气候变化导致极端气候增多，威胁人类生存；(4) 气候变化对人体健康可以产生多种影响，直接影响包括温度升高、热浪、洪水等，间接影响如对饮水供应、卫生设施、农业生产、食品安全以及媒介传播疾病和介水传播疾病的影响等，潜在危害更大；❹ (5) 气候变化导致地球生态更加脆弱，危害环境；(6) 气候变化导致青少年暴力行为增加；❺ (7) 气候变化导致地区政治动荡。❻ 除上述不良影响外，全球气候变暖还会对农牧业、淡水资源、海岸带等带来负面影响。总之，气候变化是目前全球面临的最为严峻的挑战之一，它给自然生态系统和经济社会发展带来了全方位的严重影响。这种影响将持续相当长的时间，并且可能趋于恶化，甚至带来突然的和不可逆转的严重后果。因此，采取积极措施应对气候变化，符合全人

---

❶ 李佩成：“关于气候变化的哲学思考”，载《地球科学与环境学报》2008年第4期，第336页。

❷ 丁占良：“浅谈全球变暖及其对我国的影响”，载《内蒙古科技与经济》2004年第2期，第28页。

❸ 何建坤、刘滨、王宇：“全球应对气候变化对我国的挑战与对策”，载《清华大学学报（哲学社会科学版）》2007年第5期，第75页。

❹ 王长科：“气候变化对人体健康的影响及适应措施建议”，载《气候变化动态》2009年第4期（总第78期）。

❺ 李成：“全球变暖导致青少年暴力行为增加”，载《北京科技报》2005年9月29日。

❻ “气候变化导致六大地区政治动荡 争北极盟友翻脸”，载 http://news.sohu.com/20071206/n253840044.shtml，2013年12月21日访问。

类的共同利益，也是国际社会的共同责任。❶

四、气候变化与中国

（一）中国的温室气体排放

总的来说，中国认同 IPCC 气候变化评估报告的结论，认为全球气候变暖问题主要是由人类排放的温室气体增加所产生的。中国 2006 年 12 月发布的《气候变化国家评估报告》认为，人类活动主要通过以下三方面引起气候变化：一是化石燃料利用排放的 CO_2（二氧化碳）等温室气体增加大气中温室气体的浓度，温室效应随之增强而影响到气候，这是人类活动造成气候变暖的主要驱动力；二是农业和工业活动排放的 CH_4（甲烷）、CO_2、N_2O（氧化亚氮）、HFCs（氢氟碳化物）、PFCs（全氟化碳）和 SF_6（六氟化硫）等温室气体进入大气后，也通过温室效应增强气候变暖；三是土地利用变化导致的温室气体源/汇变化和地表反照率变化进一步影响气候变化，这包括森林砍伐、城市化、植被改变和破坏等。❷

中国温室气体历史排放量很低，且人均排放长期低于世界平均水平。根据中国《气候变化初始国家信息通报》，1994 年中国温室气体排放总量为 40. 6 亿吨二氧化碳当量（扣除碳汇后的净排放量为 36. 5 亿吨二氧化碳当量）。据中国有关专家初步估算，2004 年中国温室气体排放总量约为 61 亿吨二氧化碳当量（扣除碳汇后的净排放量约为 56 亿吨二氧化碳当量）。1994 ~ 2004 年，中国温室气体排放总量的年均增长率约为 4%，二氧化碳排放量在温室气体排放总量中所占的比重由 1994 年的 76% 上升到 2004 年的 83%。在经济社会稳步发展的同时，中国单位国内生产总值（GDP）的二氧化碳排放强度总体呈下降趋势。根据国际能源机构的统计数据，1990 年中国单位 GDP 化石燃料燃烧二氧化碳排放强度为 5. 47kgCO_2/美元（2000 年价），2004 年下降为 2. 76kgCO_2/美元，下降了 49. 5%，而同期世界平均水平只下降了 12. 6%，经济合作与发展组织国家下降了 16. 1%。但是，进入新世纪以来，中国迅速成为世界第一大煤炭消费国、二氧化硫排放国，第二大能源消费国、二氧化碳排放国；根据国际能源署（IEA）统计，2015 年中国二氧化硫排放量预测将增至 3100 万吨，二氧化碳排放量将达到 8. 6 亿吨，超过美国的 6. 4 亿吨居世界第

---

❶ 居煇、韩雪：“气候变化适应行动进展及对我国行动策略的若干思考”编者按，载《气候变化研究进展》2008 年第 5 期，第 257 页。

❷ “《气候变化国家评估报告》解读”，载 http：//www. most. gov. cn/kjbg2/200704/20070424_43364. htm，2013 年 12 月 22 日访问。

一位。[1] 预计在2025～2030年间，中国人均二氧化碳排放量可能达到世界平均水平，将丧失人均二氧化碳排放水平低的优势。[2]

（二）中国气候变化的事实

我国发布的《中国应对气候变化国家方案》表明，在全球变暖的大背景下，中国近百年的气候也发生了明显变化。有关中国气候变化的主要观测事实包括：（1）近百年来，中国年平均气温升高了0.5℃～0.8℃，略高于同期全球增温平均值，近50年变暖尤其明显。从地域分布看，西北、华北和东北地区气候变暖明显，长江以南地区变暖趋势不显著；从季节分布看，冬季增温最明显。1986～2005年，中国连续出现了20个全国性暖冬。（2）近百年来，中国年均降水量变化趋势不显著，但区域降水变化波动较大。中国年平均降水量在20世纪50年代以后开始逐渐减少，平均每10年减少2.9毫米，1991～2000年略有增加。从地域分布看，华北大部分地区、西北东部和东北地区降水量明显减少，平均每10年减少20～40毫米，其中华北地区最为明显；华南与西南地区降水明显增加，平均每10年增加20～60毫米。（3）近50年来，中国主要极端天气与气候事件的频率和强度出现了明显变化。华北和东北地区干旱趋重，长江中下游地区和东南地区洪涝加重。1990年以来，多数年份全国年降水量高于常年，出现"南涝北旱"的雨型，干旱和洪水灾害频繁发生。（4）近50年来，中国沿海海平面年平均上升速率为2.5毫米，略高于全球平均水平。（5）中国山地冰川快速退缩，并有加速趋势。[3]

中国未来的气候变暖趋势将进一步加剧。中国科学家的预测结果表明：一是与2000年相比，2020年中国年平均气温将升高1.3～2.1℃，2050年将升高2.3～3.3℃。全国温度升高的幅度由南向北递增，西北和东北地区温度上升明显。预估到本世纪末，中国年平均温度在"低排放""中排放"和"高排放"情景下，将比1980～1999年平均分别增加约2.5℃、3.8℃、4.6℃，比全球平均的温度增幅大。二是未来50年中国年平均降水量将呈增加趋势，预计到2020年，全国年平均降水量将增加2%～3%，到2050年可能增加5%～7%。其中东南沿海增幅最大。三是未来100年中国境内的极端天气与气候事件发生的频率将增大，将对经济社会发展和人们的生活产生很大影响。四是中国干旱区范围可能扩大、荒漠化可能性加重。五是预计未来30年，中国沿海海平面将

---

[1] 胡鞍钢、管清友："应对全球气候变化：中国的贡献"，载《当代亚太》2008年第4期，第22～23页。

[2] 杨凯、俞虹、赵银慧："气候变化环境政策的制度分析"，载《环境与可持续发展》2007年第3期，第56页。

[3] 参见《中国应对气候变化国家方案》，2007年6月。

继续上升。全海域2030年比2009年上升80～130毫米，同时存在显著的区域差异。六是青藏高原和天山冰川将加速退缩，一些小型冰川将消失。❶

（三）气候变化对中国的不利影响

2011年11月15日，据科技部、中国气象局和中科院联合召开的《第二次气候变化国家评估报告》发布及专家解读会披露，从目前的预估看，在年平均气温上升幅度、海平面上升水平等几方面，中国受气候变化不利影响都远高于全球平均水平。❷ 根据《中国应对气候变化国家方案》，气候变化对中国产生了很多不利影响，具体包括：❸

（1）气候变化对中国农牧业的影响。气候变化已经对中国的农牧业产生了一定的影响，主要表现为自20世纪80年代以来，中国的春季物候期提前了2～4天。未来气候变化对中国农牧业的影响主要表现在：一是农业生产的不稳定性增加，如果不采取适应性措施，小麦、水稻和玉米三大作物均以减产为主。二是农业生产布局和结构将出现变动，种植制度和作物品种将发生改变。三是农业生产条件发生变化，农业成本和投资需求将大幅度增加。四是潜在荒漠化趋势增大，草原面积减少。气候变暖后，草原区干旱出现的几率增大，持续时间加长，土壤肥力进一步降低，初级生产力下降。五是气候变暖对畜牧业也将产生一定的影响，某些家畜疾病的发病率可能提高。

（2）气候变化对中国森林和其他生态系统的影响。气候变化已经对中国的森林和其他生态系统产生了一定的影响，主要表现为近50年中国西北冰川面积减少了21%，西藏冻土最大减薄了4～5米。未来气候变化将对中国森林和其他生态系统产生不同程度的影响：一是森林类型的分布北移。从南向北分布的各种类型森林向北推进，山地森林垂直带谱向上移动，主要造林树种将北移和上移，主要造林树种和一些珍稀树种分布区可能缩小。二是森林生产力和产量呈现不同程度的增加。森林生产力在热带、亚热带地区将增加1%～2%，暖温带增加2%左右，温带增加5%～6%，寒温带增加10%左右。三是森林火灾及病虫害发生的频率和强度可能增大。四是内陆湖泊和湿地加速萎缩。少数依赖冰川融水补给的高山、高原湖泊最终将缩小。五是冰川与冻土面积将加速减少。到2050年，预计西部冰川面积将减少27%左右，青藏高原多年冻土空

---

❶ 参见《中国应对气候变化国家方案》，2007年6月；《第二次气候变化国家评估报告》，2011年11月。

❷ 游雪晴："专家：中国受气候变化不利影响高于全球平均水平"，载《科技日报》2011年11月16日。

❸ 《中国应对气候变化国家方案》，载 http://www.sepa.gov.cn/law/fg/gwyw/200706/t20070611_104895.htm，2008年12月31日访问。

间分布格局将发生较大变化。六是积雪量可能出现较大幅度减少，且年际变率显著增大。七是将对物种多样性造成威胁，可能对大熊猫、滇金丝猴、藏羚羊和秃杉等产生较大影响。

（3）气候变化对中国水资源的影响。气候变化已引起中国水资源分布的变化，主要表现为近40年来中国海河、淮河、黄河、松花江、长江、珠江等六大江河的实测径流量多呈下降趋势，北方干旱、南方洪涝等极端水文事件频繁发生。中国水资源对气候变化最脆弱的地区为海河、滦河流域，其次为淮河、黄河流域，而整个内陆河地区由于干旱少雨非常脆弱。未来气候变化将对中国水资源产生较大的影响：一是未来50~100年，全国多年平均径流量在北方的宁夏、甘肃等部分省（区）可能明显减少，在南方的湖北、湖南等部分省份可能显著增加，这表明气候变化将可能增加中国洪涝和干旱灾害发生的几率。二是未来50~100年，中国北方地区水资源短缺形势不容乐观，特别是宁夏、甘肃等省（区）的人均水资源短缺矛盾可能加剧。三是在水资源可持续开发利用的情况下，未来50~100年，全国大部分省份水资源供需基本平衡，但内蒙古、新疆、甘肃、宁夏等省（区）水资源供需矛盾可能进一步加大。

（4）气候变化对中国海岸带的影响。气候变化已经对中国海岸带环境和生态系统产生了一定的影响，主要表现为近50年来中国沿海海平面上升有加速趋势，并造成海岸侵蚀和海水入侵，使珊瑚礁生态系统发生退化。未来气候变化将对中国的海平面及海岸带生态系统产生较大的影响：一是中国沿岸海平面仍将继续上升；二是发生台风和风暴潮等自然灾害的几率增大，造成海岸侵蚀及致灾程度加重；三是滨海湿地、红树林和珊瑚礁等典型生态系统损害程度也将加大。

（5）气候变化对中国其他领域的影响。气候变化可能引起热浪频率和强度的增大，由极端高温事件引起的死亡人数和严重疾病将增加。气候变化可能增加疾病的发生和传播机会，增加心血管病、疟疾、登革热和中暑等疾病发生的程度和范围，危害人类健康。同时，气候变化伴随的极端天气气候事件及其引发的气象灾害的增多，对大中型工程项目建设的影响加大。例如：气候变化可能增加长江流域上游降水，引发三峡库区泥石流、滑坡等地质灾害；未来青藏高原气温有可能变暖，青藏铁路沿线多年冻土会进一步退化，将可能影响某些地段铁路路基的稳定性。[1] 气候变化也可能对自然和人文旅游资源、对某些区域的旅游安全等产生重大影响。另外，由于全球变暖，也将加剧空调制冷电

---

[1] 秦大河：“全球气候变化对中国可持续发展的挑战”，载《中国发展观察》2007年第4期，第39页。

力消费的增长趋势，对保障电力供应带来更大的压力。

此外，据中国科学院寒区旱区环境与工程研究所2009年6月17日提供的一项研究结果称，全球气候变暖可能在中国北方引发大规模沙漠化问题。❶

总之，有关气候变化的物理学和政治经济学研究已经证明，全球气候变化问题是人类迄今为止面临的规模最大、范围最广、影响最为深远的一个挑战，也是影响未来世界经济和社会发展、重构全球政治和经济格局的一个重要因素。❷ 世界人口最多、自然生态环境脆弱、自然灾害严重的中国也是全球气候变化的受害者。气候变化对中国经济社会发展已经带来十分严峻的现实威胁，这种威胁仍将持续并不断加剧。面对突发性、极端性和长期性的巨灾多发期，防灾减灾形式更为严峻。因此，中国应积极应对气候变化和抵御极端气候灾害，加强应急系统建设，不断提升气候、生态、环境保护的层次和水平。❸

第二节 国家语境——气候变化利益格局分析

解决气候变化问题最根本的措施就是减少人为的温室气体排放，或增加对大气温室气体的吸收或埋存。为此，在过去20年时间里，国际社会开展了积极的行动，包括《联合国气候变化框架公约》、《京都议定书》、区域间政府组织制定减少温室气体排放的国际政策等。其中，《联合国气候变化框架公约》是世界上第一个为全面控制二氧化碳等温室气体排放，以应对全球气候变暖给人类经济和社会带来不利影响的国际公约，也是国际社会在对付全球气候变化问题上进行国际合作的一个基本框架。目前，《联合国气候变化框架公约》共有196个缔约方，3个观察员。自该公约1994年生效以来，缔约方每年举行一次会议以讨论气候变化问题及各国的减排义务与应对措施。这些国际谈判和行动是促进全球采取协调行动，减缓气候变化，实现稳定大气温室气体浓度共同目标的基础和保障。但由于关系各国经济与社会发展等现实利益，这一谈判过程困难重重，在与中国密切相关的发展中国家承诺具体义务方面，各方的利益博弈更为激烈。

一、国际气候谈判的利益纷争

国际气候变化谈判前期的主要议题之一是气候变化的影响和适应问题，但

---

❶ “全球变暖可能在中国北方引发大规模沙漠化问题”，载《节能与环保》2009年第8期。

❷ 胡鞍钢、管清友：“应对全球气候变化：中国的贡献”，载《当代亚太》2008年第4期，第7～8页。

❸ 秦大河：“全球气候变化对中国可持续发展的挑战”，载《中国发展观察》2007年第4期，第39页。

由于气候变化影响的不确定性很大，而适应气候变化本身又需要巨额投入，同时，这项谈判深入下去将可能涉及适应气候变化的责任和义务分担等非常敏感的问题，因此，这项谈判进展非常慢。如《德里宣言》强调了应在可持续发展的框架下应对气候变化的原则，同时强调要重视气候变化的影响和适应问题，因为气候已经发生变化，需要考虑采取适当的适应气候变化的行动。而《波恩政治协定》建立了气候变化适应基金，帮助发展中国家适应气候变化的不利影响。

气候谈判中各国都强调，先进技术的研究、开发和应用是解决气候变化的最终手段，《联合国气候变化框架公约》和《京都议定书》也都特别强调，向发展中国家转让先进技术是帮助发展中国家参与国际气候变化减排的重要手段。但是，由于发达国家担心转让先进技术后会影响其国内产业和产品的国际竞争力，在谈判中总是以各种借口拖延这项义务的履行。虽然缔约方会议已经就技术转让问题作出过大量决定，但真正实现发达国家向发展中国家转让先进技术以减排温室气体的案例，还没有在缔约方会议上展示过。历次国际气候谈判都要求发达国家切实履行义务，向发展中国家转让先进技术，但每次谈判都非常艰难和激烈。发展中国家希望发达国家转让这些具有全球环境效益的技术，发达国家虽然在政治上承诺了，但是在行动上却不付诸实质性行动。

当前，国际气候谈判讨论最多、难度最大的议题是，应该有什么样的国际条约来替代《京都议定书》，抑或是简单地把《京都议定书》的义务延续下去，并对其中的减排指标作相应的更新。这也是在所有气候变化问题中最核心的问题，更是各国政府高层关心的问题。根据《联合国气候变化框架公约》缔约方会议的决定，[1] 当前应该就发达国家在《京都议定书》第二阶段的减排承诺进行谈判，但所有发达国家都希望发展中国家也要加入这个国际减排体系；欧盟虽然已经作出到2020年将继续减排的决定，但欧盟希望不是自己独自在行动，希望美国、日本、加拿大、澳大利亚和东欧国家都要采取相应的减排行动，同时希望发展中国家也要采取一定程度的温室气体减限排行动。

《京都议定书》是国际环境合作中具有里程碑性质的模式，但由于种种原因，探索新的气候变化合作机制被越来越多的国家关注，选择双边、多边，或封闭、或开放的新的合作，形成相应的协定。例如，美国在联合国气候变化谈判之外分别发起了“氢能经济国际伙伴计划”“碳收集领导人论坛”“甲烷市

[1] 《联合国气候变化框架公约》第一次缔约方大会于1995年3月在德国柏林举行，最近一次会议即第十九次缔约方大会于2013年11月在波兰首都华沙召开，第二十次缔约方大会将于2014年在秘鲁利马召开。

场化伙伴计划”“第四代国际论坛”“再生能源与能源效益伙伴计划”以及《亚太清洁发展和气候新伙伴计划意向宣言》等；加拿大政府将20国集团财政部长会议的模式延伸到气候变化，探讨20国集团（也是排放大国）领导人会议的模式，形成一种国际气候制度。这些游离在《联合国气候变化框架公约》之外的合作机制，优点是简单易行，决策效率较高，但其弊端是涵盖范围有限，所确定的义务不具有法律约束力，其执行完全靠自觉行动。因此，对新的气候变化合作机制的探讨，实际上是对《联合国气候变化框架公约》和《京都议定书》的补充和推动，不可能替代二者的作用，而应该是促进二者的执行。

此外，在《联合国气候变化框架公约》和《京都议定书》之下还进行着激烈谈判的议题，如《京都议定书》灵活机制中的清洁发展机制和联合履行机制，提高发展中国家的能力建设以帮助发展中国家应对气候变化的努力，为发展中国家提供激励机制以帮助发展中国家减少毁林从而减少二氧化碳排放，国际航空和航海的温室气体排放问题，审查发达国家履行《联合国气候变化框架公约》和《京都议定书》的情况等。这些内容对推动执行《联合国气候变化框架公约》和《京都议定书》有直接的影响，成为每次谈判会议的常规议题，争论也非常激烈。

二、气候变化应对机制的基础——气候利益格局

（一）气候变化问题的实质

气候变化不仅对全球环境、生态问题发生重大影响，而且事关人类社会生产、消费、生活方式以及生存空间等重大问题。国际气候谈判及相应制度框架，体现了主要国家利益集团的政治、经济、科技、环境与外交的综合较量。

目前国际气候治理针对的是造成气候变化的各种人类活动，根本措施是减少温室气体的人为排放。但温室气体排放来源主要是能源生产、消费排放的二氧化碳以及农牧业生产过程中产生的甲烷气体等，因此减少和限制温室气体排放，就会影响和限制能源、农牧业这些事关国民经济和社会发展的基础产业，气候变化问题因此事关国家的重大经济利益和发展空间。气候变化问题的实质，“事关未来各国在能源发展和经济竞争中的优势地位，事关各国的经济利益和今后的发展权益”。❶

---

❶ 国家气候变化对策协调小组办公室、中国21世纪议程管理中心：《全球气候变化——人类面临的挑战》，商务印书馆2004年版，第248页。

（二）气候变化利益格局的形成基础[1]

我国主流媒体对气候变化全球格局的描述为："当前国际气候政治呈现群雄纷争、三足鼎立的基本格局。欧盟、美国和中国，无论是人口、经济，还是能源、排放，在全球都占有相当大的份额，在参与谈判的众多缔约方之中地位举足轻重，可以说位列三强。欧盟作为气候谈判的发起者，一直是推动气候变化谈判最重要的政治力量。以美国为首包括日、加、澳、新、俄等国的伞形集团是国际气候舞台上另一支重要的政治力量。中国一直以'77 国集团加中国'模式与发展中国家阵营一起参与谈判，同时，中国也积极在'77 国集团加中国'阵营中发挥协调作用，促进发展中国家阵营的团结。"[2] 这种认知是值得商榷的。众所周知，美国对气候变化问题的立场至少克林顿政府与布什政府有重大的不同，其单边主义倾向在气候变化问题上表现得最为充分。日本在气候变化问题上与英国等海岛国土的国家有相似的立场，与美国的立场大相径庭，谈不上形成一个什么集团。

人们对气候变化问题的不同立场很大程度上取决于对于气候变化危害的认知的不一致。

（1）IPCC 第四次评估报告强调以下三方面的危害：第一，威胁生物多样性。"全球气温本世纪可能上升 1.1～6.4℃，海平面上升 18～59 厘米。如果气温上升幅度超过 1.5℃，全球 20%～30% 的动植物物种面临灭绝。如果气温上升 3.5℃以上，40%～70% 的物种将面临灭绝。"第二，气候灾害更加普遍。"热带风暴将更频繁、更猛烈地光顾。高温和暴雨天气将危害世界部分地区，导致森林火灾和病疫蔓延等后果。海平面上升将令沿海地区洪涝灾害增多、陆地水源盐化。一些地区饱受洪涝灾害的同时，另一些地区将在干旱中煎熬，遭遇农作物减产和水质下降等困境。"第三，发展中国家是主要受害者。"世界各地区都将受到气候变化影响，受冲击最强烈的国家将是发展中国家。最早在 2020 年，7500 万至 2.5 亿非洲地区居民将陷入缺水困境，亚洲地区人口超百万的大城市极有可能遭遇水位和海平面上升带来的洪涝灾害，欧洲人将目睹大量物种灭绝，而北美人将经历持续时间更长、温度更高的热浪天气。"值得注意的是，报告在特别强调气候变化对发展中国家的危害的同时，还淡化对发达国家的危害："气候变暖将更适合病原体孳生，疟疾、莱姆病、西尼罗热等传染病和哮喘等呼吸系统疾病发病率的增加；极端天气的增加将令洪水更为频繁，这将影响多个地区的饮用水安全并削弱大自然的自我清洁能力。此外，报

[1] 周珂："气候变化利益格局及应对机制"，载《清华法治论衡》2010 年第 1 期。

[2] 陈迎："多方制衡 全球气候变化政治较量升温"，载《人民日报》2007 年 12 月 7 日。

告还指出发达国家由于其强大的社会财富和完善的社会保障系统，气候变暖对其的损害反而最小。”

（2）中国《气候变化国家评估报告》把气候变化对中国的危害主要概括为三方面：一是温度变化。“近100年来中国年地表平均气温明显增加。升温幅度约为0.5～0.8℃，比同期全球平均值（0.6℃±0.2℃）略强。在最近的50年，我国年平均地表气温增加1.1℃，增温速率为0.22℃/10年，明显高于全球或北半球同期平均增温速率。”这表明中国基于综合生态因素变化的程度高于气候变化因素。二是降水变化。报告显示，近100年和近50年中国年降水量变化趋势不显著，但年代际波动较大。近50年全国平均的年降水量同样没有呈现显著趋势变化，但降水量趋势存在明显的区域差异。1956～2000年，长江中下游和东南地区，西部大部分地区，以及东北北部和内蒙古大部分的年降水量有不同程度增加；但是，我国华北、西北东部及东北南部等地区年降水量出现下降趋势。三是其他要素变化。近50年中国的日照时间、水面蒸发量、近地面平均风速、总云量均呈显著减少趋势。风速减少最明显的地区在中国西北。极端气候事件变化：近50年，中国全国平均炎热日数呈现先下降后增加趋势，近20多年上升较明显。1950年以来，全国平均霜冻日数减少了10天左右。中国近50年来寒潮事件频数显著下降。华北和东北地区干旱趋重，长江中下游流域和东南地区洪涝加重。报告还提出了中国地区的气候变化与全球相比的差异，这主要反映在三个方面：其一，中国20世纪20～40年代的增温十分明显，远大于全球和北半球平均值。其二，中国的降水表现出“南涝北旱”型，主要反映了由自然因素引起的年代际变化（70～100年时间尺度）。其三，近40年，青藏高原冬春积雪的增加与欧亚春季积雪减少趋势也正好相反。其原因尚不完全清楚。因而研究这些方面的差异及其原因将有助于深入了解中国气候变化的特点及机制。笔者并不否认气候变化基于经济发达程度对发达国家和发展中国家危害的差异，但不同意把这种差异绝对化，不同意把这种差异定位不适当地升级，不同意把贫困、环境污染等其他问题与气候变化问题混为一谈。

（三）决定气候变化利益格局的因素[1]

笔者认为气候变化全球格局取决于经济利益格局，至少取决于以下三个因素：

一是直接经济损益。如前所述，气候变化对以气候带和地理带为识别的国家和地区产生不同的影响和经济损益，这直接决定了他们各自不同的立场和态

[1] 周珂、宋德新：“气候变化问题之批评”，载《河南省政法管理干部学院学报》2008年第4期。

度。逻辑上，受害严重的国家更重视也更强硬，而受害较弱的国家则当然不会因气候变化而痛心疾首。（当然，作为负责任的大国则另当别论。）《华尔街日报》记者劳瑞·艾特就撰文《对于冰雪覆盖的格陵兰，全球变暖也有光明的一面》。她指出，由于全球变暖，原来被冰雪覆盖的土地逐渐显露出来，一些格陵兰人开始种植一些蔬菜，这对于长期依赖进口的格陵兰而言是个惊人的变化。艾特写道："格陵兰代表了一个没有被意识到的全球变暖的另一面……尽管大家在纷纷议论全球变暖后，冰雪融化，海平面上升，但对于居住在这里的格陵兰人来说，全球变暖不是威胁而是恩惠。"❶ 而欧洲大部分国家在气候变化特别是气候变暖方面是受较大影响的。

二是国际经济格局。如果说温室气体最主要是工业革命后积累的结果，那么工业革命带来的国际经济格局当然是考虑的重要因素。欧洲是工业革命最大、最长久的受益者，美国、俄罗斯、日本等国家次之，印度、中国等亚洲国家的崛起仅仅是起步。气候变化对工业革命以及当今的经济崛起是最大的制约因素，没有这个制约因素，中国等国将一如当年美、俄、日崛起那样对旧的国际经济格局形成冲击。欧洲在气候变化问题上的空前强硬与团结一方面取决于气候变化对欧洲危害的严重程度，另一方面不能排除是出于其捍卫对其有利的国际经济格局的本能。

三是全球气候治理受益格局。这种受益也是多向性的：首先，因气候变化受损害较重的国家当然是治理受益最多的国家。目前人们已对气候变化损害与治理受益的非对称提出批评。2005 年 11 月 17 日，英国《自然杂志》Patz 等人对现有的证据进行了分析，他们提出，"气候变暖在全世界范围内已经成为人们生病和数以千计的人早死的原因，并且还可能对未来人们的健康产生严重后果。最近的研究工作表明，一些地区尤其容易受到影响：气候条件受'厄尔尼诺/南方涛动'事件主导的地区、撒哈拉以南非洲地区以及受到城市热岛效应影响的范围不断扩大的城市地区已经在遭受气候变暖所带来的影响，而且这样的地区预计还会增加。很多情况下，面临风险最大的地区还是那些最不应该对造成气候变化负责的地区。"❷ 其次，从气候治理带来的新兴产业中会产生巨大的经济效益，例如，"一种相对乐观的观点认为，气候变化政策不仅不会给企业竞争力造成过多消极影响，甚至还有利于鼓励技术创新，促进产业之间的资源配置，提高整体资源利用效率。从世界范围来看，越来越多的企业认识到，气候变化对企业不仅意味着风险，也意味着机遇。因此，企业参与

❶ 唐闻佳："全球气候变暖的七宗'最'"，载《新闻晚报》2006 年 11 月 16 日。

❷ "气候变化的区域影响"，载《科学时报》2005 年 11 月 28 日。

'后京都谈判'的热情非常高涨，成为一个重要推动力量"。[1]英国议会的一个科学和技术委员会发表研究报告称，对于越来越严重的全球变暖问题来说，从燃烧的化石燃料中捕捉并封存碳似乎是可行的权宜之计。据路透社报道，该报告预测，碳的捕捉和封存技术（CCS）将得到迅速发展，英国将在该项技术研究中"领跑"；而中国和印度这样的发展中大国将成为该技术的最大需求方。[2]显然，发达国家在这方面肯定是主角。

再次，是全球气候治理的生态效益。这类效益主要有三种：一是碳汇交易。碳汇一般是指从空气中清除二氧化碳的过程、活动、机制。世界范围内的碳汇交易，是基于《联合国气候变化框架公约》以及《京都议定书》的规定，而由法律创设出来的一种拟制交易。它通过技术拟制和法律拟制，将一般意义上不能构成物权客体的气体环境容量资源导入拟制交易的环节，从而创设了一个无形物的交易市场。二是提高农林业固碳能力对农林业也会产生边际效益。三是改善水循环以抵消气候变暖的同时，也会促进农业、林业、养殖业等产业的发展，带来巨大的生态效益。因此中国权威人士亦主张，中国农业及生态系统是适应气候变化的重点或优先领域，水资源的适应问题也是优先考虑的一个领域。[3] 减少和稳定大气中温室气体浓度的方式主要包括减排和吸收两种，其中吸收方式与森林有着很大关系。成片的森林通过光合作用，大量吸收固定二氧化碳放出氧气，森林的这种作用被称为森林的"碳汇功能"。《中国应对气候变化国家方案》提出加快发展森林资源，最大限度地发挥森林的碳贮存和碳吸收功能。显然，这类效益主要对发展中国家有利，但发达国家对此不断降温。芝加哥气候交易所等机构的统计数字表明，2007 年度 OTC 市场中最具有优势的项目包括：可再生能源项目（31%）、能效项目（18%）、甲烷消除项目（16%），以及森林/土地项目（18%）。这与 2006 年度的情况有所不同，2006 年度位列前三的项目是：森林项目（37%）、可再生能源项目（32%）和工业燃气项目（20%）。最大的差异是森林项目和可再生能源项目的出售趋势明显下降。

主体基于经济利益的不同，对法律调整有不同的主张，规范的制定者如果在理论认知上对这些主张不清楚，或者不能公正对待，就不能制定出有效的规范，更谈不上自觉遵守。当今全球气候变化问题应对机制的争议和困境盖因如此。

---

[1] 陈迎："多方制衡 全球气候变化政治较量升温"，载《人民日报》2007 年 12 月 7 日。
[2] 参见"碳的捕捉和封存技术将迅速发展"，载科学网 2006 年 2 月 22 日。
[3] 秦大河："中国气候与环境演变来源"，载《光明日报》2007 年 7 月 5 日。

三、气候变化应对机制及面临的挑战[1]

（一）国际社会应对气候变化机制的形成

近年来，联合国以及更多的国家和国际组织对全球气候变化予以更强烈的关注。例如，联合国秘书长潘基文上任伊始，就将气候变化作为其最优先考虑的问题之一，不仅出台了有关全球气候变化的多份报告，还专门任命了3位气候变化特使，努力全面强化联合国在气候变化问题上的主导作用。新任联合国秘书长潘基文在巴伦西亚报告发布会上称："由于二氧化碳排放量太大，全球气候变暖，世界正处于重大灾难的边缘"，"它（灾难）可能不会在100年后才发生，或者说它很可能会在10年后发生。我们不知道，但是一旦发生，它可能是突然间就会发生，几乎是一觉醒来，这些城市（沿海城市）就不见了"。人们对全球气候变化问题的严重性基本上有共识，但在具体问题上认知的差异是明显而尖锐的，气候变化问题的不同立场很大程度上取决于对于气候变化危害的认知的不一致。

国际多边机制、区域合作组织也在聚焦气候变化问题。比如，2007年6月召开的八国集团同发展中国家领导人对话会议成为应对气候变化的对话平台；9月举行的亚太经合组织第十五次领导人非正式会议确定了在环境方面的具体目标——各成员同意努力实现到2030年将亚太地区能源强度在2005年的基础上降低至少25%，到2020年亚太地区各种森林面积至少增加2000万公顷；11月举行的东盟领导人峰会也重点讨论了气候变化问题。[2] 2007年12月15日联合国气候变化大会在印尼巴厘岛最终艰难通过的"巴厘岛路线图"，其主要内容包括：大幅度减少全球温室气体排放量，未来的谈判应考虑为所有发达国家（包括美国）设定具体的温室气体减排目标；发展中国家应努力控制温室气体排放增长，但不设定具体目标；为了更有效地应对全球变暖，发达国家有义务在技术开发和转让、资金支持等方面，向发展中国家提供帮助；在2009年年底之前，达成接替《京都议定书》的旨在减缓全球变暖的新协议等。

（二）《京都议定书》二元应对机制

《京都议定书》规定了三种"灵活机制"来帮助附件一所列缔约方以成本有效的方式实现其部分减排目标：排放贸易（ET）、联合履行（JI）和清洁发展机制（CDM）。排放贸易和联合履行主要涉及附件一所列缔约方之间的合

---

[1] 周珂："气候变化利益格局及应对机制"，载《清华法治论衡》2010年第1期。

[2] 陈迎："多方制衡 全球气候变化政治较量升温"，载《人民日报》2007年12月7日。

作，而清洁发展机制涉及附件一所列缔约方与发展中国家缔约方之间在二氧化碳减排量交易方面的合作关系。特别是在“具体承诺”中规定：为发展中国家缔约方提供新的和额外的资金；帮助特别易受气候变化不利影响的发展中国家缔约方支付适应这些不利影响的费用；采取一切实际可行的步骤，酌情促进、便利和资助，向其他缔约方特别是发展中国家缔约方转让或使它们有机会得到无害环境的技术等。《京都议定书》确立的清洁发展机制，鼓励各国通过绿化、造林来抵消一部分工业源二氧化碳的排放；将造林、再造林作为第一承诺期合格的清洁发展机制项目，这意味着因发展工业而制造了大量温室气体的发达国家，在无法通过技术革新降低温室气体排放量的时候，可以投资发展中国家造林，以增加碳汇抵消碳排放，这就是所谓的“碳汇交易”。这个机制实际上是通过培育自然力对温室气体进行吸收，它与减少温室气体排放的方法统称为“减排增汇”。发达国家在《京都议定书》第一承诺期内（2008 ~ 2012 年间），每年将需要通过 CDM 项目购买约 2 亿 ~4 亿吨二氧化碳当量的温室气体，而中国有满足这种需求一半以上的能力。

总体看，《京都议定书》是以减排为目标，而路径是直接减排与增加碳汇的二元机制。

（三）《京都议定书》二元机制面临的挑战

目前，《京都议定书》二元机制有向单一的直接减排机制转化的趋势。例如，据德国《商报》报道，欧盟委员会拟对二氧化碳排放指标交易作出更加严格的规定。根据拟提交的委员会建议草案，2013 年起欧盟将大幅削减二氧化碳排放指标的数量。对于电力企业和炼油企业，其 90%~100% 的排放指标将通过拍卖途径取得。草案中还规定，到 2020 年发放的二氧化碳排放指标数量在 2005 年工业排放基础上减少 21% 。根据这一规定，企业必须减少对环境有害气体的排放，平均减幅达 1/5 以上。2008 ~2012 年至少 90% 的排放指标是免费分配的，但从 2013 年开始，60% 的指标将通过拍卖的方式取得。❶ 据英国《卫报》报道，一项研究报告显示，森林吸收人类制造的二氧化碳的能力正在下降。这意味着人类释放的二氧化碳会更多地对气候造成影响，而不是安全地被锁定在树木或土壤中。❷ 美国卡内基研究院和劳伦斯·利弗莫尔国家实验室的科学家们还作出了温带森林不仅不能减缓全球变暖，相反还会使变暖情况进一步加剧的论断。显然这些论断对于《京都议定书》中的增加碳汇的

❶ 常旭旻编译：“欧盟酝酿碳排放关税”，载人民网 2008 年 1 月 11 日。

❷ 参见“研究显示森林吸收二氧化碳能力在下降”，载 http：//news. xinhuanet. com/newscerter/2008 -01/07/content. 7375502. htm，2013 年 12 月 23 日访问。

机制以及为此作出努力的发展中国家无异于兜头泼了盆冷水。

IPCC2007 年在西班牙巴伦西亚公布的第四次气候变化评估报告提出的应对机制也明显具有这种倾向。该报告提出，各国政府可采取“多种政策措施延缓全球变暖趋势”，例如，征收更高的温室气体排放税，制定更高的排放标准和更严格的排放限制，鼓励生产使用清洁能源以及推动相关研发进程等，而对碳汇交易并未给予更多的关注。IPCC 第四次气候变化评估报告明显地在改变《京都议定书》的二元机制而向单一的减排机制转化，其认为，各国政府可采取“多种政策措施延缓全球变暖趋势”，例如，征收更高的温室气体排放税，制定更高的排放标准和更严格排放限制，鼓励生产使用清洁能源以及推动相关研发进程等。

与《京都议定书》机制相比，前者提倡灵活，后者强调严格；前者优先考虑排放贸易，后者优先考虑开征碳税；前者注重有区别，后者倾向无差别。不难预测这些对策变化将产生的后果：一是压缩了国际合作的空间，扩大了对抗的可能性；二是对发展中国家提出更严格的要求；三是强化减排，弱化增汇。

与单一机制趋势并行发展的是“泛温室气体成因”说的盛行，IPCC 第四次气候变化评估报告出台前后，温室气体成因解释呈迅速膨胀的趋势，各种学说层出不穷。单一减排机制趋势与“泛温室气体成因”趋势并行发展，二者的矛盾是不可避免的：“泛温室气体成因”一方面客观上加重了发展中国家的应对气候变化责任，另一方面也要求针对不同的温室气体成因而丰富和完善应对机制的内容，即成因的多元化要求应对机制的多元化。

四、当前国际气候变化利益博弈的新动向

气候变化问题是全球每一个国家都需要面对并承担各自责任的问题。出于各自利益的不同，当前的国际气候谈判已经形成两大阵营、三股力量❶、多个主体、多重博弈的利益格局，各方角力左右着国际气候制度的走向。20 多年来，全球变暖、极端天气现象日渐频发，但关于世界各国联手保护环境、达成减排协议的谈判之路却拉锯无休，每年召开的世界气候大会更是将核心议题锁定在减排问题上。然而，在这 20 多年的气候谈判中，会谈进程不断复杂化，会谈机制从单轨走向了双轨，甚至走到了三轨。究其根本原因，在于整个气候大会的减排谈判一直难以达成共识。据联合国环境规划署 2012 年 11 月 21 日在伦敦发布的报告《排放差距报告 2012》显示，当前各国的减排承诺与目标

---

❶ 气候变化国际谈判分成的三股力量，是指欧盟、伞形集团、发展中国家（77 国集团 + 中国）。

还存在80亿吨的差距，而与上一年度发布的报告相比，这个差距又扩大了20亿吨。[1] 原因很多，主要有：一是减排问题最直接的体现就是《京都议定书》，但其科学性遭美国政府质疑；二是加拿大政府缺乏减排的政治意愿，发达国家纷纷背叛《京都议定书》；三是《京都议定书》的有效性在学界争议不断，间接影响气候大会的减排谈判。此外，一些理论家预言，即使世界主要工业化国家同意按照议定书规定的限额减少温室气体排放，整个世界范围内的排放量依然不会减少。

2007年以来，国际气候变化的发展出现了很多新的现象，总结起来可以归纳为下面几个方面：

第一，IPCC的气候变化评估报告掺杂政治成分的倾向非常明显。不可否认，IPCC发布的四次气候变化评估报告对推动气候变化国际谈判发挥了重要作用。需要指出的是，IPCC的气候变化评估报告在本质上应该是一个科学报告，参加编写报告的科学家来自世界各国，但目前这些报告掺杂政治成分的倾向非常明显，这些报告的主流观点还是源自发达国家的科学家和发达国家的刊物。同时，有些发达国家政府干预IPCC评估报告的一些作者，要求其在编写时能够反映这些国家的政治观点。目前发布的IPCC评估报告，在很大程度上反映了欧盟的政治立场和观点，报告所选用的科学文献和科学观点，大部分都源自欧盟国家，而当今开展气候变化研究最多的也是欧盟国家。

第二，《京都议定书》下发达国家第二承诺期的谈判处于胶着状态。2005年《京都议定书》正式生效，意味着以缔结国际条约的方式减缓温室气体排放、保护全球气候成为国际上的实际行动。根据《京都议定书》的规定，缔约方会议于2005年年底决定启动发达国家在《京都议定书》下第二承诺期的谈判，并于2006年5月正式开始了这一谈判进程。这一谈判的核心内容是确定发达国家在第二承诺期的量化的减排义务，这是推动保护全球气候进程的核心内容。由于美国政府一直没有表态改变对《京都议定书》的立场，因此使得《京都议定书》第二承诺期义务的谈判进展缓慢。

第三，要求发展中国家在《京都议定书》下采取具体的温室气体减排或限排行动的呼声和期望不断提高，发展中国家受到来自发达国家要求承担温室气体减限排义务的压力增大，发达国家希望中国、印度、巴西、南非等排放量较大且增长较快、人口较多的发展中国家能够参与发达国家的减限排行列，因此，无论是发达国家的媒体、公众，还是发达国家的领导人，在各种场合经常

---

[1] 黄堃、董翔："联合国报告显示遏制全球变暖形势严峻"，载 http://news.xinhuanet.com/2012-11/21/c_123983603.htm。

讨论的都是如何说服发展中国家共同参与全球温室气体减限排行动。在气候变化公约谈判的各有关议题上，发达国家更利用可以利用的一切机会，推动发展中国家承担减限排义务。例如，欧盟提出在国际航空和国际航海领域，不加区别地要求所有飞机和轮船都采取减排行动。

第四，欧盟将自己视为应对气候变化的领导者，在节能减排立法、政策、行动和技术方面一直处于领先地位。欧盟已经作出正式决定，提出了到2020年进一步减排温室气体的目标。欧盟承诺到2020年将欧盟温室气体排放量在1990年基础上至少减少20%，可再生能源在能源中的比例提高到20%，以及能源效率将在1990年基础上提高20%，即通常所称的“三个20%”。欧盟声称将坚定地执行这些政策和措施，不论其他国家如何做，也不论《京都议定书》第二阶段的义务谈判是否能够成功。如果其他发达国家能够参与类似的承诺，欧盟将考虑减排30%。欧盟还计划到2050年，将温室气体排放量在1990年基础上减少60%~80%。

第五，“伞形集团”❶ 国家应对气候变化的政策和立场在发生一些微妙的变化。美国作为最大的发达国家，出于其国内利益需要和国际战略考虑，没有欧盟积极主动高调，但也不愿意放弃在气候变化问题上的话语权。奥巴马新政府上台之后，美国展示出积极姿态，美国虽然没有批准《京都议定书》，不承担议定书规定的减排义务，但美国国会已经通过了一系列保护全球气候的议案；美国加州已经通过地方立法，要求加州的企业承担温室气体减排义务；美国民众减排温室气体的支持率非常高。其他如日本、加拿大、澳大利亚等在政治立场上追随美国，形成“伞形集团”。一旦美国的政策向采取积极政策和措施方向转变，则必将对全球气候变化的发展产生重大的推动作用。然而，与美国相反，加拿大和日本的气候变化立场近年来却发生了一些消极变化。如加拿大2006年政府换届后，在参与保护全球气候的立场方面向美国靠拢，出台了一些新的对保护气候而言是倒退的政策，从一个原来积极推动保护气候的国家，变为一个非常消极的国家。2011年12月12日，加拿大宣布正式退出《京都议定书》，成为第一个退出《京都议定书》的缔约国。2014年2月，路透社报道，美国向联合国提交了对新的国际气候协议的展望意见，明确表示，未来的框架公约不应该继续1997年《京都协议书》的“两分法”，即让发达

❶ “伞形集团”是一个区别于传统西方发达国家的阵营划分，用以特指在当前全球气候变暖议题上不同立场的国家利益集团，具体是指除欧盟以外的其他发达国家，包括美国、日本、加拿大、澳大利亚、新西兰等。因为从地图上看，这些国家的分布很像一把“伞”，也象征地球环境“保护伞”，故得此名。

国家和发展中国家承担不同的减排义务。美国希望新框架协议能够更加灵活，以便修订协议时不需全体同意就能达成共识，因为这在过去曾使谈判反复陷入困境。美国环保协会（Environmental Defense Fund）法律顾问安妮·佩特桑科（Annie Petsonk）表示，美国希望在新的协议下，各国的减排计划应具有可比性，并对实现共同的全球目标担负起适当的责任。美国提议，各国提交给联合国的国家减排计划应对以下情况作出详细说明：二氧化碳排放的基准年是哪一年，温室气体减排的种类和行业有哪些，以及减排比例等。这实际上是对《京都议定书》根本颠覆的方案。❶

2013年9月，IPCC第五次评估报告第一工作组报告发布，进一步确认了气候变化的事实以及人类活动与气候变化的关系。但是，仍然存在不确定性。报告对特定结论的信心往往依据于持此观点模式、文献和专家的数量多寡，还不能完全依据客观的证据数量，不能避免“真理可能掌握在少数人手里”的情况。这考验着人类面对“不确定性”的智慧。2013年11月，在华沙《联合国气候变化框架公约》第19次缔约方会议上，发达国家和发展中国家在资金问题上的巨大分歧让谈判仍无法前进一步。资金是华沙气候大会的核心议题之一。在此之前，发达国家曾经承诺，在2010年到2012年间，为发展中国家应对气候变化提供300亿美元快速启动资金，并确保到2020年时，对发展中国家的资金支持上升至每年1000亿美元的水平。但这些承诺到目前为止都仍然是“空头支票”，拒绝履约的发达国家与强硬“追债”的发展中国家双双拒绝妥协。❷ 在减排温室气体方面，联合国环境规划署的报告显示全球温室气体排放量与减排目标之间存在较大差距。这一差距并非是发展中国家的不作为造成的，而是发达国家的不作为造成的。有研究显示，倘若发达国家能够实现到2020年相比1990年排放量减少40%，这样的排放差距就不可能存在。为了探索出新的行动方式，人类需要在2015年签订一份新协议，决定在2020年《京都议定书》到期以后，将以怎样的方式共同应对气候变化。❸

五、在国际气候谈判上中国的立场

中国在气候变化谈判中面临着越来越大的要求作出某种减排、限排承诺的压力。这种压力不仅来自发达国家，也来自部分发展中国家。这主要是因为中

---

❶ 王琳琳：“美国向联合国提交了对新的国际气候协议的展望意见”，载人民网2014年2月20日。

❷ 周锐、俞岚：“资金提案引美菲互呛 解振华斥未满足最低要求”，载中国新闻网2013年11月23日。

❸ 温泉：“华沙气候大会聚焦削减温室气体排放 各国新博弈”，载中国网2013年11月6日。

国经济持续快速增长，温室气体排放量也迅速增加，中国很可能在未来不太长的时间内成为全球最大的排放国。发达国家认为，如果中国继续按照目前这样的速度排放温室气体，它们作出的减排温室气体的努力是没有意义的，因为它们的减排量还抵不上中国的增加量。但是，承担不恰当的减排、限排义务可能使中国面临非常困难的局面，将对国家的经济和社会发展带来严重的负面影响，这将使中国面临非常艰难的政策抉择。

另一方面，中国以对中华民族和全人类长远发展高度负责任的精神，充分认识到应对气候变化的重要性和紧迫性，主张通过切实有效的国际合作，携手努力，共同应对气候变化。中国认为，应对气候变化国际合作应当坚持《联合国气候变化框架公约》和《京都议定书》的基本框架，坚持“共同但有区别的责任”原则，坚持可持续发展。进一步加强《联合国气候变化框架公约》及《京都议定书》的全面、有效和持续实施，统筹考虑减缓、适应、技术转让和资金支持。一是发达国家应当在《京都议定书》第二承诺期继续承担大幅度量化减排指标，作为整体到2020年在1990年水平上至少减排40%，未批准《京都议定书》的发达国家应当承担可相与比较的减排义务。二是发达国家切实兑现向发展中国家提供资金、技术转让和能力建设支持的承诺，并作出相应的机制安排。三是发展中国家在可持续发展框架下，在发达国家技术、资金和能力建设的支持下，根据本国国情采取适当的适应和减缓气候变化的行动。中国在《联合国气候变化框架公约》和《京都议定书》的基础上，从国情和实际出发，承担与中国发展阶段、应负责任和实际能力相称的国际义务，实施强有力的国内政策、措施和行动，为保护全球气候作出应有贡献。

第三节 生态语境——减缓与适应

一、气候变化全球治理必须加强国际合作，同时要明确分工

气候变化全球治理的合作机制是《联合国气候变化框架公约》和《京都议定书》产生的前提，也是其实施的保证，打破这个机制不仅无助于解决现有的争议，进而只会加剧矛盾，最终对气候变化全球治理产生损害。此外，各国家和集团基于自身利益提出的多样性主张也不可能回避，现有的机制也需要发展和完善。解决这个矛盾的唯一方法是进一步明确各国在气候变化全球治理中的分工。

笔者认为，这种分工的前提依然是以《联合国气候变化框架公约》为主导，即减排的主要对象依然是发达国家。对于亚洲许多国家则要更多地考虑其

丰富的增汇潜力和改善水循环的潜力，而连接减排与增汇及改善水循环的桥梁是碳汇交易。

通过生态保护建设的增汇及改善水循环途径是否可以有效地解决气候变化问题？IPCC 报告和中国《气候变化国家评估报告》给出的结论并不充分。但在气候变化导致中国南涝北旱的背景下，中国西部地区降水保持了增加的趋势，有理由相信这与中国近年来在西部实施的生态工程建设效益有关，而且生态建设改善局部气候条件的事例在中国并不罕见。中国科学院周光召先生研究并实践了几十年发现，如果每年向每亩沙漠输送 100 立方米水，连续十年它将成为绿洲。有了水，植树造林才有效果。水是调温的，能营造小气候。❶ 培育自然造福人类在中国有着悠久的历史传统，两千多年前中国的先哲就提出“赞天地之化育”（孔子·《论语》）的思想，即在尊重自然的前提下，培育自然造福人类。也正是在这种天人合一、人与自然和谐的理念指引下，数千年来中国人对自然高度开发的同时，也严格保护和积极培育自然，避免了小亚细亚、美索不达米亚等生态灾难的悲剧，并积累了丰富的生态建设经验，这一切对于人类当今面临的气候变化严峻问题应当是有积极价值的。

当前国际环境保护规范在气候变化应对机制的不足主要表现在：第一，现有的国际规范文件中强调全球共同利益多，而对利益差异和利益结构未予足够的关注，现有的国际公约对此也没有充分和及时地反映。第二，《联合国气候变化框架公约》确定了国际社会公认的应对气候变化的最终目标与基本原则包括：公平原则、“共同但有区别的责任”原则、充分考虑发展中国家的具体需要和特殊情况的原则、预防的原则、促进可持续发展的原则以及国际合作与开放经济体系的原则。其中，公平、共同但有区别的责任、可持续发展是最根本的三个原则。虽然人们注意到了国际环境法“共同但有区别的责任”原则要适用于气候变化问题，但气候变化问题各国的利益和立场与传统国际环境问题的利益格局并不完全一致，需要根据特殊的利益结构重新定位。气候公正应当是环境正义的一个新话题。

二、中国应对气候变化的策略❷

（一）应对气候变化是中国经济社会发展面临的重要机遇和挑战

积极应对气候变化，事关我国经济社会发展全局和人民群众切身利益，事

---

❶ 参见“西藏之水能否救干旱中国?”，载 http：//www. chinacitywater. org/rdzt/yscfq/4598. shtml，2014 年 2 月 15 日访问。

❷ 周珂、宋德新：“气候变化应对机制的挑战与完善”，载《经济导刊》2010 年第 4 期。

关人类生存和各国发展。长期以来，中国十分重视应对气候变化工作。1992年6月中国政府签署了《联合国气候变化框架公约》，同年年底全国人大常委会正式批准。中国政府认真履行了在《联合国气候变化框架公约》下承担的具体义务，实施了一系列应对气候变化的行动。此外，中国根据《联合国气候变化框架公约》的有关规定，制定了《应对气候变化国家方案》，用以指导未来几十年中国应对气候变化的政策措施，明确了应对气候变化基本原则、具体目标、重点领域、政策措施和步骤，完善了应对气候变化工作机制。[1] 中国政府把积极应对气候变化作为关系经济社会发展全局的重大议题，纳入经济社会发展中长期规划。2006年全国人民代表大会批准的中国《国民经济和社会发展第十一个五年规划纲要》，确定了节能减排的目标任务。2009年确定了到2020年单位国内生产总值温室气体排放比2005年下降40%~45%的行动目标。[2] 并且，全国人大常委会先后制定和修订了节约能源法、可再生能源法、循环经济促进法、清洁生产促进法、森林法、草原法等一系列与应对气候变化相关的法律。

我国处于工业化、城镇化加快发展的重要阶段，人口众多、气候条件复杂、生态环境脆弱，最易遭受气候变化的不利影响，应对气候变化的任务十分艰巨。作为负责任的发展中大国，我国一直对气候变化问题高度重视。气候变化既是环境问题，又是发展问题，但归根到底是发展问题，最终要靠可持续发展加以解决。积极应对气候变化，既是顺应当今世界发展趋势的客观要求，也是我国实现可持续发展的内在需要和历史机遇。必须以对中华民族和全人类长远发展高度负责的精神，进一步增强应对气候变化意识，根据自身能力做好应对气候变化工作，在新的内外环境和条件下促进我国经济社会又好又快发展。

（二）中国应对气候变化的策略

对比中国应对气候变化的路径与IPCC第四次气候变化评估报告路径，IPCC更强调强制性的减排，而中国更侧重于生态保护建设达到培育自然力对温室气体的吸收，即增汇和生态建设。

中国前国家主席胡锦涛在悉尼的亚太经合组织第十五次领导人非正式会议上提出坚持合作应对、坚持可持续发展、坚持《联合国气候变化框架公约》主导地位、坚持科技创新四项主张，并提议建立“亚太森林恢复与可持续管

---

[1] 参见“气候变化的挑战及中国的应对战略”，刘江在20国能源环境部长圆桌会议上的主题发言，载 http：//www.ccchina.gov.cn/cn/NewsInfo.asp？NewsId=3837，2014年1月2日最后访问。

[2] 参见“中国应对气候变化政策与行动白皮书（2011）”，载 http：//www.gov.cn/jrzg/2011-11/22/content_2000047.htm，2014年1月28日最后访问。

理网络”。这是中国政府首次在国际会议中就应对气候变化提出具体、务实的合作建议，受到各方积极评价和支持。中国《气候变化国家评估报告》提出已经和将要采取的应对措施包括但不限于：（1）加强农业基础设施建设，选育抗逆农作物品种，发展包括生物技术在内的新技术，强化优势农产品的规模化种植，采用高产、稳产措施，增强农业抗灾能力；（2）加强水利基础设施建设，提高防洪、抗旱、供水能力及其应变能力；（3）继续植树造林，并提高物种对环境变化的适应能力，加大对自然保护区的保护和管理力度，加强森林火灾预防及病虫害的防治；（4）根据气候变化以草定畜，改变超载过牧，避免草场退化，增强草原畜牧业抗灾能力；（5）提高防潮设施的设计标准，强化沿海防潮设施的建设；（6）继续加强致病气象灾害预报，建立预报、监测和监控网络，扩大预防疫区。[1] 此外，中国环境保护提出的“节能减排”实际上同时也是应对气候变化的重要措施。目前，中国森林每年净吸收约5亿吨二氧化碳当量，相当于同期全国温室气体排放总量的8%，中国计划到2020年将森林覆盖率从目前的18%提高到23%。[2]

---

[1] 参见“我国首次发布《气候变化国家评估报告》”，载中央政府门户网站 www.gov.cn，2006年12月27日。

[2] 王立彬、张周来：“中国联合东盟国家发起‘亚洲碳汇行动’”，载新华网2007年11月5日。

第二章　国际气候谈判

第一节　早期的国际气候谈判

一、国际气候谈判缘起

1972年在瑞典首都斯德哥尔摩召开联合国人类环境会议之后，国际上环境保护事业取得了很大进展，除成立了联合国环境规划署外，很多国家纷纷通过了环境方面的立法，并成立了一些环保非政府组织，缔结了有关环境的重要国际协定。气候变化问题首次进入国际视野是1979年，[1]在世界气象组织（World Meteorological Organization，WMO）的发起下，1979年2月在日内瓦召开了第一届世界气候大会，大会以“气候与人类”为主题进行了讨论，并发表了声明。会议指出，地球上人类活动的不断扩大可能影响到区域甚至全球的气候变化，因此迫切需要全球协作，探索未来全球气候可能的变化过程，并根据这种新知识制订未来人类社会的发展计划。[2]会议声明号召各国政府“预见和防止可能对人类福利不利的潜在的人为气候变化”。此次会议后，国际社会开始在一系列国际会议上讨论气候变化问题。

1982年5月10—18日，联合国环境规划署（United Nations Environmental Programme，UNEP）在肯尼亚首都内罗毕召开了特别会议。这次会议是为纪念1972年联合国人类环境会议10周年而召开的。在内罗毕会议期间，与会代表们总结了斯德哥尔摩人类环境会议以来的工作，并针对出现的新问题，规划了以后10年的工作，会后发表了著名的《内罗毕宣言》。该宣言包括十部分内容，在肯定了斯德哥尔摩会议以来的环境保护工作的基础上，分析了全球环境现状，指出人类无节制的活动还在促使环境日益恶化。并总结了过去10年间出现的新观念，指出进行环境管理和评价的必要性。《内罗毕宣言》在贫富对环境产生的压力，战争对环境造成的影响，跨国界的国际行动以及发达国家对发展中国家应尽的义务等方面也提出了新看法。而且，还在能源合理利用、预

---

[1] 王曦编著：《国际环境法》，法律出版社1998年版，第159页。

[2] 马骧聪主编：《国际环境法导论》，社会科学文献出版社1994年版，第200页。

防环境破坏、鼓励公众参与以及在全球一级、区域一级与国家一级为保护和改善环境应承担的国际合作义务等方面作出了日后工作的规划。此外，《内罗毕宣言》还指出：大气变化（如臭氧层的变化、二氧化碳含量的日益增加和酸雨）进一步威胁着人类的环境。这表明人们已经意识到气候变化问题的严重性，国际社会在气候变化的应对上已有了一定的紧迫感。[1]

1985年10月，国际科学理事会、联合国环境规划署、世界气象组织共同召开奥地利菲拉赫会议，明确评估未来气候状况是一项紧迫的任务。会议通过的《菲拉赫声明》提出了一个应对气候变化的四条道路战略：（1）改进对正在出现的现象的监测和评价；（2）加强研究工作，进一步了解这些现象的起源、机制和影响；（3）制订国际上共同同意的政策来减少引起这些现象的气体；（4）采取所需要的战略，以最大限度地减少危害并对付气候变化和海平面上升。大会最后呼吁并强调在必要的时候应当考虑草拟一个国际公约控制温室气体、气候变化和能源利用。[2] 这是国际社会首次提出制定一个国际条约防止气候变化的倡议，[3] 从此便拉开了《气候变化框架公约》的国际立法序幕。

1988年6月，加拿大政府在多伦多举行了名为“变化中的大气：对全球安全的影响”的国际会议，来自48个国家的300名科学家和决策者参加了此次会议。此次会议首次将全球变暖作为政治问题来看待。会议讨论了气候变化所产生的威胁及如何对付这种威胁，并发表了会议声明。声明指出，地球的气候正在发生前所未有的迅速变化，它主要是人类不断扩大能源消费造成的，威胁到全球安全、世界经济及自然环境。大会呼吁，全球应当采取共同行动应对气候变化，最基本的共同行动是：到2005年全球应减少50%的二氧化碳排放量；各国政府应紧急行动起来，制定一项国际框架公约，制订具体的行动计划保护大气；建立世界气候基金，基金主要通过对发达国家征收石油燃料使用税的方式筹集。[4] 多伦多会议后，对气候变化问题的关注逐渐转移到政府间组织的层面，[5] 国际社会进一步加强了在气候变化问题上的国际合作，加快了应对

---

[1] 杨兴：《“气候变化框架公约研究”——国际法与比较法的视野》，中国法制出版社2009年版，第8页。

[2] 世界环境与发展委员会：《我们共同的未来》，王之佳等译，吉林人民出版社1997年版，第226页。

[3] 杜志华等：“气候变化的国际法发展：从温室效应理论到《联合国气候变化框架公约》”，载《现代法学》2002年第5期。

[4] Statement of the World Conference on “The Changing Atmosphere: Implications for Global Security”, Toronto, June 1988.

[5] Pamela S. Chasek, Earth Negotiation—Analyzing Thirty of Environmental Diplamacy, published by United National University Press 2001, p. 124.

气候变化问题的国际谈判进程。

二、IPCC 的建立及作用

世界气象组织和联合国环境规划署于 1988 年 11 月建立了政府间气候变化专门委员会，并于 1988 年 11 月召开了第一次会议。IPCC 下设三个工作组和一个国家温室气体清单专题组。第一工作组负责对气候变化的科学知识进行评价，第二工作组负责审查气候变化的环境、经济和社会影响，第三工作组负责拟订和评估关于减缓气候变化的不利影响的对策和战略。每个工作组和专题组设两名联合主席，分别来自发达国家和发展中国家，另设一个技术支持组。[1]该委员会的作用是在全面、客观、公开和透明的基础上，对世界上有关全球气候变化的最好的现有科学、技术和社会经济信息进行评估。评估的基础是那些经过细审的文献中所包含的信息，以及工业文献和传统做法中有适当记载的信息。IPCC 的报告力求确保平衡地反映现有的各种观点，并具有政策相关性，但不具有政策指示性。IPCC 为公约的形成提供了一系列科学的研究成果，为《气候变化框架公约》的出台作出了巨大的贡献。鉴于多年来 IPCC 对气候变暖问题作出的巨大贡献，2007 年诺贝尔和平奖授予了该组织。共享此荣誉的是美国前副总统戈尔，戈尔凭借《难以忽视的真相》摘得奥斯卡最佳纪录片奖。[2] 中国科学家也积极参与了 IPCC 评估报告的编写，在 IPCC 事务中发挥着重要作用。中国气象局局长秦大河院士当选为 IPCC 主席团成员和 IPCC 第一工作组联合主席。[3]

1988 年 12 月，联合国第 43 届大会召开，马耳他政府向大会提出了关于保护气候的提案，该提案认为“气候是人类共同财富的一部分”，[4] 包括中国在内的 54 个国家的代表发言，对气候变化表示关注。12 月 6 日，大会通过了《为人类当代和后代保护全球气候》第 43/53 号决议。该决议并未确认气候是人类共同财富，但承认气候变化是“人类共同关切之事项”，决定在全球范围内对气候变化问题采取必要和及时的行动，并要求 IPCC 就如下问题进行综合审议并提出建议：[5]（1）气候和气候变化科学知识的现状；（2）气候变化包括全球变暖的社会、经济影响的研究和计划；（3）对推迟、限制或减缓气候

[1] http：//www. ipcc. ch/about/. html.

[2] 申欣旺：“应对全球变暖：困顿和出路”，载《中国社会导刊》2008 年第 1 期，第 21 页。

[3] 姜冬梅、张孟衡、陆根法主编：《应对气候变化》，中国环境科学出版社 2007 年版，第 49 ~ 50 页。

[4] 马镶聪主编：《国际环境法导论》，社会科学文献出版社 1994 年版，第 47 页。

[5] 姜冬梅、张孟衡、陆根法主编：《应对气候变化》，中国环境科学出版社 2007 年版，第 49 页。

变化影响可能采取的对策；（4）确定和加强有关气候问题的现有国际法规；（5）将来可能列入国际气候公约的内容。该决议还呼吁各国政府、政府间组织和非政府间组织将应对气候变化作为优先事项。大会还批准了联合国环境规划署和世界气候组织关于成立 IPCC 的建议。

1989 年 3 月，防止全球气候变暖的《海牙宣言》提出：必须采取强制手段来推动地球温室效应的防止对策，组织具有决策力的国际性权威机构，呼吁各国制订实施对策。[1] 1989 年 11 月在荷兰诺德维克召开的气候变化的部长级会议提出了设立二氧化碳排放目标的建议。会议认为有必要控制、稳定二氧化碳和《蒙特利尔议定书》未控制的其他温室气体的排放。[2] 此次大会通过了《关于防止大气污染与气候变化的诺德维克宣言》，提出人类正面临人为所致的全球气候变化的威胁，决定召开世界环境问题会议，讨论制定防止全球气候变暖公约的问题。此前，尽管诸多宣言、公报或其他文件也多次提及气候变化问题，但这些文件在启动气候变化公约谈判上的作用远不及《诺德维克宣言》。[3] 1990 年 8 月，IPCC 通过了气候变化第一次评估报告。报告全面评价了近 10 年来气候变化的研究成果，并确认如下几点结论：自然温室效应确实使地球比其他时期更暖，人类活动排放的结果导致大气中温室气体的浓度稳定上升。[4] 该报告还指出，如对人类活动的温室气体的排放不加控制，21 世纪地球的温度将上升 2 ~ 5℃。这是地球在过去亿万年内所没有过的变化。它将导致地球海平面在 21 世纪末升高 65cm。该报告为 1992 年《联合国气候变化框架公约》提供了较为充分的科学和技术基础，对于促进该公约的形成起到了关键性的作用。

1990 年 10 月，第二届世界气候大会在日内瓦召开，会议审查并接受了 IPCC 提交的第一次气候变化评估报告。这份报告提供了气候变化的科学依据，呼吁立即开始关于气候变化公约的谈判，并通过了一项《部长宣言》。该宣言指出，控制二氧化碳等气体排放量，保护全球气候是各国的共同责任。作为温室气体主要排放源的西方工业国家对此负有特殊责任，它们必须起带头作用，承诺采取行动，降低其在全球温室气体净排放量中的比例；它们还必须加强同

---

[1] 杨兴：《“气候变化框架公约研究”——国际法与比较法的视野》，中国法制出版社 2009 年版，第 11 页。

[2] 王曦编著：《国际环境法》，法律出版社 1998 年版，第 160 页。

[3] 国家气候变化对策协调小组办公室/中国 21 世纪议程管理中心：《全球气候变化——人类面临的挑战》，商务印书馆 2004 年版，第 140 页。

[4] 李政道等主编：《绿色战略——21 世纪中国环境与可持续发展》，青岛出版社 1997 年版，第 347 页。

发展中国家的合作，向发展中国家提供充分的额外资金，并以公开和最优惠的条件转让环保技术，以提高发展中国家的能源使用效率，降低二氧化碳的排放量。《部长宣言》还希望发展中国家在可行的限度内，在考虑到外债负担问题和自身经济条件的同时，采取适当的行动努力为保护全球环境作出贡献。其最后强调，必须加强对气候、气候变化和海平面上升等问题的研究，提高对气候变化及其不利影响的认识，增强人类预测气候和气候变化、制订健全的应对战略的能力。[1] 该宣言虽然未明确提出控制温室气体排放的目标，但实质上在"共同但有区别的责任"原则、可持续发展原则、风险预防原则等问题上达成了一致。可以说，该宣言的通过为起草《气候变化框架公约》奠定了比较坚实的基础。其中的很多内容，后来在《气候变化框架公约》中得到了相应的体现。

以 IPCC 提交的第一次气候变化评估报告为基础，1990 年 12 月，第 45 届联合国大会通过了关于保护气候的第 45/212 号决议。决议成立一个气候变化框架公约政府间谈判委员会（NIC），具体负责公约的谈判和制定工作，正式启动了《气候变化框架公约》的谈判进程。

三、发展中国家应对气候变化谈判的基本立场

1991 年 6 月，应中国政府邀请，41 个发展中国家在北京举行了"发展中国家环境与发展部长级会议"。召开这次会议的一个很重要的动因，是之前的许多会议上发达国家总是企图回避其在气候变化问题上的主要责任。在这次会议上，中国和印度阐明了本国对气候变化谈判的立场、观点以及对公约草案有关问题的意见，要点如下：[2]（1）无论从历史还是现实情况看，发达国家都应对温室气体的超量排放负主要责任，应率先采取行动，并对保护全球气候承担主要义务；（2）国际社会应创造条件，鼓励发展中国家广泛而有效地参与气候变化框架公约的谈判；（3）公约应建立向发展中国家提供新的、额外的、充足的资金与优惠的、非商业性技术转让的适当的机制；（4）发展中国家受气候变化不利影响的危害最深，在公约谈判中应考虑到发展中国家的国民经济和社会发展的需要；（5）加强发展中国家气候监测和气候变化及其影响与对策的研究，加强科技合作；（6）发展中国家在谈判中应加强磋商、协调立场，发挥积极作用。而会议通过的《北京宣言》对 41 个发展中国家关于气候变化问题的整体立场进行了更全面、更系统的规定。这些规定在不同程度上吸收了

---

[1][2] 韩健等：《国际环境法》，武汉大学出版社 1992 年版，第 195～196 页。

中国和印度两国的立场和观点。如该宣言在第二节中指出：[1] 我们严重关切导致气候变化的温室气体的不断增加及其对全球生态系统可能产生的影响，特别是对发展中国家尤其是岛屿和低地的发展中国家构成的威胁，应从历史的、积累的和现实的角度确定温室气体排放的责任，解决办法应以公平原则为基础，造成污染多的发达国家应多承担义务。发达国家应承担的义务包括：采取措施制止人为引起的气候变化，建立保障发展中国家环境安全和发展的机制，包括为此以优惠或非商业性条件向发展中国家转让技术。

《北京宣言》强调：正在谈判中的气候变化框架公约应确认发达国家对过去和现在温室气体的排放负主要责任，发达国家必须立即采取行动，确定目标，以稳定和减少这种排放。近期内不能要求发展中国家承担义务。但是应该通过技术和资金合作鼓励它们在不影响日益增长的能源需要的前提下，根据其计划和重点，采取有助于经济发展和解决气候变化问题的措施。框架公约必须包含发达国家向发展中国家转让技术的明确承诺，建立一个单独的资金机制。并且开发经济上可行的、新的和可再生的能源以及建立可持续的农业生产方式，作为缓解气候变化主因的重要步骤。此外，发展中国家在解决气候变化带来的不利影响时必须获得充分必要的科技和资金合作。应当注意到，这是一次在没有发达国家参与下举行的环境会议。虽然这并不是应对气候变化问题的专题会议，但这次会议针对气候变化问题所提出的主张，集中反映了广大发展中国家要求平等地参与全球环境保护事业的意愿。《气候变化框架公约》的不少规定就吸收了这次会议的成果。[2]

1991 年 9 月，加拉斯加会议召开前不久，在前联合国贸发会议秘书长加马尼·科里亚的主持下召开了一次工作组会议。关于气候变化，该工作组支持这样的原则，即每个国家有权排放的数量应以全世界居民有平等排放权利为基础来制订。[3] 1991 年 11 月在加拉斯加举行的 15 国集团第二次首脑会议上，主要发展中国家也表达了第三世界保护环境的意愿。它们指出，发展中国家的首要问题，是以经济上的、环境上的可持续发展方式重振经济，结束贫困和实现增长。它们强调，在全世界实现环境方面的可持续发展上，发达国家负有最大的责任。这些会议和北京会议都强调了发展中国家争取自身权益的愿望，反映了发展中国家承担气候变化责任的原则和基础，是包括中国在内的广大发展中

---

[1] 王曦主编：《国际环境法资料选编》，民主与建设出版社 1999 年版，第 770 页。

[2] 杨兴：《“气候变化框架公约研究”——国际法与比较法的视野》，中国法制出版社 2009 年版，第 15 页。

[3] 〔圭亚那〕施里达斯·拉夫尔：《我们的家园——地球》，夏堑堡等译，中国环境科学出版社 1993 年版，第 247～248 页。

国家参与国际气候谈判的底线。

第二节 国际气候谈判前期的主要成果

一、《联合国气候变化框架公约》

IPCC 于 1991 年 2 月至 1992 年 5 月间共举行了六次会议，发达国家与发展中国家，甚至欧美国家相互之间对一些关键条款立场迥异，反复争执。最终在巴西里约热内卢环境与发展大会召开在即的大背景下，各方经过妥协、让步，于 1992 年 5 月 9 日在纽约通过了《联合国气候变化框架公约》以下简称《公约》)。同年，联合国环境与发展大会（即里约地球峰会）上，154 个国家签署了《公约》。《公约》将世界各国分为两组：对人为产生的温室气体排放负主要责任的工业化国家（通常称附件一国家）和未来将在人为排放中增加比重的发展中国家（通常称非附件一国家)。1992 年 6 月 11 日，中国政府签署了《公约》，同年底，全国人大常委会审议并批准了《公约》，我国成为《公约》最早的 10 个缔约方之一。《公约》在 1994 年 3 月 21 日第 50 个国家批准加入后生效。这标志着气候变化问题正式纳入国际法的调整范畴。该《公约》由序言、26 条正文和两个附件组成，其宗旨是为当代和后代保护气候系统，防止和控制人类活动引起气候变化，主要包括如下内容。[1]

（一）《公约》的目标

为当代和后代保护地球气候系统，《公约》第 2 条将最终目标规定为："公约及其缔约方会议可能通过的任何相关法律文书的最终目标是：'将大气中温室气体的浓度稳定在防止气候系统受到危险的人为干扰的水平上。这一水平应当在足以使生态系统能够自然地适应气候变化、确保粮食生产免受威胁并使经济能够可持续进行的时间范围内实现。'"

（二）《公约》的基本原则

为实现最终目标，《公约》第 3 条规定了用于指导缔约方采取履约行动的五项原则：

1. "共同但有区别的责任"原则

《公约》第 3 条第 1 款规定："各缔约方应当在公平的基础上，并根据它们共同但有区别的责任和各自的能力，为人类当代和后代的利益保护气候系

---

[1] 国家气候变化对策协调小组办公室/中国 21 世纪议程管理中心：《全球气候变化——人类面临的挑战》，商务印书馆 2004 年版，第 141～143 页。

统。因此，发达国家缔约方应当率先对付气候变化及其不利影响。”这是第一次在国际条约中明确使用“共同但有区别的责任”的措辞，《公约》关于该原则的规定后来被随后的国际法文件所频繁引用，表明其具有积极的意义。

2. 充分考虑发展中国家的具体需要和国情原则

《公约》第3条第2款规定：“应当充分考虑到发展中国家缔约方尤其是特别易受气候变化不利影响的那些发展中国家缔约方的具体需要和特殊情况，也应当充分考虑到那些按本公约必须承担不成比例或不正常负担的缔约方特别是发展中国家缔约方的具体需要和特殊情况。”

3. 风险预防原则

《公约》第3条第3款规定：“各缔约方应当采取预防措施，预测、防止或尽量减少引起气候变化的原因并缓解其不利影响。当存在造成严重或不可逆转的损害的威胁时，不应当以科学上没有完全的确定性为理由推迟采取这类措施，同时考虑到应付气候变化的政策和措施应当讲求成本效益，确保以尽可能最低的费用获得全球效益。为此，这种政策和措施应当考虑到不同的社会经济情况，并且应当具有全面性，包括所有有关的温室气体源、汇和库及适应措施，并涵盖所有经济部门。应付气候变化的努力可由有关的缔约方合作进行。”

4. 促进可持续发展原则

《公约》第3条第4款规定：“各缔约方有权并且应当促进可持续的发展。保护气候系统免遭人为变化的政策和措施应当适合每个缔约方的具体情况，并应当结合到国家的发展计划中去，同时考虑到经济发展对于采取措施应付气候变化是至关重要的。”

5. 开放经济体系原则

《公约》第3条第5款规定：“各缔约方应当合作促进有利的和开放的国际经济体系，这种体系将促成所有缔约方特别是发展中国家缔约方的可持续经济增长和发展，从而使它们有能力更好地应付气候变化的问题。为对付气候变化而采取的措施，包括单方面措施，不应当成为国际贸易上的任意或无理的歧视手段或者隐蔽的限制。”

（三）《公约》的体系、结构

《公约》由前言、26条正文和两个附件组成。包括公约目标、原则、承诺、研究与系统观测、教育培训和公众意识、缔约方会议、秘书处、公约附属机构、资金机制和提供履行公约的国家履约信息通报及公约有关的法律和技术等条款。

（四）缔约国义务

《公约》将缔约方分为附件一缔约方、附件二缔约方和发展中国家缔约方三类。根据“共同但有区别的责任”原则，以及各自具体的国家和区域发展优先顺序、目标和情况，《公约》对三类缔约方的减排义务作出差别规定。

1. 一般性义务

一般性义务是所有缔约方都要履行的义务。根据《公约》第 4 条第 1 款，具体包括：（1）编制、定期更新、公布和报告《蒙特利尔议定书》未予管制的所有温室气候的各种源的人为排放和各种汇的清除的国家清单；（2）制订、执行、公布和经常地更新国家的以及在适当情况下区域的计划以及便利充分地适应气候变化的措施；（3）在所有有关部门，包括能源、运输、工业、农业、林业和废物管理部门，促进和合作发展、应用和传播（包括转让）各种用来控制、减少或防止《蒙特利尔议定书》未予管制的温室气体的人为排放的技术、做法和过程；（4）促进可持续地管理，并促进和合作酌情维护和加强《蒙特利尔议定书》未予管制的所有温室气体的汇和库；（5）合作为适应气候变化的影响做好准备，拟订和详细制订关于沿海地区的管理、水资源和农业以及关于受到旱灾和沙漠化及洪水影响的地区特别是非洲的这种地区的保护和恢复的适当的综合性计划；（6）各国应将气候变化纳入有关的社会、经济和环境政策及行动中，通过制订和采取适当办法，以尽量减少其为减缓或适应气候变化而进行的相关政策、措施对经济、公共健康和环境质量产生的不利影响；（7）促进和合作进行关于气候系统的科学、技术、工艺、社会经济和其他研究、系统观测及开发数据档案；（8）促进和合作进行关于气候系统和气候变化以及关于各种应对战略所带来的经济和社会后果的科学、技术、工艺、社会经济和法律方面的信息交流；（9）促进和合作进行与气候变化有关的教育、培训和提高公众意识的工作，并鼓励人们对这个过程最广泛参与；（10）向缔约方会议提供有关履行的信息。

2. 具体义务

《公约》就附件一和附件二缔约方的具体义务作出规定。

根据《公约》第 4 条第 2 款，附件一缔约方（发达国家缔约方和其他缔约方），主要是指工业化国家缔约方和正在朝市场经济过渡的缔约方。这些缔约方“应制定国家政策和采取相应的措施，通过限制其人为的温室气体排放以及保护和增强其温室气体库和汇，减缓气候变化”。其中签署了《京都议定书》的缔约方答应要以 1990 年的排放量为基础进行减排，承担削减排放温室气体的义务。如果不能完成削减任务，可以从其他国家购买排放指标。

附件二缔约方（发达国家缔约方和其他发达缔约方）。这些缔约方不承担具体削减义务，但承担为发展中国家提供资金、技术援助等的义务，“还应帮助特别易受气候变化不利影响的发展中国家缔约方支付适应这些不利影响的费用”。

发展中国家缔约方。这些缔约方不承担削减义务，以免影响经济发展，可以接受发达国家的资金、技术援助，但不得出卖排放指标。《公约》特别强调，“发展中国家缔约方能在多大程度上有效履行其在本公约下的承诺，将取决于发达国家缔约方对其在本公约下所承担的有关资金和技术转让的承诺的有效履行，并将充分考虑到经济和社会发展及消除贫困是发展中国家缔约方的首要和压倒一切的优先事项”。

（五）《公约》的组织

《公约》设立缔约方会议（Conferences of the Parties，COP），是本《公约》的最高机构。缔约方会议定期评审《公约》和缔约方会议通过的任何相关法律文书的履行情况，并在职权范围内作出必要的决定，促使《公约》得以有效履行。

《公约》下设两个附属机构：附属科学技术咨询机构（SBSTA）和附属执行机构（SBI）。《公约》附属科技咨询机构的任务是就与《公约》有关的科学和技术事项、向缔约方会议并酌情向缔约方会议的其他附属机构及时提供信息和咨询，主要包括：（1）评估有关气候变化及影响的最新科学知识；（2）就履约所采取措施的影响进行科学评估；（3）就促进技术开发和转让的途径与方法提供咨询；（4）就有关气候变化的科学计划和研究与发展的国际合作，以及就支持发展中国家建立自生能力的途径与方法提供咨询等。相对而言，《公约》附属执行机构的任务是协助缔约方会议评估和审评《公约》的有效履行，主要包括在考虑国家通讯所提交的有关温室气体清单、为履行《公约》而采取或设想的措施等信息，参照有关气候变化的最新科学评估的基础上，评估各缔约方所采取步骤的总体综合影响。另一方面，考虑附件一缔约方在国家通讯中提供的为履约而采取的政策和措施，以及具体评估这些政策和措施对温室气体源、汇的影响，以协助缔约方会议进行《公约》现有承诺是否充分的评审等。

“联合国气候变化框架公约”（UNFCCC）也是负责支持该《公约》实施的联合国秘书处的名称。秘书处负责安排缔约方会议及附属机构会议，并提供所需的服务，汇编和转递向其提交的报告，与其他有关国际机构进行必要的协调。

（六）有关资金机制的规定

向发展中国家提供与履行《公约》有关的资金，是发展中国家履行《公约》的重要前提条件。经过多轮谈判，《公约》确定建立一个在赠予或转让基础上提供资金，包括用于技术转让资金的机制，并确定全球环境基金（GEF）为《公约》资金机制的一个临时经营实体，同时保留了今后增加其他机构作为经营实体的可能性。

在《公约》第一次缔约方会议上，作出了“关于资金机制经营实体的政策、计划优先顺序和资格标准的初步指导方针”（第11/CP.1号决定），规定只有批准了《公约》的发展中国家缔约方才有资格获得资金机制的资助，要把为发展中国家缔约方编写国家信息通报提供全部费用放在优先地位，在最初阶段的重点应当放在发展中国家提高能力的活动上，如加强机构、培训、研究和教育等，资助发展中国家旨在加强履行《公约》的研究和技术能力的活动，增进对气候变化和响应措施的公众意识和教育，资助发展中国家根据本国优先发展顺序确定和实施针对气候变化问题的计划，以及对气候变化的不利影响的研究和适应能力等方面。

在以后的历次缔约方会议上，根据发展中国家提出的意见，又多次作出决定，要求全球环境基金遵循缔约方会议的有关决定，采取简化程序等措施加速资金的核准和拨付，并为发展中国家实施气候变化的适应措施、评估技术需求、参加系统观测网、准备初始和以后的国家信息通报、研究制订国家对付气候变化的计划、加强和促进气候变化的公众意识等活动提供资金支持。

（七）有关技术转让的规定

《公约》规定，“附件二所列发达国家缔约方和其他发达缔约方应采取一切实际可行的步骤，酌情促进、便利和资助向其他缔约方特别是发展中国家缔约方转让或使它们有机会得到无害环境的技术和专有技术，以使它们能够履行本公约的各项规定。”“发达国家缔约方应支持开发和增强发展中国家缔约方的自生能力和技术。”同时，规定资金机制应在赠予或转让的基础上提供用于技术转让的资金。

（八）有关能力建设的规定

由于发展中国家对付气候变化的能力有限，广大发展中国家强烈要求发达国家提供支持，加强发展中国家的能力建设。在1999年的第五次缔约方会议上，通过了一项关于发展中国家能力建设的决定（第10/CP.5号），承认发展中国家需要加强能力建设，强调了发展中国家的能力建设必须是以发展中国家为主，反映发展中国家的优先需要，在发展中国家执行，并决定《公约》资金机制要为此提供资金和技术支持。决定还以附录的形式列举了发展中国家能力建设的需求，包括机构能力建设，清洁发展机制能力建设，人力资源开发，技术转让，国家信息通报，对气候变化的适应，公众意识，协调与合作，决策等方面。

该《公约》明确规定发达国家与发展中国家负有共同但有区别的责任，

即各缔约方均有义务采取行动对付气候变化，但发达国家对气候变化负有历史和现实的责任，理应承担更多义务，而发展中国家的首要任务是发展经济、消除贫困。该《公约》体现了尊重历史和现实，要求广大国家公平承担气候变化责任的宗旨，在很大程度上维护了发展中国家的利益。《公约》虽要求发达国家多承担责任，但仅规定发达国家应在20世纪末将其温室气体排放恢复到其1990年的水平，没有为发达国家规定具体的量化减排指标，有待以后确定，这显示了《公约》的局限性和不彻底性。但瑕不掩瑜，这是第一个全面控制二氧化碳等温室气体排放以对付全球变暖给人类经济和社会带来不利影响的公约，是环境与发展领域中影响最大、涉及面最广、意义最为深远的国际法律文书。《公约》的最终目标是将大气中温室气体的浓度稳定在防止气候系统受到危险的人为干扰的水平上，从而使生态系统能够自然地适应气候变化，确保粮食生产免受威胁，并使经济发展能够可持续地进行。《公约》最重要的原则是各缔约方应当在公平的基础上，根据它们共同但有区别的责任和各自的能力，为人类当代和后代的利益保护气候系统。[1]

《公约》规定，每年都要举行一次《气候变化框架公约》缔约方会议（以下简称缔约方会议），就《公约》的履行等具体问题进行磋商。自《公约》于1994年3月生效以来，不同的国家和利益集团围绕如何履约一直在展开着尖锐的斗争，集中表现在历次的《公约》缔约方会议的具体谈判活动中。

（九）《公约》谈判中的各利益集团

在《公约》谈判中，主要形成了欧盟、“伞形集团”（美、日、加、澳、俄等发达国家组成）、“77国集团加中国”三个集团。这三大集团的角逐决定了《公约》谈判的基本格局。欧盟各国国内环保实力较强，力图在国际上抓环保旗帜，且因清洁能源在其能源构成中比例较大，并拥有先进的环保技术和较充足的资金，极力要求立即采取较激进的减、限排温室气体措施。“伞形集团”多为能源消耗大国，反对立即采取减、限排措施。“77国集团加中国”集团庞大，到目前为止尚能在一些重大问题上团结一致，但内部也存在一些分歧，多数发展中国家反对在目前情况下立即采取减、限排措施，不希望减、限排措施阻碍其自身的发展。产油国担心减、限排措施会影响其石油生产与出口。以小岛国为首的受气候变化不利影响较大的发展中国家，与欧盟持相似观点。

---

[1] 许小峰、任国玉、王守荣、张政：“气候变化问题与我国的应对战略”，载《中国软科学》2004年第1期，第24页。

二、《京都议定书》

(一)《京都议定书》出台背景

《京都议定书》的核心问题是如何落实《公约》提出的目标。谈判从1995年柏林召开的第一次缔约方会议(COP1)开始启动,经过1996年日内瓦举行的COP2,最终在1997年日本京都召开的COP3上通过了《京都议定书》。自此之后,历次缔约方会议都围绕《京都议定书》具体实施规则进行谈判,《京都议定书》生效之后也是如此。

1. COP1与《柏林授权书》

1995年2月16~17日《联合国气候变化公约》政府间谈判组织(INC)召开了第11次会议,讨论了《公约》第一次缔约方会议的会议安排,小岛国联盟和经合组织国家(OECD)提出应在《公约》后续议定书中,规定更严格的减排义务以弥补《公约》第4条第2款(a)项和(b)项的不足,但遭到俄罗斯和欧佩克(OPEC)国家的反对。1995年2月17日至20日在菲律宾首都马尼拉召开了气候变化亚太首脑会议,其会议成果《马尼拉宣言》要求对发展中国家利益给予特别关注,发达国家应对气候变化承担主要义务。

1995年3月28日至4月7日,在德国柏林举行了第一次缔约方会议。出席大会的有117个缔约方和53个观察员国家的正式代表,还有196个观察员组织的代表。这些观察员组织包括联合国秘书处、联合国专门机构、政府间组织和非政府间组织。[1] 会议的核心议题是如何强化发达国家的温室气体减排义务。而对于如何加强发达国家义务,发达国家与发展中国家的主张和出发点截然不同。而且欧盟与美国也有矛盾,发展中国家内部也有不同意见。发达国家(特别是美国)主张在它们承担减排义务时,发展中国家也必须承担新义务,而发展中国家坚决不能同意超越《公约》的内容,对非附件一国家引进任何新义务。经过激烈的斗争,会议最终通过了包括《柏林授权书》在内的21项决定,并就各缔约方所应承担义务的充分性问题达成了协议,维护了《公约》的规定,明确了不给发展中国家增加新义务。会议还决定成立“柏林授权特别小组”(AGBM)以展开《公约》的后续法律文件谈判,为1997年年底在日本举行的第三次缔约方会议起草一项议定书或某一种法律文件,以强化发达国家应承担的温室气体减排义务,并同时促进发展中国家在内的各缔约方履行《公约》规定的承诺。总之,从《柏林授权书》的最终内容看,其显然体现了中国、印度等国的立场,是一份以“共同但有区别的责任”原则为基础的国

[1] 王曦编:《国际环境法》,法律出版社1998版,第169页。

际法文件。就本次会议的谈判情形来看，会议所产生的争论，实质上是围绕着发达国家和发展中国家是否应在“共同但有区别的责任”原则的框架下履约，以及如何在该原则的框架下履约的问题。此后，历次缔约方会议的谈判都或多或少与这条中心线索有着千丝万缕的联系，这也在很大程度上决定了气候变化的国际谈判的大致动向。❶

2. COP2 与《日内瓦部长宣言》

1996 年 7 月 8 日至 19 日在日内瓦举行了《公约》第二次缔约方会议（COP2）。政府间气候变化专门委员会向 COP2 提交了“气候变化 1995”的第二次气候变化评估报告，证实气候变化问题日趋严重，迫切需要人类采取连贯的预防行动。COP2 充分肯定这份报告是对气候变化问题的影响、现有应对措施的最全面、最权威的评估，认为该报告为全球性、区域性和主权国家内部的气候治理应立即采取行动——特别是发达国家、经济转轨国家——以限制、减少温室气体排放，并为所有缔约方须拟定一项议定书提供了科学的依据。会议所取得的最重要的法律成果是《日内瓦部长宣言》这一“软法”文件。该宣言重申了“共同但有区别的责任原则”“风险预防原则”等重要原则，指出各国须加速谈判，及时完成一项具备法律效力的议定书或另一法律文书案文，以供《公约》第三次缔约方会议（COP3）通过。此次会议为《京都议定书》的出台扫除了障碍，使得气候变化谈判向前迈出了极其关键的一步。

3. COP3 与《京都议定书》

1997 年 12 月 1 日至 11 日，《公约》第三次缔约方会议（COP3）在日本京都举行。有 150 多个国家的代表团、20 多个国家的观察员代表以及非政府组织的代表等共 5000 余人出席了会议。此次会议的宗旨是确定一个具有法律约束力的温室气体的减排目标和期限，以使发达国家更有效地降低温室气体的排放量，尽快抑制全球气候变暖的趋势。为了进一步加强发达国家在 2000 年之后减排温室气体的力度，本次大会特地将削减发达国家的温室气体的排放量作为中心议题予以审议。发达国家基于自身利益考虑，减排目标制订得都较低❷，并且强烈支持所谓的“新西兰提案”，即意图对富有的发展中国家确立减排义务。❸ 这显然违背《柏林授权书》，因而遭到中国和“77 国集团”的反

---

❶ 杨兴：《“气候变化框架公约研究”——国际法与比较法的视野》，中国法制出版社 2009 年版，第 19 ~ 22 页。

❷ 如日本，承诺到 2010 年使二氧化碳排放量比 1990 年减少 5%；欧盟，承诺到 2015 年使二氧化碳排放量比 1990 年减少 15%；美国，承诺到 2010 年只能使二氧化碳排放量维持在 1990 年水平上。

❸ Barry E. Carter & Phillip R. Trimble, *International Law*, *Aspen Law & Business*, A Division of Aspen Publishers, Inc. 1999, p. 1112.

对。会议各方经过激烈和艰难的谈判磋商，于 1997 年 12 月 11 日由 160 个会员以第 1/CP. 3 号决定通过了具有里程碑意义的《京都议定书》，其主要内容为限制和减少温室气体排放。《京都议定书》是一份具有里程碑意义的国际气候治理法律文件，其最大的成果就是首次为附件一国家（发达国家与经济转轨国家）规定了具有法律约束力的定量减排目标，但没有为发展中国家规定任何减排或限排义务，符合《柏林授权书》的精神和规定，它也为其后的气候谈判奠定基础，建立框架。[1]

（二）《京都议定书》的主要内容

1. “京都机制”

《京都议定书》第 6 条、第 12 条和第 17 条规定了以联合履约（JI）、清洁发展机制（CDM）和排放贸易（ET）为核心的“京都机制”。所谓“联合履约”，是指附件一国家之间通过项目合作，对其实现的减排单位经过核证，可以进行转让或交易（EUR）。清洁发展机制是指发达国家提供资金和技术，与发展中国家开展项目合作，实现“经核证的减排量”（CER），从而大幅削减其在国内实现减排所需的费用。排放贸易，是指发达国家将其超额完成的减排义务指标，以贸易方式（而不是项目合作的方式）直接转让给另外一个未能完成减排义务的发达国家。“京都机制”本来是作为“国内行动的补充”措施出台的，[2] 但对何谓“补充性”的排放削减，却没有明确规定，这为缔约方规避减排义务留下口实。对于通过清洁发展、联合履约所得到的减排量，能否通过排放量贸易卖给其他国家——这个问题，反对声音最多，很多学者都认为排放贸易机制的确立违反《京都议定书》，它的适用阻碍真正有意义的减排活动。对于清洁发展机制可适用于哪些减排领域，也是争议焦点。美国和日本认为，这应该由活动的实施国（发展中国家）来决定其内容，而欧盟则强调清洁发展机制应限定在可再生能源、能效提高和住宅、消费、交通等需求方管理的活动清单范围内。

2. “碳吸收汇”

碳吸收汇是指土地利用与土地利用变化活动（如造林及农业土壤等），对大气中二氧化碳的吸收作用。《京都议定书》第 3 条第 3 - 4 项中提出，通过土地利用变化、造林和改善农田管理等措施来增加二氧化碳吸收量，可以抵消本国碳排放指标（京都指标），即所谓的“吸收汇”问题。但对于其他能带来

---

[1] 中国政府已于 1998 年 5 月 29 日签署了《京都议定书》。

[2] 《京都议定书》第 6 条第 1 款规定：“（d）减少排放单位的获得应是对为履行依第三条规定的承诺而采取的本国行动的补充。”

温室气体排放变化的活动，能不能以及什么时候、以什么方式用于完成议定书的指标，并未作出明确规定。关于碳吸收汇问题谈判争论的核心，是发达国家是否应采取切实的国内减排行动。因为从理论上讲，森林和农业土壤等吸收碳的潜力很大，且比在能源部门减排二氧化碳的成本要低得多，如果允许不加任何限制地使用，则某些发达国家可能基本上不需采取什么实质性的减排行动，就可以实现《京都议定书》规定的目标，使得经过艰苦努力谈成的《京都议定书》事实上失去意义。❶ 环境 NGO 和发展中国家一直反对规定“吸收汇”条款，但澳大利亚、加拿大和新西兰等森林面积大的国家强烈要求，最终《京都议定书》采纳了它们的主张，但将吸收汇范围严格限定在 1990 年以后，并且是直接的人为造林、再造林和森林砍伐部分。❷

3. 履约机制

《京都议定书》第 18 条规定，“作为本议定书缔约方会议的《公约》缔约方会议，应在第一届会议上通过适当且有效的程序和机制，用以继定和处理不遵守本议定书规定的情势，包括就后果列出一个示意性清单，同时考虑到不遵守的原因、类别、程度和频度。依本条可引起具拘束性后果的任何程序和机制应以本议定书修正案的方式予以通过”。但这一规定仅仅是原则性的要求，不具有强制力的履约机制，这是《京都议定书》一大致命缺陷。履约机制中的焦点问题，是对不履约行为的惩罚措施，各国分歧很大。❸

4. 国家信息通报与履约监督

根据《公约》，缔约国必须在 2007 年以前建立估算温室气体人为排放和吸收量的制度，缔约方国家每年必须向缔约方大会提交各自的温室气体人为排放和吸收量的目录清单以及相关的国家信息。COP5（波恩会议）及 SB13（附属机构）会议上，分别通过了缔约国信息通报的相关指南以及信息审查的基本框架。但是对于各国进行信息通报的形式、信息公开程度等细节问题没有确定。实际上，如果没有解决“京都机制”涉及的排放量转让和购买方法问题，

---

❶ 《〈京都议定书〉简述》，中国气候变化信息网，载 http：//www. ccchina. gov. cn/cn/NewsInfo. asp? NewsId =3759，2013 年 12 月 25 日访问。

❷ 2000 年的 COP6 上，伞形国家主张将吸收汇在第一承诺期的使用作为其批准议定书的前提，但欧盟认为吸收汇的存在不能确保《京都议定书》目标的实现，也不能解决今后长期存在的问题，因此极力反对。伞形国家和欧盟的对立，直接导致 COP 决裂。2001 年波恩续会期间，针对吸收汇各国共提出了 3 种对立方案，一律不纳入减排业绩中，各个国家根据其估算的吸收量通过谈判决定，统一规定一个上限值。在最后形成的《波恩协议》中重申了可以从各国减排量中扣除森林固定 CO_2 部分的原则，但同时规定其总量不得超过所确定的各国减排目标的上限值。

❸ 1999 年的 COP5 通过《波恩协议》，因为对履约的手续、机制问题没有达成协议，决定该问题将在《京都议定书》生效后，由最初的加盟国联合会议表决。

没有解决碳吸收汇的定义及扣除方法，信息通报与履约监督问题也难以取得实质性进展。

5. 对发展中国家的援助、补偿、技术转让和能力建设

根据《公约》要求，发达国家承担对发展中国家实施环境保护技术和知识转让，同时提供资金以提高发展中国家的开发能力的义务。对这一规定，发展中国家认为发达国家的援助总体上来说是远远不够的。在 SB13 上，发展中国家提出要设立一定资金规模的气候基金，同时还要求设立针对技术转让的实施监督机构和信息搜集发布的区域中心；而发达国家主张，发展中国家应立足于现有资金机制的充分利用，同时要努力改善自身的投资环境。2001 年 COP6 续会通过了《波恩政治协议》，明确应设立面向技术转让和支援发展中国家的特别气候变化基金，设立支援发展中国家开展应对气候变化活动的基金，同时还应设立“适应基金”以帮助发展中国家开展长期气候变化应对行动，该基金从清洁开发机制（CDM）的收益中支付。但由于美国不是《波恩协议》的缔约方，拒绝向发展中国家提供资金援助，因此《波恩协议》的成果仍悬而未决。

三、促使《京都议定书》生效的国际气候谈判

《京都议定书》第 25 条规定，要使该议定书成为生效的国际法，须达到以下条件：(1)《京都议定书》应得到不少于 55 个公约缔约方的批准书、接受书、核准书或加入书；(2) 其合计二氧化碳排放总量至少达到《京都议定书》附件一规定缔约方的 1990 年二氧化碳排放总量的 55%。以上条件均得到满足后 90 天，《京都议定书》正式成为具有强制力的国际法。人们普遍认为《京都议定书》的达成是极富历史意义的，认为该议定书使得《公约》的实施向前迈出了极其重要的一步，标志着气候变化的国际谈判进入了建设性的发展阶段。但人们很快便发现高兴得太早，因为本次会议达成的协议掩盖了各国之间严重的分歧，许多严峻的问题仍然悬而未决。这表明，《京都议定书》仍充满争议，此后，《公约》成员国每年缔约方会议关于国际气候谈判的争议、焦点和悬而未决的问题，实际上就是围绕气候变化问题和《京都议定书》的具体实施规则而展开讨论、谈判的。

(一) COP4 与《布宜诺斯艾利斯行动计划》

《公约》第四次缔约方会议（COP4）于 1998 年 11 月 2—14 日在阿根廷首都布宜诺斯艾利斯举行，会议最终通过了包括《布宜诺斯艾利斯行动计划》《审评资金机制》等在内的 19 项决定，这些法律成果也在一定程度上体现了

发展中国家的利益。《布宜诺斯艾利斯行动计划》是此次会议所取得的最主要的成果，其使得发达国家让发展中国家承担义务的企图未能得逞，体现了“共同但有区别的责任原则”的要求。该计划将第六次缔约方会议召开的年份，即2000年确定为达成议定书的具体实施细则的最后期限。《布宜诺斯艾利斯行动计划》还决定下列问题应在这一最后期限制定实施规则，❶ 即资金机制、技术的开发和转让、《公约》第4条第8款和第9款的执行情况（即关于考虑对发展中国家的不利影响的规定的执行情况）、试验阶段共同执行的活动、《京都议定书》机制的工作方案和《公约》缔约方会议兼第一届《京都议定书》缔约方会议的筹备工作。该计划还要求以上每个项目应在其时限内取得重大进展。

（二）COP5 及其成果

《公约》第五次缔约方会议（COP5）于1999年10月25日至11月5日在德国波恩举行。会议就《京都议定书》生效所需的具体细则进行磋商，主要议题包括发展中国家的参与、京都机制、遵约程序、吸收汇等。大会通过了22项无实质意义的决定，大体明确了第六次缔约方会议的主要任务和中心议题。如大会通过了商定《京都议定书》有关细节的时间表，该时间表要求，2000年在荷兰海牙召开的第六次缔约方会议上将完成对《京都议定书》细节的磋商，从而为各国尽早通过该议定书创造条件。大会还就提高发达国家温室气体排放报告的准确性以及准确测量温室气体排放量等技术问题取得了一致的意见，并为2000年的继续磋商确定了有关机制。会议还通过了《公约》附件一缔约方的《国家信息通报编制指南》《温室气体清单技术审查指南》和《全球气候观测系统报告编写指南》等文件。到本次会议结束，批准议定书的18个国家全是发展中国家。发达国际迟迟不愿通过议定书，而是继续就京都机制的执行规则争执不休，这引起包括“77国集团”和中国在内的广大发展中国家的强烈不满。

（三）COP6 及其续会

1. COP6 的无奈

《公约》第六次缔约方会议（COP6）于2000年11月13日至25日在荷兰海牙召开，会议的主要目的是提出落实《京都议定书》的具体措施，以切实履行发达国家在日本京都作出的减排温室气体的承诺，同时发展中国家期望通

❶ 联合国环境规划署：《环境法教程》，王曦主编/译，法律出版社2002年版，第221页。

过这次会议得到发达国家向它们转让清洁能源技术的保证。[1] 本次会议被认为是关系到《京都议定书》前途的一次非常重要的会议，方方面面都希望此次会议能够按照《布宜诺斯艾利斯行动计划》和第五次缔约方会议的相关决定的要求，最终出台实现减排目标的细则，使《京都议定书》能在 2002 年生效。但此次谈判的艰难曲折也是各国代表们早已预想到的。由于各国利益的相互牵制，会议从一开始就呈现出矛盾的错综复杂，尤其在欧盟和以美国为首的伞型国家之间存在着严重的意见分歧。[2] 发达国家与发展中国家在技术开发与转让、能力建设和资金机制等问题上的立场也有较大的差距。发展中国家内部的分歧也有加大的迹象。在谈判过程中，各方对关键性问题的立场大相径庭，毫无迹象透露出各方有达成妥协的意愿。在 COP6 的最后两天，各国仍无法在一系列问题上达成一致意见。11 月 25 日，会议主席荷兰环境大臣简·普龙克（Jan Pronk）宣布，代表们未能就谈判达成协议。将在 2001 年召开 COP6 的续会。于是，此次会议基本上是无果而终，给《京都议定书》的前途蒙上了浓重的阴影。

2. COP6 续会及《波恩协定》

第六次缔约方会议续会于 2001 年 7 月 16 日至 27 日在德国波恩召开。在波恩会议召开前的 2001 年 3 月，美国总统布什突然单方面宣布退出《京都议定书》，准备脱离原来的谈判轨道而另起炉灶，这无异于使《京都议定书》的谈判雪上加霜。[3] 在经过紧张的谈判并在遵约问题上得到欧盟的进一步让步后，日本终于站到了支持议定书的一边。会议各方最终达成《波恩协定》。《波恩协定》列举了执行《布宜诺斯艾利斯行动计划》的 8 个方面的核心内容。后来，这些内容基本上融入第七次缔约方会议所通过的《马拉喀什协议》之中，成为该协议的重要组成部分。

《波恩协定》的主要内容为：[4]（1）《公约》下的供资。设立了气候变化特别基金和最不发达国家基金，要求附件二缔约方和有能力做到的附件一其他缔约方向发展中国家缔约方提供资金，以提高它们履行《公约》的能力。（2）《京都议定书》下的供资。承认应向非附件一缔约方作出新的、额外的供资，以帮助其履行《京都议定书》。为此，建立一个《京都议定书》下的适应基

[1] 田亚平等："从海牙气候会议的失败看全球环境合作的障碍"，载《中国人口、资源与环境》2001 年第 4 期。

[2] 伞型国家是气候变化谈判中一支重要的力量，即以美国为首，由日本、加拿大、澳大利亚、新西兰、俄罗斯、乌克兰等国组成的松散的集团。

[3] 清人："联合国气候谈判在波恩重开"，载《中国环境报》2001 年 7 月 18 日，第 4 版。

[4] 参见联合国环境规划署：《环境法教程》，王曦主编/译，法律出版社 2002 年版，第 222～223 页。

金。客观来说，这三项基金普遍受到发展中国家的欢迎，但由于发达国家提供资金是非强制性的，因此有发展中国家代表表示："他们（发达国家）让我们看到一张空白支票，但真正问题是他们是否会在支票上填下任何的数字。"[1]（3）技术开发和转让。缔约方商定设立一个由缔约方提名的技术转让专家小组，并确立了技术转让专家小组的人员组成。（4）执行《公约》第 4 条第 8 款和第 9 款、《京都议定书》第 2 条第 3 款和第 3 条第 14 款。缔约方商定在全球环境基金、气候变化特别基金和其他双边与多边资金来源的支持下执行有关查明的活动和审议有关的保险活动的执行情况。（5）与《京都议定书》第 3 条第 14 款有关的事项。如缔约方要求《公约》附件二所列缔约方和其他附件一缔约方在履行《京都议定书》第 3 条第 14 款下的承诺时，应优先考虑逐步减少或消除对所有温室气体排放部门的各种补贴等行动。（6）《京都议定书》第 6 条（联合履约）、第 12 条（清洁发展机制）和第 17 条（排放贸易）规定的机制。《波恩协定》确定了京都机制的补充性、京都机制的参与资格、京都机制的适用范围、清洁发展机制执行理事会的人员组成等具体内容。这些内容都被第七次缔约方会议通过的《马拉喀什协议》所吸收。如关于京都机制的补充性，《波恩协定》规定，这些机制的利用应该补充国内行动，因此国内行动应该成为每一附件一所列缔约方所努力做的一个重要内容，以履行第 3 条第 1 款规定的减排承诺。由此可见，《波恩协定》依然未对附件一缔约国适用京都机制的做法规定上限，这是欧盟向伞型国家妥协的结果，说明补充性条款的规定已经软化。[2]（7）土地使用、土地使用的变化和林业活动。确立了土地使用、土地使用的变化和林业活动应遵循的原则，界定了清洁发展机制中可以使用的吸收汇项目的具体范围等。如关于清洁发展机制可以使用的汇项目，《波恩协定》规定，根据第 12 条（清洁发展机制）开展的合格的土地使用、土地使用的变化和林业活动限于造林和重新造林；其使用的总量不得超过 1990 年排放基准量的 1% 乘以 5。《波恩协定》还允许发达国家将自 1990 年开始因造林、重新造林而吸收的二氧化碳数量列入所承诺的减排指标的计算范围。上述规定实际上是允许加拿大、澳大利亚、日本和俄罗斯等国运用森林抵消一部分温室气体的减排义务，是对这些国家妥协的结果。而俄罗斯在会议快要结束时，还突然提出对《波恩协定》中关于吸收汇额度的分配核算方法的质疑。专家的计算结果显示，俄罗斯的森林每年可以吸收 1760 万吨二氧化碳，此数

---

[1] 庄贵阳："举步维艰的京都议定书"，见李慎明主编：《2003 年全球政治与安全报告》，社会科学文献出版社 2003 年版，第 110 页。

[2] 秦天宝等："关于气候变化的波恩协定及其前景展望"，载《世界环境》2002 年第 1 期。

字可用来抵消该国的温室气体排放量。但俄方认为该国森林可以吸收5000万吨二氧化碳。经过最后磋商，俄方的建议被放在一个单独的补充文件中，作为一个“矛盾的问题”来进行讨论，而不影响议定书的通过。❶（8）与《京都议定书》规定的遵守问题有关的程序和机制。缔约方会议同意设立一个促进事务组和一个执行事务组，由这两个事务组处理有关缔约方不遵守规定的情况。遵约问题之焦点是对不遵约的惩罚措施，特别是对于违反议定书义务的国家是否采取具有法律约束力的强制措施，各国分歧很大。例如，欧盟就此问题向日本、加拿大等国作出让步的结果是，如果附件一缔约国在第一个减排承诺期无法达到减排目标，其所未能达到减排数量的数额在下一个减排承诺期应予以补足，还须加上30%的处罚性削减量。即便如此，波恩会议对遵约制度仍未作出最后决议。《波恩协定》只是笼统地强调，关于遵约的手续和机制，在《京都议定书》生效后，由作为议定书缔约方会议的公约缔约方会议在其第一次会议上决定。❷

总的来说，《波恩协定》是妥协的产物，这种妥协是经济利益讨价还价之后的结果，也是以牺牲环境效益为代价的。世界自然基金会的数据显示，在森林吸收汇问题上的让步，已经降低了议定书原有的环境保护效果。实际上，扣除抵消的部分，全球温室气体的削减量只有1.8%，只是《京都议定书》预定目标的1/3（《京都议定书》规定的削减目标为5.2%）。但波恩会议也有其积极的一面：第一，波恩会议使得《京都议定书》免遭夭折的命运，为推动《京都议定书》的早日生效奠定了强有力的政治基础和条件。客观来说，在国际社会保护全球气候系统的道路上，尽管还会有许多曲折和斗争，但波恩会议确实给人们带来了一线希望，是全人类的福音。第二，波恩会议在《京都议定书》的具体实施规则的制定方面迈出了关键性的一步，标志着缔约国在按照“共同但有区别的责任”原则履行《京都议定书》方面取得了不小的突破，也为第七次缔约方会议最终达成《马拉喀什协议》奠定了基础。第三，波恩会议在没有美国的参与下取得了实质性的进展，改变了长期以来流行于国际社会的“没有美国，干不成事”的结论，是环保多边主义对环保单边主义的巨

---

❶ 鲁远：“波恩会议取得的成果及影响分析”，载《环境保护》2001年第9期；庄贵阳：“举步维艰的京都议定书”，见李慎明主编：《2003年全球政治与安全报告》，社会科学文献出版社2003年版，第108页。

❷ 庄贵阳：“举步维艰的京都议定书”，见李慎明主编：《2003年全球政治与安全报告》，社会科学文献出版社2003年版，第109页。

大胜利，也为国际环境合作掀开了新的篇章。[1]

（四）COP7 与《马拉喀什协议》

《公约》第七次缔约方会议（COP7）于 2001 年 10 月 25 日至 11 月 9 日在摩洛哥马拉喀什举行，其主要任务是完成落实《波恩政治协议》的技术性谈判。会议通过了《马拉喀什宣言》和落实《波恩协定》的一揽子决定（统称为《马拉喀什协议》），从而维护了《波恩协定》的完整性。使得国际社会能够开始在实然的层面上按照"共同但有区别的责任"原则履约。《马拉喀什协议》是由 23 项决定所组成的一系列国际法文件，内容十分庞杂。其内容上的特点是：一方面诸多内容融入了"共同但有区别的责任"原则的精神，体现了该原则的要求；另一方面，揭示出国际环境法发展的新动向。《马拉喀什协议》的多处内容强调，加强《公约》与其他环境协定的协同作用，而公约与其他环境协定的协同作用问题是国际环境法中出现的新问题，揭示出国际环境法发展的一个新动向，具有重要的意义。马拉喀什会议的成功，使国际气候谈判进入各缔约方批准议定书的关键阶段。尽管最终达成的一揽子协议还有些不尽如人意之处，但瑕不掩瑜。首先，此次会议为《布宜诺斯艾利斯行动计划》盖上了最终完成的印记，恢复了人们对气候变化谈判进程的信心。其次，它为促成《京都议定书》的早日生效进一步扫除了障碍，使得《公约》和《京都议定书》的发展进程开始进入一个全新的阶段，即体现了从理论到实践的转变，从制定《京都议定书》的规则到加以贯彻落实的转变。如会议解决了京都机制的基本运行规则，各方业已同意迅速启动 CDM 项目，使得 CDM 项目的合作成为今后的热点，这也说明气候变化谈判进入了建设性的发展阶段。最后，马拉喀什会议在气候变化领域及其与克服贫困、正确实现可持续发展相关的其他领域之间建立起了新的纽带，为 2002 年可持续发展世界首脑会议的召开创造了良好的舆论环境。

（五）COP8 与《德里宣言》

第八次缔约方会议（COP8）于 2002 年 10 月 23 日在印度首都新德里举行，在可持续发展的框架下应对气候变化问题是本次会议的核心议题。发展中国家与发达国家围绕此核心议题，展开了激烈的争论和交锋。在 2002 年 9 月南非召开的可持续发展世界首脑会议（WSSD）之后，如何在可持续发展战略下考虑减缓和适应气候变化问题已成为国际谈判的新思路，即采取应对气候变化的政策措施应符合可持续发展战略的相关原则，不应对国家的经济发展构成

[1] 杨兴：《"气候变化框架公约"研究——国际法与比较法的视野》，中国法制出版社 2009 年版，第 37～38 页。

制约。COP8 部长级会议最后通过的《气候变化与可持续发展德里部长级宣言》（以下简称《德里宣言》），完全体现了这一思路。在有关的谈判过程中，大部分发达国家要求在宣言中作出规定，开始讨论在 2012 年之后发展中国家承担减排、限排温室气体义务问题；发展中国家则坚持只承担《公约》规定的现有义务，拒绝承担任何新义务，强调适应气候变化是当前的重要工作，坚持在可持续发展框架内解决气候变化问题。在部长级会议的最后阶段，争论达到白热化程度，谈判被迫中断。最终经过种种努力，会议主席巴鲁（Baalu）推动各方在原有草案的基础上通过了《德里宣言》。

《德里宣言》首次在国际文件中明确提出应在可持续发展框架下应对气候变化问题，这是国际社会在应对气候变化问题上的又一重要共识。《德里宣言》要求把适应气候变化的不利影响作为各国在解决气候变化问题方面的优先工作，各国应该立即行动起来，在各种脆弱性和适应性水平上开发适应性措施；要考虑经济发展是采取应对气候变化措施的基本条件，保护气候系统不受人为影响的政策和措施应该根据每个缔约方的特定条件来制订，并且应该与国家的发展计划结合起来；国家的可持续发展战略，特别是在水、能源、健康、农业、生物多样性等关键领域，应该与气候变化的目标更加紧密地结合起来；所有缔约方有权并且应该促进可持续发展，应在充分考虑“共同但有区别的责任”原则，同时结合各国的能力、国情、发展水平以及在国家和区域发展优先选择的基础上，继续履行对《公约》的承诺。《德里宣言》能否对未来的气候变化谈判产生影响，取决于发展中国家能否在未来谈判中继续坚持可持续发展的思路。由于不少发达国家对《德里宣言》持保留态度，极力否定其政治意义和里程碑作用，国际气候变化谈判仍然是任重而道远。[1]

（六）COP9 与《京都议定书》的前景

第九次缔约方会议（COP9）于 2003 年 12 月 1 日至 12 日在意大利米兰举行。由于美国退出、俄罗斯和澳大利亚等国态度消极，因此《京都议定书》迟迟不能生效。因此，本次会议的召开正处于这样一个重大的历史转折关头——“未来向何处去”成为每个与会缔约方的主要关注点。同 10 年前相比，参与气候变化国际谈判的国家利益集团的立场和态度有了很大改变，整个谈判格局也因此发生了变化。在发达国家阵营，欧盟作为应对气候变化的积极行动者和《京都议定书》的坚决倡导者，秉承其一贯的方针政策，在 COP9 上

---

[1] 戴晓苏、王邦中、应宁：“气候变化与可持续发展：气候公约谈判的新走向——《联合国气候变化框架公约》第八次缔约方会议简介”，载 http：//www.ccchina.gov.cn/cn/NewsInfo.asp? NewsId = 3734，2014 年 2 月 9 日访问。

努力游说，试图推动议定书早日生效，坚持将全球承诺和减排作为其谈判的核心政策；美国自从退出《京都议定书》以后，在谈判中通常采取折中和调和的立场，但在关键议题的讨论中则采取拖延战术，以延缓《公约》进程。在发展中国家阵营，由于发展水平和国情的差异，代表发展中国家的“77 国集团加中国”的内部立场愈来愈难以协调。小岛国集团由于其可能是气候变化的直接和最大受害者，一直试图积极推动国际社会立即采取实质性减排行动应对气候变化；最不发达国家集团为了获得少量的资金和技术援助，愿意在许多关键议题的谈判中作出妥协；以沙特为首的石油输出国出于对自身利益的考虑，坚决反对在任何关键的议题谈判上达成协议；而作为发展中大国的中国、巴西和印度则非常关注有关第二承诺期谈判的问题，在许多重大议题的谈判中，既不愿意轻易作出妥协，也不希望像沙特那样放弃所有国际合作的可能性。在上述大背景下，本次缔约方会议几乎在所有重大议题的谈判中都形成对抗，从而陷入不同程度的僵局。最令人遗憾的是，俄罗斯仍然拒绝在本次会议上批准该议定书，这导致《京都议定书》依然无法生效。例如，资金议题的谈判处于困境，尽管最终通过了有关决议，但气候变化特别基金的前景不容乐观；对 IPCC 第三次评估报告的审议工作在本次会议落下帷幕，但该议题分解后的未来走向仍然迷雾重重，即将启动的两个新议题“适应”和“减缓”已经成为各缔约方关注的未来谈判焦点；土地利用、土地利用变化和森林（LULUCF）议题转而讨论极为琐碎繁复的技术细节。可以说，本次会议在所有重大的关键问题上都没有取得任何实质性进展。究其原因，主要是由于欧盟没有能够面对政治现实，对其以《京都议定书》、全球承诺和减排为核心的气候变化政策作出相应调整，仍不遗余力地要求发展中国家承担义务。当然，这种情况的出现还在于欧盟现有 25 个成员国，将增加 10 个，导致其内部立场的协调将变得更加困难，政策调整过程将十分缓慢。

COP9 期间还举办了为期两天的部长级圆桌会议，包括 95 位部长在内的与会者就“气候变化、适应、减缓与可持续发展”“技术应用、开发和转让”“国家、区域和国际层面上应对气候变化的进展评估”三个主题展开了广泛的讨论。中国在部长级会议上指出，只有发达国家带头实现温室气体减排，有效排除资金和技术转让方面的障碍，发展中国家才有可能为减缓和适应气候变化作出更多的贡献。在圆桌会议上，部长们达成共识：气候变化仍然是人类面临的最重大的挑战，其负面影响已经成为世界各地的现实。支持发展中国家应对气候变化是发达国家的道德义务。部长们认为，经济发展与气候变化政策是可以相互协调的，及早采取行动便可获得经济效益。此外，他们还强调了在技术开发和转让等方面加强南、北国家和地区性合作的重要性。

由于《京都议定书》前景暗淡，在COP9上各种非政府团体和研究机构提出了诸多打破僵局的方案。这些方案可以大致归结为两大类：一是“自上而下”（top－down）的方法，即首先确定全球排放的上限，然后根据各缔约方的责任和义务等分配具有法律约束力的减排指标，《京都议定书》正是这类方法的典型代表；二是“自下而上”（bottom－up）的方法，即由各缔约方根据各自的国情和发展优先自主决定其参与应对气候变化的战略方针和具体措施，采取自愿承诺等方式自我确定没有法律约束力的减排指标，如美国提出的碳强度方法。由于《京都议定书》对经济发展的可能危害，以及《京都议定书》迟迟不能生效，因此，愈来愈多的缔约方包括一些欧盟国家在内，开始探讨采取bottom－up方法的可行性。未来的气候变化国际谈判将可能围绕这两类方法展开。在本次大会上，许多缔约方私下已流露出不再把国际社会应对气候变化的合作完全寄托在《京都议定书》能否生效上，表示可考虑将《公约》与《京都议定书》分开。这意味着国际社会已不再把“京都方式”作为唯一的模式，并正在考虑多种方式并存的新机制。❶

（七）COP10与《公约》生效10周年

第十次缔约方会议（COP10）于2004年12月6日至17日在阿根廷布宜诺斯艾利斯举行。与会代表一致认为，应该积极迎接未来气候变化的挑战。COP10通过了《气候变化适应和相应措施的布宜诺斯艾利斯工作计划》，把适应气候变化问题提到了前所未有的高度。在本次大会期间，与会代表还围绕《联合国气候变化框架公约》生效10周年来取得的成就和未来面临的挑战、气候变化带来的影响、温室气体减排政策以及在该公约框架下的技术转让、资金机制、能力建设等重要问题进行了讨论。COP10同前几次会议比较，成效不大，在几个关键议程上的谈判进展甚微。这些议程主要涉及国际社会为应对全球气候变化而做的具体工作。如何落实《公约》的规定，是与会的发展中国家关注的焦点。❷

第三节　“后京都时代”的国际气候谈判

随着俄罗斯的加入，《京都议定书》终于在2005年2月16日正式生效。

---

❶ 戴晓苏、应宁：“气候变化与可持续发展：气候公约谈判的新走向——《联合国气候变化框架公约》第八次缔约方会议简介”，载《气候变化通讯》2003年第12期。

❷ 曹宇：“《联合国气候变化框架公约》缔约方大会闭幕”，载http：//new. xinhuanet. com/world/2004－12/18/content_ 2350810. htm，2013年10月16日访问。

《京都议定书》是第一个为发达国家规定了具有法律约束力的具体减排指标的国际法律文件。其明确规定了要求减排的六种温室气体，❶同时规定附件一国家缔约方应该个别地或共同地确保其温室气体的排放总量（以 CO_2 当量计）在2008～2012年的承诺期内比1990年水平至少减少5%，并且要求附件一缔约方到2005年时，应在履行这些承诺方面作出可予证实的进展。在此基础上，照顾到各国的具体情况，《京都议定书》为每个附件一国家确定了“有差别的减排指标”，即欧盟现有成员国承诺减排8%，美国减排7%，日本、加拿大减排6%，俄罗斯、乌克兰“零”减排，澳大利亚增排8%，冰岛增排10%等。❷

由于《京都议定书》在2012年到期，“后京都时代”国际气候制度的走向成为国际气候谈判的焦点。启动后续谈判大致有两条途径：在《京都议定书》的框架下，依据相关条款明确发达国家和转轨国家的未来减排义务，或者谈判一个新的议定书。近来以气候变化为主题的多边或双边合作也逐渐增多，如20国能源和环境部长会议，中、美、澳、日、韩、印6国的《亚太清洁发展与气候新伙伴计划》，《中欧气候变化联合宣言》等。这可以看作是“后京都时代”控制气候变化的另一种表现方式，但它们所发挥的更多是补充和推动的作用。总之，“后京都时代”的谈判已经开启，谈判的内容限定在发达国家和转轨国家在2012年之后的新义务。美国由于不是《京都议定书》缔约方，只同意参与讨论。发展中国家的参与问题暂时未列入谈判议程。国际气候谈判是一场错综复杂的国际经济和政治较量，对全人类而言，“后京都时代”是难得的机遇，更是严峻的挑战。

一、2005年蒙特利尔会议（COP11/MOP1）及“后京都时代”气候谈判的开启

《京都议定书》生效之后，2005年11月28日至12月10日在加拿大蒙特利尔召开《公约》第十一次缔约方会议（COP11）暨议定书第一次缔约方会议（the 1st Meeting of the Parties of the Kyoto Protocol，MOP1），这是1997年京都会议以来规模最盛大的一次政府间气候变化会议，来自世界189个国家和地区的近万名代表与会，其主要议题为《京都议定书》的执行问题和“后京都

❶ 即二氧化碳（CO_2）、甲烷（CH_4）、氧化亚氮（N_2O）、氢氟碳化物（HFCS）、全氟化碳（PFCS）和六氟化碳（SF_6）。

❷ 参见“《京都议定书》简述”，载 http://www.ccchina.gov.cn/cn/NewsInfo.asp?NewsId=3759，2013年9月8日访问。

时代”国际气候制度的发展问题。

本次会议围绕东道国加拿大确定的三大主题展开，即实施、完善和创新：(1)“实施”，就是推动《公约》和《京都议定书》的履行，《京都议定书》缔约方会议为此通过了实施《京都议定书》的技术性文件《马拉喀什协议》(共19项决定)，设立了《京都议定书》的遵约机制；(2)“完善”，就是要进一步完善实施《公约》和《京都议定书》的有关规定，特别是《公约》下关于适应气候变化问题的工作计划以及《京都议定书》下关于“清洁发展机制”的规定，会议在这些方面取得一定进展；(3)“创新”，就是要设计2012年后应对气候变化的机制，这是本次会议的焦点，斗争异常激烈。会议最终决定启动《京都议定书》第3条第9款规定的进程，设专门工作组谈判确定发达国家2012年后温室气体减排指标，拉开了“后京都时代”气候谈判的序幕。会议还决定就加强实施《公约》以应对气候变化的长期合作开展非正式对话。

本次会议的核心问题是为“后京都时代”谈判提供一个时间表和路线图。会议取得两项重要成果：一是从法律上确保《京都议定书》步入实际运行的轨道，二是以“双轨制”启动“后京都时代”气候谈判。所谓“双轨制”，其中“一轨”是在《京都议定书》下成立特设工作组（Ad Working Group, AWG)，针对发达国家第二承诺期的减排义务进行谈判；另“一轨”是指为使美国、澳大利亚等非议定书缔约方能够参与谈判，在《公约》下就促进国际社会应对气候变化的长期合作启动为期两年的对话。

“后京都时代”最大的特征就是发展中国家将承担起一定的减排温室气体责任，这正是此次会议讨论的焦点。对于中国这个最大的发展中国家而言，意味着可能将不得不直面“后京都时代”带来的减排压力。会议期间，中方代表团积极同各方接触，宣传中方立场和观点，强调中国政府为应对气候变化作出了极大努力，为实现《公约》目标作出了重要贡献。中方重申了对加强气候变化国际合作的一贯立场，强调发挥《公约》及《京都议定书》的指导作用，遵循《公约》确定的“共同但有区别的责任”原则，呼吁牢固树立在可持续发展框架内应对气候变化的观念，重视科学技术的作用，均衡考虑气候变化的减缓与适应问题，切实加强务实合作。中方还要求发达国家切实履行《公约》和《京都议定书》的义务，实现《京都议定书》为其规定的减排指标，在第二承诺期进一步减排，并向发展中国家提供资金和技术支持，帮助发展中国家进行能力建设。[1]

---

[1] 参见：“2005年《联合国气候变化框架公约》及其《京都议定书》进展情况”，载http://www.mfa.gov.cn/chn/wjb/zzjg/tyfls/wjzdtyflgz/ygjhjf/t237157.htm，2013年10月16日访问。

二、2006年内罗毕会议（COP12/MOP2）

《公约》第十二次缔约方会议（COP12）暨《京都议定书》第二次缔约方会议（MOP2）于2006年11月6日至17日在肯尼亚首都内罗毕举行，其间还召开了部长级高级别会议、确定发达国家2012年后温室气体减排指标的特设工作组第二次会议、加强公约实施长期合作对话第二次会议、附属科技咨询机构和附属履行机构第25次会议。会议讨论了发达国家第二承诺期温室气体减排指标、《京都议定书》第9条审评、适应气候变化等30多项议题。会议成果包括两项：一是达成包括“内罗毕工作计划”在内的几十项决定，用以帮助发展中国家提高应对气候变化的能力；二是明确“适应基金”将用于支持发展中国家具体的适应气候变化的行动。

三、2007年“巴厘岛路线图”（COP13/MOP3）

2007年12月，在印尼巴厘岛召开了《公约》第十三次缔约方会议（COP13）暨《京都议定书》第三次缔约方会议（MOP3）。这次会议着重讨论的是“后京都时代”问题，即《京都议定书》第一承诺期结束后如何应对气候变化等问题。在经过两个星期的艰苦谈判后，会议在15日终于通过了“巴厘岛路线图”，目的是为2009年年底之前达成一项减缓全球变暖的新协议确立明确的议题和时间表，以接替将于2012年到期的议定书。

大会期间，各方对达成“巴厘岛路线图”充满期待，然而大会却举步维艰，发达国家和发展中国家之间、发达国家内部的欧盟和美国之间角逐激烈。会议前期，技术转让和资金问题是发展中国家和发达国家争议的焦点。在技术转让问题上，发达国家说减排技术都掌握在私营企业手中，存在知识产权问题；在资金问题上，发达国家表示应通过市场机制解决。而发展中国家认为，发达国家的托辞是缺乏政治意愿的表现。进入高级别会议阶段之后，欧盟和美国在2012年后发达国家的减排目标问题上交锋不断，一度使大会陷入僵局。在多方斡旋下，双方于14日达成妥协。最后的文件没有出现欧盟此前坚持的25%～40%的减排目标，只是认可了联合国政府间气候变化专门委员会2007年公布的第四份评估报告，欧盟坚持的数字在这份报告中有所体现，但并没有约束力。正当多方代表和媒体认为大会将顺利结束的时候，发展中国家15日上午对会议文件草案中的一个重要条款表示不能接受。这项条款要求发展中国家采取“可测量、可报告、可核实的减排措施”，而对发达国家向发展中国家转移技术和资金等只提出了含糊要求。经过一番拉锯，在最后一刻，美国代表波拉·多布里扬斯基（Paula Doriansky）终于宣布美国放弃坚持，从而使“巴厘岛路线图”峰

回路转，以达成共识的方式获得通过，“巴厘岛路线图”终于出炉。❶

“巴厘岛路线图”共有13项内容和1个附录，其中有不少亮点：❷（1）强调了国际合作。“巴厘岛路线图”第一项第一款即指出，依照《公约》原则，特别是“共同但有区别的责任”原则，考虑社会、经济条件以及其他相关因素，与会各方同意长期合作共同行动，行动包括一个关于减排温室气体的全球长期目标，以实现《公约》的最终目标。（2）将美国纳入其中。由于拒绝签署《京都议定书》，美国如何履行发达国家应尽义务一直存在疑问。“巴厘岛路线图”明确规定，《公约》的所有发达国家缔约方都要履行可测量、可报告、可核实的温室气体减排责任，这就把美国纳入了其中。（3）“双轨”谈判。根据“巴厘岛路线图”，对于签署《京都议定书》的发达国家，要履行《京都议定书》的规定，并承诺2012年以后的大幅度量化减排指标；对于发展中国家和未签署《京都议定书》的发达国家（主要指美国），要在《联合国气候变化框架公约》下采取进一步应对气候变化的措施。（4）除减缓气候变化问题外，还强调了另外三个在以前国际谈判中曾不同程度受到忽视的问题：适应气候变化问题、技术开发和转让问题以及资金问题。这三个问题是广大发展中国家在应对气候变化过程中极为关心的问题。（5）为下一步落实《公约》设定了时间表。“巴厘岛路线图”要求有关的特别工作组在2009年完成工作，并向《公约》第十五次缔约方会议递交工作报告，这与《京都议定书》第二承诺期的完成谈判时间一致，实现了“双轨”并进。（6）中国为“巴厘岛路线图”作出了自己的贡献。中国把环境保护作为一项基本国策，根据《公约》的规定，结合中国经济社会发展规划和可持续发展战略，制定并公布了《中国应对气候变化国家方案》，成立了国家应对气候变化领导小组，颁布了一系列法律法规。中国的这些努力在本次大会上得到各方普遍好评。在“巴厘岛路线图”中，中国与其他发展中国家一道，承诺担当应对气候变化的相应责任。“巴厘岛路线图”是人类应对气候变化历史中的一座新里程碑。巴厘岛会议所通过的行动计划设定了一个向前推进的雄心勃勃的议程，为减缓气候变化作出了一个重要的贡献。这一计划同时也平衡了各方在气候变化问题上的直接需要。❸ 由于美国的反对，最终的“巴厘岛路线图”只规定了2009年前必须

❶ “巴厘岛路线图艰难绘就 强调国际合作，并把美国纳入进来”，载 http://www.cenew.com.cn/xwzx/hq/gjsp/200802/t20080214_217011.html。

❷ 张小军、齐紫剑：“专家解读‘巴厘岛路线图’有五大亮点”，载 http://tech.sina.com.cn/d/2007-12-17/13341917495.shtml，2014年1月20日访问。

❸ “联合国气候变化大会通过巴厘岛路线图”，载 http://www.un.org/chinese/News/fullstorynews.asp?newsID=8995，2013年12月25日访问。

完成相关谈判，但没有就2012年后的温室气体减排设定目标。这也是“巴厘岛路线图”与《京都议定书》相比缺乏实质性内容之处。至于2012年之后各方应承担什么样的减排目标，则要留待以后举行的缔约方会议予以解决。尽管“巴厘岛路线图”没有解决具体问题，但这毕竟显示出各方在未来气候谈判所涉及的领域及达成最终协议的时间等问题上已有共识。❶

四、2008年波兹南会议（COP14/MOP4）

《公约》第十四次缔约方会议（COP14）暨《京都议定书》第四次缔约方会议（MOP4）于2008年12月1日在波兰波兹南开幕，11～12日举行了高级别会议。大会原定于12日结束，但由于各方在许多议题上争论激烈，会议一直拖延至13日凌晨。会上，某些发达国家试图否定《京都议定书》或将双轨谈判进程合二为一。发展中国家在会议上主张，《公约》和《京都议定书》的基础地位和“巴厘岛路线图”所确定的双轨进程必须坚持。会议决定启动“适应基金”，并通过了2009年工作计划，这标志着2009年气候变化谈判进程正式启动。设立“适应基金”是为了在《京都议定书》下资助发展中国家开展适应气候变化的具体项目和计划，由于发达国家和发展中国家在资金来源和使用上存在分歧，该基金一直迟迟没有启动。启动这一基金并同意给予“适应基金委员会”法人资格是本次大会取得的一个重要成果。根据大会通过的2009年工作计划，2009年的6月将制订出应对气候变化新协议的第一个草案文本，即谈判文本；3月底、6月初分别在德国波恩举行会议；8月或9月召开一次全球气候变化峰会，目标是12月在丹麦哥本哈根气候变化大会上就2012年后应对气候变化问题达成新协议。❷

中国积极推动应对气候变化国际谈判和合作，相继与发展中国家提出了有关资金、技术转让、适应和森林问题的倡议。2008年，中国与联合国在北京举办了“应对气候变化技术开发与转让高级别研讨会”，通过了《北京宣言》，提出建立“涵盖技术开发与转让各阶段的全新的、创造性的国际合作机制”的倡议。中国应对气候变化的决心坚定不移。当时，气候变化国际谈判正进入一个关键时期，本次会议是迈向哥本哈根的重要一站，中国政府提出了三点主张：（1）坚持原则，维护共识。《公约》和《京都议定书》是国际社会应对

---

❶ “巴厘岛路线图艰难绘就 强调国际合作，并把美国纳入进来”，载http：//www.cenew.com.cn/xwzx/hq/gjsp/200802/t20080214_217011.html。

❷ 刘向、马世骏：“2008年联合国气候大会闭幕”，载http：//new.xinhuanet.com/world/2008-12/13/content_10498695.htm，2008年12月14日访问。

气候变化的共识和基本法律框架，只有坚持《公约》和《京都议定书》的原则，全面、有效和持续实施《公约》和《京都议定书》，沿着“巴厘岛路线图”所确定的双轨进程推进谈判，才能在哥本哈根达成公平、有效的成果。任何偏离、违背或重新解释《公约》、否定《京都议定书》或者将《公约》进程与《京都议定书》进程合二为一的行径都将是破坏性的，最终将导致哥本哈根会议一无所成。（2）脚踏实地，稳步推进。全面、有效和持续地实施《公约》和《京都议定书》、实现《公约》的最终目标是各方的“共同愿景”。各方应立足当前，脚踏实地将长期合作行动的“共同愿景”转化为务实的行动。发达国家应率先减排，严格履行《京都议定书》所确定的第一承诺期减排目标，承诺到2020年至少在1990年基础上减排25%~40%的中期目标；同时切实兑现向发展中国家提供资金、转让技术和能力建设支持的承诺。发展中国家也要在可持续发展框架下，在发达国家的支持下，积极采取有效的减缓和适应措施。（3）坚定信心，迎难而上。2008年全球发生了金融危机，与金融危机相比，气候变化则是更为长期和严峻的挑战，国际社会应对气候变化的决心不能动摇、行动不能松懈、力度不能减弱。会议各方应加大应对气候变化基础设施建设的投入作为化解金融危机的重要手段，化挑战为机遇，努力做到既保护气候又促进发展。❶

五、2009年哥本哈根会议（COP15/MOP5）

《公约》第十五次缔约方会议（COP15）暨《京都议定书》第五次缔约方会议（MOP5）于2009年12月7日至18日在丹麦首都哥本哈根召开，194个缔约方、观察员国，937个联合国相关机构、专门机构、政府间国际组织、非政府组织以及1069个媒体单位，超过4万人与会。有119个政府首脑或国家元首与会，而且主要国家的领导人直接参与谈判。哥本哈根会议号称二战以来规模最大、规格最高的一次国际大会，万众瞩目，被全球寄予厚望，史无前例。会议主要有两个成果：一是《公约》和《京都议定书》缔约方会议分别通过了两个工作组继续按“巴厘岛路线图”授权完成谈判的决定；二是发表了《哥本哈根协议》。虽然《哥本哈根协议》为今后的谈判打下了基础，但它并没有正式通过，没有法律地位。哥本哈根会议最终成果确实不尽理想，会议

---

❶ “解振华副主任在《联合国气候变化框架公约》第十四次缔约方会议暨《京都议定书》第四次缔约方会议高级别会议上的讲话”，载 http：//qhs. ndrc. gov. cn/gwdt/t20090210_ 260249. htm。

中的五大关键问题[1]尚未解决，双轨、单轨谈判的界限变得模糊了；会议没有形成具有法律约束力的会议文件，发达国家实际承诺远低于预期，对发展中国家的要求高出“巴厘岛路线图”。

“巴厘岛路线图”规定双轨谈判。发展中国家认为，双轨制谈判体现了“共同但有区别的责任”原则，要遵守《京都议定书》的规定，发达国家应率先减排，提供资金技术，帮助发展中国家适应和减缓气候变化。但美国和欧盟坚持要求发展中大国参与减排，反对双轨谈判。《哥本哈根协议》最终将发达国家和发展中国家的责任和义务写在一份会议文件里，在某种意义上，似乎是美国所希望的“并轨”，但是如果从《公约》和《京都议定书》两个工作组的案文来看则属于双轨制成果。

对于减排目标，发达国家明确要求长远目标温度升高不超过2℃，温室气体排放浓度不超过450ppm，这就意味2050年全球温室气体减排目标相对于当前水平减排50%。一些小岛国和最不发达国家则要求温度升高不能超过1.5℃，温室气体浓度水平不超过350ppm，即2050年全球温室气体排放减少90%以上。对于快速工业化的发展中大国，特别是“基础四国”（中国、印度、巴西、南非），认可2℃温度升高上限，其他的不认可。哥本哈根会议最后的谈判结果确认2℃度为温度升高的上限，但浓度和减排未有结论。

按“巴厘岛路线图”要求，到2020年发达国家应相对于1990年的排放水平削减25%~40%以上。中国要求发达国家减40%以上，印度要求减79.1%，有些发展中国家要求减90%以上。而发达国家的承诺最高是30%，平均下来只有16%，不到“巴厘岛路线图”要求的25%。在《哥本哈根协议》中，发达国家自报减排目标，美国承诺的目标为17%，显然低于25%~40%的要求。针对这一目标，美国把基准年改成2005年，如果按照1990年为基准年，美国实际承诺减排只有3%。发展中国家在哥本哈根会议上作出了比较明确的量化减排行动，相对于2005年，2020年单位GDP温室气体减排量，印度为20%~25%，中国为40%~45%，其他国家也作了相应的承诺。

资金问题成为发达国家和发展中国家之间每次会议都产生争执的问题。发达国家的立场是尽力地去压低其对发展中国家的资金援助，而发展中国家面对实现低碳发展所必须投入巨额资金的现实，努力争取从发达国家得到更多的资金与技术援助。《哥本哈根协议》规定，发达国家2010~2012年每年提供100亿美元资金，2020年增加到每年1000亿美元，明显偏低。在资金来源上，发

[1] 五大关键问题：一是谈判的基础文件，二是减排目标，三是“三可”问题（可测量、可报告和可核实），四是长期目标，五是资金问题。

展中国家要求发达国家政府主导，发达国家则认为资金主要来源于市场而非政府，而且发展中大国也要出资。此外，在资金管理、使用等方面争论也比较多，没有定论。

此外，在哥本哈根会议上，发达国家要求发展中国家的减缓行动需要“可测量、可报告、可核实”（MRV）。发展中国家认为，发达国家提供资金的减缓行动可以“三可”，但自主减排行动只要自我核查，公开透明就行。最后结果是接受美国的要求，对发展中国家自主减缓行动进行“国际协商和分析”。

回顾多年来的气候谈判征程可以发现，虽然全球气候谈判从未一帆风顺，但总在坚定地前行。如今，全球多数人对气候变化都有了一定了解，关于气候谈判的新闻传播功不可没。与几年前很多人把气候问题等同于气象预报相比，情况已经有了翻天覆地的变化。哥本哈根会议没有成为一个句号，而仅仅是一个逗号。各国决定，将继续沿着双轨制推动谈判。正如联合国秘书长潘基文所言，“哥本哈根大会是朝着正确的方向迈出了一步”。

六、2010 年坎昆会议（COP16/MOP6）

《公约》第十六次缔约方会议（COP16）暨《京都议定书》第六次缔约方会议（MOP6）于 2010 年 11 月 29 日至 12 月 11 日在墨西哥城市坎昆召开。造成哥本哈根气候峰会没达到预期目的的各种要素在坎昆会议依旧存在，坎昆气候大会还是“三国演义”：以中国为首的基础四国和应对气候变化的旗手欧盟，以及以美国为首的伞形国家集团，依旧是坎昆气候大会的主导者。小岛屿国家联盟等组织依旧被边缘化。再深入地来说，因为哥本哈根气候峰会的失败，见证了欧盟话语权的逐渐弱势。全球气候谈判最核心的谈判主体，无疑是中美了。一方面是因为两者是目前全球排名前两名的碳排放国，另一方面两者在国际舞台上的综合实力也决定了中美必将是此次气候峰会的谈判主体。中美之间关于气候问题的博弈，也将是坎昆气候大会的博弈的主线。而走双轨制还是单轨制，则是博弈核心中的核心。在坎昆会议之前的一个月，美国气候变化特使托德·斯特恩访华时称，“共同但有区别的责任”是发达国家和发展中国家之间的“柏林墙”。认为到 2020 年中国碳排放将超过美国 60%，必须将中国纳入同一个体系之中。当然，对于美国这个单轨制的要求，中国肯定不会同意。而越来越弱势的当年气候谈判的旗手欧盟，既不愿意中国这种新兴经济体不受节制地实施碳排放，也不愿意看到自己当年辛辛苦苦建立起来的气候谈判的成就毁于一旦。这种最核心的谈判主体和最核心的冲突点存在以后，注定了坎昆会议进展依旧会是艰难的。

尽管各方争议难以消弭，但坎昆会议还是获得出席大会的194个缔约方中的193个缔约方同意，通过了《公约》和《京都议定书》两个工作组分别递交的草案，成为决议，并达成折中、平衡与灵活的“一揽子方案”，这些文案被统称为《坎昆协议》（Cancun Agreements），该协议被认为是在重建气候未来谈判的信心上迈出了坚实一步。《坎昆协议》的主要内容如下：(1) 关于第二承诺期。同意《京都议定书》工作小组应“尽早”完成第二承诺期的谈判工作，以“确保在第一承诺期和第二承诺期之间不出现空当”。决议推迟到2011年达成一项用以取代《京都议定书》的协议。(2) 减排。《京都议定书》特设工作组案文草案敦促《京都议定书》附件一国家（包括大部分发达国家）提高减排决心，巩固了各国在哥本哈根承诺的减排目标，并进一步同意《京都议定书》附件一国家利用碳排放交易等机制实现减排目标。(3) “共同但有区别的责任”。《公约》长期合作特设工作组案文草案则指出，《公约》各缔约方应该合作，尽可能促使全球和各自的温室气体排放达到峰值，认可发展中国家达到峰值的时间稍长，经济和社会发展以及减贫是发展中国家最重要的优先事务。发达国家根据自己的历史责任必须带头应对气候变化及其负面影响，并向发展中国家提供长期、可预测的资金、技术以及能力建设。(4) 透明度。规定发达国家改善其排放量和减排行动的报告（包括每年提交排放清单，报告援助发展中国家减排的资金情况等），同时也规定发展中国家每两年进行一次排放和减排报告。(5) 资金。关注到发达国家集体承诺提供新的和额外的资金，在2010年至2012年间启动300亿美元的快速启动资金，该资金将优先用于生态最脆弱的发展中国家。在长期资金问题上，决定“按比例增加、新的额外的、可预期的，以及足够的资金应该提供给发展中国家”，并承认发达国家应在2020年联合募集1000亿美元用于发展中国家。本次会议决定设立绿色气候基金，帮助发展中国家适应气候变化。不过，并未明确阐述这一长期资金的来源。

各方对《坎昆协议》的评价不一，基本上分为三种：认为最终文本依然充满争议，未遵循“协商一致”的原则，拒绝接受；提出两个工作组“继续磋商”，不要急于结束工作；大多数国家代表发言赞成现有协议为最终共识。美国代表称“这是一份折中的文案”，欧盟代表则称“赞赏各国妥协与多边主义，坎昆在新的道路上迈出了第一步”，中国政府表示坎昆会议取得了成功。此外，其他国家代表在发言中都慎言“成功”，而用了“折中”“平衡”“灵活”“谨慎乐观”等表述。这也意味着南非德班的气候谈判任务仍将十分艰巨。

七、2011 年德班会议（COP17/MOP7）

《公约》第十七次缔约方会议（COP17）暨《京都议定书》第七次缔约方会议（MOP7）于2011 年12 月在南非德班召开。正如前述，坎昆会议虽然最终达成了《坎昆协议》，但留下了诸多难题。如《坎昆协议》未指明《京都议定书》谈判的未来，没有给出完成第二承诺期的时间表。对备受关注的“快速启动资金”“气候基金”，《坎昆协议》有了原则性共识，但依然存在多种“选项”，这些分歧被留给了南非德班气候大会。在德班会议上，“77 国集团加中国”强调必须延续《京都议定书》二期，落实减缓和适应资金，对适应作出妥当安排；欧盟强调已做好了接受《京都议定书》二期的准备，但前提条件是必须就建立一个 2020 年后、对所有缔约方都具有单一法律约束力的新协议制定路线图；美、澳、日等伞形集团国家表明已基本落实在 2009 年哥本哈根气候大会上作出的每年提供 100 亿美元作为快速启动资金的承诺，强调必须有效地解决发展中国家减缓行动透明度问题；小岛屿国家集团强调它们需要《京都议定书》二期，希望将更多排放大国纳入强制减排协议，还要求进一步评审目前减排措施的充分性；最不发达国家集团强调必须确保 2012 ~ 2020 年间的资金支持没有空当，呼吁发达国家帮助它们开展适应行动。这次大会吵吵嚷嚷、讨价还价、互相扯皮了两个多星期，结果却只有一份折中的一揽子协议。协议中既有发展中国家想要的“绿色气候基金”，也有发达国家所努力寻求的在 2015 年前制定包括所有国家的减排路线图的空洞目标。而由于受够了《京都议定书》不公平束缚的加拿大，则在德班会议结束后发表声明，退出了这份先天不足的《京都议定书》，并从此开始谋求在《京都议定书》之外，建立一项能够包括和限制所有排放大国在内的国际减排的统一规则。

德班会议的成果包括：（1）同意 35 个发达国家从 2013 年 1 月 1 日起，实施《京都议定书》的二期减排承诺；通过了土地利用、土地利用变化和林业、排放交易和清洁发展机制等技术规则；要求 35 个发达国家在 2012 年 5 月 1 日前，根据已作出的减排承诺幅度，提交各自的温室气体量化减排数量并对其进行评审。这标志着《京都议定书》二期得以延续，但关于《京都议定书》二期的实施年限是 5 年还是 8 年还有待下次会议决定。（2）决定建立“德班增强行动平台特设工作组”，启动一个新的谈判进程，于 2012 年上半年开展工作，在 2015 年前制定一份包括《公约》所有缔约方在内的具有法律效力的议定书或者是法律文书，提交第 21 次缔约方大会通过并经各国批准后，从 2020 年起全面实施。（3）决定将绿色气候基金作为《公约》资金机制的实施主体。（4）同意在缔约方大会下建立适应委员会，协调全球适应行动，帮助发展中国家尤其是最不发达国家提高适应能力。在大会决定中还要求《京都议定书》二期谈判工作组和《公约》长期合作行动谈判工作组在2012年底正式结束工作，这标志着“双轨”谈判机制将于2012年年底全部结束。

德班会议决定实施《京都议定书》第二承诺期，不仅挽救了《京都议定书》，而且将会鼓励更多的资金投向应对气候变化的技术和基础设施方面，这是其积极意义。但参加德班气候大会的发达国家中，美国、日本、加拿大等对《京都议定书》持消极态度。美国不是《京都议定书》缔约方，加拿大在此次谈判中更是退出了《京都议定书》，也正因此，非政府组织乐施会发表声明说，德班气候大会的结果“不尽如人意”，只是勉强避免了“崩盘”。[1] 绿色和平组织国际执行总干事库米奈说：“美国等气候谈判的阻挠者已经成功为自己保留了一扇‘后门’，如果此门不被堵住，美国可能将我们急需的有法律约束力的全球气候协议无限期拖延下去。”中国代表团指出，德班会议虽取得重大成果，但是该次会议未能全部完成“巴厘岛路线图”谈判，落实坎昆协议和德班会议成果仍需时日。各方在有关2020年后加强《公约》实施的安排上还需要做更多工作。[2]

八、2012年多哈会议（COP18/MOP8）

《公约》第十八次缔约方会议（COP18）暨《京都议定书》第八次缔约方会议（MOP8）于2012年11月26日至12月9日在卡塔尔首都多哈召开。来自194个国家的代表团、学者及非政府组织代表参加会议。《京都议定书》第二承诺期的未来规划和落实机制是与会代表的谈判重点。在长达两周的时间里，多哈气候大会从法律上确定了《京都议定书》第二承诺期，达成了为推进公约实施的长期合作行动全面成果，坚持了“共同但有区别的责任”原则，维护了《公约》和《京都议定书》的基本制度框架。会议全面讨论了“巴厘行动计划”的所有要素，敦促发达国家提高减排力度，向发展中国家提供明确的中期和长期资金、技术转让和能力建设支持，在2010~2012年提供“快速启动”资金后，要继续增加出资规模，到2020年之前每年出资须达1000亿美元规模。会议还讨论了2020年后德班平台谈判的原则、要素和框架，对谈判的工作安排进行了总体规划。

---

[1] 参见“多个国家和组织积极评价德班气候大会成果”，载 http：//www. cnr. cn/gundong/201112/t20111212_ 508914606. shtml，2014年2月15日访问。

[2] 俞岚、周锐：“中国称德班会议取得五大成果 巴厘路线图谈判未完成”，载 http：//www. chinanew. com/gj/2011/12－11/3523112. shtml，2014年2月19日访问。

多哈会议是一次承前启后的会议，主要任务是把已经达成的共识和作出的承诺落到实处，并为下一步谈判做好规划。大会原定于7日结束，但是由于各国在《京都议定书》第二承诺期等主要议题上未能达成共识，所有决定的草案无法使每个国家都满意，会议被一拖再拖，8日近乎强行通过了各个草案。事后虽然有俄罗斯等国表示反对，但无法改变结果。随后，在77国集团加中国、基础四国等主要集团先后表示接受大会案文后，《京都议定书》第二承诺期等问题正式敲定。多哈会议由此才得以顺利闭幕。

中国代表团对多哈会议结果表示满意。为应对气候变化，中国积极开展自愿性减排活动，“十一五”期间，单位GDP能源强度下降19.1%，实现温室气体减排约15亿吨。中国一直积极和建设性地参与国际气候谈判，但对于未来社会经济发展认知能力的局限性以及当前社会经济面临的一系列挑战，使中国在谈判中无法超越现实，追求不切实际的减排目标。绿皮书认为，中国目前还处于较低水平的经济发展阶段，城市化导致排放快速增长，对外出口商品承接了大量的转移排放，与很多发达国家相比，中国对于煤炭的依赖程度还很高。落后的能源开发和利用技术是中国低能源效率和高强度温室气体排放的主要原因之一，这对中国应对气候变化和降低温室气体排放构成了严峻挑战。中方承诺将继续本着对本国人民和世界人民高度负责的态度，坚定不移地推进生态文明建设和绿色低碳发展，建设绿色中国、美丽中国，采取强有力的应对气候变化的国内政策和行动，按照“共同但有区别的责任”原则、公平原则和各自能力原则，建设性推动气候变化国际谈判进程，为应对全球气候变化作出积极贡献。

值得注意的是，发达国家在多哈会议上淡化其历史责任和“共同但有区别的责任”原则的倾向进一步明显，自身减排和向发展中国家提供资金、转让技术的政治意愿不足，这是今后国际社会合作应对气候变化面临的主要障碍。此外，像资金问题、减排力度等，本次大会都没有形成真正有意义的文本，而是拖后解决。像资金问题，发达国家借口经济危机，拒绝给出提供资金的时间表，大会决定延迟到2013年再解决。而在减排力度上，《京都议定书》第二承诺期的减排量都是由各国自己制定的，根据这个减排量，要实现本世纪末全球平均气温上升不超过2℃是不可能的。各国将在2014年前再次考虑是否需要增加减排量。

九、2013年华沙会议（COP19/MOP9）

《公约》第十九次缔约方会议（COP19）暨《京都议定书》第九次缔约方会议（MOP9）于2013年11月11日至23日在波兰首都华沙召开。2012年年底的多哈会议结束了“巴厘岛路线图”授权的谈判，2013 年的华沙会议应成为一次落实和启动的会议。会议的首要任务是采取切实行动落实减缓、适应、资金、技术、审评、透明度等“巴厘岛路线图”谈判成果，推动各方尽快批准《京都议定书》第二承诺期修正案，并在《公约》相关机制下继续讨论相关未决问题，落实在历次会议上达成的协议和作出的承诺。发达国家应兑现在历次会议上作出的减排及出资和转让技术的承诺，并进一步提高 2020 年前行动力度。这是维护各方互信的基础，也是德班平台谈判取得进展的前提和保证。

华沙会议谈判各方聚焦两个问题：一是参加《京都议定书》第二承诺期的发达国家应尽快批准关于第二承诺期的修正案，并按照多哈会议决定于 2014 年提高减排指标力度。不参加《京都议定书》第二承诺期、退出或未批准《京都议定书》的发达国家也应按照可比性的要求，与参加《京都议定书》第二承诺期的发达国家同步、同等提高 2020 年前减排力度。发展中国家将在发达国家落实资金、技术、能力建设支持的前提下，落实已经提出的减缓行动目标。二是资金问题。资金问题一直是气候变化谈判的焦点，也成为华沙会议的重中之重。发达国家应确保 2013 ~ 2015 年出资规模不少于快速启动资金，提出实现 2020 年出资 1000 亿美元目标的清晰路线图，并尽快向绿色气候基金注资，确保发展中国家得到切实的资金支持。

经过紧张的谈判，2013 年联合国华沙气候大会在延时一天后于 11 月 23 日落下帷幕。本次会议主要取得三项成果：一是德班增强行动平台基本体现“共同但有区别的责任”原则；二是发达国家再次承认应出资支持发展中国家应对气候变化；三是就损失损害补偿机制问题达成初步协议，同意开启有关谈判。会议决定建立《REDD + 华沙框架》（“REDD”表示在发展中国家通过减少砍伐森林和减缓森林退化而降低温室气体排放，“ + ”的含义是增加碳汇），以帮助发展中国家减少来自毁林和森林退化导致的温室气体排放。美国、挪威和英国政府承诺将为该机制提供 2.8 亿美元的支持。在德班平台、资金和损失损害三个核心议题上，因发达国家和发展中国家分歧严重，华沙会议并未取得突破性进展。大会决定建立一个“华沙损失损害国际机制”，旨在为最脆弱国家和地区应对气候变化带来的极端天气和诸如海平面上升等提供帮助，该机制的具体工作计划于 2014 年开始。

中国代表团对华沙会议所取得的成果表示祝贺，对很多议题的结果并不满意，但能够接受。所谓不满意，主要在于发展中国家关注和要求的一些问题，并没有全部得到解决。广大发展中国家尤其对于华沙会议能就资金问题达成成果抱有极大期待。但一些发达国家对于切实兑现减排并向发展中国家提供资金和技术支持的承诺缺乏政治意愿，既没提出时间表也没提出具体数额。对建立损失损害补偿机制，也是在国际社会的巨大压力下才初步同意，但没有实质性承诺。

2014 年的联合国气候变化会议将在秘鲁利马举行，届时各方将进一步讨论如何落实“巴厘岛路线图”成果和推进德班平台谈判。中国代表团呼吁发达国家切实承担起在应对全球气候变化进程中的领导力，进一步兑现承诺，采取行动，尤其要在 2014 年提出更有力度的 2020 年前减排目标，拿出具体的资金承诺数额，以此维护各方互信，提振国际社会对联合国气候变化多边进程的信心。

第三章　国外应对气候变化的主要政策与法律

第一节　欧盟应对气候变化的政策与法律

一、欧盟温室气体减排的政策目标

欧盟应对气候变化政策是欧盟可持续发展战略的一个重要组成部分。欧盟气候变化政策的实质是改变经济发展的模式，通过发展低碳绿色经济，摆脱对不可再生的化石能源的依赖，实现经济和社会的可持续发展。20 世纪 90 年代初期在参与《联合国气候变化框架公约》的谈判过程中，当时的欧共体提出了到 2000 年将二氧化碳的排放量稳定在 1990 年水平上的目标。1998 年 6 月，欧盟各成员国一致同意了《京都议定书》中欧盟承诺的 2008 ~ 2010 年将温室气体排放量在 1990 年的水平上减排 8% 的指标。为了实现此目标，欧盟成员国之间达成了“责任分担协议”（Burden Sharing Agreement，BSA）。早在 1997 年 3 月京都会议之前，欧盟在总体减排 9% 目标前提下，成员国已经达成了内部的责任分担协议。1998 年达成的责任分担协议把欧盟在《京都议定书》中承诺的温室气体减排 8% 的任务分配给各成员国。欧盟于 2002 年 5 月 31 日批准了《京都议定书》，并宣布欧盟及其成员国将联合完成减排承诺。[1]

全球气候的治理进入“后京都时代”后，为了应对全球气候治理的新任务，欧盟提出了节能减排的新目标。2007 年 1 月，欧盟委员会宣布了一项改进了的应对全球变暖的战略，借此来推进其长期的将世界温度上升限制在高于前工业化水平 2% 以下的政策目标。2007 年 3 月，欧盟首脑会议提出了一项能源和气候一揽子决议，此项决议在欧盟气候变化和能源政策方面具有里程碑意义。其核心内容是“20 - 20 - 20”行动，即承诺到 2020 年将欧盟温室气体排

---

[1] 2004 年和 2005 年欧盟进行了新一轮的扩大，先后又有 12 个国家加入欧盟，这 12 个新入盟的国家没有被包括在联合履行《京都议定书》的 15 个国家之内。在《京都议定书》的框架之内这 12 个国家向国际社会作出了各自的减排承诺。

放量在1990年基础上减少20%，若能达成新的国际气候协议[1]，欧盟则承诺减少30%；将可再生能源在总能源消费中的比例提高到20%的约束性目标，包括生物质燃料占总燃料消费的比例不低于10%；将能源效率提高20%。为了实现此决议提出的目标，欧盟委员会于2008年1月23日提出了“气候行动和可再生能源一揽子计划”的新立法建议，该项立法建议也被称为欧盟气候变化扩展政策。[2] 从上述行动中可以看出，欧盟制定了清晰而明确的中期的减排目标。“20－20－20”的目标将成为欧盟在“后京都时代”气候变化政策的主要中期目标。[3]

在随后的国际谈判中，欧盟在重申了自己的中期减排目标的同时，提出了欧盟的长期减排目标。在中期减排问题上，欧盟在2009年的哥本哈根会议中沿用了2007年一揽子计划中提出的减排承诺，即到2020年比1990年水平减排20%，如果其他国家也同样采取积极行动，欧盟则将减排目标提高到30%。欧盟虽然已经作出决定到2020年的减排承诺，但希望不是自己独自在行动，希望美国、日本、加拿大、澳大利亚等国都要采取相应的减排行动，同时希望发展中国家也要采取一定程度的温室气体减排行动。在远期减排问题上，欧盟和其他发达国家非常积极，要求制定在2050年相对于当前水平消减50%的目标，发达国家则减80%，并据此分配各国的排放指标，因此要求发展中国家也要尽快落实减排指标。2011年，欧盟发布了《欧盟2050低碳经济路线图》，该路线图指出：欧盟的最终目标是在1990年的排放基础上到2050年实现温室气体减排80%~90%。

二、欧盟应对气候变化政策的主要内容

从欧盟气候变化政策所具有的全局性和战略性来看，欧盟气候变化政策主要有两个部分组成：欧盟减缓气候变化政策、欧盟适应气候变化政策。从欧盟温室气体减排主要针对的经济领域和产业部门来看，欧盟气候变化政策主要涉及工业、能源、交通运输，以及农业和林业等部门或领域。

欧盟应对气候变化的政策主要包括：（1）欧盟气候变化计划；（2）欧盟气候行动和可再生能源一揽子计划；（3）欧盟温室气体排放交易体系（EO-

---

[1] 其他发达国家相应大幅度减排，先进的发展中国家也承担相应义务。

[2] Commission of European Communities，“2020 by 2020 Europe climate change opportunity”，Brussels，23. 1. 2008，COM（2008）30 final. P8.

[3] Communication from the European Commission，2020 by 2020 Europe’s climate change opportunity，COM（2008）30 final. This‘climate and energy package’was agreed by the European Parliament and Council in December 2008 and became law in June 2009.

ETS)。围绕着《京都议定书》的生效和实施，欧盟通过了两个气候变化计划。2007 年 3 月欧盟首脑会议提出了一项能源和气候一揽子决议，此项决议在欧盟气候变化和能源政策方面具有里程碑意义。为了实现此决议提出的目标，欧盟委员会于 2008 年 1 月提出了"气候行动和可再生能源一揽子计划"的新立法建议，该项立法建议也被称为欧盟气候变化扩展政策。欧盟气候变化计划提出了许多政策和措施，其中最为关键、最具有创新性的是欧盟温室气体排放交易体系，该交易体系构成了欧盟应对气候变化政策框架的重要支柱，是欧盟气候变化政策的一项重要内容。

（一）欧洲气候变化计划

1. 第一个欧洲气候变化计划（ECCPⅠ）

2000 年 6 月，欧盟委员会启动了"第一个欧洲气候变化计划"（ECCPⅠ）。欧洲气候变化计划的总目标是确定和发展一项欧盟气候变化战略，具体落实和实施《京都议定书》。运用一系列的政策和措施，如灵活机制、能力建设、技术转让、研发以及培训和教育等多种方式减缓气候变化。通过来自欧盟委员会的代表、成员国政府、工业和一些非政府组织的代表等相关利益方的共同努力，这项计划将会为欧盟委员会向欧盟理事会和欧洲议会提交的政策建议提供基础。在此计划中，欧盟委员会、工业团体和环保方面的非政府组织等利益相关方根据成本效益的原则，确立和发展了 30 多项政策措施以应对气候变化。ECCPⅠ引出了许多政策和措施，其中最关键、最具有创新性的是欧盟温室气体排放交易体系。

2. 第二个欧洲气候变化计划（ECCPⅡ）

《京都议定书》生效后，如何落实和实现欧盟在《京都议定书》中承诺的减排任务成为欧盟政策的重点。2005 年 10 月，第二个欧洲气候变化计划（ECCPⅡ）在布鲁塞尔正式启动。该计划回顾了第一阶段欧洲气候变化计划所取得的成就，把未来政策的重点放在碳捕获和碳储存上，主要内容包括：从 2011 年起将航空业纳入欧盟排放交易体系，制定降低新车二氧化碳排放量的相关法律，审核现行欧盟排放交易体系并在 2013 年修订，制定安全运用碳埋存技术的立法框架等。[1]

2000 年和 2005 年，欧盟相继推出了两个欧洲气候变化计划，其直接目标就是加强欧盟区域内部的整合力度，约束成员国制定具体的减排措施。欧洲气候变化计划的通过和实施标志着欧盟气候变化政策的正式形成。

---

[1] 周剑、何建坤："欧盟气候变化政策及其经济影响"，载《现代国际关系》2009 年第 2 期，第 39 页。

（二）《气候行动和可再生能源一揽子计划》

2008 年 12 月 12 日，欧盟首脑会议通过了《气候行动和可再生能源一揽子计划》。欧盟委员会提出的一揽子计划被认为是全球通过气候和能源一体化政策实现减缓气候变化目标的重要基础。2008 年 12 月 17 日，欧洲议会正式批准这项计划。2009 年 4 月 6 日，欧盟部长理事会就此表决，一致通过了这一里程碑式的法案文本。这一计划的出台将减少欧盟从外部进口燃料的依赖，也标志着欧盟在引领一场新的全球工业革命中要大展身手，被广泛认为是全球通过气候和能源一体化政策实现减缓气候变化目标的重要基础，可能会产生更大的收益，包括促进能源安全、增加就业、促进研发和创新等方面。《气候行动和可再生能源一揽子计划》的核心内容是"20－20－20"行动，不仅包括温室气体的减排，而且也为发展可再生能源和提高能源效率设定了相应的指标，相比之前的各项能源和环保政策，一揽子计划的决心更大、整合力度更高，目标也更为突出，更具有挑战性。具体内容特点：一是加大了温室气体控制范围，扩展了欧盟碳排放交易机制；二是建立并实施责任分担机制，将 20% 的目标分解给各成员国；[1] 三是制定约束性可再生能源目标，推行生物质燃料；四是制定关于碳捕获和碳封存以及环境补贴的新规则。

（三）欧盟温室气体排放交易体系

欧盟排放交易体系的推出是经济学原理在环境治理领域的广泛应用的结果，目的是通过经济激励的手段来实现温室气体的减排。《京都议定书》构成了欧盟排放交易机制的法律基础，欧盟排放交易体系是根据《京都议定书》的碳交易机制建立的。欧盟排放交易体系的建立创造了一个碳排放自由交易的平台，通过市场化的手段既可以达到减少温室气体排放的目的，同时还能降低减排的成本，促进了可再生能源的投资和发展。更为重要的是，欧盟温室气体排放交易体系为其他国家乃至全球范围内温室气体排放交易机制的建立提供了丰富的经验。自 2005 年 1 月欧盟内的温室气体排放交易启动后，欧洲已形成了目前世界上最大的一个跨国家、多部门参与的碳市场。

1998 年 6 月，欧盟在《气候变化：后京都议定书的欧盟策略》（Climate Change：Towards an EU Post－Kyoto Strategy）的报告中首次提出了应该在 2005 年前建立欧盟内部的交易体系的想法。[2] 2000 年，欧盟委员会启动了"欧洲气候变化计划"（ECCP）。ECCP Ⅰ引出了许多政策和措施，其中最为关键、最

---

[1] 各成员国承担的责任从 10%~49% 不等，其中瑞典为 49%，马耳他为 10%。

[2] EuroPean Commission，Climate Change—wards an EU Post－Kyoto Strategy，http：//aeipitt. ed/815.

具有创新性的是欧盟温室气体排放交易体系。[1] 2001年10月，欧盟委员会向欧洲议会及欧盟理事会提交了建立欧盟“温室气体排放交易指令”的草案。2003年7月，欧洲议会通过投票达成协议，通过了欧盟排放交易指令。同年10月13日，欧盟发布了排放交易指令（Directive2003/87/EC），该指令给欧盟排放交易机制提供了坚实和详尽的法律基础，它规定了适用的范围，温室气体排放许可的条件和内容，排放权批准、分配转让、放弃和注销的相关方法和程序。为了将欧盟排放权交易机制与《京都议定书》的灵活机制相联结，2004年欧盟通过了“联结指令”（Linking Directive）。

2005年1月1日，欧盟排放交易体系在欧盟内部正式开始运作。由于欧盟成员国之间经济发展水平不尽相同，而且成员国内部企业种类繁多、情况也各不相同，因此欧盟采取了循序渐进分阶段运行的模式。2005年1月1日至2007年12月31日为第一阶段，此阶段可称之为“试验阶段”，目的主要是获取排放交易的经验，为以后履行欧盟在《京都议定书》中的承诺打下一个良好的基础。[2] 2008年1月1日至2012年12月31日，欧盟排放交易体系进入第二阶段，目的是通过此交易体系，更好地完成欧盟整体减排的承诺。在这一阶段，交易体系覆盖的范围有了进一步的扩大，航空业被纳入其中。欧盟委员会于2008年1月提出了“气候行动和可再生能源一揽子计划”的新立法建议，此项一揽子计划的一个重要内容是欧盟通过了“排放交易体系修正案”，使欧盟排放交易机制（EUETS）得到进一步的扩展，在此背景之下，欧盟排放交易体系进入第三阶段，时间从2013年到2020年。

欧盟排放交易机制配额的分配方式有两种：免费和拍卖。在排放交易实施的第一个阶段，95%的配额要免费发放生产企业。而在交易体系实施的第二阶段，90%的配额免费发放给了生产企业。新的排放交易体系修正案规定，从2013年开始80%的配额是免费发放，以后逐年递减，到2020年实现全部配额以拍卖方式分配。与前两个阶段相比较，这是第三阶段最重要的变化。

三、欧盟应对气候变化的立法

欧盟应对气候变化、发展低碳经济的法律包括以下方面：欧盟加入的有关气候变化的国际公约；欧盟基础条约；欧盟机构制定的相关条例（regulation）、指令（directive）和决定（decision）等。2009年，欧洲温室气体排放

---

[1] 张焕波：《中国、美国和欧盟气候变化政策分析》，社会科学文献出版社2010年版，第58页。

[2] 王伟男：“应对气候变化：欧盟的政策与行动”，载《中国战略观察》2010年第4期。

有 79.3% 来自与能源消耗有关的部门。[1] 即使是更细致的划分，2009 年排放量最大的部门也是能源生产，占到了 30.7% 的比例。[2] 可见，能源方面的减排对欧盟履行减排承诺至关重要。在欧盟的“20 - 20 - 20”目标中，有两项都与能源有关。欧盟理事会也认为，由于能源生产与消耗是欧盟温室气体排放最大的来源，如果不能把能源与气候综合起来进行考虑并采取措施，欧盟就不可能在 2020 年实现温室气体减排 20% 的目标。[3] 因此，与气候变化有关的能源立法是欧盟应对气候变化立法的核心内容之一。长期以来为了应对气候变化，欧盟的能源政策与立法在可再生能源、提高能源效率、建筑节能以及其他方面已经形成了较为全面的体系。欧盟应对气候变化立法具有多元目标模式、广泛的公众参与和多元的监督机制、立法的域外效应突出等特点。[4]

（一）可再生能源立法

可再生能源政策与立法在欧盟能源政策与立法方面占有重要地位。为了确保可靠的能源供应，减缓欧盟对外部能源的依赖，欧盟提出要加强可再生能源的发展。欧盟目前促进可再生能源发展的立法主要是：在内部电力市场促进可再生能源电力生产的指令 2001/77/EC[5] 和在运输领域推广使用的生物燃料和其他可再生燃料的指令 2003/30/EC[6]。2009 年，欧盟颁布了促进可再生能源利用的指令 2009/28/EC[7]，这一指令修改了前述两个指令的部分内容，并于 2012 年 1 月 1 日废止前述两个指令。

（二）能源效率立法

提高能源效率可减少能源消耗，因此可以减少由于能源消耗产生的温室气体。针对提高能源效率，欧盟主要措施包括电器产品的最低能效标准和能效标识制度。第一，电器产品的最低能效标准。最低能效标准法规由一系列欧盟指

---

[1] Annual European Union greenhouse gas inventory 1999 - 2009 and inventory report 2011, EEA Technical report, No, 2/ 2011.

[2] See Why did greenhouse gas emissions fall in the EU in 2009 ? EEN analysis in bief.

[3] See Franklin Dehousse and Tania Zgajews, the EU Climate Policy after the Climate Package and Copenhagen Promises and Limits, Academia Press, 2010, p. 11.

[4] 邓海峰：“欧盟应对气候变化立法概览”，载《国外应对气候变化法所涉重点问题识别和研究》中期报告，2011 年 12 月 15 日，pp. 208 - 212。

[5] Directive 2001/77/EC of 27 September 2001 on the promotion of electricity produced from renewable energy sources in the internal electricity market, OJ L 283, 27. 10. 2011, p. 33.

[6] Directive 2003/30/EC of 8 May 2003 on the promotion of the use of biofuels of other renewable fuels for transport, OJ L 123, 17. 5. 2003, p. 42.

[7] Directive 2009/28/EC of 23 April 2009 on the promotion of the use of energy from renewable sources and amending and subsequently repealing Directives 2001/77/EC and 2003/30/EC. OJ L140, 5. 6. 2009, p. 16.

令组成，如指令92/42/EEC，使用液体或气体燃料的新型热水器的能效要求；[1]指令2000/55/EC，关于荧光灯镇流器的能效要求[2]。可以看出，这些指令都是针对具体产品的指令。电器产品满足最低能效标准是生产和进入市场销售的条件之一，满足条件的产品将加贴CE标志（CONFORMITE EUROPEENNE）。第二，能效标识制度。欧盟能效标识制度，通过对产品的能效进行分等级的比较标志，一方面可以促使产品生产和设计商不断提高产品的能源效率，另一方面也可以引导消费者购买能效产品。

（三）建筑节能立法

欧盟涉及建筑节能的立法也有很多，但最主要的是关于建筑能源性能的指令2002/91/EC。这一指令建立了建筑节能完整的制度体系。根据指令，从2006年1月起，成员国要采取必要措施，保证根据建筑能耗的计算方法，确定其最低能效标准。在确定最低标准时，新建筑、既有建筑以及不同类型的建筑可以区别对待。按照标准要求，采取间隔期少于5年的定期检查制度，并随着建筑技术和建筑材料的发展而进一步提高该标准。对于符合节能标准的建筑物可以颁发能耗性能证书，证书的有效期不应超过10年。此外，为了加强建筑节能，指令还规定需要对锅炉和空调系统进行定期检查。需要注意的是，前述指令已被指令2010/31/EU所修订废止。[3] 新指令扩大了受规制建筑物的范围并制定了更为严格的建筑物能源效率规定。

第二节 英国应对气候变化的政策与法律

一、英国应对气候变化的政策

（一）约束企业减排的政策

英国政府采取了一系列的强制性手段，减少甚至停止矿产资源开采企业和高能耗高污染企业的生产。目前，英国国内大部分的矿山已经关闭停产，所需的矿产资源主要依靠进口。实行“污染者支付原则”，其规定旨在约束高能耗高污染生产型企业，对于防治污染的费用和减轻因污染造成的环境损害的费用应由造成污染的企业承担。

为应对气候变化，英国政府还制定了一系列的激励政策。一是征收气候变

[1] OJ L 167, 22. 6. 1992, p. 17.

[2] OJ L 236, 18. 9. 1996, p. 36. 已作废。

[3] OJ L 279, 1. 11. 2000, pp. 33 ~ 39.

化税。2001 年开始征收的气候变化税，采取鼓励和刺激企业减排的方式，如果企业达到了与政府签署的减排标准，可以减征最高 80% 的气候变化税。二是设立碳基金和减排基金。碳基金主要面对中小企业，用于咨询节能技术和购买节能设备，帮助中小企业实现减排既定目标。作为实施《英国气候变化计划》的一项重要措施，英国政府还在 2001 年设立了碳信托基金，鼓励和促进开发低碳技术（包括能效技术和低碳能源供应），以支持英国向低碳技术过渡。作为非营利机构，碳信托基金的主要目的是：（1）保证英国工商业界和公共部门满足二氧化碳减排目标；（2）通过提高资源效率，提高英国企业竞争力；（3）支持英国相关工业部门的发展，对低碳技术的革新和商业价值进行资本化。碳信托基金的来源主要是政府赠款与气候变化税费。而减排基金主要是为英国各类企业实行有效减排技术的推广、企业环保项目的实验和为减排项目服务，目的是强化企业减排意识，增强企业减排主动性。三是建立“碳信贷”的排放交易制度。“碳信贷”是指英国企业可以把自己的减排量拿到市场上出售，卖出减排量的企业可以获得巨大的经济利益，买入减排量的企业也可以避免因无法完成减排量而遭到处罚，充分体现了“谁环保，谁受益”的原则。

（二）节能和开发新能源政策

1. 能源效率承诺

从 2002 年 4 月开始，能源效率承诺要求英国的私人天然气和电力供应商，通过为它们的国内用户提供相应措施，提高能源效率。为了履行它们承诺的能源效率义务，供应商可能采用一切适当的措施。其中包括空心墙绝缘、顶楼绝缘、节能供热锅炉、供热控制和某些类型的家庭节能方法（如节能照明）。但是，这样做的目的并不仅仅是简单地提供燃料和电力，而是鼓励能源效率的提高，特别是通过能源服务以最有效的方式供热、照明和供电。

2. 热电联产

热电联产（CHP）是一项可以极大地节约燃料的技术，此项技术使用了发电时一般会浪费掉的热能。CHP 可以将燃料利用的总效率增加到 70%~90%，相对于传统发电方法的 30%~50%，还可节省 40% 的燃料费。2001 年 4 月实施的、鼓励投资的高质量 CHP 措施，包括对燃料输入和电力出口免征气候变化税。

3. 建筑节能措施

英国政府实施的具体建筑节能措施包括：其一，推动公共建筑节能。英国政府规定，从 2008 年 6 月起，每幢公共建筑的节能情况将划分等级并颁发证书，博物馆、展览馆和政府办公大楼等大型建筑的能耗情况要张榜公布，并动员社会力量加强监督，促进全国实现节能减排的目标。在此基础上，英国政府将拨款1000万英镑改造英国境内中小学校，减少其二氧化碳的排放。其二，促进家庭住宅建筑节能。英国政府规定在新建筑设计时，必须综合考虑光照、风力等各方面的节能问题，开工前必须获得当地政府批准的建筑能耗分析报告，否则将被拒绝施工建造。其三，卖方文件。英国政府考虑改革房屋购买和销售过程的提案。一个可能性是在房屋推向市场之前，政府要求销售房屋的个人以标准表格的形式为将要购买房屋人提供一系列信息，卖方文件可能包括重要相关文件的副本。卖方还要提供一个建立在专业财产调查基础上的家庭状况报告，包括一个能源效率证明和改进建议，目标是使这样一种方法鼓励买方和卖方考虑和提高财产的能源效率。

4. 鼓励企业开发利用新能源和新产品

政府采取优惠措施鼓励企业投资利用绿色能源来发电，例如风能、太阳能、潮汐能，以取代传统的煤炭发电，减少二氧化碳的排放。伦敦推出了名为"绿番茄"的油电混合引擎出租车，有效降低了二氧化碳的排放。英国政府对包装材料制造商明确提出了包装废弃物重新使用计划，以促进环境保护和资源再生利用，减少对人体和环境的危害。同时，英国政府提出了"绿色办公室"的标准，以实现建筑企业建筑的二氧化碳零排放。

5. 可再生能源利用

英国政府2007年5月公布了《英国能源白皮书》，为英国可再生能源的开发设定了具体目标。2020年将煤炭在能源总量中的比重由35%降低到20%，核能比重由19%降为5%，可再生能源的比重由目前的6%扩大到35%，远远超出了欧盟对各成员国的基本要求。

（三）鼓励家庭减排的政策

1. 财税引导扶持政策

扶持政策包括：(1)"绿色家庭"计划。鼓励居民在家中安装太阳能、屋顶式风力发电机等设备；对居民购买微型发电设备的产品附加税从17.5%减少到5%；新建房屋或原有房屋通过改造后采用太阳能、风能等可再生能源发电者，可享受政府补助，金额最多可达改造费的一半。(2)财政支持。英国政府多次拨付财政资金，帮助居民进行家庭节能改造，提高家庭能效。英国政府还设立了"能源效率基金"，鼓励企业和家庭购买节能设备，责成能源公司提供节能灯泡、保温设备、高能效电器和锅炉，对家庭安装节能锅炉进行资助。(3)对绿色车辆和传统车辆采取不同的购买和使用税费政策。英国政府推广绿色节能汽车，并对传统汽车课以较重的税费。在新车市场上，英国政府给予购买电动车和小排量汽车等节能汽车的消费者以折扣价格或免去汽车消费税，并对大型汽车和重污染汽车加倍征税。

2. 引入能耗审计制度

1993 年英国政府就开始对家庭进行能耗审计，通过审计，为这些家庭提供了实用的节能建议和针对其具体情况的支持计划。从 2008 年 10 月开始，英国 85 万个“购房出租族”在出租房屋前，必须请能源审计员评定其房屋的能耗级别，并交纳 200 英镑的环保税，才能取得有效期为 3 年的房屋出租许可证。❶

3. 促进家庭节能

英国在 1995 年制定了“家庭能源节约法”，自治团体希望家庭能源消费和二氧化碳的排放量在 2001 年之前必须减少 30% 以上。为了该法案的顺利实施，英国非政府组织对这些自治体进行协助，在全国各地建立了 52 个节能中心。❷ 在家庭节能方面，英国已投入 10 亿英镑，根本性地改进了“家庭能效计划”。❸

（四）低碳与能源发展政策

英国是欧盟国家中能源最丰富的国家，很早就出台了一系列的政策措施以抑制能源消费对气候的影响。英国也是最早提出低碳经济概念并积极倡导低碳经济的国家。除了前述的征收气候变化税之外，2002 年英国就建立起了世界上第一个国家碳排放交易体系，成为最早实施温室气体排放贸易机制的国家。2003 年，英国政府发布了能源白皮书《我国能源的未来：创建低碳经济》。该白皮书从英国对进口能源高度依赖和作为《京都议定书》缔约国有义务降低温室气体排放的实际需要出发，着眼于降低对化石能源依赖和控制温室气体排放，提出了英国将实现低碳经济作为英国能源战略的首要目标。

英国很注重能源和气候政策的整合，除了因为能源和气候问题天然联系在一起的自然因素，政治上主要动力来自两方面：一方面是欧盟对能源和气候政策的整合，另一方面是由于《京都议定书》下约定的二氧化碳减排压力及增强应对气候变化背景下产业竞争力的要求。欧盟于 2007 年 1 月提出了整合能源和气候政策的计划及欧洲气候变化项目（European Climate Change Pro-

---

❶ 臧扬扬：“欧盟及其主要国家应对气候变化的政策与立法概述”，载《南京工业大学学报（社会科学版）》2010 年（第 9 卷）第 3 期，第 53～54 页。

❷ 杨兴：“《气候变化框架公约》研究——兼论气候变化问题与国际法”，2005 年博士学位论文，第 244～247 页。

❸ 参见“英国首相布莱尔谈：实现资源可持续发展”，载《学习时报》2002 年第 4 期。

gramme, ECCP)，对欧盟内外部的能源政策进行了战略审视，❶ 最终提出了低碳化的能源发展路径，提高能效，提高可再生能源比例，推进能源市场自由化，以同时应对能源和气候变化挑战。❷ 这个计划整合了欧盟的能源市场，整合了欧美的能源、气候、农业及其他政策。❸ 欧盟甚至希望此举能够引发新一轮的工业革命。❹ 英国《气候变化法》和《能源法》在 2008 年 11 月 26 日同时生效，标志着英国能源与气候政策的整合基本完成。

2009 年 7 月 15 日，英国通过《低碳转换计划》，内容涉及能源、工业、交通和住房等多个方面。计划提出了碳排放量的减排目标，规定所有政府机构必须建立自己的"碳预算"，严格控制碳排放量，否则会受到相应处罚。英国还颁布了与该计划相配套的《低碳工业战略》《可再生能源战略》和《低碳交通计划》。

此外，在运输部门的减排方面，英国制订了运输 10 年计划，英国将对运输设施投资 1800 亿英镑。英国政府与汽车制造商达成的协议则要求，2008 ~ 2012 年，汽车的二氧化碳排放量至少减少 25% 。❺

二、英国应对气候变化立法

（一）概况

英国政府为了应对日益严峻的能源、环境形势，实现《京都议定书》减排 8% 的目标，加大了立法力度，不断出台新的法律。英国共制定了包括《气候变化法》(2008)、《能源法》(2008 \ 2004 \ 1983 \ 1976)、《气候变化和可持续能源法》(2006)、《原子能法》、《电力法》、《天然气法》、《石油法》、《公用事业法》、《节能法》等 20 多个能源与气候变化应对方面的法律，以及一批相关的方案、规章和制度。其中，英国的《气候变化法》和《能源法》两部法律同时生效，相互支持，既有中长期的战略目标、决策架构、五年期的实施方案，又有涉及石油天然气核能电力等可持续发展的详细规定，为英国应对气候变化，实现低碳经济铺平了道路。以下将重点介绍英国《气候变化法》

---

❶ http://www.euractiv.com/en/energy/energy - climate - change - integrated - eu - policy/article - 160957.

❷ 欧美委员会："应对能源和气候变化挑战"，载 http://ec.europa.eu/climateaction/eu_ action/index en.htm。

❸ http://www.Scotland.gov.uk/Topics/Government/International - Relations/Europe/European - Union/Current - EU - Issues/Climate - Change - Energy.

❹ Law 360, "An integrated Energy and climate change policy", http://www.law360.com/registrations/user registration? article_ id = 17783&concurrency check = false.

❺ 参见"英国首相布莱尔谈：实现资源可持续发展"，载《学习时报》2002 年第 4 期。

(2008)。

2008 年 11 月 26 日，英国《气候变化法》继获得议会通过一周后，获英王室正式批准。这是世界上在该领域的第一个法律，英国因此也成为世界上第一个将温室气体减排目标写进法律的国家。该法案有两个主要目的：一是表明英国致力于为全球减排承担相应的责任；二是提高碳管理水平，促进英国向低碳经济的转型。英国政府通过自己的单方面承诺向世界表明，必须采取果断的行动并搭建新的国际框架来应对气候变化。英国《气候变化法》（2008）全文正文包括为六个部分，共 101 条，另有八个附表。六个部分分别是碳目标和预算编制（CARBON TARGET AND BUDGETING）、气候变化委员会（THE COMMITTEE ON CLIMATE CHANGE）、贸易安排（TRADING SCHEMES）、气候变化影响及适应（IMPACT OF AND ADAPTATION TO CLIMATE CHANGE）、其他规定（OTHER PROVISIONS）、普通附加规定（GENERAL SUPPLEMENTARY PROVISIONS）。八个附表分别是气候变化委员会、交易计划、交易计划进一步的规定、交易计划强制信息提供、减少废物计划、一次性使用包装收费制度、使用可再生交通燃料义务、碳减排目标。

（二）英国《气候变化法》（2008）的主要内容及其意义

1. 2050 年英国温室气体减排目标

英国《气候变化法》（2008）规定，2050 年英国碳排放总量应当在 1990 年的基础上减少 80%。按照该法，英国本届及以后各届政府必须依法致力于削减二氧化碳以及其他温室气体的排放。

2. 成立气候变化委员会

气候变化委员会作为法定的独立专家团体就实施减排目标和碳预算向政府提出专项建议。负责为完成减排目标，将碳收支维持在一个合理水平，提供独立的专业指导和建议，还负责 2050 年减排目标的修订，以及国际航空器和船舶的排放量包括在目标内的影响调查和报告等工作。[1] 在此基础上，建立向议会提交年度报告制度，报告要确定碳预算对竞争力、供应安全、燃料贫困、财政收入、区域、环境效应的影响。气候变化委员会单独提出进展报告，并请政府作答。

3. 建立碳预算体系

确定从 2008 年到 2012 年为第一个预算期，此后每五年为一个碳预算期，以求确保每个预算期的碳排放量不超过碳预算。政府有责任对每个预算期的碳

[1] 在 2012 年 12 月 31 日前将国际航空及海运减排纳入本法案，如不能纳入，说明原因。并就纳入计算时对碳预算的影响作出说明。

预算和2020年及2050年的目标进展情况作出说明。在每个碳预算中政府要对英国国内、欧盟及国际层面的减排水平作出评估，进行平衡。政府对法案作出必要的修正以满足采购国际碳信用的额度，法案的修正需要通过两院对委员会建议的辩论。

4. 气候变化影响评估

通过建立新的体制，即相关的评估机构每年都要向议会提交一份公开透明的报告。《气候变化法》的出台使得政府气候政策的贯彻实施更为有效，气候变化委员会将向政府提供一份独立的工作进展报告，并且政府必须对此作出回应，从而确保政府能够随时了解每一个“五年碳收支计划”以及2020年碳减排目标和2050年碳减排目标的工作进程。立法要求政府至少每五年就气候变化问题所带来的当前和未来的影响进行一次工作汇报，并提出应对气候变化的建议及策略。

5. 为适应气候变化提供支持

《气候变化法》的出台将会使政府气候政策的贯彻实施更为有效，从而最终达到减排目标。为促成英国碳减排这一重要目标的实现，确保企业和个人向低碳科技领域投资，提供了一个明确的框架。政府至少每五年报告一次气候变化适应面临的风险，并制订应对的行动方案，政府有权强制要求其他机构和法人进行各自的风险评估和应对，从2009开始指导企业报告温室气体排放。进一步支持社区节能项目，并且把电力生产纳入现存的减排目标体系中。

6. 修改《能源法》(2004)

修改《能源法》(2004)中有关可再生能源运输燃料义务，修订后的《能源法》与《气候变化法》同时生效。

此外，进一步规定包括引进适用于地方自治体和大企业等碳交易制度的“减排义务”制度，还赋予它们引进排放量交易制度的权限；授权建立限制温室气体排放的、激励减少排放的贸易体系，支持直接从大气中集碳的项目；授权为国内减少废物和循环生产提供财政激励制定框架；制定收集家庭废弃物的规定，授权制定对一次性包装收费的规定；关于气候变化的其他规定及相关事宜。

在《气候变化法》(2008)的约束下，英国政府必须定期向议会汇报如何达成这一目标，采取行动的领域包括所有的工业设施和来往英国的所有国际航空和航运交通。这一法律也赋予了英国政府实行排放交易、推广生物燃料、减少建筑能耗，甚至强制零售业减少塑料袋使用的权力，还要求能源企业向使用低碳能源而向英国全国高压输电线网输入电力的居民住户、企业单位和商户支付“回购税”。[1] 在2008年经济危机尚处于探底阶段的不景气时期，英国政府不仅没有放弃或减弱应对气候变化的目标，反而采取有针对性的行动来应对气候变化，甚至还把到2050年的减排目标从《气候变化法（草案）》阶段的60%提高到正式颁布时的80%，为国际社会树立了一个很好的榜样。英国政府通过制定《气候变化法》，成功建构了和极大地增强了其在国际气候政治谈判中道义上的力量，代表了应对气候变化政策发展的一种趋势。[2]

第三节 美国应对气候变化的政策与法律

一、美国应对气候变化的主要政策

（一）美国应对气候变化的政策范畴及原则

美国应对气候变化的政策基本上都是围绕着以下几个范畴来规定的：一是温室气体的排放控制；二是能源效率与节约，减少化石燃料中的温室气体排放；三是碳储藏和碳截存；四是适应气候变化的政策，预见和尽可能减少气候变化的负面结果。[3] 美国政府在国际气候变化谈判前期发布的气候变化政策主要体现为：（1）实质性地促进减排的注册登记；（2）保护和供应减排的可转让信用；（3）如果有必要，将检查迈向目标的进展和采取除此之外的行动；（4）增加美国对气候变化承诺的资金；（5）采取针对科学和技术评估的行动；（6）实施全面范畴下的新的和拓展的国内政策；（7）促进新的和拓展的国际政策来补充国内计划。[4] 这些气候变化基本政策都是一些“希望性的或是不明确的观点，而不是聚焦于强制性承诺义务、调控性的计划和法律化的要求。”[5]

为应对气候变化和发展低碳经济，美国在各重点领域的政策措施如下：（1）在住房和商业领域，实施电器和商业设备标准计划、建筑物能效守则计划、净零能源商业建筑倡议、建筑美国计划和能源效率和保护资助计划，推广能源之星标签产品、能源之星商业市场、能源之星住宅市场。（2）在工业领

[1] “英国成首个为气候变化立法国家”，载 http：//env. people. com. cn/GB/8439643. html。

[2] 李伟：“《气候变化法》与英国能源气候政策演变”，载《国际展望》2010年第2期，第42页。

[3] John C. Dernbach and Seema Kakade，“Climate Change Law：An Introduction”，Energy Bar Association Energy Law Journal，2008. 转引自赵绘宇：“美国国内气候变化法律与政策进展性研究”，载《东方法学》2008年第6期，第112页。

[4] US Global Climate Change Policy：A New Approach，Fact Sheet Issued by the White House on 14 February 2002，http：//www. us－gcrp. gov/usgcrp/Library/gcinitiative2002/gccfactsheet. htm.

[5] Cinnamon Carlarne，“Climate Change Policies an Ocean Apart：EU & US Climate Change Policies Compared”，Penn State Environ－mental Law Review，Spring，2006.

域，实施能源之星工业、拯救能源计划以及特殊工业和交叉领域研究、发展、示范和部署计划，并建立工业评估中心。（3）在能源供应领域，实施太阳能发展计划、风能发展计划、地热能发展计划、能源传输基础设施、新能源公园计划、清洁能源计划、可再生能源生产激励计划等，促进可再生能源和新能源的发展。（4）在交通领域，实行可再生燃料标准，开展全国清洁柴油机运动，实行运输合作伙伴关系计划、清洁汽车技术计划、燃料电池技术计划、联邦过境计划、温室气体和能源减量投资计划等，建立可替代交通体系，推广可替代燃料汽车。（5）在农业领域，实施农业之星计划、保护区计划、环境质量激励计划、养护管理计划、湿地保护计划、草原保护计划、野生动物栖息地激励计划等，此外，还加强森林、草原、公园和野生动物保护区的生态系统服务。❶

目前的美国气候变化政策主要遵循以下原则：❷ 其一，技术为先。美国坚持以发展气候变化的技术为先导，如 2006 年 9 月美国公布了气候变化技术计划（CCTP），这是美国新的气候变化技术计划战略规划，该计划中包含的技术有氢能源、生物提炼、清洁煤、碳储存、棱分裂和聚变能等。其二，发展经济。即要求温室气体的减排不妨碍美国的经济发展。美国对强制性温室气体减排的最大担心是来自对经济增长的可能妨碍。美国退出《京都议定书》之后，2002 年又自己建立了一个温室气体指标——温室气体密度。具体目标是“到 2018 年将温室气体的排放量下降 18%”。可见，美国并不像《京都议定书》中那种纯粹测算温室气体减少量，而是测算每单位 GDP 排放温室气体的量，它制约与温室气体相关的经济增长质量。其三，经济激励。美国对《京都议定书》中具有强制性承诺目标非常排斥，在气候变化领域，美国承袭以经济激励机制为手段这一传统，这些尝试包括建立全球性的气候交易所，与国际开展交易合作，进行国际区域间的排放交易等。如世界上第一个以温室气体减排为目标进行贸易的会员式市场平台——美国的芝加哥气候交易所，成立于 2003 年，会员分别来自航空、汽车、电力、环境、交通等数十个不同行业。❸ 2005 年 12 月，美国东北和大西洋中部 9 个州（后为 10 个州）达成地区温室气体倡议（RGGI），这是一个针对该地区电厂二氧化碳排放限额与贸易的制度。2006 年 8 月 31 日，加州通过了《全球温室效应治理法案》（Global War-

---

❶ Fifth Climate Action Report to the UN Framework Convention on Climate Change，http：//www.state.gov/g/oes/rls/rpts/car5/index.htm.

❷ 赵绘宇：“美国国内气候变化法律与政策进展性研究”，载《东方法学》2008 年第 6 期，第 113～115 页。

❸ 何钢：“芝加哥气候交易所”，载《世界环境》2007 年第 2 期。

ming Solutions Act），引入“市场机制”减少温室气体排放量，允许买卖排放量指标。[1]

（二）美国政府气候政策的转向

奥巴马政府对外战略重点之一是更加关注能源环境和气候变化等全球性问题。奥巴马就任美国总统以来，美国新政府能源、环境和应对气候变化政策开始出现较大调整。一方面，在国内更加重视发展清洁能源、提高能效，减少对石油等化石能源的依赖，加快关于控制温室气体排放的立法进程。强调能源安全与能源独立是美国新任政府能源环境观的核心。美国国家能源政策委员会（NCEP）的研究数据指出，美国对石油的依赖可能产生的危害程度难以估计。美国政府希望通过政策调整，使美国摆脱对石油、煤炭的依赖，注重提高能效，积极推动可再生能源的发展。美国政府气候政策的转向还表现在大力推动新能源法案，积极发展替代能源来减缓气候变化。

另一方面，奥巴马政府努力改变过去八年来布什政府在气候变化问题上单边主义和不作为的国际形象，致力于重塑美国在这一领域的国际领导地位。奥巴马将气候变化政策的调整作为其变革的优先议题之一，就任后更极力倡导发挥美国在全球气候变化问题上的主导作用，以期改善美国单边主义外交形象，并通过发展“绿色能源”减少美国对进口能源的依赖，创造更多就业机会和提升经济竞争力。2009 年年初，奥巴马在美国国会发表讲话时就曾表示，希望国会尽快通过一个包含基于市场原则的“总量控制与交易”（Cap - and - Trade）制度的气候变化法案，并明确提出到 2020 年，美国温室气体排放将比 2005 年水平减少 14%，到 2050 年比 2005 年减排 80% 的目标。美国总统的能源、环境和气候管理团队与机构重组也体现了政策重心的调整。白宫新增设了一个能源和气候变化顾问，统筹协调美国能源和气候变化问题，一些媒体将这一权力高度集中的职位称之为“能源沙皇”，表明能源和气候变化政策将成为美国新政府的重要优先议题。此外，国务院新设立了气候变化事务特使，专门负责气候变化对外谈判工作，说明奥巴马政府将一改前布什政府在气候变化问题上在国际舞台不作为的形象，注重与联合国气候变化公约以及欧盟、日本和主要发展中国家的合作。

美国政府气候政策转向的原因，一是为改变美国国际形象，高调倡导美国在气候变化问题上的领导地位，力促加快气候变化立法；二是为规避“后危机时代”经济和地缘政治风险，美国急需寻找一个能继续领先世界的新经济

[1] “美国国内的气候变化行动及其影响”，载《2007 年：全球政治与安全报告》，来源：http://www.china.com.cn/node_ 7000058/2007 - 04/02/content - 8046836 - 2. htm，2014 年 1 月 30 日访问。

增长点，即以清洁能源产业为主的低碳经济就可能成为美国经济增长的重要引擎；三是美国的地方政府和产业界积极敦促联邦政府立法；❶ 四是美国国内政治支持气候变化政策调整的力量增强；五是美国社会文化因素推动着美国民众对气候问题的关注和认识；六是来自国际社会的压力陡然增大：布什政府消极应对气候变化问题曾遭受国际社会的广泛谴责，美国新政府承诺的减排目标与欧盟期待的目标相差甚远，与美国作为全球第二大温室气体排放者的地位极不相称，希望美国能提出一个更高的中期减排目标。这样的国际压力促使美国政府在气候变化问题上的政策必然转向。

二、美国应对气候变化立法

（一）概况

2007 年之前，美国加州、缅因州等地区在气候变化方面的专门立法已经先行一步，如加州在 2005 年 6 月 1 日颁布了环保法令《执行令 S－3－OS》（Executive Order S－3－OS），并且加州议会于 2006 年 8 月 31 日通过了《全球温室效应治理法案》，亦称“AB32 法案”，而联邦法律此时还未在气候变化上有专门性立法，法律中只有一些有助于减少气候变化的零星规定，如 2005 年《美国能源政策法》有专门部分涉及气候变化，《清洁空气法》中有涉及温室气体排放贸易的规定，《美国环境政策法》中也有环境影响评价制度涉及气候变化问题等，当然这些是非针对性法律规定，不是专门化的立法。

2007 年，美国应对气候变化的国家行动在各个层面都有所突破，美国的气候政治版图发生了显著变化。美国国会不断推出能源与气候的相关法案，参议院还通过了下属委员会的投票表决。在司法上，2007 年 4 月，美国联邦最高法院就马萨诸塞州等诉环境保护署一案作出最终判决，认为 CO_2 等温室气体应受美国《清洁空气法》的规范，敦促政府在应对气候变化方面采取更多行动。❷ 这对于具有判例法传统的美国来说，意义深远。在立法上，美国众议院内应对气候变化的积极力量正逐渐占据上风。2007 年提出的法案主要有《气候责任和创新法案》《全球变暖污染控制法案》《气候责任法》《减缓全球变化法案》《安全气候法案》《低碳经济法案》《美国气候安全法案》等，美

---

❶ 虽然布什政府拒绝接受有关气候变化的立法，但除了密歇根等州，许多州政府在气候政策和立法方面都走在了前面。康涅狄格、缅因、佛罗里达、科罗拉多等州都分别制订了应对气候变化的行动计划，加利福尼亚、威斯康星等州已建立并开始实施温室气体报告制度，夏威夷、加利福尼亚、明尼苏达等州立法规定温室气体的排放目标，一些州政府还在应对气候变化方面采取了联合行动。

❷ 陈冬：“气候变化语境下的美国环境诉讼——以马萨诸塞州诉美国联邦环保局案为例”，载《环球法律评论》2008 年第 5 期。

国由此迈向了气候变化的联邦立法。[1] 尤其是 2007 年 10 月提出的《美国气候安全法案》，包含全部六种温室气体，运用科技手段、经济手段、外交手段进行非常综合的管理控制。

2009 年，奥巴马就任美国总统就对气候变化问题显示出一种积极的态度，并把“新能源”“绿色经济”作为振兴经济的切入点。奥巴马是美国历史上首位提出要建立强制性的、覆盖整个经济范围的碳排放上限与交易（cap - and - trade）制度的总统。2009 年第 111 届国会成立以来，Pelosi 连任众议院议长，Henry Waxman 和 Edward Markey 也分别取代了 John Dingell 和 Rick Boucher[2]，各自担任众议院能源和商业委员会主席及其能源和空气质量分委会主席，成为众议院内推动应对气候变化立法的又一积极力量。本届国会的议员们提出了超过 10 部旨在通过对碳排放定价的市场机制减少温室气体排放的法案，如《拯救我们的气候法》《美国能源安全信托基金法》《安全市场开发法》《清洁环境与稳定能源市场法》《碳排放上限和红利法》《提高工资、减少碳排放法》《美国清洁能源与安全法》《美国清洁能源领导法》《清洁能源工作与美国能源法》《清洁能源伙伴法》《清洁能源法》《国际气候变化投资法》《促进美国复兴的碳排放上限与能源法》等。各项法案在提出碳排放上限于交易机制的同时，为了权衡不同的政策目标并实现不同的政治目的，所涉及的监管对象、排放额度分配、减排成本控制、抵偿机制、减排技术和保持竞争力等内容都有所不同。[3] 这些法案中反响最大的是《2009 年美国清洁能源与安全法案》（The American Clean Energy and Security Act of 2009），也是美国应对气候变化和发展清洁能源的一项重要法案。

（二）《美国气候安全法案》（2007）

2007 年 10 月 18 日，美国参议院议员 Joseph Lieberman 和 John Warner 正式提出有关气候变化的《美国气候安全法案》（America’s Climate Security Act），又称“Lieberman - Warner”法案，提出美国需要建立强制性且覆盖整个国家经济的温室气体减排体系。2007 年 12 月 5 日，该法案投票以 11 ：8 票的结果在参议院环境和公共事务委员会通过，并被提交至整个参议院[4]，成为美国第

---

[1] 邓梁春：“美国气候变化相关立法进展及其对中国的启示”，载《世界环境》2008 年第 2 期。

[2] Dingell 和 Boucher 虽然在第 110 届国会期间曾推出一项应对气候变化法案的讨论草案（或称 Dingell - Boucher Bill），但是由于对汽车行业和煤炭行业利益的过分关注，这些利益集团影响到国会尽早推出积极的应对气候变化法案。

[3] Climate Change Legislation in the 111th Congress, available at: http://www.rff.org/News/Features/Pages/climate - change - legislation - introduction. aspx.

[4] 该法案最终在参议院辩论阶段被否决。

一部在议会委员会层面得到通过的温室气体总量控制和排放交易法案。法案针对《京都议定书》所调控的6种温室气体（二氧化碳、甲烷、氧化亚氮、氢氟碳化物、全氟化碳、六氟化硫），并且涵盖了广泛的国民经济领域，构建起一个总量控制和排放交易的体系。法案最终希望在2007~2050年间建立起显著减少美国温室气体排放的联邦核心项目，以避免全球气候变化出现灾难性的影响。在实现上述目标的前提下，法案还致力于同时保障美国经济的强劲增长，并且避免为美国公民带来负担。“Lieberman－Warner”法案提出的期限性和强制性的总量控制和排放交易的减排体系，不同于美国政府之前提出的自愿性减排承诺以及相应的技术开发倡导，能够更加明确地为市场指出未来的温室气体排放格局，从而引导企业经营战略和资本市场转向低碳经济模式。

“Lieberman－Warner”法案把美国官方温室气体排放清单中涵盖的电力行业、工业制造业以及交通行业纳入受控范围，并且进一步明确了将温室气体总排放量超过1万吨二氧化碳当量的企业纳入受控范围，所涉及行业和企业的排放量将占到美国温室气体排放总量的70%。法案将以预留的排放信用额度以及排放配额拍卖所得作为投入，支持一些重要公共政策的进展，包括：（1）采用先进的技术措施减少温室气体排放；（2）保护中低收入的美国公民不受能源涨价的影响；（3）缓解由于不可避免的气候变暖对于中低收入美国公民产生的负面影响；（4）通过解决全球变暖对于其他资源紧张国家的人口的负面影响，避免或缓解威胁到美国国家安全的政治不稳定因素和国际冲突。“Lieberman－Warner”法案对受控排放源建立起温室气体排放总量的上限，以2005年的排放量作为2012年的总量控制目标并逐年减少，在2020年降低到1990年的排放水平（比2005年减少15%），进一步在2050年比1990年排放水平减少65%（比2005年减少70%）。[1]

“Lieberman－Warner”法案的提出是美国参议院民主与共和两党达成一定共识的立法突破，虽然该法案最终在参议院辩论阶段被否决，但仍然为美国今后应对气候变化的行动奠定了坚实的政治基础。

（三）《美国清洁能源与安全法案》(2009)

2009年6月，美国众议院以219∶212票的微弱优势通过了《2009年美国清洁能源与安全法案》，因该法案由美国众议院能源和商业委员会主席Henry Waxman与能源和环境分委员会主席Edward Markey联合提出的，所以又被称为“Waxman－Markey”法案，该法案标志着美国在气候变化立法上迈出了重

---

[1] 邓梁春：“美国气候变化相关立法进展及其对中国的启示”，载《世界环境》2008年第2期，第82~85页。

要的一步。《美国清洁能源与安全法》（2009）确立了中长期温室气体减排目标，即纳入碳排放上限的行业，到2012年实现碳排放在2005年水平上减少3%，到2020年减少17%（相比1990年水平降低3%），到2030年减少42%，到2050减少83%，而实现该减排目标的主要手段是设立“总量控制与交易”（Cap - and - Trade）制度。[1] 这一法案主要包括八个方面的内容：（1）清洁能源；（2）能源效率；（3）全球变暖减缓；（4）排放贸易；（5）温室气体的标准；（6）向清洁能源经济的转换；（7）气候变化的适应；（8）农业和森林的相关抵销。这些方面都直接或间接地与气候变化相关，所以，尽管在法的名称中没有出现“气候变化”的概念，但人们依然把它称为“气候法”。

从《美国清洁能源与安全法》的内容可以看出，美国在应对气候变化的立法方面有自己的特点：（1）能源立法与气候变化立法相结合。《美国清洁能源与安全法》特别强调清洁能源与能源效率在应对气候变化中的作用，并明确规定了清洁能源发电在电力需求中应占的比例，确定了国家对清洁能源技术和能源效率技术的投资规模。（2）将发展绿色能源、应对气候变化与实现经济转型、提高国家竞争力相结合。《美国清洁能源与安全法》将确保工业排放的削减、绿色岗位与工人转型、帮助消费者、清洁能源出口作为真正实现国家向清洁能源经济转型、提高美国国际市场竞争力的手段。（3）注重减缓气候变化的同时，也没有忽视对气候变化的适应性问题。《美国清洁能源与安全法》不仅将能源结构的改善作为减缓气候变化的主要措施，还在制度层面引入了“总量控制”制度与排放限额的交易制度。同时，该法规定通过建立国内气候变化适应项目、提高公众健康水平和提高自然资源适应性来增强美国适应气候变化的能力。

《美国清洁能源与安全法》（2009）是继“Lieberman - Warner”法案在参议院被否决后，美国国内应对气候变化最重要的一项法案。然而，它还只是一项法案，还需要在参议院通过以及总统签署，才能作为法律而生效。迄今，参议院通过《美国清洁能源与安全法》仍没有时间表。

（四）《美国能源法案》（2010）

2009年11月，美国民主党参议员约翰·克里（John Kerry）将众议院2009年6月表决通过的《美国清洁能源与安全法》提交参议院大会讨论未果，2010年5月，克里与无党派参议员约瑟夫·利伯曼（Joseph Liberman）联合提

[1] Waxman - Markey Short Summary，http：//www. pewclimate. org/docUploads/Waxman - Markey - short - summary - revised - June26. pdf。

出了《美国能源法案（讨论草案）》（2010），又称“Kerry - Lieberman”法案❶，作为新的立法版本（即参院版），使得美国国会应对气候变化的立法进程又前进了一步。该能源法草案旨在削减温室气体排放、发展新能源、加强能源自给能力等。适逢墨西哥湾原油污染事件震动美国，该法案特意添加条款，保护沿海各州。其主要内容包括：（1）促进国内清洁能源发展；（2）减少温室气体污染；（3）消费者保护条款；（4）保护和增加就业；（5）应对气候变化的国际行动；（6）防止气候变化侵害，即适应气候变化项目；（7）预算条款。

与美国众议院2009年通过的“Lieberman - Warner”法案相比，“Kerry - Lieberman”法案提出相同减排指标。该法案建立企业排放配额制度，但农场主和小企业不受排放指标约束。它鼓励发展清洁能源，包括煤炭洁净利用技术、电动汽车、碳捕捉和封存。法案鼓励近海油气钻探，其呼吁美国提高能源自给能力，加快近海石油和天然气开发，增加核能利用。为求顺利“过关”，美国参院版能源法案就近海能源开发赋予沿海各州否决权，并允许近海钻探项目的州可以获得37.5%收入分成。按照现行法律，一切收入归美国联邦政府所有。❷

第四节 日本应对气候变化的政策与法律

一、日本应对气候变化的政策

（一）日本参与国际气候谈判的政策措施

受地理环境等自然条件制约，全球气候变暖对日本的影响远大于世界其他发达国家。

日本积极参与国际气候谈判，以期在国际事务中展示自己的能力与影响力。在1992年联合国环境与发展大会上，日本不仅承诺限制有害气体排放，还承诺5年内为环保事业提供10 000亿日元援助，远远超过欧盟承诺的40亿美元和美国承诺的10亿美元援助额，为日本赢得了良好的国际声誉。为取得国际气候问题上的领导地位，日本积极谋求成为《联合国气候变化框架公约》

---

❶ 共和党参议员 Lindsey Graham 曾参与合作起草该法案。但是，Graham 因为反对民主党人针对亚利桑那州反移民法而提出推动移民改革方案，而在最后时刻选择退出对气候立法的支持。

❷ 惠晓霜：“美国参院版能源法案出台”，载 http://new.xinhuanet.com/world/2010-05/14/c_1299938_2.htm，2014年1月30日访问。

缔约方会议的主办国。1997 年 12 月，第 3 次缔约方大会在日本京都召开，会议通过了《京都议定书》。由于该议定书是以日本地名命名的，日本对其的生效问题相当重视。京都会议后，日本政府成立了地球温暖化对策推进本部（以下简称“推进本部”）。2002 年 3 月，为方便国会顺利通过《京都议定书》，日本修订了《地球温暖化对策推进计划》和《地球温暖化对策推进法》。建立和完善一系列制度后，日本于同年 6 月正式签署了《京都议定书》。2004 年 1 月，为应对《京都议定书》第二阶段的国际气候变化框架谈判，“推进本部”下设了“气候变化问题国际战略专门委员会”，开始搜集、整理材料，提出《气候变化今后国际应对基本思路》的草案，并于 2004 年 4 月开始审议，同年 9 月正式提出《气候变化问题的国际战略》报告。该报告是日本目前气候变化国际交涉的科学和政策取向的主要依据。2005 年 2 月，《京都议定书》生效后，日本于同年 4 月 28 日正式制定了《实现〈京都议定书〉目标的计划》。为使国内企业积累温室气体排放权交易的相关知识与经验，日本政府提供补贴，鼓励企业自愿参与“日本自主参加型国内温室气体排放权交易制度”。

除了积极参与国际气候谈判，日本还利用 G8 峰会等平台，试图发挥日本在制定规则等方面的主导作用。在 2007 年 6 月德国八国集团峰会上，日本提出了“美丽星球 50”构想，即在 2050 年实现全球温室气体排放量减半的目标。2008 年 7 月，八国集团峰会在日本北海道召开，日本以温室气体减排为八国峰会主题，充分反映出其期望以倡导国际环境对话与合作确立气候合作主导权，实现日本“大国化”的战略理念。日本还积极从事气候外交，不仅注重与美国、中国和欧盟的气候变化合作，在非洲也展开了相应措施。在 2008 年 1 月举行的达沃斯年会上，日本决定将向非洲的马达加斯加和塞内加尔提供约 18 亿日元的无偿资金援助，用于购买防灾、救灾及抑制温室气体排放所需的物品，资金援助还将扩展至亚洲、非洲以及中南美洲的 41 个国家。由于日本民间和产业界对《京都议定书》所规定的日本温室气体减排目标一直颇有微词，因此日本希望在“后京都时代”谈判中争取主导权，以减轻日本的减排压力。2008 年 1 月，日本在达沃斯世界经济年会上提出修改《京都议定书》确定的减排目标基准年，即不再沿用此前设定的 1990 年，此举引起很多争议。

（二）日本温室气体减排的政策目标

2009 年日本提出“减排 25%”的目标。在此之前，福田内阁虽然提出了 2050 年比 2005 年减排 60%~80% 的长期目标，但未就 2020 年中期目标表态；麻生内阁提出 2020 年比 2005 年削减 15%（换算成 1990 年则是削减 8%）的目标。2010 年 5 月，日本众议院环境委员会通过了《气候变暖对策基本法案》，提出了日本中长期温室气体减排目标，即到2020年，日本要在1990年的温室气体排放基础上削减25%；到2050年要在1990年基础上削减80%，并提出要建立碳排放交易机制以及开始征收环境税。与之前的自民党政府相比，日本民主党政府在温室气体减排问题上态度较为积极，但同时日本对国际社会作出上述承诺设定了一个前提，即“主要国家要就构筑公平的具有实效性的应对气候变化国际框架和设定积极的减排目标达成一致”。日本所说的“主要国家”包括发展中国家，然而《京都议定书》没有规定发展中国家的减排标准，但在“后京都时代”日本却要将发展中国家也拉进这个框架中来。实际上，日本既是给自己预留了政策空间，同时试图通过经济援助、技术转让等手段使那些排放量较大的发展中国家对日本有所需求。[1]

（三）日本减缓或适应气候变化的主要政策措施

日本发展低碳经济、应对气候变化的政策主要包括低碳能源政策、环境税收政策、低碳技术政策、绿色投融资政策、低碳产业政策和绿色消费政策。[2]具体政策措施如下。

1. 建设低碳社会

面对气候变暖可能给本国农业、渔业、环境和国民健康带来的不良影响，日本各届政府一直在宣传推广节能减排计划，主导建设低碳社会。日本建设“低碳社会”的三个基本理念为：实现碳的最低排放、实现能感到富足的简朴生活，以及确保二氧化碳吸收的再生。2007年5月，日本政府提出将低碳社会作为日本未来的发展方向，同年6月日本内阁通过《21世纪环境立国战略》，正式将低碳社会确定为2050年的重点发展目标。2008年6月，日本推出了一项新的全球变暖对策，提出到2050年温室气体排放量减少60%~80%的目标，把日本打造成为世界上第一个低碳社会。为达成上述目标，2008年7月，日本内阁通过了《建设低碳社会的行动计划》，提出了一系列实现“60%~80%”目标的具体措施，包括：（1）革新技术开发与既有先进技术的普及，包括2020年前实现CCS技术[3]的应用，2020~2030年将燃料电池价格降至目前的1/10，2020年将太阳能发电量提高到目前的10倍，2030年时提高到40倍，建立并试行国内排放量交易制度等。[4]（2）建立与完善促进全国迈向低碳化的机制，如排放权交易、税制、可视化、促使资金流向环境商务等

---

[1] 邵冰：“日本参与国际气候变化合作及其动因”，载《长春大学学报》2011年第5期，第85~86页。

[2] 唐丁丁：“日本发展低碳经济的启示”，载《世界环境》2009年第5期。

[3] CCS技术是Carbon Capture and Storage的缩写，即将二氧化碳（CO_2）捕获和封存的技术。

[4] 马翠梅：“世界低碳经济发展态势及对我国的启示”，载《团结》2010年第1期。

的标准与机制等。（3）支援地方与国民的行动，如发挥农林水产业的作用、促进低碳型城市与乡村建设、学习研究低碳社会与可持续发展社会的体制与机制、促进商业模式和生活方式等的变革等。

2. 防止地球温暖化行动

日本是最早实施应对全球温暖化对策的经合组织国家（OECD）之一，1990 年即制定《防止全球暖化行动计划》，提出 2000 年全国及国民人均二氧化碳排放量降低到 1990 年水平以下等具体目标，并开始实施各种减排措施。为推动全社会节能减排行动，1997 年日本内阁设立“推进本部”，部长由内阁总理亲自担任，作为协调和综合推进全国防止全球温暖化活动，对各部门的减排政策与计划进行讨论与审议，并根据“京都议定书目标达成计划”和相关法规的要求对各部门的进展情况进行审查。1998 年，日本通过《地球温暖化对策推进法》，日本各都道府县和市町村亦依照《地球温暖化对策推进法》分别制订并实施本地的减排计划。与之相配套，日本还出台了“地球温暖化对策推进大纲”，该大纲提出了全面的国家减排方案，包括各领域、各阶段减排活动的任务指标，汇总了开展减排活动的方式、方法与政策措施等，系社会各界开发减排活动的具体指南。此后，日本政府于 2002 年、2005 年两次修订方案，并将其更名为“京都议定书目标达成计划”，推出超过百项的政策与措施推动减排。由于《京都议定书》2008 年开始生效，而日本的排放量不减反增，达成目标面临落空的危险，故政府 2008 年又再次对计划进行了修订，进一步强化促进减排的政策措施和相关制度。

3. 促进节能减排产品的研发与推广

日本实施了一系列促进节能产品普及的制度，主要包括：（1）节能标志制度，即在产品宣传册等醒目位置贴上规定的格式的标签，包括节能标志、节能标准完成率、能源效率、目标完成年份等；（2）统一零售节能标签制度，即在零售产品标签上注明更多节能信息，包括产品完成领跑者制度标准的情况、年度电力消费量、预计年度电费额等；（3）推进节能产品普及优良商店制度，即对积极为消费者提供节能产品信息、节能产品销售业绩突出的商家授予“推进节能产品普及优良商店”称号，以激励商家致力销售节能商品。

在日本政府的引导和推动下，日本经济团体联合会（以下简称经团联）1997 年制订出“环境自主行动计划（温暖化对策篇）”，并设定各行业的具体减排目标，积极组织产业部门开展自主减排行动。在具体措施方面，多数产业首先着眼于提高能源的利用效率，在经营管理的各细节上进行改善，如开展办公室节能、改善设备和工艺，以及技术开发和成果应用。其他措施还有废热有效利用、废弃物发电、能源综合利用、应用新能源、燃料转换、核能利用等，也有些产业利用开展国际合作、向发展中国家转让技术和开展植树活动等方式获取排放权。经团联每年检查各产业的达标绩效，形成持续推进的机制。

4. 开征地球温暖化对策税

从2012年10月1日起，日本开始对石油、天然气等化石燃料征收“地球温暖化对策税”，即环境税。所征环境税将主要用于节能环保产品补助、可再生能源普及等。日本政府决定，在2014年度和2016年度将现阶段环境税分别分阶段提高征收标准。预计到2016年度，每年可征收环境税2623亿日元（约合33.7亿美元）。环境税由使用化石燃料的日本各电力公司和燃气公司支付，但最终将通过油价、电费和燃气费转嫁到消费者头上。日本环境省预计，开征环境税后，2016年每个家庭每年的能源开支将因此增加1228日元（约合15.8美元）。[1]

5. 鼓励建筑节能与绿色建筑

日本能源、资源十分匮乏，能源安全问题一直是政府的头等大事，特别是近年地球温暖化日益严峻、全球环境问题日益突出。因此，日本对于建筑节能与推广绿色建筑出台了大量的经济激励政策与补贴制度，包括：（1）鼓励建筑节能环保。如为促进住宅、建筑物的CO_2减排，2009年日本政府安排了70亿日元的预算（约合5.6亿元人民币），以鼓励有助于CO_2减排技术普及、研发的先进住宅或建筑物的建设。同时，为促进住宅、建筑节能改造事业，鼓励有助于提高住宅、建筑物的节能改造，2009年度第一次预算也为70亿日元。（2）实施住宅环保积分制度。对环保翻修或新建环保住宅给予可交换各种商品的生态积分。环保积分可用于兑换商品券、预付卡，有助于地区具有杰出节能环保性能的商品出售、新建住宅或节能改造工程施工方追加工程等。（3）实行鼓励购置优质住宅的制度。在住宅金融支援机构的证券化支持框架下，对购置性能优异的住宅，将在一定期间内下调贷款利率。鼓励的对象包括：节能性、抗震性、无障碍性、耐久性、可变性等任一性能优异的建筑，以及具有一定节能性或无障碍性的既有住宅。（4）实施促进节能改造事业的制度。在激励节能改造市场的同时，鼓励提高住宅和建筑物的使用寿命，鼓励CO_2减排技术（隔热、设备、自然能源等）普及开发的先进项目。此外，日本政府还采取免除住宅节能改造相关所得税、免除住宅节能改造相关固定资产税、促进能源供求结构改革投资税制等激励政策。

---

[1] “10月1日起日本开征地球温暖化对策税”，载 http://www.askci.com/new/201210/01/225542_87.shtml，2013年12月21日访问。

二、日本应对气候变化立法

（一）概况

为了应对地球温暖化环境问题，减少化石能源利用产生的温室气体，促进可再生能源的利用，日本国会积极制定法律。1998年10月9日通过了世界上第一部应对气候变化的专门法律——《地球温暖化对策推进法》，1999年4月8日得以实施。该法经过2002年的修订后，明确提出要实现《京都议定书》的承诺目标，即2012年比1990年温室气体排放量削减6%，减至11.55亿吨二氧化碳。[1] 日本以《地球温暖化对策推进法》为中心，1997年颁布了《关于促进新能源利用的特别措施法》，1998年修改了《能源使用合理化法》，2001年制定了《关于确保实施特定制品中氟利昂类的回收以及破坏的法律》，2002年制定了《电器事业者利用新能源等的特别措施法》。在节能方面，企业界要根据《节能法》，落实和扩大自主行动计划，政府则对引进节能设备的从业者给予税收和金融方面必要的支援。此外，日本还就限制温室气体排放制定了有关碳税的规定，同时也通过立法规范指定工厂的能源管理，对建筑物实施严格的强制性节能设计标准等。由此，日本已构建了由“气候变化基本法”为指导，由新能源利用立法、节约能源立法、碳排放市场化立法等为中心内容，相关部门法实施令等为补充的气候变化法律制度体系。[2]

（二）日本《地球温暖化对策推进法》及其修订

1998年10年9日，也就是《京都议定书》签订的第二年，日本就颁布了《地球温暖化对策推进法》，并于2002年、2005年和2008年进行了三次修改，目前日本正在对《地球温暖化对策推进法》进行第四次修改。从《地球温暖化对策推进法》的具体内容来看，该法明确了全球变暖的含义，阐释了温室气体的种类，明确了中央和地方政府、企业以及市民的相应责任；国家应对气候变化的基本方针与政策；国家、地方公共团体、事业者应对气候变化之计划；国家、都道府县地球温暖化防止活动推进中心、温室气体总排放量的公告；还制定了相应的罚则。然而，该法的各项规定都是原则性的，基本上是一种政策性的宣示。日本《地球温暖化对策推进法》的立法目的是：“促进应对全球气候变暖措施的制定，通过明确中央政府、地方政府、企业和市民应对气

---

[1] 钱铮：“日本去年二氧化碳排放量超出承诺”，载 http：//new. eastday. com/w/20091031/u1a4774171. html，2014年2月10日访问。

[2] 徐寅杰、林震：“我国应对气候变化立法的体系建设”，载 http：//zt. cast. org. cn/n12603275/n12603449/12988350. html，2014年2月10日访问。

候变暖应采取措施的责任，确立应对气候变暖的基本政策，从而为确保当代人和后代人享有健康和文明的生活作出贡献，为全体人类福祉作出贡献。”其内容没有涉及气候变化之减缓与适应等具体措施，只是在宏观上确立了日本应对气候变化的基本政策。可见，日本虽然颁布了专门性的气候变化法，但是其并未为日本设置强制性的减排目标与时间表，也没有规定具体的减缓温室气体排放的措施。[1]

2002 年，日本国会审议关于推进《京都议定书》的签署问题，作为国内法制度完善的一部分，国会对《地球温暖化对策推进法》的修改问题也进行了审议，并在同年 5 月份对其加以承认并予以实施。[2] 修改内容如下：（1）将《京都议定书》中所提到的目标达成计划作为法定计划列入立法，同时包括有关设置地球温暖化对策推进本部的问题；（2）规定了由环境省对温室气体的排放量和吸收量进行计算；（3）为了推进地区内协作伙伴关系的建立，设立地球温暖化对策地域性协商会等。

2005 年 2 月，《京都议定书》因俄罗斯签署加入而开始生效。根据日本当初制定的阶段性方式，在同年日本已经进入了第二阶段，政府根据《京都议定书》的规定对各种政策以及措施进行了反馈以及修正。2005 年 4 月，日本内阁会议通过了根据已经实行的《地球温暖化对策推进法》修改案而制定的《京都议定书目标达成计划》。为达成《京都议定书》的目标，首先是对《地球温暖化对策推进法》进行再一次修改，在修改过程中将《京都议定书目标达成计划》的相关内容制度化。在此次修改中，对于能源利用时所造成的温室气体排放量（即源于能量的二氧化碳排放量）问题，一致同意通过《节约能源法》的修改来解决。该修改案于 2005 年 6 月通过并开始实施（2005 年法律第 61 号）。其主要内容有：以公司企业为单位向主管部门提交报告，有关其内容的公开，首先要根据经营者、行业种类、所在地等进行分类总结。另外，与公开相关联的涉及商业上的秘密、核心策略等内容时，由经营者向主管部门提出申请，即使在主管部门认为恰当，以及即使是由环境大臣、经济产业大臣进行公开的情况下，都需要进行足够的、必要的审核。

在《京都议定书》规定的第一约束期间，如果不积极运用京都机制，则无法达到《京都议定书》所规定的目标。2006 年根据京都机制中涉及的内容，

---

[1] 李艳芳：“各国应对气候变化立法比较及其对中国的启示”，载《中国人民大学学报》2010 年第 4 期，第 61 页。

[2] 《地球温暖化对策推进法》修改案的实施日，也就是《京都议定书》生效日，即附录 I 中负有削减义务的国家，二氧化碳的排放量比例超过 55% 的日期。

《地球温暖化对策推进法》修改案规定了对削减量配额的取得、持有以及转让要进行记录，完善各国分配量的登记，以及确保削减量贸易的安全等内容，修订案被提交到国会并得到通过（同年法律第57号）。❶

2008年，日本即使考虑到森林吸收及京都机制，要想达到2010年度温室气体排放量的削减目标，还需要努力。因此，2008年3月，日本政府对2005年通过内阁会议决定的《京都议定书达成目标计划》进行了修改：一是重新修改了有关温室气体算定、报告与公开制度；二是制定针对经营者排放控制等制度；三是促进为控制国民生活中温室气体排放的相关措施；四是明确通过新的规定以及补救性的植树造林等措施来填补额度；五是以充实地方公共团体为实行计划的主要内容。《地球温暖化对策推进法》的修改法案提交到国会，该法案在2008年6月得到了通过并得以实施（2008年法律第67号）。❷ 实际上，日本产业部门的排放量削减目标得到了切实的落实，而运输部门、业务部门以及家庭部门等，虽然针对有关削减问题也进行了努力，但收效不明显，甚至排放量仍然居高不下，这使得日本的整体消减目标是否实现仍存有疑问。❸

第五节　其他国家较具代表性的政策与法律

一、法国

2000年1月，法国颁布了《控制温室效应国家计划》，这是欧盟各国中第一个全面控制温室效应的国家行动计划。该计划由十二章与两个附件组成。十二章分别为：法国在气候变化方面承担的责任、减排措施的选取原则、工业领域、交通领域、建筑领域、农业与林业领域、废物领域、能源领域、制冷剂领域、欧盟及各级地方政府的作用、控制行动的跟踪与评估、减排辅助措施。附件为各领域减排措施概要和减排措施预计效果一览表。法国控制温室气体排放的主要原则有：落实减排措施，补充制定新的减排措施，充分利用经济手段，考虑2012年之后的后续行动以及减排任务的长期性。

《控制温室效应国家计划》确立了法国的减排目标，即2008～2012年期

---

❶ 高桥滋："日本有关气候变化以及低碳社会的对应——以法律框架为中心"，载《气候变化应对与低碳经济法律国际研讨会论文集》（非正式出版物），2010年。

❷ 以该法案的修改为契机，从法学的观点来探讨有关国内排放量贸易的问题点的相关文章汇总出版为JOURIST1357号（2008年）特刊。

❸ 高桥滋："日本有关气候变化以及低碳社会的对应——以法律框架为中心"，载《气候变化应对与低碳经济法律国际研讨会论文集》（非正式出版物），2010年。

间，将《京都议定书》规定的六种温室气体的排放总量限制在1990年的1.44亿吨以下。为了完成这一控制指标和2010年以后的后续行动，法国政府推出了三类减排政策和措施。

第一类政策措施主要是指与资助、法规、标准、培训、信息提供和宣传等有关的政策措施。主要在工业领域、交通领域、建筑领域、农林领域、能源领域、废气物处理领域、制冷剂管理领域等七个温室气体排放大户，这七个领域温室气体排放量的总和占法国总排放量的91.78%。[1] 减排量前三位的领域是：交通领域、建筑领域和能源领域。（1）交通领域的政策措施。一方面，鼓励进行技术改进，减少单位能耗和废气排放以及开发混合汽车和电动汽车的激励措施；另一方面，改进场地和交通系统组织结构，改善集体交通工具以及城市之间的交通手段，增加交通机动性和灵活性的税收和法规措施。（2）建筑领域的政策措施。首先，在该领域启动一个为期五年的法规修订完善计划。这些法规对于新建筑物能源效率将产生直接作用。其次，对某些范围内的建筑物采取节能措施，建立一个对第三产业所用建筑物的节能资助体系以及组织开展对领域内专业人员的培训和信息宣传活动。最后，通过法国环境与能源控制署资助活动，鼓励采用可再生能源进行供暖。（3）能源领域的政策措施。一方面，以燃气和热电联产机组来代替传统的燃煤和燃油机组，同时加大对新能源和可再生资源的财政资助；另一方面，进一步改进和提高电器设备的能源效率。

第二类减排措施是建立在经济手段上的措施，特别是能源消费的生态税收措施。法国在实施生态税的同时还实施其他减排激励措施。首先，法国建议欧盟降低可再生能源热力出售以及建筑物内的某些节能设施和服务的增值税率。其次，对无机肥料征收生态税。再次，在欧盟范围内采用"绿色证书制度"，以促进利用可再生能源发电。

第三类减排措施也落实在交通、建筑和能源领域方面。交通领域包括城市空间发展控制、有利于公共交通发展的城市交通费用的调整、城市之间基础交通设施的建设和开发以及发展客货混合的交通设施等；建筑领域包括利用地热和对公用建筑进行改造以增强节能效果等；能源领域主要是利用生态税以及工业生产规模化的影响，降低相对成本，发展风力电力。[2]

---

[1] 蒋明麟："应对气候变化能力建材行业应有作为"，载 http：//www.csbmie.com/zjlt/200904/t20090428_ 1374.htm，2014年2月6日访问。

[2] 臧扬扬："欧盟及其主要国家应对气候变化的政策与立法概述"，载《南京工业大学学报（社会科学版）》2010年（第9卷）第3期，第53~54页。

二、俄罗斯

随着全球金融危机的蔓延，俄罗斯经济增长的脆弱性越来越明显，对油气出口的过度依赖成为其经济发展的根本性制约因素，转变增长方式的任务越来越迫切。要实现这一转变，俄罗斯首先就必须降低能耗。2008 年 4 月 23 日，俄罗斯总统签发了关于提高俄罗斯能源效率若干措施的总统令，要求到 2020 年将 GDP 能耗降低 40% 。2009 年 2 月，俄罗斯政府指定其最大的商业银行——储蓄银行——作为温室气体排放贸易的授权机构，赋予该银行从事“获得、转让和购买减排单位”的权利，并授权该银行与俄外交部和经济发展部与外国政府的指定机构展开排放配额贸易。[1] 2009 年年底，俄罗斯总统批准了《2020 年以前俄罗斯联邦气候学说》，2011 年 4 月 25 日最终获得俄政府确认并予以公布，一并公布的还有其实施计划，该学说是俄罗斯气候政策的基础性文件。根据该学说，俄罗斯气候政策将遵循以下原则：在气候变化问题上，俄国家利益具有全球性；气候政策的制定与实施以国家利益为优先考虑；气候政策要清晰、透明、公开。俄罗斯气候政策的要点是：加强对气候问题的科学研究，保证气候信息的全面性和准确性，科学评估气候变化的各类影响；制定和实施适应气候变化的短期和中长期措施；制定和实施减缓温室气体排放对气候影响的短期和中长期措施；参与国际社会针对气候变化及相关问题的合作等。[2]

《2020 年以前俄罗斯联邦气候学说》实施计划由 31 个章节组成，条文中阐述了俄政府各个部门的职责范围，以及现有工作需要追加的工作内容：（1）俄经济发展部——在已经制定的“俄罗斯联邦 2011 至 2020 年长期宏观经济预测”中，增添“气候标准、人类活动对环境的影响及适应环境改变”等相关的补充条款；（2）俄自然资源与生态部——对各地区、部门和机关等不同级别的单位，制订符合各自需要的专门的计算和评估方案，以此加强对气候变化的研究；（3）俄卫生与社会发展部——研究和气候变化相关的传染疾病及寄生虫病的预防和治疗手段；（4）俄联邦林业署——进一步对森林和泥炭沼泽进行研究；（5）俄地区发展部——为应对“俄永久冻土带南部边缘向北推进”的趋势，加大相关的基础设施建设力度；（6）俄农业部——农产品科研；（7）俄联邦水文气象监督局——重点加强对世界大洋降水的统计和分析；（8）俄运输部——在 2015 年以前研究出降低民用航空二氧化碳排放的办法。与此同时，俄政府还准备大力推广混合动力汽车的使用，进一步落实 2010 年制定的国家提高能效法案的实施，修建更多用于示范的节能型住宅等。

---

[1][2] 李中海：“俄罗斯站在哪一边？”，载《中国能源报》2009 年 7 月 27 日，第 11 版。

俄罗斯学者认为，应由俄经济发展部制定相关政策，通过经济手段来约束工业生产中温室气体的排放，建立温室气体排放指标的内部交易体系，以此来鼓励发展节能技术和提高可再生资源在全部资源经济活动中所占比重。❶

此外，2009 年 12 月 1 日，俄总理批准了《俄罗斯联邦提高能源效率规划》草案。该规划共 91 条，主要内容包括：根据用户实物登记的设备规定相关（节能）措施，也鼓励用户转向节能技术；规定了把提高能源效率用在商品、工作、服务上；规定了居民提高能源效率的措施，其中包括在有人居住的部分和属于新住宅的建筑；所有新建房屋在节热、节水、节能和其他参数方面，应该实行完全不同的标准；把提高能源效率应用在部委机关，规定了每个部委在未来的几个月期间内详细制订各自的规划并将其提交经济发展部；政府规划的最大一章规定了把节能应用在个别经济部门中，其中包括在交通、冶金领域；规定了在能源效率的提高方面措施的信息保障措施。❷

三、瑞士

（一）瑞士应对气候变化的主要政策

1. 瑞士减排的主要政策措施

瑞士为实现减排目标采取的主要政策措施有：（1）碳税。瑞士联邦委员会于 2005 年 3 月 23 日决定从 2008 年 1 月 1 日起引进二氧化碳税，对加热燃料征收持续性的碳税（督导税，是对经济和人口的重新分配），要求议会批准每吨加热燃料/加工燃料产生的 CO_2 的税率为 12 瑞士法郎。2010 年税率提高到 36 瑞士法郎/吨，最高可达 120 瑞士法郎。而且，每年重新设定税率的基准数，税率则根据不同的排放量在基准数上上升或下降。碳税收入返回公众和产业。2010 年以来，1/3 的碳税收入用以补贴建设。因此，从这个意义上说，“碳税”不是税，而是“奖励收费”。另外，作为对运输燃料征碳税的配套措施（生态税，是对经济和人口的重新分配），允许每年抵消排放 150 万吨至 200 万吨 CO_2。（2）排放权交易。在瑞士的主要政策工具是二氧化碳税，但是，一家公司通过履行有法律约束力的承诺可避免支付税金，即承诺其温室气体排放量在 2008～2012 年期间减少的目标。一个公司减排的潜力根据其预期生产量和排放量作出评估，加上对其已经采取的二氧化碳减排措施的考虑，使

---

❶ “俄罗斯公布《俄罗斯联邦至 2020 年气候学说》”，载 http：//www. most. gov. cn/gnwkjdt/201105/t20110525_ 87055. htm，2014 年 2 月 1 日访问。

❷ “俄政府颁布《俄罗斯联邦提高能源效率规划》政府令”，载 http：//finance. sina. com. cn/roll/20091203/02057048683. shtml，2014 年 2 月 1 日访问。

用一种自下而上的方法从技术和经济角度以测算减排目标。中小型企业则使用一种简化的方法测算减排目标。官方向获得豁免二氧化碳税的公司发放与其减排目标相应的排放配额或许可证，许可证的签发是免费的。如果该公司实际削减二氧化碳排放量低于这个目标，它可以出售剩余的津贴；如果它的二氧化碳排放超过其目标，它可以从国内或国际市场购买津贴，和/或通过国外的减排项目赚取（如 CDM/JI 项目）。从减排成本来看，每减排一吨：瑞士是 30 欧元，欧盟是 10 欧元，所以，瑞士从成本出发，正在考虑加入欧盟的 ETS。（3）其他政策。一是持续的建筑物翻修项目。国会建议将资金数额由每年 200 万瑞士法郎调至最高每年 300 万瑞士法郎（从加热燃料的税款中划拨），建筑物翻修的行动及资金分配由各地政府统一调配。二是减排许可证。化石运输燃料的进口者应当通过从国外购买减排许可证的方式来补偿其排放份额的一部分。三是私家车排放标准。实施欧盟新通过的私家车排放标准（至 2015 年行驶每公里允许排放 150 克二氧化碳）。四是加大宣传教育力度。对工作在碳税征收及气候保护领域的员工进行进一步的教育培训，以唤醒公众的意识。五是设立基金。设立技术发展基金（每年 2500 万瑞士法郎，帮助相关企业发展低排放的交通工具与生产工艺）。

2. 瑞士非政府组织的作用和要求

（1）世界自然基金会（WWF）。

世界自然基金会在瑞士的国家减排中发挥了重要的作用。它曾与瑞士政府合作，为加入《联合国气候变化框架公约》派出代表，参加谈判前利益相关者会议。此后，瑞士气候联盟（世界自然基金会）就“应对气候变化”提出多项建议与诉求以谋求积极、负责的气候政策的制定，其中修改《二氧化碳减排法》是其主要诉求，其他诉求则主要包括对于减排标准、对所有碳排放源征税、绩效标准和奖励、气候影响评价及气候正义等。

（2）气候分基金会（Climate Cent Fund）。

CCF 于 2005 年 8 月成立，以追求效率、质量、透明和低风险为主要目标，其宗旨是：防止对交通燃料征收碳税、使用灵活机制降低瑞士减缓气候变化的成本、使燃料用户对排放负责等。CCF 作为政策工具颇有成效，它对瑞士气候政策的影响主要表现在二氧化碳立法中关于碳税的征收及其他灵活机制上。目前，CCF 在许多国内项目上都采取了措施，如针对建筑物现有楼房翻建，为指定的质量水平提供定额供款，为可再生能源运用到交通、供热等大型项目融资等。当然，CCF 也有不足，例如：其成立是政府而非议会决定，导致其法律基础薄弱、合法性不稳固。

3. 日本核污染对瑞士气候、能源政策的影响及其战略转变

在日本福岛核泄露之前，太阳能发电被认为在2030年能提供1%左右的电力需求（2050年增至5%~6%），因此瑞士政府主要目标是在国内建立两大核电站。日本福岛核泄露发生后，瑞士政府调整了能源战略：一是将其能源战略聚焦于四个方面：审议可再生能源政策和相关措施、审议提高能源利用效率措施、以可再生能源替换核电、关注国际能源政策；二是修订能源法（尤其是核能源法），并确立能源政策的三大原则：经济合理地利用国内可再生能源、以自觉行为和自我管理为主国家调控为最后手段、民众倡议和公民投票。

到2020年，瑞士最早的一批核电站行将退役，同时与法国签订的长期供电协议也将期满，瑞士将遭遇供电短缺。克服这一次危机的最重要措施就是增加高效能源的利用。通过提高能源效率稳定电力需求，逐渐淘汰核电并以可再生能源替代之（按照新的战略，到2030年光伏发电能供应瑞士4%的电力，到2050年可上升到17%）。为了填补现有生产上的短缺，可再生能源的利用必须尽可能地达到最大的程度。

（二）瑞士应对气候变化的立法

阿尔卑斯山地增温，降雪减少，瑞士充分认识到了气候变化灾难的危害。作为气候公约附件二国家，瑞士在《京都议定书》下承担了量化的减排义务，是较早开展气候变化立法的国家之一。瑞士1985年通过并于1995和2003年修订的《联邦环境保护法》和1999年通过、2000年生效的《二氧化碳减排法》为瑞士国家环境与气候政策提供了法律依据。

1. 瑞士温室气体的排放情况

根据瑞士最新的温室气体清单（来自瑞士联邦环境办公室），温室气体排放在2009年达到人均6.67吨（瑞士的总排放量占世界总排放量的0.2%），其中排放量最大的气体是二氧化碳，最重要的排放源是能源行业。因此，瑞士确定在能源行业（尤其是电力）优先采取政策和措施，同时制定建筑、交通及可再生能源的规章制度。自1990年起，瑞士温室气体排放达到比较平稳的水平，每年减排2.2%。同时经济和人口也保持了增长（人均国内生产总值较1990年增长27.8%，人口较1990年增长14.8%），但并没有按照《京都议定书》的要求取得重大的减排成果（在2008至2012年间，温室气体减排8%，总量达到48.6百万吨的目标）。瑞士最新的温室气体清单已经在2011年4月中旬公布，可以清楚地看到2008~2009年公布的减排情况没有达到《京都议定书》设定的目标，在承诺期年均尚有80万吨的缺口。

瑞士于1990年开始讨论二氧化碳法，2000年二氧化碳法生效，2003年批准了《京都议定书》，2005年气候分生效，即对每吨化石燃料征收1.5瑞士分

（后增加至9瑞士分），用以购买核证减排指标（CERS）以履行其《京都议定书》项下的国家强制减排义务。根据《京都议定书》的要求，瑞士在2008～2012年的第一承诺期内在1990年的排放水平上承担温室气体减排8%的义务，约每年减排二氧化碳5000万吨，每年约有80万吨的缺口，通过购买CDM的核证减排指标来完成。

瑞士2008年开始征收二氧化碳税，税收按照员工工资的比例进行返还。同时，瑞士鼓励企业进行自愿减排，达到自愿减排目标的企业免征二氧化碳税。企业可以根据自身的情况进行选择自愿减排还是缴纳二氧化碳税。那些能源消耗低而雇员众多的企业愿意选择缴纳二氧化碳税，而那些能源密集型员工少的企业宁愿实施自愿减排。自愿减排达到预期目标则可以免除二氧化碳税，如果达不到减排目标，则对超出减排目标的每吨二氧化碳罚款100瑞士法郎，并要求其在下一个减排期内达到减排目标。因此，在运用市场工具方面，瑞士政府给予企业自主选择的权利，企业以最低的成本达到二氧化碳减排目标。

2. 瑞士《二氧化碳减排法》

1992年瑞士政府批准了《联合国气候变化框架公约》；1996年出台二氧化碳减排法提案，以自愿减排为主，辅以课征碳税；1999年瑞士议会批准《二氧化碳减排法》，并于2000年5月1日起生效；2003年瑞士政府批准了《京都议定书》，其温室气体减排目标是2008～2012年的排放量比1990年的排放水平减少8%；正在修订的二氧化碳减排法案明确提出2020年实现温室气体减排20%的目标。

瑞士气候变化政策的核心部分是2000年5月起实施的《二氧化碳减排法》（以下简称《二氧化碳法》），它涵盖了与能源相关的二氧化碳排放量，并提供履行《京都议定书》瑞士承诺的主要法律依据。《二氧化碳法》规定2010年与1990年相比减少10%的整体减排目标。为达到这个总体减排目标，加热燃料/加工燃料的排放量要降低15%，运输燃料的排放量要降低8%。在《二氧化碳法》实施的第一阶段，重点是要采取自愿性行动，以降低化石燃料的消耗。不过，从2004年定期更新的能源预测显示，自愿性和其他与二氧化碳减排相关的措施对于满足2010年的减排目标是远远不够的，瑞十联邦委员会有权诉诸激励性措施——碳税。二氧化碳法允许使用《京都议定书》的灵活机制，以补充国内行动。与清洁发展机制和联合履约机制（CDM/JI）项目有关的条例、证书和有关的补充由联邦委员会于2005年6月通过，2006年已开始实施和运作。

《二氧化碳法》正在进行修订，修订案将明确：一是瑞士2020年实现温室气体减排20%的目标，减排应通过国家级的减排行动来实现；二是如果能达成某项国际协定（《京都议定书》第一承诺期后），则减排目标将被修正为40%。

3. 瑞士应对气候变化立法与相关立法的关系

瑞士于1983年通过了《空气污染防治法》，规定了大气污染物排放的风险预防原则，并主要着眼于减少化石燃料的燃烧排放，其中规定了包括铅、二氧化硫等物质的减排目标，但对于如臭氧、氮等其他物质没有设置减排目标。法案指出，农业、能源、气候、土地规划、交通政策、课税政策等领域的贡献，对达到空气污染法所设定的减排目标极端重要。为此，瑞士主要通过能源、交通、环境、税收的立法项目来减少排放量，同时大量实施自愿办法和单方面减排承诺，例如与汽车进口者达成新车不能超越的碳排放量的协议等。空气污染防治法框架与碳黑控制、挥发性有机物减排（有关挥发性有机物激励性税收的法案）相互联系。它也可以成为技术改进的激励性措施（通过紧迫性的大气污染防治法案），促进低碳经济的发展。总体而言，瑞士空气污染防治立法为减少空气污染政策的执行奠定了坚实的基础，在一定程度上促进了应对气候变化目标（烟子和臭气的减少）的实现。同时，空气污染防治法和气候政策的关联性也为此后的减排带来巨大的潜在能力。

四、印度

2007年6月6日，印度政府成立了由总理任主席的“总理气候变化委员会”，成员由内阁部长、气候变化专家、工业界和民间学术团体人员组成，是印度气候变化问题的最高领导机构。委员会的职责是对气候变化行动计划的实施进行政策指导；检查和评价行动计划的进展；在气候变化国际双边和多边谈判上，协调国内立场。2008年6月30日，印度颁布了“气候变化国家行动计划”。该行动计划的指导原则是，维持较高的经济增长速度对提高人民生活水平以及提高应对气候变化的能力至关重要。该行动计划包括的内容非常广泛，重点强调要实施八大全国性的计划，即太阳能计划、提高能源效率计划、可持续生活环境计划、水资源计划、喜马拉雅生态保护计划、绿色印度计划、农业可持续发展计划、气候变化战略研究计划。太阳能是印度减少二氧化碳排放的最佳选择。太阳能行动计划以太阳能和可再生能源为核心，符合印度能源发展战略，行动计划贯穿可持续发展主线，以“适应”为重点，反映了印度社会经济发展战略。印度减缓气候变化的政策措施包括：在经济系统各部门提高能源利用效率，促进水电、风能、太阳能等可再生能源的发展，开发利用清洁煤炭发电技术，国家电网改造，能源交通基础设施建设，使用更清洁低碳的交通燃料，强化森林保护和管理等。此外，印度的经济改革和结构调整、科技发展政策以及在控制人口增长方面的成绩也间接地为控制温室气体排放作出了贡献。[1]

五、韩国

韩国是世界第十大能源消费国，97% 的能源依靠进口，石油、天然气和煤炭几乎全部依靠进口。韩国又是世界上排放温室气体最多的国家之一，早在 2005 年，该国更以 5.9 亿吨的温室气体排放量，跻身前九位加速全球变暖的国家。面对资源、环境和经济社会发展等多重压力，韩国前总统李明博于 2008 年 8 月 15 日韩国光复节大会上正式提出“低碳绿色增长”模式，将其作为国家发展的首要课题。为落实“低碳绿色增长”，韩国政府于 2008 年 8 月公布了《国家能源基本计划》，计划到 2030 年将能源消费中的化石能源比重从 83% 降至 61% ，太阳能、风能、地热能等新再生能源的比重从 2.4% 提升至 11% 。2008 年 9 月，韩国政府公布《绿色能源发展战略》，确定了优先发展的九大领域[2]。2009 年 1 月，韩国政府在李明博总统主持的国务会议上决定制定《绿色增长基本法》，并成立直属总统的绿色增长委员会。2010 年 1 月 13 日，李明博总统正式签署了《绿色增长基本法》。

韩国的《绿色增长基本法》具有鲜明的战略性、系统性、全员性、导向性、国际性特征，是一部指导韩国社会经济结构划时代变革的“泛绿色化”立法。《绿色增长基本法》结合国际做法和韩国本土情况，设计了有效促进绿色增长的特色制度，主要有绿色增长委员会制度、绿色经济制度、能耗量化管理制度、绿色交通制度、绿色文化和教育制度、绿色增长基金制度。根据《绿色增长基本法》的精神，韩国政府于 2009 年 7 月发布了“绿色增长国家战略及五年计划”，旨在 2020 年以前成为世界七大绿色强国，并在 2050 年以前成为世界五大绿色强国，也就是将绿色技术和有关产业、应对气候变化的能力、能源自立以及绿色竞争力等推向世界最高水平的国家未来发展计划。韩国的绿色发展战略主要包括三个方面：第一，要减少能源、资源的使用，同时要保持经济的稳步增长；第二，要最大限度地减少二氧化碳的排放，即要利用一些新的或者是可再生的能源，减少二氧化碳的排放，同时还要建立起低碳的、环保型的基础设施；第三，打造韩国经济新的增长引擎，包括在绿色技术方面

---

[1] 参见“印度努力创建低碳经济大国”，载 http://weather.new.sina.com.cn/news/2010/0507/54780.html，2014 年 2 月 2 日访问。

[2] 光伏、风力、高效照明、电力 IT、氢燃料电池、清洁燃料、高效煤炭、碳捕捉存储技术和能源储藏。

加大研发的投入、培育新的绿色经济、支持全球绿色经济的发展等。❶

2009 年 11 月，韩国政府向国际社会公布其减排目标，即在 2020 年前减少 30% 的二氧化碳及其他温室气体的排放量，此举使其在众发达国家之中成为“绿色减排”的领跑者。其实，韩国并不在《京都议定书》规定的负有强制性减排义务的国家之列，韩国总统解释，韩国自愿设定减排目标，可以敦促国际社会在温室气体减排方面作出更加负责任的努力。❷

第六节 应对气候变化政策法律的国际比较及对中国的启示

一、应对气候变化的依据与中国应履行的国际公约义务

（一）应对气候变化的依据

《联合国气候变化框架公约》规定了“共同但有区别的责任”原则，并为《京都议定书》等条约所确认。它是国际社会正当协商、实事求是的产物，是确定国家间权利义务，具有法律效力的有效原则。现阶段，《京都议定书》只明确了发达国家的减排义务，发展中国家并无减排义务，这是符合实际情况和实际需要的。对发展中国家而言则更着眼于发展，没有合理的二氧化碳排放空间，其现代化进程将会夭折。因此要强调在可持续发展的框架下应对气候变化，也只有发展才能增强应对气候变化的能力，才能更好地适应和抵御气候变化的影响，才能更有效地发展和实施减缓温室气体排放的先进技术和对策。❸根据这一原则，发达国家应带头减少温室气体排放，并向发展中国家提供资金和先进技术支持；包括中国在内的广大发展中国家目前压倒一切的首要任务仍然是发展经济、消除贫困。

《联合国气候变化框架公约》在有关政策和法治建设方面对发展中国家的要求主要体现在：（f）在它们有关的社会、经济和环境政策及行动中，在可行的范围内将气候变化考虑进去，并采用由本国拟订和确定的适当办法，如进行影响评估，以期尽量减少它们为了减缓或适应气候变化而进行的项目或采取的措施对经济、公共健康和环境质量产生的不利影响……（h）促进和合作进行关于气候系统和气候变化以及关于各种应对战略所带来的经济和社会后果的科

---

❶ 参见“韩国绿色增长战略简介”，载 http：//zhs. ndrc. gov. cn/jjjc/t20120831_ 503356. htm。

❷ 参见“韩国承诺截至 2020 年减少 30% 碳排放”，载 http：//news. cnfol. com/091118/101，1278，6824198，00. shtml，2014 年 2 月 1 日访问。

❸ 何建坤、刘滨、王宇：“全球应对气候变化对我国的挑战与对策”，载《清华大学学报（哲学社会科学版）》2007 年第 5 期，第 80 页。

学、技术、工艺、社会经济和法律方面的有关信息的充分、公开和迅速的交流；(i) 促进和合作进行与气候变化有关的教育、培训和提高公众意识的工作，并鼓励人们对这个过程最广泛参与，包括鼓励各种非政府组织的参与；(j) 依照第十二条向缔约方会议提供有关履行的信息。

（二）中国在国际公约中应履行的义务

作为《联合国气候变化框架公约》的缔约方，中国应按照国际公约的要求，积极履行国内国际义务。具体包括：(1) 制订符合成本效益的国家方案以及在适当情况下区域的方案；(2) 制订、执行、公布和定期更新载有减缓气候变化措施和有利于充分适应气候变化措施的国家方案，以及在适当情况下区域的方案；(3) 在有关部门包括能源、运输和工业部门以及农业、林业和废物管理领域促进合作和发展、应用和传播（包括转让）各种用来控制、减少和防止《蒙特利尔议定书》未予管制的温室气体的认为排放的技术、做法和过程；(4) 促进可持续的管理，并促进和合作，维护和加强《蒙特利尔议定书》未予管理的汇和库，包括生物质、森林和海洋以及其他陆地、沿海和海洋生态系统；(5) 拟定和详细制定关于沿海地区的管理、水资源和农业以及关于受到旱灾和沙漠化及洪水影响的地区；(6) 在有关的社会、经济和环境的政策和行动中，在可行的范围内将气候变化考虑进去，并采用有本国拟定和制定的适当方法，以尽量减少它们为了缓解和适应气候变化而进行的项目或采取的措施对经济、公共健康和环境质量产生的不利影响；(7) 促进关于气候系统和气候变化以及各种应对战略所带来的经济和社会后果的科学、技术、公益、社会经济和法律方面的有关信息和充分、公开和迅速的交流；(8) 在科学技术研究方面进行合作，促进维持和发展有系统的观测系统并发展数据库，以减少与气候相关的不确定性、气候变化的不利影响和各种应对战略的经济和社会后果；(9) 促进拟订和实施教育及培训方案，包括加强本国能力建设，特别是加强人才和机构能力，并在国家一级促进公共意识和促进公众获得有关气候变化的信息，鼓励人们对有关的教育、培训和提高公众意识的工作，并鼓励人们对这个过程最广泛的参与，包括各种非政府组织的参与。

二、应对气候变化相关政策与法治建设的国际比较

下面分别选取美国、欧盟与印度作为三方代表来进行比较。[1]

（一）美国：重实效，蓄势强

美国的做法可概括为：以我为主，注重经济，覆盖广泛，蓄势慎发。值得

[1] 周珂、徐岭、潘文军："中国应对气候变化法治建设刍议"，载《学习与探索》2010 年第 2 期。

我们认真对待和借鉴。

美国目前在联邦法律层面上还未在气候变化上有专门性立法，但 2007 年以来一系列的国家议案已经提出，昭示着美国正在迈向气候变化的联邦立法。尤其是 2007 年 10 月提出的《美国气候安全法案》，包含全部六种温室气体，运用科技手段、经济手段、外交手段进行非常综合的管理控制。2009 年 6 月，美国国会以微弱多数通过了《美国清洁能源与安全法案》，当然，这项法案最终成为法律还有很长的路要走。美国把应对气候变化与提振经济结合起来。美国将发展绿色能源、增加就业等短期政策与经济转型、提高竞争力等长期政策有机结合。美国推出气候法案，是奥巴马上台后倡导绿色经济的一部分。奥巴马曾提出："美国要么继续做全球最大的石油进口国，要么成为世界上最大的清洁能源技术出口国。"❶ 美国的情况表明，气候变化无论是在国内还是在国际，都是复杂的博弈，充满变数，一步走错，满盘皆输，作为大国更要慎重对待。法律是最高强制力规范，一经制定实施，便具有较强的稳定性，更要持科学严谨的态度。

（二）欧盟：覆盖广，重立法

2000 年 6 月，欧洲委员会发布了欧洲气候变化计划。该计划覆盖了所有与温室气体排放控制有关的利害关系方，其工作内容包括在温室气体排放控制的政策和措施方面的预备工作的合作。为实施该计划，欧洲委员会推出了一系列新政策和措施，欧洲通讯（COM（2000）88/7）附件三列举了 8 个领域的（32 项）政策和措施：（1）能源供应；（2）企业部门；（3）在国内和第三产业的能耗；（4）运输领域的能耗；（5）运输政策和基础设施；（6）废弃物；（7）科学研究；（8）国际合作。❷ 欧盟还建立了指导委员会，该委员会负责欧洲气候变化计划的全面管理和协调。指导委员会已经组建了七个工作组，涉及下述领域：能源供应、能源消费、交通、工业、科研、《京都议定书》的三机制、农业。❸

欧洲委员会的规划是欧盟温室气体排放控制政策的重要组成部分。目前，两项主要的欧洲经济共同体规划促进了欧盟温室气体排放控制政策和立法框架

❶ 周宏春："美国气候法案传递的信息"，载《中国经济时报》2009 年 7 月 14 日。

❷ 欧盟委员会：《欧盟倡导的温室气体减排的政策与措施的通报：关于气候变化的欧洲计划（英文版）》，（COM））2000，88/7，《欧洲信息服务、欧洲环境、欧洲环境（副刊）》第 566 卷，2000 年 4 月 18 日，第 11 ~ 12 页。

❸ 英国 AEA 科技集团环境公司："英国及欧盟对应气候变化的政策"，选自《中英气候变化合作项目之"省级决策者能力建设培训"教材》，载 http：//www.ccchina.gov.cn/cn/NewsInfo.asp? NewsId =4214。

的发展。第一项规划是《关于积极的能源效率的特别行动规划》（SAVE），第二项规划是“促进可再生能源发展规划”（ALTENE）。欧盟根据 SAVE 和 ALTENER 规划制定了大量的提高能源效率的立法文件，如理事会《关于锅炉能源效率的 92/42 指令》[1]、《关于家用电器能源效率的 96/57 尼 C 指令》[2]、《关于一体化污染防治的 96/61 尼 C 指令》。2001 年 9 月，欧盟理事会通过了《关于促进可再生能源电力发展法令》。该法令是欧盟促进可再生能源发展战略的重要组成部分，也是欧盟为履行《京都议定书》的承诺所迈出的重要一步。该法令重申了欧盟实现可再生能源占能源总消费 12% 的目标，还要求到 2010 年，实现可再生能源电力份额占欧盟总电力消费的 22% 的目标。为了实现这一目标，该法令确立了一些新的鼓励可再生能源电力发展的机制。引进碳税和能源税是欧盟应对气候变化政策与立法高调趋势，尽管内部还有不同认识，但已在国际上产生重大影响，特别是给环境与贸易这一敏感而复杂的问题增加了变数。此外，欧盟在削减《京都议定书》所要求控制的其他温室气体方面还通过了一些初步的动议。例如，为控制氧化亚氮排放提出的《有关欧盟气候变化的后京都战略的通报》中，提出了若干减排建议；又如，氢氟碳化物（HFCs）、全氟化碳（PFCs）和六氟化硫（SF_6）是另一组《京都议定书》要求控制的温室气体。关于氟类气体，委员会启动了 ECOFYS 研究。该项研究报告于 1999 年 4 月发布，确定了控制氟类气体的范围和削减氟类气体的障碍，并提出了相应的政策方案。

欧盟气候变化高调立法对全球气候变化治理并没有带来福音书的效应：一是雷声大雨点小，减排实施上并不理想，作为低碳经济创始者的英国，2008 年其低碳经济的标志性手段可再生能源绿色证书交易只完成法律规定的 20%，以欧盟为主的发达国家承诺的在 2012 年前减排二氧化碳的总量只有 50 亿吨。对比之下，截止到 2010 年，中国仅通过传统能源转化为新能源一个措施，5 年内就节省能源 6.2 亿吨标准煤，相当于少排放 15 亿吨二氧化碳。哥本哈根会议欧盟承诺的对发展中国家应对气候变化资金的支持也只有区区 300 亿欧元。二是这些立法明显带有强势对外的功能，特别是二氧化碳税的开征具有明显的向着新的绿色贸易壁垒方向发展的趋势。

（二）印度：讲权利，重政策

近年来，印度经济保持了高速发展，其经济增产需要大量的能源作支持。

---

[1] 1992 年 5 月 21 日欧盟理事会通过的《关于应用液态或气态嫩料的热水器的能源效率要求的第 94/42 号指令（英文版）》，载《欧洲共同体公报》第 L167 卷，1992 年 6 月 22 日，第 17～28 页。

[2] 参见欧洲议会于 1996 年 9 月 3 日通过的《关于家用电冰箱，冷冻柜及其混合体能源效率要求的第 96/57 号指令（英文版）》，载《欧洲共同体公报》第 L236 卷，1996 年 9 月 18 日，第 36～43 页。

目前，印度是温室气体的第五大排放国其（排放还在增加）。印度强调在温室气体减排方面，发达国家应当承担历史责任、主要责任，强调应为发达国家制定较为严格的目标。印度认为，作为一个贫困的发展中国家，印度的人均碳排放为美国的二十分之一、欧洲的十分之一，其当务之急是发展经济。印度不能放弃“发展的权利”；任何减排都必须得到补偿；对于气候变化问题，更富有的国家有更大的历史责任，它们必须首先为其付出代价。❶

自1990年参与国际气候变化谈判以来，印度在国际气候变化谈判中的立场是连续性和发展性的结合，最为显著的特点是保持了六个不变：(1) 积极参与国际气候变化谈判的立场不变；(2) 坚持共同但有区别的责任原则不变；(3) 坚持发展优先的政策不变；(4) 坚持人均排放标准不变，《印度应对气候变化国家方案》坚持了这一观点；(5) 坚持发达国家应向发展中国家提供资金和技术的立场不变；(6) 坚持不承诺量化减排的立场不变。在国际气候变化的谈判中没有一个国家的政策和立场是一成不变的，印度也不例外。一是从发展优先忽视气候变化，转变为发展优先兼顾气候变化；二是从只讲有区别的责任转变为兼顾共同的责任；三是从反对三个灵活机制转变为支持三个灵活机制；四是从对适应气候变化问题的忽视转变为重视。

印度推崇应更多地利用CDM机制来减少各种温室气体的排放，把可再生能源发展作为印度对抗气候变化的核心战略。印度目前是通过CDM减少温室气体排放最活跃的国家之一，截至2007年3月份，印度共有204个减排项目被CDM执行委员会正式批准为CDM项目，占全球项目总量的34.6%，每年实现的减排量占所有CDM减排量的16.17%。❷ 世界银行2006年12月份宣称，印度在应对气候变化问题上已经领先于其他的发展中国家，因为它已经启动了很多相应的发展项目。

与印度一样，巴西和其他主要发展中国家目前在气候变化应对的规范类型上，也主要是在有关国际公约的框架下国内以政策规范配合为主，在立法上并不急于出台。

三、对中国的启示

（一）重视应对气候变化政策与法律的协调与结合

一是使相关政策法律化，为长期战略打下基础。如英国《气候变化法案》

---

❶ 马利尼·梅赫拉：“气候变化：印度为什么需要走在前面（第二部分）”，载中外对话网 http：//www.chinadialogue.net/article/show/single/ch/1435 - Climate - change - why - India - needs - to - lead - part - two -，2009年2月20日访问。

❷ 姜冬梅、张孟衡、陆根法：《应对气候变化》，中国环境科学出版社2007年版，第86~87页。

将具体的减排目标写入法律，相对于其他国家还停留在政策甚至是口头上，减排目标更具有稳定性和长期性。我国也制定了一系列的应对气候变化的国家政策，如《中国应对气候变化国家方案》《中国应对气候变化的政策与行动白皮书》等。然而，政策有其自身的局限性，不具有稳定性、长期性和规范性。在控制温室气体排放方面，仅仅靠政策调控不够，必须上升到法律的层面，纳入法治的轨道才能保证长期良好的发展。当然，政策之间的协调配套也很重要，应通过不同的政策组合，对企业造成减排压力，另一方面给企业出路，提供资金、技术、信息等多方面的帮助，引导企业采取更多减排行动。

二是细化政策和法规，使之具有可操作性。不论是应对气候变化的政策还是法律，欧盟及其主要成员国都规定得具体而细致。这类细密的规定具有很强的可操作性，使得各领域、各利害关系方能够有的放矢，保证了政策和法律的有效实施。反观我国，应对气候变化政策和法律的规定都过于笼统而宏大，实际操作起来困难重重，难以有效实施。因此，我国应当借鉴欧盟及其主要成员国的成功经验：一方面，对已经出台的政策和法律尽快制定实施细则；另一方面，在制定应对气候变化政策和法律的过程中综合考虑各方面因素，使制定出的政策和法律更加细密，以便有效实施，达到控制温室气体排放的目的。[1]

三是政策和法律要全面涵盖各个领域。全面控制温室气体排放是今后国际社会发展的趋势，如欧盟的 ECCP 计划规定了八个领域的政策和措施，英国不仅有专门针对家庭的“绿色家庭计划”，还制定了《家庭节能法》以保证政策和法律对各个领域和利害关系方的全面涵盖。我国不仅要控制电力产业的温室气体排放，交通、运输、建筑、农业、林业都要纳入到温室气体减排的行业中来。另一方面，不仅企业要减排，政府、家庭、个人也要参与到减排行动中来。此外，政策和法律要全面涵盖《京都议定书》规定的全部六种温室气体，对这六种温室气体要根据具体情况分别作出规定，以避免对一种气体的控制效果被其他温室气体的排放所抵消。目前虽然我国重点控制的气体是二氧化碳、甲烷和氮氧化物，但应当考虑到其他温室气体。

（二）加强应对气候变化立法，完善相关的法规体系

各国是否制定专门的气候变化法，与国情有关，完全取决于各国自己的选择，与一个国家是欧盟集团国家、伞形集团国家还是发展中国家关系不大。例如，欧盟国家虽然在应对气候变化问题上的立场是一致的，但是，除英国制定了专门法律应对气候变化外，其他欧盟国家并没有出台专门的气候变化的应对

[1] 臧扬扬：“欧盟及其主要国家应对气候变化的政策与立法概述”，载《南京工业大学学报（社会科学版）》2010 年（第 9 卷）第 3 期，第 57 页。

法，而是通过分散的立法来应对气候变化；在伞形集团中，日本出台了《地球温暖化对策推进法》，美国《清洁能源与安全法》虽然尚未获得参议院通过，但其影响已经显现出来；在发展中国家中，菲律宾出台了专门的立法，其他国家尚未制定专门的气候变化法。在制定有应对气候变化专门立法的国家中，也没有统一的立法模式。例如，美国《清洁能源与安全法》非常全面，几乎可以涵盖气候变化应对的方方面面，英国《气候变化法》则较少涉及有关气候变化的减缓措施，其主要目的表现在建立体制、机制和制度方面，而日本的气候变化立法则属于一种政策性宣示，主要是原则性的规定。

关于应对气候变化的立法模式，笔者不主张制定新的专门性的“应对气候变化法”，而是主张在既有的法律框架下，通过完善《大气污染防治法》来构建中国应对气候变化的法律体系。[1] 但应尽快出台一部综合性的能源基本法，即《能源法》，应对气候变化的立法过程要保障企业与公众的广泛参与。欧洲涉及环境问题时企业的自觉行动居于重要地位，例如，在气候变化问题上，欧盟国家十分重视企业的作用，特别是行业的自律性规范功能。行业可与政府签订减排协议，政府给予企业优惠措施，保证企业不因碳减排而降低经济效益。气候立法对国家的各方面都有广泛影响，中国有自己不同的立法程序，气候立法应保障企业与公众的广泛参与，非常重要。

（三）应对气候变化要充分运用市场手段

美国的气候立法在减排的政策工具选择上注重市场机制的运用。一般认为，排放上限与交易机制和碳税制度都是属于为减少碳排放创造激励的以市场为基础的政策工具。[2] 排放上限与交易机制是美国的首创，其核心是给污染物标上一个价格。该制度最初是为了解决美国的酸雨问题，并在实践中取得了成功。但是，这一机制移用到温室气体的减排领域，其效果仍有待检验。[3] 而碳税制度则可以建立在一个相对成熟的现有税收的管理框架基础之上，如对煤炭和石油开征的消费税。开征碳税的基础，即需要在能源及相关产品的价格中加入与其生产消费相关的环境成本，也是非常透明和容易理解的。但是，碳税制度也有其自身内在的缺陷。碳税的监督与执行在实践中是极端困难的，税收的

---

[1] 周珂、李博：“我国低碳经济的法治保障”，载《法治日报》2010年3月31日，第12版。

[2] 排放上限与交易机制是一种以数量为基础（quantity - based）的工具，它设定排放的总量，并允许能源和能源相关产品根据市场力量进行波动。而碳税则是以价格为基础（price - based）的工具，它设定化石能源的价格，允许排放水平根据经济活动而变化。

[3] Jon Hilsenrath, Cap - and - Trade's Unlikely Critics: Its Creators, The Wall Street Journal, AUGUST 13, 2009.

实际效果难以评估。❶ 而对于刚从计划经济禁锢中走出来的中国来说，应对气候变化政策的制定者和立法者，需要充分运用市场手段，设计适合中国国情的减排制度。例如，可尝试实行“碳排放的总量管制与交易”制度，该制度的关键问题：一是关于碳排放的总量管制。为了碳排放总量管制与交易制度的有效执行，可以考虑将我国未来要达到的减排目标确定下来，在全国范围内要求企业减量排放温室气体，并完成设定的碳减排目标。二是关于碳排放的交易。欲排放温室气体的企业必须先获得排放许可证，由于政府发放的排放许可证额度是有限的，促使超额排放的企业在市场上向其他企业寻求剩余的额度，而有剩余额度的企业也乐意通过出售一部分富余的额度来赚取利润，因此碳排放市场最终就在买卖双方的推动下形成了。三是碳排放交易制度可尝试从条件成熟的行业（如电力、钢铁、有色、建材、化工等五大高耗能行业）和地区开始，鼓励各地的碳交易市场进行竞争，在实践中逐步完善这项制度。

当然，无论是引入碳税还是排放交易体系，都需要精心设计，谨慎对待。中国市场经济还不健全，如果没有配套政策，一些基于市场的经济手段在实施过程中很可能出现各种问题，在现有条件下，行政命令类政策还是有存在的必要。此外，我国还需要确认和推进与市场机制配套的其他法律制度，包括低碳转型的规划和计划制度、温室气体目标控制责任制、碳排放标准制度、低碳产品补贴制度、阶梯价格制度、地方低碳防治促进制度、落后高碳产能淘汰制度。需要通过立法来进行积极推动的制度，包括气候环评制度，温室气体排放检测、报告和核准制度，低碳消费促进制度，低碳金融制度，林业碳汇交易或补偿制度，促进存量型社会建设制度，低碳技术发展促进制度，低碳标签和标识制度，碳减排政策制定和执行的外部参与和监督制度等。

（四）提高能效，节约能源，积极发展新能源与可再生能源

能源利用与气候变化之间的紧密联系，决定了气候保护立法应以能源利用为切入点。德国之所以能够成为全球温室气体减排的先锋，其全面系统的节能与可再生能源立法贡献甚大。❷ 而许多国家积极修改旧的能源法，或出台新的能源法，说明发展新能源和可再生能源已成为国际社会控制温室气体排放的重要手段。如欧盟及其成员国都很重视可再生能源和节能技术的开发，太阳能、风能、生物质能、地热能、波浪能、潮汐能等可再生能源的开发，不仅有助于长期缓解能源供应的压力，而且有利于改善与能源相关的环境问题，促进社会

❶ Victor, David, The Collapse of the Kyoto Protocol and the Struggle to Slow Global Warming, Princeton University Press, 2001.

❷ 廖建凯：“德国的气候保护立法及其借鉴”，载《环境保护》2010 年第 15 期，第 64 ~ 66 页。

经济的可持续发展。而节能技术的开发，既能降低能源消费、提高能源效率，又能促进能源和环保技术设备的出口与推广。从我国气候保护立法的现状来看，宜从提高能效、节约能源和发展可再生能源入手，并加强温室气体排放管制立法。

另一方面，如何平衡能耗大户的利益和公共利益的关系是很大的挑战。如美国应对气候变化的立法停滞不前，很大的原因是其能源企业的阻挠，美国的气候和能源政治已经被传统能源利益集团所绑架而无法自拔。从我国的能耗现状看，2006—2012 年，我国单位国内生产总值的能耗下降了 23.6%，相当于少排放约 18 亿吨二氧化碳。但现在我国的二氧化碳排放仍居世界第一，人均排放也超过了世界平均水平。其中，我国工业能耗占总能耗超 70%，[1] 因此，我国温室气体监控、气候政策的重点应选择在这个重点领域，即在能源密集型的高耗能工业，着力推动该领域的节能，提高能效，对能源消耗超过限额标准的实行惩罚性价格，实施节能技术改造以奖代补政策，按形成的节能量给予奖励等。这些措施对逐步改善我国以煤炭为主的能源消费结构，应对气候变化具有重要的意义。毋庸置疑，中国的能耗大户大多为大型国有垄断能源企业，在政策制定领域拥有强大的话语权，如何对其实施有效的监管，完善制度配套和监管能力建设也是我国制定气候政策的一大课题。

当然，从发达国家的经验看，随着社会经济发展，建筑和交通排放所占比重将逐步增大，我国气候政策除了抓能源领域这个重点外，还需要兼顾建筑和交通等排放增长较快的部门。

（五）倡导公众参与，增强全社会应对气候变化的意识

国外积极倡导民众参与到应对气候变化的活动中来。以英国为例，英国开展了绿色“洗脑”的二氧化碳行动。[2] 二氧化碳行动计划长达 20 年，是由环境、食品与乡村事务部领头的全国性活动，各地政府积极参与其中。在启动的第一年，政府在公众中展开了强大的“宣传运动”。政府希望每个人都为二氧化碳减排作贡献，呼吁企业发展低碳经济。通过政府认证标志，鼓励企业生产低碳产品，引导大众绿色消费。政府通过在地铁、学校、医院大力宣传二氧化碳行动，推动人们改变生活和消费行为。二氧化碳行动中还组成了碳中性足球队、碳健身房，把节能减排渗透到人们的生活中。在中小学中开展气候变化竞

---

[1] 王山山：“工业能耗占总能耗超 70% 资源压力倒逼中国节能降耗”，载 http：//www.chinanew.com/gn/2013/08 -13/5153788.shtml，2013 年 8 月 14 日访问。

[2] “今天的气候明天的挑战——看英国如何应对气候变化之道”，载 http：//pkunew.pku.edu.cn/sdpl/2007 -12/27/content_ 119647.htm。

赛，并把气候变化作为学校的正式课程。当前，我国要结合国际社会合作应对气候变化的良好机遇，让社会公众了解并认识应对气候变化的重要性和紧迫性，认清应对气候变化对国家、地区和企业自身发展和竞争力的重要影响。并倡导全民自觉参与，鼓励企业自愿采取行动。倡导健康、文明的消费观念，抑制奢侈消费。增强企业的社会责任感，自觉制订并实施减缓碳排放的目标和措施。引导企业生产方式的转变和社会民众消费方式的转变，逐渐形成全民应对气候变化的体制和机制，加快形成低碳绿色的生活方式和消费模式。

最后，我国应加大科技投入，加快应对气候变化相关技术的研发。科技的进步和创新，在人类应对气候变化的过程中发挥着至关重要的作用。因此，我国的法律要为应对气候变化相关技术研发及其所需资金提供制度性保障。

第四章　应对气候变化的环境法理论问题

第一节　共同但有区别责任原则面临的挑战[1]

一、历史演进

1992 年，联合国里约环境与发展大会上正式提出了“共同但有区别的责任”（common but differentiated responsibility）原则，大会通过的《里约环境与发展宣言》（以下简称《里约宣言》）的第七项原则称：“各国应本着全球伙伴关系的精神进行合作，以维持、保护和恢复地球生态系统的健康和完整性。鉴于造成全球环境退化的原因不同，各国负有程度不同的共同责任。发达国家承认，鉴于其社会对全球环境造成的压力和它们掌握的技术和资金，它们在国际寻求持续发展的进程中承担着责任。”该大会过程中签署的《联合国应对气候变化框架公约》（以下简称《框架公约》）第四条确定了“共同但有区别的责任”原则的基本涵义：首先是“共同的”责任，即当今世界每个国家都要承担起应对全球气候变化的义务和责任，但与此同时，这种“共同的”责任的大小与分担（理应）是“有区别的”。尤其是，西方发达国家要对其历史排放和当前的高人均排放负责，“历史上和目前全球温室气体排放的最大部分源自发达国家”，它们也拥有应对全球气候变化所需的资金和技术（能力），而广大发展中国家仍以“经济和社会发展及消除贫困为首要和压倒一切的优先事项”。这一原则成为国际社会应对全球性环境难题、追求可持续发展转型的绿色政治共识。

1997 年，该《框架公约》第三次缔约方大会通过的《京都议定书》，把发达国家与发展中国家之间上述“有区别的责任”以法律的形式确定下来，并构成了此后全球气候变化国际谈判的法理基础。从国际法角度，环境资源问题天然具有“共同责任”与“区别责任”的双重属性：一方面，从义务主体上看，生态环境天然具有整体性和关联性，这决定了环境问题具有强烈的外部

[1] 周珂主编：《国际与国内视阈下共同但有区别责任原则的理论与实践》，法律出版社 2014 年版，论文作者包括郇庆治、徐祥民、吕霞、曹平、多罗素·明茨纳、陈德敏、帕特里克·施罗德等。

性，因此世界各国都共同负有保护和改善环境的义务；另一方面，从责任主体上看，由于对生态环境造成的污染责任不同，各个主体承担责任能力不同，治理的责任也就存在差别。因此，在此后一系列环保问题的文件中，“共同责任”和“区别责任”多次被同时提到。实践中，共同但有区别的责任原则适用的关键在于如何平衡并确定发展中国家和发达国家在国际环境保护中所承担的具体义务，而这一问题往往成为国际环境保护协议谈判和实施中争论的焦点。[1]

《京都议定书》在责任分担上表面上看并非“一视同仁”：发达国家必须承担约束性和强制性的减排责任，而发展中国家却没有这种义务，更深层的原因则是未能充分估计到随着中国、印度、巴西和俄罗斯等“金砖国家”快速崛起而改变着的世界经济格局和温室气体排放形势。2009 年，英国风险评估公司 Maplecroft 公布的温室气体排放量数据显示，[2] 世界二氧化碳排放量前十位国家的排行榜如下：中国（60 亿吨）、美国（59 亿吨）、俄罗斯（17 亿吨）、印度（12.9 亿吨）、日本（12.47 亿吨）、德国（8.6 亿吨）、加拿大（6.1 亿吨）、英国（5.86 亿吨）、韩国（5.14 亿吨）、伊朗（4.71 亿吨）；而就人均排放量而言，美国以人均二氧化碳年排放量 19.58 吨稳居榜首。因此，美国从一开始就不愿承认或接受这种“有区别的责任”，包括欧盟在内的其他发达国家当它们发现像中国这样的新兴经济体在《京都议定书》第一承诺期（即 2005—2012 年）结束后仍不愿意承担任何约束性的减排任务时，就把关注的重点从《京都议定书》第一承诺期指标的落实转向了对条约本身的修改，以达到让发展中国家也尽快参与强制性减排的目的。

2009 年年底举行的哥本哈根世界气候大会的本意是落实两年前巴厘岛会议达成的“巴厘岛路线图”。但国际社会主要集群之间存在明显而严重的利益与立场分歧：欧盟强烈要求以中国为代表的新兴工业增长国家开始承担受约束的和可核查的减排责任；与此同时，作为一个新出现的国际社会最弱势群体，即所谓的全球气候变化最脆弱国家像马尔代夫、尼泊尔和蒙古，则同时要求西方工业化国家和新兴发展中国家切实履行自己抑制全球气候变化的责任与义务，焦点是《京都议定书》所确立的“共同但有区别的责任”原则的主流性阐释及其双轨制框架的存废守舍。经过 2010 年墨西哥坎昆会议和 2011 年南非德班会议的过渡，2012 年 6 月 20—22 日，联合国选择了里约峰会 20 周年这一

[1] 刘惠荣主编：《国际环境法》，中国法制出版社 2006 年版，第 36 页。

[2] 中国传动网：“英国风险评估公司 Maplecroft 将中国排为排放大国榜榜首”，载 http：//www.chuandong.com/publish/report/2009/12/report_ 1_ 5738.html，2012 年 10 月 15 日访问。

契机举行了“里约+20峰会”。尽管美国等极少数国家代表在谈判阶段提出了异议，2012年里约峰会通过的《我们希望的未来》宣言仍特别重申了“共同但有区别的责任”原则对于可持续发展总目标而不只是应对全球气候变化的适用性和重要性。对于“共同但有区别的责任”原则只是在一般意义上得到了艰难确认与重申。[1]

2014年2月，美国向联合国提交了对新的国际气候协议的展望意见。其明确表示，未来的框架公约不应该继续1997年《京都协议书》的“两分法”，即让发达国家和发展中国家承担不同的减排义务。美国还提出了以“共同与适当的责任”代替“共同但有区别的责任”设计，希望在新的协议下，各国的减排计划应具有可比性，并对实现共同的全球目标担负起适当的责任。这实际上是对《京都议定书》根本颠覆的方案。

“共同但有区别的责任”原则的困境呈双向性趋势：

从发达国家方面来看，其按照《框架公约》和规定承担强制性的提供资金援助的义务，提供资金援助只是发达国家的一种自愿捐助性义务，这造成发达国家实际提供的援助资金离满足发展中国家的需求还有较大差距，并且在具体的援助资金提供、发放等方面还有许多具体实施程序方面的问题。依据“共同但有区别的责任”原则订立的国际公约中虽规定了发达国家向发展中国家转让有利于环保的技术和提供技术援助，但由于目前国际环保技术的转让主要还是基于市场的方式进行，发达国家所拥有的丰富的技术资源尚不能以比较便宜的或者免费的方式提供给发展中国家。其中主要原因在于有关气候变化领域技术转让与合作的国际机制始终未能建立起来，这使得发达国家可以借口知识产权保护将公约下的技术转让与一般技术贸易混为一谈，从而在事实上架空了其在公约中所作出的技术承诺。还要看到，个别发达国家试图取消“共同但有区别的责任”原则，一些发达国家拉发展中国家垫背。这些国家在资金援助和技术转让上做文章，试图颠覆“共同但有区别的责任”原则。如在2009年哥本哈根气候大会上，日本提出发展中大国与其他发展中国家是有区别的，它们应该“毕业”成为发达国家。言下之意，中国、印度和巴西等国也应承担强制的减排任务。此外，日本还提出“按行业设定减排目标”，这实

---

[1] 联合国正式文件：《我们希望的未来》，第二部分“再次做出政治承诺”之A“重申里约原则和以往的行动计划”，也就是第十五条“我们重申《关于环境与发展的里约宣言》的原则，包括该宣言原则7提出的共同但有区别的责任原则等等”。而这种表述已是发达国家与发展中国家激烈争论之后的妥协性结果，而且更多具有象征性意义。相关争论参见世青创新中心：“‘共同但有区别的责任’谈判达成妥协”，载http：//youththinkerreview. diandian. com/post/2012－06－22/40028154931，2012年10月15日。

际上是用全球性的行业指标混淆发达国家和发展中国家对气候变化的责任。[1]

从发展中国家方面来看，发展中国家也面临着许多实施的困境：（1）经济发展与发展低碳能源相矛盾。“共同但有区别的责任”原则在发展中国家的实施中也是存在不少问题的，其中最大的问题就是经济发展与环境保护之间以及发展新型低碳能源的矛盾问题。由于广大发展中国家经济落后，因此解决生存问题成了这些国家迫在眉睫的问题。这导致为了解决温饱问题，很多发展中国家往往以牺牲环境的代价，用粗放型发展方式来换取生存问题的解决。同时，为了经济的发展，不少发展中国家也受到跨国污染的严重影响，一些发达国家将高耗能、非低碳型产业转移到发展中国家也影响该原则在发展中国家的实施。（2）发展中国家国际立法参与不足。一部分发展中国家对参与国际环境立法缺乏积极性，导致发展中国家对环境保护的共同责任承担不力。同时由于受到经济、社会发展的制约，许多发展中国家的环境立法远远滞后于现实需要，发展中国家在国内环境资源立法和参与国际环境资源立法方面都存在能力不足的问题。而且，由于广大发达国家凭借自己的政治和经济实力掌握着相当程度的话语权，从而导致了发展中国家人微言轻，往往不能将自己的意愿体现在国际环境资源立法文件之中。如哥本哈根会议期间，发达国家和发展中国家之间的博弈就凸显了两大阵营之间的分歧。另外，对于严重缺乏资金的发展中国家来说，此公约关于技术转让的规定并不能给它们带来真正的实惠。在这种情况下，直接导致在向发展中国家优惠转移清洁和对环境无害的技术特别是与全球环境有关的技术方面几乎没有进展，致使发达国家与发展中国家之间知识和技术差距不断加大。由于发达国家在资金和技术支持上的失信，这些发展中国家“使用气候与资源友好技术而走不同于发达国家牺牲环境换取经济发展的新道路”的蓝图成为海市蜃楼。

二、成因分析

一方面，“共同但有区别的责任”原则的基本意涵已渐趋清晰化。首先，这是一种共同的责任，表现在整个国际社会必须做好以下方面：（1）积极应对全球气候变化等全球性难题；（2）大力倡导绿色的生产与生活方式；（3）努力致力于面向可持续发展的社会与文化转型，等等。其次，这是一种“有区别的责任”，表现在整个国际社会必须认可并体现以下方面：（1）发达国家与发展中国家之间的责任区别；（2）大国与小国之间的责任区别；（3）能力强国与脆弱国家之间的责任区别；（4）道德层面与现实层面之间的

[1] “聚集哥本哈根气候大会：最终协议还需等待”，载 http：//new. qq. com/a/20091125/002301. htm。

责任区别，等等。而且，尽管民族国家是主要的责任主体所指，但上述划分也在某种程度上适用于其他行为主体比如国家集团、社会群体或种族。例如，对于那些生活在极地周围的少数种族或群落来说，更为重要的是人类文化多样性的保存与延续问题，而不能简单用维持生物多样性或生态可持续性来界定其应对全球气候变化或可持续发展转型上的“共同责任”。

但另一方面，“共同但有区别的责任”原则在政策意蕴及其应用机制层面上却存在无可置疑的模糊性或“弹性”。这具体表现以下方面：（1）任务的确定及其分配或认领（如何来分担或分享责任）；（2）任务或目标实现的时间表（何时实现哪些阶段性的任务或目标）；（3）各国行动的约束性（力度）与自主性（透明度）（由谁来监督谁的实质性工作与进展）。从表面上看，这三个方面都更多是从属性的（问题是责任的担当而不是有无）和技术性的（如何进行可行性操作），但显而易见的是，正是政策意蕴及其应用机制层面上的“共识缺乏”造成了国际社会制度化“共同但有区别的责任”原则努力上的“囚徒困境”。[1]

理论与实践问题可概括为以下三方面：

（1）对原则的确认缺乏国际社会的公认。

虽然在《蒙特利尔议定书》《保护臭氧层公约》《巴塞尔公约》《里约宣言》等一系列的国际环境法文件中规定或确认了“共同但有区别的责任”原则，但目前国际社会对该原则的确认却仍不够具体，该原则在贯彻、实施中更是困难重重。如美国在签署《里约宣言》时，附加了一条解释性的声明：“它不包含任何有关全球环境问题的法律责任”。且由于受到美国为首的一些发达国家的拖延与阻挠，1997 年 12 月在日本京都召开的《联合国气候变化框架公约》缔约方第三次会议通过的旨在限制发达国家温室气体排放量以抑制全球变暖的《京都议定书》直到 2005 年 2 月 16 日才得以正式生效。而日本和加拿大在南非德班召开的联合国气候变化框架公约第十七次缔约方会议上明确表示，将退出《京都议定书》第二承诺期。

（2）缺乏具体制度的保障原则的落实。

由于不存在任何超国家组织，因此是否加入某一国际公约是每个国家自己的主权。出于一些因素考虑，某些国家不加入相关的国际环境公约，对此行为，目前国际社会除了谴责或表示遗憾外，并无其他有效制约方法。如对于日本和加拿大将退出《京都议定书》第二承诺期的立场，非洲国家感到非常沮丧。但除此之外，非洲五十四国集团也没有更好的办法，只能表示希望日本和

---

[1] Garret Hardin, “The tragedy of the commons”, Science, 162/3859 (1968), pp. 1243 – 1248.

加拿大能重新考虑它们的决定，根本没有任何制度能够让其真正承担责任。还有，目前国际环境公约涉及的领域只是全球环境问题的一部分，在其他领域还需要各国制定和执行环境保护法律，这方面同样需要具体制度来保障。从具体操作层面上来看，“共同但有区别的责任”原则并没有规定发达国家向发展中国家提供资金援助是否是一项强制性义务，对于提供资金援助缺乏具体程序和方式的规制；所以这就导致上文提到的发展中国家资金来源不足的问题，也削弱了发展中国家承担共同责任的能力的积极性。

（3）对原则的责任承担能力存在差异。

从责任能力看，由于经济发展状况、贫富差异以及科技发展水平和环保技术的不同，让发展中国家承担与它们经济实力不相适应的责任从现有情况来看是不现实也是不公平的。发达国家拥有雄厚的经济实力和先进的环保技术，并且在工业时代造成很大的环境问题，应该而且有能力承担主要的更多的责任。因此，应该客观公正地看待发展中国家与发达国家的环境责任，不应该只从当下而要求承担责任；发展中国家并非不愿承担责任，而是它们没有能力承担超出它们经济发展水平限度范围以外的责任。

三、中国政府的官方立场

中国政府从一开始就积极参与了里约环境与发展大会宣言，尤其是《框架公约》中有关“共同但有区别的责任”原则的国际谈判。据参与谈判官员骆继宾的回忆，[1] 一方面，该《框架公约》最后文本中引入“人均排放”概念是中国和印度等发展中国家经过艰苦谈判而取得的重大成果。结果便是如下两段重要表述：一是第三条，“各缔约方应当在公平的基础上，并根据它们共同但有区别的责任和各自的能力，为人类当代和后代的利益保护气候系统。因此，发达国家缔约方应当率先对付气候变化及其不利影响”；二是前言的第三小段，“注意到历史上和目前温室气体的排放最大部分源自发达国家，发展中国家人均排放仍然相对较低，发展中国家在全球排放中所占份额将会增加，以满足要求其社会和发展的需要”。可以说，上述表述构成了中国政府理解、再阐释与贯彻落实“共同但有区别的责任”原则的主要法理依据——中国当然要逐渐承担起保护全球气候系统的共同责任，但这主要是、首先是发达国家的责任；中国作为一个相对低排放的发展中国家（尤其是人均排放意义上），首先要做的是通过经济增长满足人民群众的物质生活需求，而这在可预见的将来

---

[1] 唐书彪：“亲历者讲述：‘共同但有区别的责任’的由来”，载 http：//www. china. com. cn/international/txt/2010 -09/10/content_ 20905529. htm，2012 年 10 月 14 日访问。

意味着碳排放总量和人均量的增加。

但另一方面，就连这位谈判官员也非常清楚的是，该《框架公约》及随后《京都议定书》谈判上的这种“胜利”的真正意义在于，为包括中国在内的广大发展中国家的经济模式发展及其能源结构调整和能效提高赢得时间。因为，在20世纪90年代初时，中国的碳排放总量已经是全球的第三或第四位，一些国家已依此提出排放大国应率先减排，并认为中国也应包括在内；只不过，当时中国的人均排放量只有发达国家的1/10～1/6，还不及全球人均排放量的一半，而依据“人均排放”意义上的公平与公正，包括中国在内的绝大多数发展中国家理应可以排除在外。但问题是，高速的经济增长率、以煤炭为主的能源结构和高能耗高物耗的粗放型经济模式几乎注定了中国很快就会成为全球气候应对国际谈判中的关注“焦点”，而《京都议定书》第一承诺期之后的后续性谈判则是可以预期的重要“节点”。因而，在《框架公约》及随后的《京都议定书》谈判的不同场合，中国政府代表也多次表示，现阶段中国将努力控制和逐渐减缓排放量的增加，到一定时期中国也将减少总排放量。也就是说，我们并不（能）回避自己不断增加的全球气候变化的现实责任，所追求的只是适当延缓履行这种责任的具体时间。

不仅如此，随着2005年年底国际社会开始有关“后京都”协议的讨论，中国国内开始形成一种积极解读这种“后京都”挑战的观点。其基本看法是，面对不久后达成的“后京都”协议，与其视为压力，倒不如视其为机遇更合适。这个机遇就在于，借此外部因素，促使中国摆脱高能耗、高污染的发展路径，同时实现企业外部环境污染成本的内部化。❶ 也就是说，中国必须承担的节能减排国际责任将会成为我国产业与经济结构升级、企业外部环境污染治理成本内部化、生态与环境保护制度建设等诸多方面的“倒逼式”动力，并最终会带来中国的发展水平与发展模式的绿色转型。

但更主流的看法是，鉴于中国庞大人口总量的生活与就业压力、长期以煤炭为主的能源结构和社会政治稳定的重要性，更理想的选项是尽量长地延续《京都议定书》所确定的“有区别的责任”版本和相应的双轨制责任分担架构：发达国家独自承担首要责任，尤其是绝对减排责任和资金与技术转让责任，而中国作为一个发展中大国只承担有限国际责任（同时考虑历史和现实方面）、适度减排责任（适当减少增加量而不是绝对量）、自主减排责任。

2007年12月巴厘岛会议之后，中国更加关注国际社会关于全球气候变化的《京都议定书》后续条约的谈判，并采取了一种渐趋积极的立场。中国政

❶ 马红漫：“‘后京都’时代是陷阱也是契机”，载《新京报》2005年12月1日。

府自2005年以来通过了一系列旨在减少温室气体排放的法律，并成立了由温家宝总理担任组长的“国家应对气候变化领导小组”；通过关闭一些造成严重污染的电站、炼钢厂和水泥厂，2006—2010年间能效每年提高4%的目标基本实现。在2008年12月的波兹南会议上，中国政府一方面继续表达了“中国将继续努力改变自己的发展模式和发展低排放经济”的政治意愿，另一方面也希望发达国家“通过资金和技术转让”来支持发展中国家，并批评欧美国家“企图在哥本哈根首脑会议上逃避它们的承诺”。[1]

2009年6月波恩会议前后，中国政府明确表明了对西方发达国家的全球气候变化减排“要价”：到2020年把温室气体排放量在1990年的水平上降低40%，并拿出相当于年度经济产出总值的0.5%~1%，帮助包括中国在内的较贫穷国家实施碳排放削减计划。与此同时，中国政府向年底举行的哥本哈根大会提出了自己的最终“出价”，即“中国将在2020年之前将单位GDP二氧化碳排放量比2005年减少40%~45%”，并坚称这是根据国情提出的自主减排行动，同时强调哥本哈根达成协议的主要责任在发达国家。[2]

尽管在哥本哈根会议前中国负责气候谈判的官员于庆泰和苏伟对《金融时报》首次透露了这样的可能性，中国将考虑规划碳排放量的峰值，比如“2050年之后，中国的碳排放量将不再上升”或努力“确保中国的碳排放量在2030年达到峰值”；[3] 在会议临近结束时，中国政府曾暗示自己的减排行动不需要发达国家提供资助，等于放弃了长期以来坚持的作为发展中国家应获得资金支持的权利要求，并保证更积极地提高减排信息透明度，但是，它最终没有接受有关专家建议的“将2025年作为起点，到2050年时将碳排放总量减少30%”的新“出价”。[4] 这表明，中国决意不会为减排牺牲经济增长——其他发展中国家则纷纷效仿中国，也就注定了哥本哈根大会不可能达成一个新的量化减排协议。

2009年年底的哥本哈根会议谈判集中体现了中国政府的“原则立场”——不承担任何不能负担的约束性责任（即防止达成任何意义上的类似性公约或议定书），同时也凸显了这一立场与国际社会期待之间的巨大差距或“鸿沟”。而且，在经过随后的墨西哥坎昆会议和南非德班会议之后，中国政

---

[1] 法国《世界报》：“中国应对气候变化‘表现突出’”，载《参考消息》2008年12月14日。

[2] 美联社等：“中国减排计划获广泛好评”，载《参考消息》2009年11月27日。

[3] 英国《金融时报》：“英报称中国酝酿减排‘大革命’”，载《参考消息》2009年8月18日；彼得·福斯特：“‘绿色中国’会不会是空谈”，载《参考消息》2009年8月20日。

[4] 威廉·钱德勒：“中国减排承诺意义重大”、法新社：“外媒称中国暗示减排不需别国资助”，载《参考消息》2009年12月15日。

府的立场虽然作出了进一步的调整和灵活化比如在自主减排行动的透明度与可核查性上，但上述基本立场并没有发生改变。[1] 而这意味着，国际社会短期内很难达成一个约束性的温室气体量化减排协议——无论就中国作为第一温室气体排放大国（人均排放量也正在逼近欧盟成员国）还是作为深陷持续衰退泥潭但依然强健的少数世界主要经济体来说都是如此。

从“共同但有区别的责任”原则的视角看，中国政府的官方理解和立场与国际社会主体期待的主要差距在于以下方面：中国如何更主动地承担起全球气候变化应对中不断增加着的现实责任（毕竟无论在排放总量还是在人均排放量方面都在迅速增加）、作为世界第二大经济体的大国责任（相对于数量众多的中小国家和应对能力弱小国家而言）和作为具有引领世界可持续发展转型潜能国家的未来和领导责任（考虑到华夏古老文明传统蕴含着的现代化消解与超越潜质）。

第二节 领土无害使用原则的适用

一、领土无害使用原则的提出与发展

领土无害使用原则，也称为“国家资源主权权利和不损害国外环境义务”原则。这项原则指的是1972年《人类环境宣言》所宣示的原则21和1992年《里约宣言》所宣示的原则2。《人类环境宣言》所宣示的原则21是“按照联合国宪章和国际法原则，各国有按自己的环境政策开发自己资源的主权；并且有责任保证在它们管辖或控制之内的活动，不至损害其他国家的或在国家管辖范围以外地区的环境”。1992年《里约宣言》不仅将《人类环境宣言》原则21中的“环境政策”一词改为“环境与发展政策”，强调发展的重要性，而且将其位置提前，作为第二项原则。《里约宣言》所宣示的原则2是“根据《联合国宪章》和国际法原则，各国拥有按照其本国的环境与发展的政策开发本国自然资源的主权权利，并负有确保在其管辖范围内或在其控制下的活动不致损害其他国家或在各国管辖范围以外地区的环境的责任”。一般认为国家资源开发主权权利和不损害国外环境责任原则已经成为一项国际习惯法原则。这不仅是由于它在得到世界绝大多数国家赞同的《人类环境宣言》和《里约宣

[1] 在2012年9月14日由北京大学国际关系学院举办的一个环境政策论坛上，国家发展改革委气候司的一位官员明确表达了“防止达成任何难以承担的约束性减排协议”的国际气候谈判立场，并批评了“以外促内”的节能减排政策思路的不现实性。

言》中得到宣示，而且由于它在很多其他的重要国际法文件和一些司法判例中得到确认。

该原则来源于一个著名的判例：加拿大英属哥伦比亚省特雷尔附近的一个铅锌冶炼厂（距美国边界十余公里），从1896年建成以来，该厂释放的大量硫化物使美国华盛顿州遭受大规模损害，特别是对庄稼、树木、牧场、牲畜和建筑物的损害极为严重。1903年释放量高达每月10 000吨。到1930年，该厂每天向大气中排放300～350吨硫，二氧化硫的数量则是这个数字的两倍，还有其他的化学残渣。在初期，污染受害者曾经向该冶炼厂提出多次私人赔偿要求，但这一问题显然不可能在任一国家的国内法范围内得到圆满解决。1925年，案件重新提起，美国还成立了保护受害人协会，目的是取代单独申诉、签订集体协定。1927年，案件被正式提交给美国政府，美国政府向加拿大政府提出抗议。在以其他方式解决争端的尝试失败后，两国政府决定将争端提交仲裁，并于1935年4月15日签署仲裁协议。仲裁庭于1938年和1941年两次作出裁决。

在1938年的第一次裁决中，仲裁庭判定冶炼厂的烟雾对华盛顿州造成了损害，并裁决加拿大应支付7.8万美元作为美国所要求的自1932年1月1日至1937年10月1日之间特雷尔冶炼厂对美国土地造成的损害的“完全的和最后的补偿和赔偿”。裁定还宣布采取保全措施，要求特雷尔冶炼厂直至1940年10月1日避免造成损害，命令为此实施临时制度，提供必要的资料以便建立一个有效的永久制度和在过渡期间避免发生进一步的损害行为。

在1941年的第二次裁决中，仲裁庭作出一项有名的声明：“根据国际法以及美国法律的原则，任何国家也没有权利这样的利用或允许利用它的领土，以致其烟雾对他国领土或对他国领土上的财产和生命造成损害，如果已经发生后果严重的情况，而损害又是证据确凿的话。”[1] 正是因为这一主张，本案成为领土无害使用原则的第一个重要司法判例。

继特雷尔冶炼厂仲裁案之后，1949年的科孚海峡案判决中，国际法院指出，“一国不得允许其领土被用于损害他国权利的行为”。在1957年的拉诺湖仲裁案中，仲裁庭认为，“法国有权行驶其权利，但它不得无视西班牙的利益；西班牙有权要求它的权利得到尊重和它的权利得到考虑”。在1974年的核试验案中，国际法院法官卡斯特罗在其反对意见中援用了特雷尔冶炼厂仲裁案的判决。他说：“如果承认存在一项作为普通规则的关于要求禁止毗邻财产排放有害烟雾的权利的话，通过明显的类推，结论必然是申请人有权要求法院确

[1] 王曦：《国际环境法》，法律出版社1998年版，第24页。

认其关于法国应当停止引起在申请人领土上的放射性物质沉降的活动。”

领土无害使用原则包含互相关联的两个方面。其中一方面是“各国拥有按照本国的环境与发展政策开发本国自然资源的主权权利”，即国家资源开发主权权利。另一方面是国家“负有确保在其管辖范围内或在其控制下的活动不致损害其他国家或在各国管辖范围以外地区的环境的责任”，即国家不损害国外环境的责任。这项原则的前一方面承认国家关于环境的主权权利，后一方面规定国家关于环境的义务。这项原则是国家在环境方面的权利和义务的结合。

所谓“国外环境”，是指其他国家的或在各国管辖范围以外地区的环境。“不损害国外环境的责任”是相对于国家对自然资源永久主权的一种义务，这种义务逐步得到了国际环境条约的认可。例如，1951 年的《国际植物保护公约》认为有必要防止植物病虫害越过国家边界；1968 年的《非洲自然保护公约》要求有关国家在开发计划有可能影响其他国家的自然资源时进行协商和合作；1972 年的《世界自然与文化遗产公约》规定缔约国不得采取可能直接或间接损害位于其他缔约国领土上的自然与文化遗产的措施；1978 年的《亚马逊河区域合作条约》、1981 年的《保护东南太平洋海洋环境和沿海地区公约》和 1982 年的《联合国海洋法公约》都规定了与《人类环境宣言》原则 21 的文字相类似的不损害国外环境责任；1985 年的《东南亚国家联盟国家关于保护自然和自然资源的协定》在其第四条第六款中进一步承认不损害国外环境责任是“得到普遍接受的国际原则”；1992 年的《框架公约》和《生物多样性公约》也规定了不损害国外环境的责任。除了《人类环境宣言》在其宣布的原则 21 中承认不损害国外环境责任以外，还有很多国际“软法”文件承认这一责任。其中主要的有 1972 年的《联合国大会第 2996 号决议》、1974 年的《各国经济权利和义务宪章》、1975 年的《欧洲安全与合作会议最后文件》、1978 年联合国环境规划署的《指导各国养护及和谐利用两个或两个以上国家共有自然资源的环境方面行为守则》和 1982 年的《世界自然宪章》。

领土无害使用原则虽然早已提出，并且得到上述诸多国际法条约和文件的确认，但长期以来却并未得到广泛的适用。而自气候变化问题日趋严重以来，西方发达国家的有关学者开始重新提出领土无害适用原则的重要性，并提议将这一原则引入气候变化应对机制中。如中国政法大学民商经济法学院曹明德教授在 2008 年 12 月 5 日在清华大学环境资源能源法研究中心召开的“清华环境法论坛”上的发言中指出：“……在温室气体减排方面，如何确保气候保护以及温室气体减排的公正性并确定温室气体排放份额是一个颇有争议的话题。目前主要存在以下几种不同观点：（1）人均平等排放权原则，即温室气体的排放份额应当视为一种公共财产，地球上所有的居民对该财产平等地享有排放权。(2) 污染者付费原则 (polluters pay principle)，即温室气体减排的义务应当由造成空气中温室气体超过正常水平的国家承担。2007 年 12 月 8—10 日，在由印度国际法学会组织的于德里召开的第五届国际法年会上，澳大利亚悉尼国际法中心主任 Ben Saul 博士强调了污染者付费原则应是解决气候变化问题的一个基本原则，以此作为划分越境污染责任的依据。(3) 维持现状原则，即现有的温室气体排放者已经建立起了与其现时排放额相当的排放法律权利。(4) 需要原则，该观点将温室气体的排放分为两类，即用以满足基本需求的排放和用以满足奢侈需求的排放。温室气体排放份额的分配应优先确保用以满足基本需求的排放，对用以满足奢侈需求的排放加以限制并要求排放者采取减排措施。(5) 比较性原则，即处于类似状况的国家应承担类似的减排义务。(6) 支付意愿原则，即根据不同国家的减排意愿来安排减排任务。(7) 领土无害使用原则，即根据美国与加拿大之间的特雷尔冶炼厂仲裁案 (Trail Smelter Arbitration) 所确立的国际环境法原则，各国有义务使其领土及管辖范围内或控制下的活动不对其他国家的环境或任何国家管辖范围以外的地区造成损害。”在印度德里召开的第五届国际法年会上，美国丹佛 (Denver) 大学环境法教授 Ved P. Nanda 做了题为“国际环境法基本原则的演进”的发言，重申了领土无害使用原则。他还进一步指出，领土无害使用原则与非歧视待遇、平等待遇、国民待遇一起构成当今国际法的四个支柱。笔者在印度第五届国际法年会上重申共同但有区别责任原则和历史责任原则应为当今全球气候保护领域的主要原则。

二、必要性与限制性

领土无害使用原则宣示了人类对主权与环境问题的一般价值观念和基本认识，具有政治和道义的影响力。其在记载人类的普遍环境保护观念和价值追求的软法律文件中的被一再重申，对于统一国际社会的整体认识、宣示国际社会道德和法律的目标和追求、指导各国的国际交往和国内立法活动都具有重要的意义。其次，该原则为具体国际环境法律制度的形成和产生创造了有利的条件。比如《联合国海洋法公约》《生物多样性公约》《框架公约》等，对国家环境义务的赋予都可归结为该原则的具体实施。再次，该原则的灵活性，使得其能够表现出更大的自由度，从而易为国际社会所普遍接受，以及在国情迥异的国家之间达成共识。对于环境保护，各国从道义上是有着高度一致的认识的。但是在具体问题的处理上，则常常存在难以消除的分歧。这既是环境问题的高度复杂性所决定的，又与各国经济、社会发展水平和迫切利益需要的差异有关。在全球 200 多个国家中，要使它们在任何具体的环境问题上达成完全一致的意见，几乎不可能。在此，这种具有灵活性的原则往往就成为一条折中途径。国家主权涉及的事项范围极广，而从现代科技水平观测到的国外环境影响的范围也极广，对此国际环境法不可能对主权的范围与限制作出事无巨细的具体规定，只能大致划定原则由各国具体问题具体分析。但这并不意味着该原则就没有效力，不是国际环境法的正式渊源。有学者指出："法律本身的强制力并无强弱之分。制裁等强制执行方式并非法律具有强制力的前提。"[1] 该原则为各种国际环境法文件一再重申已经表明对其遵守乃为国际社会所公认的国家义务，对其违反当然应当承担责任，而与此相关的多个案例也表明了其强制力的存在。即使在实践中，有些国家常常凭强权逃离或无视其相关责任；但这只是执行的问题，并不意味着责任的不存在，而且其潜在舆论影响和道义责任的力量也是十分强大的。即便"法国核试验案"中法国政府对其正式国家责任的逃离，也逃脱不了国际社会对其的否定性评价，和其承担责任的应然判断。法国政府最终作出不再试验的声明，虽然表面上看似乎是自愿行为，但实质还是出于"不损害国外环境"原则的道德强制力。

在全球气候变化治理中，一直以来都是软法多、硬法少，现有的应对机制几乎全部都是各国利益博弈、折中妥协的结果，因此将领土无害使用原则引入其中显得十分必要。但与此同时，环境霸权主义日趋严重，发达国家常常打着合法的旗号而推行其霸权政策。故此，为了防止发达国家在气候变化治理中利用领土无害使用原则这一强制机制的特点而展开环境霸权，对于领土无害使用原则的适用范围有必要加以严格的限制。

领土无害使用原则自其提出以来一直都适用于相邻国家地区之间的跨界污染问题。在全球气候变化问题中适用领土无害使用原则，无疑是一种大胆的创新；因此理应全盘考虑，慎重适用。

首先，领土无害使用原则在气候变化问题中的适用应考虑全球性的因素。由于地球的整体性和生态系统的完整性，世界各国认识到国界的人为性无法对抗大自然的规律性。地球生态系统的整体性不受国际社会以主权国家为单位进行人为分割的影响；一国的环境问题不仅仅关乎其国民自身，还对世界生态系统整体产生影响。同时，在系统的影响下，一国也无法不受他国影响，不参与到国际环境事务之中。在国际环境关系上，一国无论是"以邻为壑"，还是"独善其身"，都是不可能、不足取的。起初，领土无害使用原则仅仅适用于邻国的工业跨界污染；但在气候变化问题中，由于气候系统的整体性，某一区域内的一时的污染极有可能成为全球气候变暖的催化剂。因此在全球气候变化

---

[1] 曾涛："国际法弱法论评析"，载《政法论丛》2005 年第 4 期。

应对中适用领土无害使用原则必须考虑到某一国或者某一地区在利用自己的主权资源的时候，是否影响到了整个气候系统，是否对全球气候变暖足以构成威胁或已经构成损害。

其次，要在有足够确凿的证据证明温室气体排放国与全球气候系统的损害有因果关系的情况下，才能适用领土无害使用原则。前文提到的“特雷尔冶炼厂”一案中，裁决认为“侵害已产生了严重后果且已为足以使人信服的确凿证据所证实的话”，就不存在“故意”或“过失”等加害者的主观意图或心理因素等问题，反而能够成为被告的行为与损害事实之间存在一定的因果关系的证明。所以，在该案中不仅完全没有作为“过失”责任原则成立的前提条件——“相当注意”义务的问题，而且讨论这一问题也是完全不必要的。这就突破了传统的国家责任承担须以“过失”为必要的国际法惯例，开创了国家“严格责任”的先河。卡尔逊在谈到高度危险性活动的国家“严格责任”时，就以“特雷尔冶炼厂案”为例，其认为：之所以使加拿大承担固有的国家责任，与加拿大“是否采取了损害预防措施”无关，在此“过失或（企业的）所有形式并不重要”，问题的关键在于“加拿大在其领土范围内批准了具有高度危险性的企业的运营，而且，其结果是本国领土的使用造成了给他国带来严重损害的事实，仅此就足以确定其对所造成的损害承担赔偿责任”，“任何国家对于给他国造成严重损害的活动，只要认可了领土的使用，则须为自己的行动承担风险”。其引申出的含义就是：国家对其主权范围内的环境行为应当承担绝对责任。由此可见，领土无害使用原则的适用中涉及的国家责任是十分严重的，因此如果要在气候变化问题中适用该原则于某一温室气体排放国，就必须要求负有举证责任一方的国家有充分确凿的证据证明该温室气体排放国的污染行为与全球气候变暖有直接的因果关系。全球气候变化的危害性目前在国际上尚无统一的认识，连IPCC也是谨慎地采用了“ 非常有可能 ”这样的提法。在这种科学认知尚不明确的状态之下，轻易地适用领土无害使用原则是十分欠妥的：如若适用不当，必将对某一涉诉国的利益造成巨大的损害；同时可能导致国家与国家之间的矛盾深化，而引发更深刻的政治经济问题。

领土无害使用原则的适用应与气候变化的义务承担主体相结合。在全球气候变化的应对中适用领土无害使用原则应是分阶段的，要充分考虑到目前各国经济发展水平的不平衡。适用领土无害使用原则时不能简单地“一视同仁”，应该在遵守“共同但有区别的责任”原则之下慎重适用，综合考虑各种因素，坚持实质公平的原则。

第三节 社会生态运动与公众参与

在人类面临共同的自然危机和国际共同应对气候变化的大背景下，中国越来越关注社会生态运动理论建设的问题；相关学者也对社会生态运动问题进行着不同角度的研究，以期改变以往的理论缺失问题。中国的社会生态运动需要走向一种更为积极、更有影响力的方向，还需要理论和制度的更多关注。

社会生态运动最初是西方能源危机、生态失控直接引发的群众运动。西方的社会生态运动包括当代西方环境保护、反战和平、反核、女权主义运动等，是一种广义的“绿色”思想和运动。德国社会民主党副主席拉封丹认为社会运动具有双重性质：社会生态运动这一“新”社会运动具有根本上的反制度的成分，是来自对抗性文化的抗议运动；但是，它同时又是一种消极的人道主义，属于“一个社会中的典型现象”，具有“向后看”的浪漫主义特征。[1] 20 世纪 90 年代后，欧洲各国绿党通过与社会民主党人的联合执政成为体制内的执政党，社会生态运动的普及性、组织性上升，民间性、社会性降低。

一、中国社会生态运动的现状及其主要问题

（一）中国社会生态运动的现状

1. 公众参与欲望强烈

随着可持续发展的理念深入人心和环境法制不断完善，中国公众在环境保护中的参与意识逐渐觉醒。这表现为公民个人和民间环保组织参与环境保护运动的数量和程度有所增加。近 10 年来，中国环保民间组织已经达到 3500 多家，成为推动中国环保事业发展的重要推动力量。它们通过组织环保公益活动、出版书籍、发放宣传品、举办讲座、组织培训、媒体报道等方式进行环境宣传教育，为提高中国公众的环境意识作出了突出贡献。2008 年《中国环保民间组织发展状况报告》总结了其对国内社会生态运动的贡献：

第一，环保组织通过开展志愿活动，积极倡导公众以实际行动参与环保，

---

[1] 周穗明：“西方生态运动的政治分野与生态社会主义的当代发展”，载《当代世界与社会主义》1997 年第 1 期。

这成为环保民间组织开展环境宣传教育的重点。❶

第二，开展社会监督，为国家环境保护事业建言献策。环保民间组织主张环境友好，与国家和人民的根本利益相一致。它们作为一种民间力量，对政府与企业的环境责任开展社会监督，参与环境决策，积极建言献策，为实现国家的环境目标起到了积极的促进作用。❷

第三，扶贫解困，推动发展绿色经济。近年来，中国环保民间组织深入农村，积极帮助贫困农民发展绿色经济，在保护环境中实现扶贫开发。湖南省岳阳市环保志愿者协会组织退耕农户植树造林，每亩付给农户 100 元补贴，成林后全部效益归农民所有，极大地调动了退耕还林农民的积极性。

第四，关注弱势群体，维护社会公众的环境权益。环境知情权、参与权、监督权和享用权是法律赋予公众的基本环境权益。1999 年 11 月 1 日，中国政法大学污染受害者法律帮助中心开通污染受害者法律咨询热线，无偿为污染受害者提供法律服务。热线开通以来，已经为 1 万多名污染受害者提供了法律服务，帮助 50 多起环境污染案件的受害者向法院起诉或通过行政途径加以解决。❸

第五，保护生物多样性，为子孙后代留下更大的发展空间。中国环保民间组织经过不懈努力，为保护国内的生物多样性作出了突出贡献。❹

每当发生重大环境事件时，公众以各种形式形成了对事件的关注和影响，如在紫金矿业污染、沱江水环境污染以及渤海溢油等事件中体现得越发突出。特别是在渤海溢油案件中，尽管暴露出现行制度对公众参与的排斥特性，但是

---

❶ 自 2000 年“自然之友”启动国内第一辆环境教育流动教学车——“羚羊车”以来，“自然之友”已经深入 200 余所学校，与两万多名中小学生共同感受自然、关注环境。由多家环保民间组织联合会发起的“26 度空调”活动也得到了政府部门、企业和社会的认可与支持。2005 年，79% 的环保民间组织发起过志愿活动，共动员志愿者 857 万人次，平均每个环保民间组织吸引 2500 多人次的志愿者参与活动。“保护母亲河行动”“索南达杰藏羚羊自然保护站服务”“北京动物园志愿者导游”等已经成为环保志愿者服务的知名品牌。参见 2008 年《中国环保民间组织发展状况报告》。

❷ 2004 年 9 月，圆明园湖底防渗工程开始施工。国家环境保护总局举行听证会，“自然之友”“地球纵观”“地球村”等环保民间组织在听证会上发言，建议实施圆明园防渗整改工程。最终，圆明园防渗进行整改，恢复了水面。参见 2008 年《中国环保民间组织发展状况报告》。

❸ 2005 年，该中心支持“福建省屏南县 1721 位农民诉福建省（屏南）榕屏化工有限公司环境污染侵权案”胜诉，为当地居民挽回经济损失 68 万余元，此案被评为 2005 中国十大影响性诉讼之一，这是十大影响性诉讼中的唯一一起环境诉讼案件。参见 2008 年《中国环保民间组织发展状况报告》。

❹ 1995 年，“自然之友”发起了对滇金丝猴的保护行动，把相关情况及时反映到国务院，并组织媒体对滇金丝猴的困境进行了广泛、详细、持久的报道。2002 年，环保民间组织“绿网”成功阻止了北京顺义湿地开发高尔夫球场的商业计划，使得北京平原地区唯一的一处湿地得以保护。参见 2008 年《中国环保民间组织发展状况报告》。

强大的公众参与还是渗入渤海溢油事故整个过程，并在维护受害者权益、督促国家有关部门秉公执法方面发挥了积极作用。公众在这些环境事件中的积极参与热情日趋彰显，社会生态运动在中国的生发势不可挡。

2. 国家对公众参与态度的转变

在科学发展观的指导下，中国各级地方政府已经逐步转变了对公众参与环境保护的消极甚至是抵制的态度。此前，在很多地方法院，有关环境保护的集团诉讼都不被受理，当事人的合法权益得不到保障，环境参与的热情一再遭受打击。如2005年，中华环保联合会环境法律服务中心支持铁山小区居民诉淄博铁鹰钢铁有限公司环境污染的案件中，因地方法院根据《最高人民法院关于人民法院受理共同诉讼案件问题的通知》（法〔2005〕270号）和《山东省高级人民法院新类型、敏感、疑难案件受理意见（试行）的规定》的相关内容设置案件受理障碍，致使该案未能立案。

尽管中国目前的法律还未确立完整的公益诉讼制度，但在司法实践中，为维护公共环境利益的诉讼活动时有发生。其中既有检察机关为防止环境污染而提起的诉讼，也有公民个人和社会团体为维护公共环境利益而提起的诉讼，且部分诉讼达到了公益诉讼的目的。国内目前有贵州、云南和江苏分别设立了环保法庭。无锡市中级人民法院环保法庭是最早明确允许环保社团组织以原告身份提起公益诉讼的法庭。2008年3月，无锡中院环保法庭被正式批准设立，在其法庭文件——《关于环境保护审判庭审理案件管辖的若干规定》中明确规定：环保公益诉讼的原告主体资格是各级检察机关、各级环保行政职能部门、环境保护社团组织和居民社区物业管理部门。[1]

2009年6月，因江苏江阴港集装箱公司在作业过程中随意排放、冲刷铁矿石粉尘造成污染，朱某代表周边居民与中华环保联合会共同提起诉讼，后该案以调解结案。该案被认为是中国环境公益诉讼的“破冰”之案，人民法院帮助环境保护组织走向了环境公益诉讼的前台。自此，中国环境公益诉讼在公安机关、检察机关、人民法院以及环保组织的共同推动下开始显示其应有的诉讼价值。

2010年11月，中华环保联合会、贵阳公众环境教育中心起诉贵州省贵阳市乌当区定扒造纸厂水污染侵权纠纷环境公益诉讼案，在贵阳市开庭审理并当庭一审宣判。贵阳清镇市人民法院环保法庭判决被告立即停止向南明河排放工业污水，消除对南明河的危害，并支付原告为搜集证据而支付的合理费用及承

---

[1] 载http：//new.163.com/09/0805/10/5FUR2U8L0001124J.html，2011年10月22日访问。

担案件中的分析检测、诉讼费。[1] 这是我国首例环保基金资助环境公益诉讼案件，具有开创性的意义。[2]

2011 年 1 月，云南省昆明市中级人民法院对备受关注的云南首例环境民事公益诉讼案进行了一审公开宣判。被告昆明三农农牧有限公司、昆明羊甫联合牧业有限公司向“昆明市环境公益诉讼救济专项资金”支付人民币 417.21 万元和评估费 132 520 元，该笔费用将用于治理被污染的七里湾大龙潭。[3]

2011 年 7 月，中华环保联合会根据群众举报，以“无锡宝露印染有限公司违法印染生产及违法污染物排放，无锡市北塘区环境卫生管理处违法处理危险废物，无锡惠山环保水务有限公司非法接收超标废水，牟取非法利益，损害环境公共利益”为由，对三家企业提起环境公益诉讼。无锡市中级人民法院环保法庭受理了此次公益诉讼并出具了立案通知书。[4]

如前所述，中国公众参与社会生态运动的意识和热情前所未有，社会生态运动在中国加速发展。公众的关注和社会的参与成为中国国家法制建设出现的新趋势，这两个因素的结合在推进法治进步中起到了非常积极的作用。但是，中国的历史和当前的国情也决定了这种趋势有别于西方的社会生态运动，这其中也显现出了一些问题。

（二）主要问题

第一，中国的社会生态运动在理论建设上尚未形成完善的体系，公众在参与社会生态运动时缺乏理论的指导。这主要体现在以下两方面：

1. 公众参与的自发性

中国的环境保护中，大多是公众自发参与、组织，且缺乏有效的社会运动的持续性。一些政府发起的环境保护组织囿于其隶属性，在引导公众参与社会生态运动的作用上放不开手脚，难以真正广泛而有效地与社会大众沟通协作，有时会被公众认为是起负面的作用。而民间的环保组织作为社会生态运动的中坚力量，在原则、纲领的制定及指导思想的确立等方面都没有西方发达国家的同类组织那样明确。一些民间组织严重缺乏理论指导，参与环保往往是为了争

---

[1] 刘晓星：“公益诉讼难题有解——社团组织原告资格获认可，公益基金援助诉讼费用，‘贵阳模式’值得借鉴”，载 http://www.cenew.com.cn/xwzx/fz/qt/201101/t20110122_692025.html，2011 年 10 月 22 日访问。

[2] 贵阳市两级环保法庭与“两湖一库”环境保护基金会达成共识，在环境公益诉讼的相关评估、鉴定、检测分析等费用支出上，基金会将予以支持。基金会从 2010 年起，每年从资金预算中拨出 10 万元作为“环境公益诉讼援助资金”，专项滚动使用，为环境公益诉讼提供及时、有效的资金援助。

[3] 参见 http://kmzy.chinacourt.org/public/detail.php? id=12015，2011 年 10 月 22 日访问。

[4] 载 http://www.acef.com.cn/html/xwdt/9403.html，2011 年 10 月 22 日访问。

取有限范围的、可视的、短期的利益。在公众参与的自发性下，中国的社会生态运动少有极具号召力的观点出现。

2. 公众参与对行政、司法的影响力有限

首先，由于中国的社会生态运动属于政府主导型，这种样态决定了公众参与受行政和司法的影响较大，而不是反过来去影响行政和司法。从历史唯物主义的观点来看，社会发展的历史是人民群众实践活动的历史，人民群众是历史的创造者。而在中国环境保护国策观的视野下，环境保护容易被理解为是少数精英的超前性理念和策略，具有对公众的神秘性和对立性。在中国的社会生态运动中，随着政治文明和法治文明的发展，行政和司法应该改变以往对待公众参与的“防御性”心理，重视公众在社会生态运动中所发挥的重要作用，认真汲取其中积极、有益的思想，让公众参与进来，与行政和司法有效互动，以草根的力量来推动行政和立法。

其次，社会生态运动制度保障低效，公众参与阻碍重重。中国对公众参与制度的规定因笼统而常常陷入低效境地。法律规定了一切单位和个人都有保护环境的义务，并有权对污染和破坏环境的单位和个人进行检举和控告。但是这一规定并未被细化，公众在行使权利时仍会面临种种阻碍，最终导致权利诉求无法得到重视，行动的有效性降低。例如在 2010 年紫金矿业引发汀江水环境污染事件中，当地居民曾对对污染情况进行过多次投诉，但问题并未得到有效解决。如果公众的诉求能够得到重视，就可以在事故的起始阶段及时防范和治理，从而极大地减少治理污染的花费，同时避免污染的严重危害。公众参与环境保护的效力大打折扣、公众投诉难以得到有效解决，这不仅影响公众的参与积极性，同时也使公众面临更大风险。

最后，中国社会生态运动的上述两大问题存在引发社会冲突的风险。当理论和制度建设长期无法满足社会生态运动日益发展的需要、公众参与的意识和欲望累积达又到一定程度后，这种来自民间的力量就可能会以某种极端的样态爆发，最坏的情况就是造成与生态环境责任者甚至与政府的正面冲突。这种正面冲突的结果却不一定能够达到社会生态运动的初衷，反而有使公众这一重要力量异化的风险。2011 年 9 月，发生在浙江海宁的因环境污染而发生的群众性事件中，可能公众参与体现得并不完全，但是如果公众能够有效参与解决环境污染问题，有理论引导和制度保障，就可能避免发生此类群众性事件。[1]

---

[1] 载 http://zjnew.zjol.com.cn/05zjnews/system/2011/09/17/017851267.shtml，2013 年 10 月 21 日访问。

二、中欧社会生态运动之比较

（一）历史进程不同

社会生态运动中存在几种主要力量，分别是公众参与的力量、司法审判的力量、行政力量和立法的作用。中欧社会生态运动在历史进程上的不同，主要通过上述几种主要力量的对比体现出来。

1. 欧洲以社会生态运动为起点的历史进程

欧洲的社会生态运动因环境问题的加剧而产生，最早以社会生态运动为起点推动司法，司法又进一步推动立法，立法进而指引着国家的行政管理。这种历史进程与其政治、法律制度是一致的。

首先，在内生原因上，欧洲社会生态运动的发生集中反映了战后西方新的社会矛盾与冲突。资本主义的原始积累和工业化现代化的大幅推进在丰富了社会物质生活的同时，也加剧了人类对环境的破坏。新社会矛盾的出现使西方社会大众对现代性进行深刻的反思。社会生态运动作为一种新的社会运动形式❶代表了民众对西方社会深层社会矛盾的反思和抗议。

其次，在新阶级的价值观上，由于生活水平和教育程度提高，青年、学生、绿党、专业人员以及部分处于边缘化状态的反体制人士等组成了新的社会阶级。他们作为社会生态运动的主要力量，在价值观上关心“生活质量”和生存环境等“后物质价值”，质疑现存秩序的合理性。他们打破了传统社会运动的组织和阶级限制，参与者围绕引起西方公众高度关注的重大环境问题组成各种社会运动和团体以表达他们的不满和抗争。同时，西方国家政府的职能决定了其在环境保护上的消极性和被动性，所以当时的社会生态运动表现了公众对西方资本主义主流价值观和政府治理体制的失望。❷

最后，在外部原因上，欧洲国家最严重的环境问题产生后，传统视野下的法律在应对环境问题上难有作为。由于欧洲国家较早发展了民法理论，因此受《法国民法典》确立的三大原则影响颇深。1804 年《法国民法典》首先确立了契约自由原则，契约的成立、效力、解释及解除都以当事人的合意为准即依赖于当事人之间的自由意志表达。同时作为近代私法意义上属于民法基本原理

---

❶ 生态运动、女性主义运动、和平运动、第三世界反经济帝国主义的斗争、反种族主义运动，构成了新社会运动的五种最基本的运动形态。

❷ 周穗明：“西方新社会运动与中国：历史、反思与现实”，载《当代世界社会主义问题》2008 年第 4 期。

和基本理念的“意思自治”，始于《法国民法典》。[1] 意思自治符合资本主义社会发展的需要，因此在十八九世纪被欧洲国家的立法与实践所接纳。在此原则上，“私有财产神圣不可侵犯”原则使人们普遍认为经营者行使自己的财产权，环境问题只是资本运作给社会带来的副产品。法律的功能在于最大限度地保护私人财产权，这种私人财产权被法律认定为神圣不可侵犯的权利，故其他权利很难撼动这种神圣的权利。该法典确定的第三原则——“无过错原则”更是为环境污染者提供了法律庇护。因此，《法国民法典》的三原则与社会生态运动理念总体上是相悖的。

综上，欧洲的社会生态运动体现了西方社会历史发展的内在趋势。英国学者L. 威尔德（Lawrence Wilde）认为新的社会运动“既是由经济和政治合理化引起的新抱怨，也是富裕社会正在上升的期望和正在变化的价值选择”。[2] 而欧洲有关环境的立法正是由于环境问题（比如八大公害）先出现引起社会生态运动之后，法院才在司法中突破了传统法律的观念，再由司法推动立法。西方的社会生态运动最早得到的是社会认可，其次得到了法律的认可，因此社会生态运动成为环境立法、司法和行政的源泉。

2. 中国从行政主导型转向政府依赖型的历史进程

中国社会生态运动的路径是由行政管理到立法，立法影响司法，末端才是公众参与。这种路径恰与欧洲相反。这种路径的产生原因在于，1972 年联合国人类环境会议之后，中国政府第一次将环境保护提上日程。当时的中国工业化程度较低，即使存在污染，也是极少数工业城市的局部污染。中国实行计划经济时期，企业不以利润最大化作为目标，能够严格执行国家的环境标准，故环境污染的情况还不严重。政府行政管理作为中国社会生态运动的起点，国家又将环境保护确定为一项国策，这就造成公众对环境保护的意识不高，社会生态运动缺少生长的空间。

随着以政府职能市场化、政府行为法治化、政府决策民主化、政府权力多中心化为主要内容的治道变革从 20 世纪 70 年代末以来在世界各国陆续展开，[3] 中国的治道变革进程也获得了一定的发展。依法治国的理念之一是要求政府依法行政，政府对环境的行政管理也同样要有法律为依据。由此，行政管理推动了环境的立法，与环境保护相关的法律相继出台。

---

[1] 徐涤宇、潘泊：“私法自治的变迁与民法中‘人’的深化”，载《华东政法学院学报》2004 年第 6 期。

[2] Lawrence Wilde：Modern European Socialism，Dartmouth，1994。

[3] 毛寿龙、李梅：《有限政府的经济分析》，上海三联书店 2000 年版，序言。

而这种后发式环境立法导致的结果就是立法滞后，进而直接影响到环境司法。目前中国的法院对环境污染案件的态度虽有转变，但仍有值得批评和反思之处。首先，人民法院大多不愿审理此类案件。如前所述，中国的法院很少设立专门的环保法庭来审理环境案件，部分法院还为环境案件的受理设立重重阻碍；由此减弱了公众参与热情，使环境公益诉讼无门。其次，司法机关在审理环境案件时，多会有意回避公众参与。公众参与所获得的证据和相关材料以及公众的意志没有被充分考虑，公众的知情权也没有得到保障；这就削弱了社会生态运动所能对司法产生的影响力。再次，司法机关对于环保案件管辖权的态度不正确。司法机关往往认为解决环境问题所引发的纠纷是行政机关的职责，不愿主动与行政机关争夺管辖权。即使行政机关欲将环境案件移交司法机关，法院主观上还是认为环境案件应由行政机关管辖，不应将“烫手的热山芋”扔给自己。最后，由于司法机关的审理观念滞后，在审理环境案件时存在适用无过错的归则原则、举证倒置的程序规则以及赔偿责任方式不完善和赔偿范围过于狭窄等问题，公众参与的价值在司法程序中没有机会彰显。

而与之相对比，欧美环境案件的判例对社会生态运动起到了很好的引领作用。欧盟是一个最有可能在国际治理中为法院的审判加强民主参与的典型。首先，在欧盟的政治权威的分散导致非多数主义机构（non-majoritarian），[1] 如欧洲委员会、欧洲法院（ECJ）权力的增加（Börzel，2003a；Tallberg，2003）。其次，欧盟的法律和规定如欧洲法的至高无上的地位及其他直接作用，为公民、企业和社会团体提供了因欧洲法的执行而向国家法院申诉的机会（Cichowski，2006；Conant，2002）。因此，在超国家和国际治理中增加个人参与度，其中的制度变量就必须被明确约束或加以控制。很多文献给出了充分例证说明个人和团体如何成功地增加了参与欧盟法执行的机会和权利主张（Alter，2000；Börzel，2003a；Cichowski，2006；Conant，2002；Harlow&Rawlings，1992）。

综上，中国的社会生态运动历程决定了公众参与的先天不足，像欧洲那样的社会生态运动也许尚未出现。一些地方政府对环境保护的公众参与还比较抵触，特别是在中国有“国策”传统机制的背景下政府宁愿把可持续发展长久地保留在凌驾于公众意志之上的状态；这对公众参与和人权要素以及善治要素造成了不利。中国的社会生态运动也从行政主导型演变成为政府依赖型。

（二）社会生态运动特征的异同

无论是发达国家还是发展中国家，社会生态运动都在寻求一种综合的政治行动战略。其中最常见的活动旨在激发公众舆论或引起媒体对运动及其成因的

[1] 既不是选民直接选举产生，也不受选举官的直接控制。

关注。与其他环保组织、社会运动和利益集团的合作是环保行动的基本特征。总体上，这样的动员与合作似乎必然是以公民为基础的运动。在国际和国内政治中，公民和组织不应被视作好像他们被同等地赋予了必要资源，从而利用因司法权力扩张而被提供的机会。如果是这样，民主和参与在法院变革中的效应可能比预期的普遍性要低。他们至少被国内机会结构消解了，国内机会结构决定了在多大幅度上扩大公民和团体参与执法、主张权利和被保护的范围。环保组织、妇女组织以及和平运动被视为对政治秩序的挑战，因为它们倡导不同的价值观和不同风格的行动。但学者的研究结果证明社会生态运动作为一个整体正在失去与它相对的另一面。环境政策在很大程度上成为传统政治向一个新的政策领域的延伸。发展中国家以及先进的工业民主国家都是如此。这也许是当今环境保护运动全球性的部分证明。

目前的环境治理结构中，政府、企业和市场间联系较为紧密，与市民社会较为疏远。由于治理机构纷繁复杂，需求多样，市民社会通过衍生体即环境保护非政府组织、借助媒体的力量或者自发组织非常态的环境保护运动汇集权利主张，寻求共识，与其他环境治理者博弈。因此，公民的基本权利与社会生态运动休戚相关。在公民基本权利不完善时期，公众参与社会生态运动的依据不足，其运动的价值与功效就会减损，参与热情就会下降。而在"文革"之后，"运动"这个词更是让中国人反感，其中存在认为运动会产生社会动荡的心理。"运动"一词主要体现的是对现有法律、政府、社会主流意识的反抗。这就使得国家在宪法上对公民的基本权利进行限缩，并不明确提出公民具有环境权，而是笼统地进行规定以防范社会生态"运动"在中国发生。反观欧洲，"运动"基本上成为了一个感情色彩不那么强烈的字眼，结合其民主政治和公民被赋予的广泛基本权利，社会生态运动的存在具有合理性基础。而在中国，由于政府的行政主导作用，环境保护被作为国策，国策是少数人对公众的启蒙，公民意识不觉醒是造成中国社会生态运动落后的主要原因。而不是公众通过社会生态运动来影响司法和立法，中国不将其作为运动。

另外，在社会生态运动中，女性参与权依然处于"缺席"状态。以提出可持续发展的布伦特兰夫人为代表的杰出女性和更多的普通女性在社会生态运动中作出了显著的贡献。即便如此，女性往往只是作为非常态的外来力量对环境治理产生或大或小的影响。1992 年《里约环境与发展宣言》和《21 世纪议程》有关女性作用的内容即是在女性环境保护团体的游说下才加入的。[1] 女性

---

[1] Charlotte Bretherton, Movement, Network, Hierarchies: A Gender Perspective on Global Environmental Governance, Global Environmental Politics, May 2003.

尚未在环境治理中取得主体地位，且在整体弱势地位的前提下很难通过权利表达渠道获取关注，环境治理的作用机制也没有为女性提供有效的保障。但是女性的参与对社会生态运动的作用显然是不可低估的，而中国的女性在社会生态运动中的缺席更加严重；尤其是广大的农村女性，她们受环境影响的可能性最大，但她们的环境权益却没有得到保障，更不用说参与到社会生态运动中了。

三、中国社会生态运动的合理性与必要性分析

（一）可持续发展决定社会生态运动的合理性

“可持续发展是人类遗产中最古老的思想之一。”[1] 社会生态运动在中国发生的合理性也在于此。对可持续发展进行评价的方法，可借鉴尼科·斯赫雷弗（Nico Schriver）教授提出的可持续发展七项要素：

（1）可持续利用自然资源，其本质上是一项养护的原则，即合理、谨慎地利用不可再生资源以及长期维持可再生资源的生产力。

（2）健全的宏观经济发展，主要是国家层面对环境保护与经济发展的相协调，规划的管理的作用是重要手段。

（3）环境保护，特别强调对后代人利益的保护。

（4）时间要素：暂时性、长久性与及时性。包括三个不同层次的含义：首先是指自然资源和生态系统需要从开发或环境损害中得到恢复和再生所需要的时间；其次是指不能推迟采取重大环境政策的时间；最后是指关于后代人利益的规定。

（5）公众参与和人权，尤其是社会经济权利、公众参与磋商和决策的参与权。

（6）善治，要求政府更加民主、负责任及对公民义务的趋势。

（7）一体化与相互联系。该原则在《里约环境与发展宣言》原则四的表述为“环境保护工作应是发展进程的一个整体组成部分，不能脱离这一进程来考虑”。并包含建议可持续发展的全球合作关系。

可持续发展理念的这七项要素均不同程度地包括政府的功能，但更主要的是公众环境权利的具体彰显。可见可持续发展的理念决定了社会生态运动的合理性，同时社会生态运动在很大程度上是公众与政府之间的一种相互制约关系。

（二）“环境保护”必须由国策上升到法律

可持续发展所重点关注的环境、资源、人口问题在中国被定位为基本国

---

[1] 卫拉·曼特雷：《1997 年国际法院案例汇编》，第 110 ~ 111 页。

策。基本国策这个中国特殊的概念源于两千多年前的战国时期："田策相圆，此国策之持也。"意思是说，征收的税额应与土地资源相符，这是国家必须坚持的政策。[1] 管仲在首次表述这个概念时特别强调"坚持"的含义。作为中国法家的先驱，管仲的重要政策受到包括朝臣和公众多数人暂时的不理解，但管仲借助国王的权力坚持实施这个政策，并取得成功。因此，在中国，国策至少包括两个要素：一是事关国家长期发展大计而且往往是与资源、人口和安全等问题直接相关；二是它可能是或在一定时期是少数最高决策者的意志，暂时并不为多数人所接受，因而它不是通过立法程序制定的法律，却被赋予了与法律同等的强制力。

中国国策的理念或机制与英国政治中的信任原则有相似之处：在重要问题上政府拥有较大的权力，而这种权力可能不直接来源于法律而来源于立法机关和公众的信任。联合国亦强调可持续发展实施中政府的作用，而中国通过制订经济发展战略把政府在这方面的作用作了最大化的发挥。中国与国策目标相衔接的是两个经济发展战略——可持续发展战略和科教兴国战略。中国是世界上最早制订与实施与联合国《21 世纪议程》对接的国家二十一世纪议程的国家之一。《中国二十一世纪议程》序言中宣布："中国政府只有遵循可持续发展的战略思路，从国家整体的高度上协调和组织各部门、各地方、各社会阶层和全体人民的行动，才能顺利完成已确定的第二步、第三步战略目标……"可持续发展初期较多地借助国家强制力的支持是必要的，但从长远的发展来看，这种机制潜伏着弊端，需要及时地完善与调整。中国的社会生态运动要突破固有的行政主导的局限，就势必要将"环境保护"从国策上升到法律。由此，公民的参与权才会与法治要求的距离越来越小。这样有助于全面唤醒中国公众的意识；一旦意识觉醒，社会生态运动将更具社会价值，成为环境保护中的必然趋势。

(三) 环境保护的特殊性与环境问题的全球性

Josef Baum 教授指出："个人、地区和单边的解决方案都将作为全局解决方案中的一环。哥本哈根带给我们的启示是：公平的全球化解决方案是我们唯一的选择。气候变化面临的另一问题是：个体的、地区的和单边的气候变化政策都将只是全面解决方案中的一环。气候变化的全球性特征迫使了解决方案的全球性及系统替代化石能源的必要性。"

"从根本上来说，社会的生态转型是必要的，它将是一个社会化的过程，

---

[1] 《管子·乘马数》，广西师范大学出版社 2005 年版。载 www. guoxue. com/jrxz/lztdzdxl/yuan442. htm，2011 年 7 月 2 日访问。

以及一个（新）技术实施和传播的过程。其中（新）的社会组织形态和治理将具有决定性作用。然而，要启动这一包括所有人的综合的社会化进程，我们必须要依赖发展的程度及现实的全球分布状况——它会是社会生态转型起飞的一个瓶颈。”❶

在国内层面上，无论在中国还是在其他国家，环境保护已经成为社会问题，是全社会都应该关注并为之付出努力的事情。环境保护的特殊性决定了其保护机制的特殊性：其他的领域法律偏重保护某一利益集团，而环境保护既然是全社会的事情，就需要建立起社会机制，进而支持社会生态运动。

在国际层面上，当前政府间的应对和解决环境问题的行动和机制是不全面的。各国需要一致行动，相互交流，达成共识。这种共识与经济全球化相联系，环保同样也需要全球化。

（四）解决中国当代环境问题瓶颈之需要

政治的变量——自我认同的政治思想和政党认同——与社会运动认同显著相关。虽然调查显示，自20世纪70年代以来，相近的党派和意识形态的差异对环境保护起到了支持作用（Dunlap，Xiao，and McCright，2001），但有研究结果表明，这些对环保运动的支持本身正在政治上变得极端。社会生态运动不是以阶级为中心而形成政治认同。因此，中国只有通过发展广大人民群众的参与民主、努力促进基层民主理念的制度化，才能积极地避免可能出现的社会危机和政治动乱。应借鉴汲取欧洲社会生态运动提出的协商民主、扩大公共领域和建立多元对话机制的主张，通过多样性公民民主的制度安排，排除体制障碍，促进政治体制改革。❷

为解决当代中国的环境问题，循环经济、清洁生产、低碳经济、绿色经济等新的理念被相继引入环境保护中，而这些理念的贯彻落实都需要公众的有效配合。循环经济从前只着眼于企业，而今已经延伸到生产和消费的全过程。在整个过程中，如果公众参与的环节薄弱，循环经济的实施效果也会不理想；中国的清洁生产与循环经济的实施情况显示了这个瓶颈的效应。由于公众对清洁生产和循环经济的参与不积极，废旧电子电器产品回收率很低，以致不能形成循环；这是《清洁生产促进法》和《循环经济促进法》修改的直接原因。

中国近年提出的发展绿色经济，对公众参与社会生态运动的需求更加强

---

❶ 参见Josef Baum（奥地利维也纳大学教授）在国际气候变化和低碳经济论坛（2010年6月1日至6月2日，中国人民大学法学院）发言稿。

❷ 周穗明：“西方新社会运动与中国：历史、反思与现实”，载《当代世界社会主义问题》2008年第4期。

烈。绿色经济的发展意味着绿色将注入生产方式及与之相适应的生产、交换、分配、消费关系。这就要求，作为经济主体的政府、厂商和居民三方联动、互相配合以保证绿色经济的贯彻和实施。绿色经济的有效运行还需要绿色物流网络、绿色金融网络、绿色信息技术网络、绿色能源网络平台的强大支撑。在绿色经济网络中，资本追逐利润的过程就是环境保护的过程，二者相辅相成。政府需要搭建绿色经济制度平台（包括强制性制度安排和非强制性制度安排），对厂商的生产行为和居民的消费行为进行引导、规范、监督和激励。厂商，作为全球生产网络和价值网络的一个节点，不仅需要主动绿化自己的生产过程和行为，为消费者或产业链下游提供绿色产品供给、功能维护和回收服务，还要主动对产业链上游企业的产品和行为提出绿色要求。居民，则要主动绿化自己的消费行为，主动使用绿色产品，将自己的货币选票投给绿色企业，给它们以绿色利润回报，激励它们扩大规模创造更多的就业岗位。在中国，当前绿色经济的这个系统中，公众参与是个短板，而有效的社会生态运动完善机制是必补的一课。[1]

[1] 周珂、张卉聪："中欧社会生态运动比较"，载《中国环境法治》2011 年第 2 期。

第五章　我国发展国策的转变与应对气候变化的国家政策

为应对气候变化，我国在调整经济结构，转变发展方式，大力节约能源、提高能源利用效率、优化能源结构，植树造林等领域采取了一系列政策措施，并加强了应对气候变化体制机制建设。例如，2007年成立了由国务院总理担任组长的国家应对气候变化领导小组，发布实施《中国应对气候变化国家方案》，提出到2010年单位GDP能耗在2005年基础上减少20%左右的目标。中国围绕《中国应对气候变化国家方案》的实施，结合节能减排等工作，通过发展循环经济、淘汰落后产能等措施，在应对气候变化方面取得了五大显著成效：[1] 一是降低单位GDP能耗的工作逐年取得新进展；二是2006—2008年关停小火电机组3826万千瓦，淘汰落后炼铁产能6059万吨、炼钢产能4347万吨、水泥产能1.4亿吨；三是2000—2008年，我国风电装机容量由34万千瓦提高到1000万千瓦，水电装机容量由7935万千瓦提高到16 300万千瓦，核电装机容量由210万千瓦提高到910万千瓦；四是减少农业、农村温室气体排放，截至2007年年底，全国户用沼气达到2650多万户，相当于减排二氧化碳4400万吨；五是推动植树造林，增强碳汇能力。这些成绩的取得，得益于国家积极采取的政策和措施。

第一节　我国发展战略的政策转变

气候变化既是环境问题，又是发展问题，但归根到底是发展问题，最终要靠可持续发展加以解决。我国坚定不移地走可持续发展道路，结合国民经济和社会发展规划，制订了应对气候变化国家方案，采取了一系列政策和措施，取得了积极成效。可持续发展在中国被定位为经济发展战略，早期具有较强烈的国策色彩，继而是科技优先的软可持续发展主导，最近十年则有向强可持续发展演进的趋势。目前，中国正处于“环境库兹涅茨曲线的拐点”，[2] 国内和国

[1] 谢登科、于文静：“中国应对气候变化取得五大显著成效”，载新华网，2009年6月26日访问。

[2] 即人均GDP达到约5000美元时，随着人均收入的进一步增加，环境污染程度由高趋低，逐渐减缓。

际的多重压力使中国的可持续发展战略面临路径的新选择。

一、我国应对气候变化面临的形势

随着国际合作应对气候变化共识的不断加深和中国综合国力的不断提升，中国应对气候变化工作面临新的形势。一方面，从国际来看，国际社会对气候变化的科学认识不断深化，IPCC 第五次评估报告进一步强化了人为活动引起气候变化的科学结论，气候变化全球影响日益凸显，正成为当前全球面临的最严峻挑战之一。各国对气候变化问题的认识正逐步提高，积极采取措施应对气候变化已成为全球各国的共同意愿和紧迫需求。国际气候变化谈判进入新阶段，2012 年年底的多哈会议就《京都议定书》第二承诺期、《框架公约》下长期合作行动等重要问题达成了一揽子协议，结束了“巴厘路线图”谈判进程，并推动了“德班平台”谈判进程，各国正在为 2015 年谈判达成一项新的全球协议作出积极努力。另一方面，从国内来看，各级政府高度重视，应对气候变化工作取得积极进展，减缓和适应能力不断增强，应对气候变化的体制机制及法律、标准体系建设逐步完善，全社会低碳意识进一步提高。2012 年，全国单位国内生产总值二氧化碳排放较 2011 年下降 5.02%。到 2012 年年底，中国节能环保产业产值达到 2.7 万亿元人民币。目前，中国水电装机、核电在建规模及太阳能集热面积、风电装机容量、人工造林面积均居世界第一位，为应对全球气候变化作出了积极贡献。同时，中国仍处于工业化和城镇化进程中，经济增长较快，能源消费和二氧化碳排放总量大，并且还将继续增长，控制温室气体排放需要付出长期、艰苦的努力。[1]

未来一个时期是中国实现全面建成小康社会的关键时期，中国将更加注重追求经济增长的质量和效益，大力推进生态文明建设，努力控制温室气体排放，为应对全球气候变化作出积极贡献。

二、“弱”可持续发展

1989 年中国修订后的环境法正式实施，适逢可持续发展刚刚进入国际社会的视野，对于中国来说这也是个全新的事物。法律对待新事物往往采取较为保守的态度，中国也如此。当时修订环境保护法时并未写入可持续发展，这个法律一直延续至今。但是，当时中国政府对可持续发展却高度重视，定位为“经济发展基本战略”，具有很强的国家政策性和明显的行政主导色彩。

可持续发展关注的资源、环境与人口问题在中国被定位为基本国策，这是

[1] 参见《中国应对气候变化的政策与行动 2013 年度报告》（国家发展和改革委员会，2013 年 11 月）。

中国特有的政治手段。当代中国的国策机制具有两个明显的特点：一是“领袖给予特别关注”；二是“非制度化因素”。中国参与国策的决策者“包括政治权威、技术官僚和社会贤达三方，其中政治权威处主导地位”，“人治特征明显”。[1]

用国策手段来保证可持续发展战略的实施，在特定时期内具有明显的优势；不仅可以通过国家的行政系统有效地组织实施，而且特别是在环境保护方面，“预防为主”的功能能够得到更好的体现。但是，行政主导的环境保护机制也有弊端：一是强调以企业为管理对象，环境责任全部加在企业头上，而本能地忽视政府的环境责任；二是过分的行政管理必然造成公众在环境保护问题上的政府依赖心理，公众环境意识低，环境参与的能力和愿望也较低。如最近几年来环境保护法修改面向全民公开征求意见，得到的反馈仅数千条，这与民法和刑法立法征求意见的反馈相比有成百倍的差距。政府、企业、公众这三类主体在法律上和观念上非常不对称，环境保护呈现失衡的状态。

20 世纪 90 年代以来，中国可持续发展战略越来越明显地具有“弱”可持续发展的色彩。“弱”可持续性还是“强”可持续性是欧洲学者们长期激烈争论的话题。前者希望保护总体的资本基础（包括自然资本），从而确保维持幸福水平的现状，该立场与布伦特兰委员会的定义类似，可能涉及用经济资本取代被消耗的自然资本，认为新知识和技术可以帮助人类实现替代不可再生的自然资源，同时可以继续承受自然和环境遭受损害的不同形式；后者则要求每类资本均单独得到维持，保护生物多样性、防止气候系统造成不可逆转的重大损害、节约利用可耗竭的自然资源是这种方式必不可少的条件。[2]

起初这一争论在中国并不十分强烈。弱可持续性长期居主流，特别是得到官方的认可，前任国家主席江泽民先生就是弱可持续发展的倡导者。他认为，环境问题是生产力和科学技术发展的结果，解决环境问题也只能靠发展生产力和科学技术。弱可持续性更符合当时中国的现状，不会太大地降低经济的活力，运用得当会既促进经济的增长又推动技术的进步。这一时期中国可持续发展借助于环境保护的基本国策机制有两个良好的背景：一是与中国政治上“三个代表”的提出高度契合；二是 1992 年联合国的《人类环境宣言》也是强调政府在环境保护方面的功能，这在当时国际社会上是大趋势。

---

[1] 苏扬、尹德挺：“中国基本国策的实施机制：面临问题及对策建议”，载《改革》2008 年第 2 期。

[2] R. U. Ayres, J. C. J. M. van den Bergh and J. M. Gowdy, “Weak versus Strong Sustainability; Ecomo-mics, Science and Consilience”, (2001) 23 Environmental Ethics 155; D. T. Tladi, “Strong Sustainability, Weak Sustainability, Intergenerational Equity and International Law: Using the Earth Charter to Redirect the Ethics Debate”, 28 South African Yearbook of International Law 200.

三、可持续性由“弱”向“强”的过渡

2003年以来，中国经济继续高速增长，而环境压力却以更快的速度加大。中国经济与环境逐步接近“环境库兹涅茨曲线的拐点”，但中国并未像世界上大多数国家那样出现“拐点”效应，而是环境恶化日趋严重。这是违背规律的现象，在中国人的哲学观上违背规律是非常严重的问题，引起了普遍的关注甚至恐慌。这一时期，中国的可持续发展面临日益复杂和严峻的挑战，这种挑战来自两个层面：国内层面与国际层面。

来自国内层面的挑战包括四个方面：（1）环境法的修改。我国环境保护法于1979年制定并试行，1989年正式施行。许多内容已明显过时，原来立法规划中2012年是要完成这个法律的修改，但有关立法机关主导下的征求意见稿受到环境保护主管部门和相关部门普遍的强烈批评，学术界联名给立法机关的报告中甚至认为，如此的修改不如不改，因而立法修改进程被迫推迟。这种情况在中国的立法进程中是不多见的。（2）环境事件。在这一时期，因环境污染造成的群体性事件特别是以暴力为特征的环境事件骤然增长，当地的部分公众不再相信政府和法律，捣毁肇事企业，冲击政府机关，中国的环境保护出现公众暴力与无政府主义的倾向，表现出对环境法制的绝望心态。（3）在法律界，总体上对可持续发展持“去法律化”倾向。原因一是认为可持续发展旨在保护后代人的利益，这与法理学或民法学是不能对接的，因为法律（至少是大陆法的成文法）只保护当代人的利益，无法保护后代人的利益。原因二是对计划经济噩梦的担忧。可持续发展强调对今后事项作出安排，特别是在中国可持续发展的主管部门是国家发展与改革委员会，它的前身就是国家计划委员会，有理由担忧可持续发展的异化不排除计划经济借尸还魂。（4）环境法二元目的。20世纪80年代后期，可持续发展普遍为国际社会接受，并引导各国环境法向二元目的转变，很大程度上是由于可持续发展观体现的二元目的（经济发展与环境保护）或多元目的（代内公平、代际公平、经济、社会、环境、资源等）兼顾的理念。一般认为，可持续发展观是西方文明的成果，但西方学界对这个概念一直存在异议。例如，有的西方学者认为，“可持续发展的理论根基含糊不清且引起混乱，人们不愿意检验其理论原则的实用性”。❶起初中国对此并无争议，但人们越来越争议的问题是这两者哪一个更应当优

---

❶ V. Lowe, Sustainable Development and Unsustainable Arguments", in A. Boyle and D. Freestone (eds) International Law and Sustainable Development Past Achievements and Future Challenges, Oxford University Press, 1999, p. 31.

先。按照中国《宪法》的规定，“国家的根本任务是，沿着中国特色社会主义道路，集中力量进行社会主义现代化建设”。体现了经济发展的优先目的，而日趋严重环境恶化使人们对这种优先目的开始产生质疑。

来自国际层面的挑战包括五个方面：（1）经济全球化。中国的改革开放与经济全球化基本上是同一历史进程。经济全球化特别是初期，有明显的重商主义色彩，强调经济自由化，反对贸易壁垒；这与中国的“经济建设中心宗旨”高度契合，也强化了环境保护二元目的的合理性。（2）气候变化导致对“共同但有区别的责任原则”的质疑。联合国气候变化谈判机制划分为三个集团。这与可持续发展的两大集团的划分格局是不同的，直接导致对基于两大集团确定的“共同但有区别的责任原则”的质疑和挑战。而如果“共同但有区别的责任原则”被否定或有重大改变，可持续发展的利益格局将会崩溃。这种局面也造成人们对可持续发展信心的削弱。例如，欧盟对中国征收航空器二氧化碳税和光伏产品反倾销税。（3）西方国家金融与债务危机。可持续发展特别是“强”可持续发展，主张对发达国家在经济方面进行更多的限制，但西方国家金融与债务危机使这种限制陷入困境。（4）美国的单边主义。[1] 美国在环境保护方面有明显的单边主义倾向，而一些重要的国际环境保护公约没有美国的参与会出现价值减等，也使可持续发展的价值降低。（5）绿色经济困境。联合国近年来倡导的绿色经济等双赢理念一定程度上是希望减少挑战与对立，一开始时，各国包括中国对此抱有美好的希望，但随着发达国家绿色贸易壁垒的高筑甚至用反倾销这种传统与低级的贸易壁垒来对抗中国的绿色经济，双赢的梦想终归于破灭。正如《浮士德》的诗句，“幻想每每张开它雄健的羽翼，希望葱茏地跃上无际的永恒，等到幸福接连地在时漩中破碎，它们又蹐跼在一个很小的乾坤”。

为此，中国这十年来的可持续发展具备了两个新元素：早些出现的是科学发展观，晚些出现的是“强”可持续发展观。中国的经济基本发展战略共有两个：除了可持续发展以外，还有一个是科教兴国。科学发展观在逻辑上是这二者的进一步结合，更强调以人为本、全面协调和可持续性，本质上依然是“弱”可持续发展观，但开始重视“弱”可持续发展在中国造成的或加剧的失衡状态。我国环境保护法第四条规定：“国家制定的环境保护规划必须纳入国民经济和社会发展计划，国家采取有利于环境保护的经济技术政策和措施，使

[1] V. Lowe, Sustainable Development and Unsustainable Arguments", in A. Boyle and D. Freestone (eds) International Law and Sustainable Development Past Achievements and Future Challenges, Oxford University Press, 1999, p. 31.

环境保护工作同经济建设和社会发展相协调。”在中文的表述上，这种协调带有环境保护要服从于经济建设和社会发展的含义。2006 年第六次全国环境保护大会之后，《国务院关于落实科学发展观加强环境保护的决定》提出，“经济社会发展必须与环境保护相协调”，语言结构上正好颠倒过来，强调环境保护更优先。这是一个重大的政策转变信号。大约在 2008 年前后，“强”可持续性悄然成为中国可持续发展战备的新路径。

四、过渡的理念与工具——生态文明建设

2013 年，美国法律与社会协会年会确定的主题之一为“法律在风雨飘摇时代的挑战”（Legal Challenges in Precarious Times）。西方现代与后现代的冲突，环境保护对工业文明的强烈反抗，对气候变化问题的担忧，加上深刻的金融与债务危机，使可持续发展面临空前的挑战。

2013 年，中国新一届领导层提出了生态文明建设的治国新理念；这个理念本身绿色与环保的含量就很高，表明了对可持续发展的高度重视，同时也宣示了面对包括环境与可持续发展问题的复杂社会矛盾及理念与工具的选择取向。中国“弱”可持续向“强”可持续的过渡趋势更加明显，2013 年 5 月 22 日，国务院总理李克强否决了国家发展改革委四十亿元城镇发展草案，同时强调维持经济低增长速度。习近平主席关于中国梦的描述带有明显的“绿”色彩。5 月 24 日，他表示，“决不以牺牲环境为代价去换取一时的经济增长”。6 月 29 日，他进一步指出，再也不能简单以国内生产总值增长率来论英雄了。

事实上，“弱”可持续向“强”可持续的过渡伴随着的是中国更重大的过渡——由工业文明向生态文明的过渡。如何理解这种过渡，其理念与工具的选择至关重要。工业文明的启蒙思想之一是进化论，理念和工具的选择是优胜劣汰，物竞天择，伴随着的是对包括农业文明在内的人类以往文明的否定，结果往往是社会剧烈的革命（英国的“羊吃人”还算是温和的）。可能是有鉴于此，欧美后现代主义的解构理念与方法并非进化论的革命与新旧替代，这实际上与中国生态文明的理念和工具在一定程度上具有一致性。

笔者认为，在中国，生态文明不是像许多学者说的那样，要替代或否定工业文明等以往的人类文明，而是发展、融合，即全面融入，同时要对工业文明的发展作出批判与解构；中国生态文明立法融入其他领域立法是历史的趋势，但也有许多阻力和障碍需要克服。新生的文明形态需要启蒙者的推动，国策的机制仍然具有积极的功能。

中共十八大报告提出的生态文明建设要“全面融入”其他建设，即通过平稳的、妥协的、全面协调的方式实现二者的过渡。而这种方式的选择恰恰是

可持续发展的理念和方法，它的二元性本身就是妥协与协调的体现。因此，可持续发展将会在中国被赋予更高的地位，作为实现经济社会转型的理论和制度保障。但要看到，实现这个目标在中国的主要障碍之一是妥协理念的缺失。中国从20世纪初戊戌变法失败以后，举国上下对维新和妥协失去信心，而转向寻求法国和苏俄暴力革命的社会变革方式。历经近百年的延续，优胜劣汰的社会进化论思想在中国根深蒂固，而生态科学和生态文明主张的平衡、多样性等理念尚未普及，环境保护与可持续性发展的困境很大程度上与此有关。

“弱”可持续发展向“强”可持续发展的转变是重大的政策转变。中国对这个转变必然带来的新问题要有充分的准备，需要逐步有序地实施。“强”可持续发展与“弱”可持续发展相比，其带来的矛盾更多也更具挑战性。中国需要突破瓶颈，但也不应因此而打碎瓶子。

总之，中国发展战略国策的转变，在应对气候变化问题上，在国内对于中国温室气体减排的政策与行动措施上，在国际上树立中国负责任的大国形象上，都会产生重要的影响。

第二节　我国应对气候变化的行动

气候变化问题使我国面临双重挑战：一是全球气候变化本身给我国带来的广泛和负面的影响，对中国经济和社会发展是一个长期的严峻挑战；二是国际社会对我国减少温室气体排放施加了很大的压力，这对我国如何在促进经济和社会发展的同时尽可能减缓温室气体排放增长的速度，是一个严峻的挑战。鉴于问题的严重性，我国政府近些年来采取了一系列应对气候变化的行动，成效显著。

一、制定和实施有利于保护全球气候的政策和措施

国家制定和颁布了一些专门的气候变化政策。例如，我国为了应对气候变迁及国际气候变迁法制所带来的冲击与影响，从2007年起每年公布一份中国应对气候变迁的核心政策报告，这些政策报告将是研究我国关于气候变化减缓政策的关键文书。另外，中国政府把积极应对气候变化作为关系经济社会发展全局的重大议题，纳入经济社会发展中长期规划。国务院每五年向全国人大会议提交的经济社会发展计划则属于较广泛的政策，在“十五”规划、“十一五”规划、“十二五”规划中都分别提到了应对气候变化的相关事项。如2006年，中国提出了2010年单位国内生产总值能耗比2005年下降20%左右的约束性指标，2007年在发展中国家中第一个制订并实施了应对气候变化国家方案，

2009年确定了到2020年单位国内生产总值温室气体排放比2005年下降40%~45%的行动目标。为完成上述目标任务，中国在“十一五”期间（2006—2010年）采取了一系列减缓和适应气候变化的重大政策措施，取得了显著成效。2011年制定实施的《国民经济和社会发展第十二个五年规划纲要》确立了今后五年绿色、低碳发展的政策导向，明确了应对气候变化的目标任务。在气候变化国际谈判中，我国一直发挥着积极的建设性作用，努力推动谈判进程，为应对全球气候变化作出了重要贡献。[1]

此外，我国政府还制定了一系列对于温室气体减排很有帮助的具体政策与措施。尽管这些政策与措施并不是专门为了保护气候目的而出台的，但这些政策的执行却有非常显著的减少温室气体排放的效果。比较典型的政策包括以下方面：由有关政府部门组织实施的政策和措施，如推动循环经济的发展、行业节能规划、造林工程；国家科技部门还组织开展了大量的具有温室气体减排效果的技术研究、开发和应用，如高效的发电技术、可再生能源技术、建筑节能技术、余热余压利用技术、二氧化碳收集和储存技术。加上我国在发展风电、水电、生物质能发电、太阳能利用、提高能源利用效率、节约资源和能源等方面的措施，可以预计我国将可以实现巨大的温室气体减排量。所有这些政策和措施，都将非常有利于保护全球气候。

二、加强应对气候变化的科学研究，强化决策支撑

（一）应对气候变化研究的范围与资金支持

气候变化问题非常复杂，涉及气象、水资源、能源、经济、外交等多方面；同时，气候变化问题在科学上还有很大的不确定性。因此，只有依靠科技进步、加强科学研究能力，才能从根本上找到应对气候变化的办法。

应对气候变化研究的重点范围包括以下方面：气候变化的历史事实，历史时期的气候变化，气候变化的过程和机理，气候变化对农业、水资源、海平面升高、自然生态系统的影响及适应，减少温室气体的技术潜力及成本，我国未来社会和经济发展对温室气体排放的影响及预测，应对气候变化的国际政治和国际经济问题等。近年来，我国投入了很多资金用于气候变化方面的科学研究。例如，2012年以来，在中国清洁发展机制基金等多种资金渠道的支持下，我国开展了一系列应对气候变化的政策研究，截至2012年年底，累计安排4.95亿元基金赠款，支持百余个赠款项目，开展应对气候变化领域国内国际

---

[1] 参见《中国应对气候变化的政策与行动（2011）白皮书》（2011年11月22日）。

相关问题的研究。[1]

（二）应对气候变化的科技项目与科研成果

应对气候变化的科学研究牵涉面很广，我国许多与气候变化相关的部门都在自己的职能范围内进行了研究工作。例如，科技部不仅组织编制了第一、第二、第三次"气候变化国家评估报告"，系统总结了中国气候变化科研成果，而且还制订科技发展规划，总结并公布具体的科技方法，如为促进低碳技术推广应用，研究制定了《国家节能减排与低碳技术成果转化与推广应用清单》，2012 年 4 月，印发《洁净煤技术科技发展"十二五"专项规划》，将发展洁净煤技术列为先进能源领域的重要技术方向，重点支持高效洁净燃煤发电技术、先进煤转化技术、先进节能技术、污染物控制和资源化利用技术等。国管局组织完成了公共机构新能源和可再生能源应用、中央国家机关建筑节能共性问题、公共机构节能管理信息系统建设等课题研究。国土资源部深化在地热勘查开发、气候变化地质记录、地质碳汇等方面的调查研究，加快推进二氧化碳地质储存的技术攻关。国家质检总局开展了应对气候变化领域有关标准的前期研究工作。林业局完成了森林缓解气候变化影响的实证研究，开展了典型生态系统固碳潜力和固碳过程研究。气象局首次完成华东、华南、华北、东北、华中、西南、西北和新疆八个区域气候变化评估工作。水利部组织开展了"气候变化对我国水安全影响及适应对策研究"等十余项重大课题研究。卫生和计划生育委员会组织开展气候变化对人类健康的影响及适应机制、气候变化人群健康风险评估预测等方面研究工作。海洋局组织开展了"中国近海海—气二氧化碳通量遥感监测评估系统研究示范"等重大项目。

通过实施气候变化科技项目，我国取得了大量的气候变化方面的科学研究成果。例如，我国科学家通过引进和改造气候模型，能够模拟和预估全球和我国未来 30 年、50 年至 100 年的气候变化情景；利用气候变化影响模型，模拟得出气候变化将可能使我国农业在未来出现减产局面；气候变化将使我国水资源供需矛盾更加突出；我国科学家还利用经济模型研究了减少温室气体排放不同的情景对我国能源、化工、冶炼、农业等部门可能带来的经济影响，以及我国应对气候变化的原则立场和重大问题的谈判方案等。这些科研成果为我国气候变化的内政和外交工作提供了强有力的支撑。

（三）强化决策支撑

为了给应对气候变化工作提供决策咨询和支撑服务，国家发展改革委设立

[1] 参见《中国应对气候变化的政策与行动 2013 年度报告》（国家发展和改革委员会，2013 年 11 月）。

了“国家应对气候变化战略研究和国际合作中心”。国家气候变化专家委员会积极开展应对气候变化决策咨询。国家质检总局批准建立了23家国家城市能源计量中心，搭建能源计量数据公共平台、能源计量检测技术服务平台、能源计量技术研究平台、能源计量检测人才培养平台，为服务低碳经济发展提供全方位的计量技术支撑。各类省级层面的应对气候变化、低碳发展专业研究机构相继成立，如天津市成立了低碳发展研究中心、浙江省成立了应对气候变化和低碳发展合作中心、北京市在市属高校建立了北京应对气候变化研究和人才培养基地，增强了应对气候变化科技支撑能力和决策支持能力。

三、推动清洁发展机制（CDM）项目的合作和发展

清洁发展机制（CDM）是《京都议定书》下发达国家与发展中国家合作减少温室气体排放的市场机制，是指发达国家通过提供资金和技术给发展中国家，在发展中国家实施具有减少温室气体排放效果的项目，项目产生的温室气体减排量转让给发达国家。发展中国家可以获得技术和资金，而发达国家也可以用比在其国内低得多的成本，完成在《京都议定书》下减少温室气体排放的义务。因此，这是一个双赢机制。中国开始并不支持CDM，主要是担心CDM可能成为发达国家强拉发展中国家承担减限排温室气体义务的突破口。在谈判的过程中，确立了CDM是以单个项目为基础的合作机制，解除了这个顾虑并在制定政策过程中设置了一系列的防范条款，中国开始积极和大幅度推动CDM合作。从这个认识的转变过程也可以看出，中国对参与国际气候变化进程，既非常积极，又非常谨慎。近几年，越来越多的中国企业对CDM有了很好的认识，并投入CDM项目的开发和实施；我国的CDM项目潜力还很大，很多CDM项目都还没有开发出来。在提高能源效率、开发利用新能源和可再生能源及回收利用甲烷和煤层气等领域，我国的企业拥有庞大的开发空间。

据世界银行的粗略计算，发达国家若要在2012年前如期完成《京都议定书》所规定的减排任务，至少需要从国外购买25亿吨以上的二氧化碳减排量。意大利、日本、加拿大、荷兰、西班牙、奥地利、丹麦、英国、挪威、瑞典、瑞士等国家纷纷投资与中国政府一起进行CDM项目开发合作。为推进我国的CDM对外合作，国家科技部、发展改革委等部门做了大量的促进工作，通过制定CDM项目运行管理办法、建立CDM技术服务中心、开展广泛的CDM专业和普及培训、举办CDM国际合作交流和博览会等，极大地促进了我国CDM开发与合作。从目前的形势来看，我国CDM的进展顺利。国家已经批准了400多个项目，其中的70多个项目已经得到了国际CDM执行理事会的批准注册。随着企业积极性的提高，我国的CDM项目呈加速发展的趋势。过

去是政府部门动员企业做 CDM 项目，现在了解 CDM 的企业自己非常积极进行 CDM 项目开发。很多企业已经通过执行 CDM 项目，和发达国家签订温室气体减排量转让协议，获得了实实在在的好处。当然，现在仍有很多企业缺乏对 CDM 的了解，它们还需要强化 CDM 方面的教育、培训与规划。

四、开展低碳发展试点示范

我国通过推进低碳省区和低碳城市试点，稳步推进碳排放交易试点，研究开展低碳产品、低碳社区等试点示范，为进一步推动应对气候变化和低碳发展积累了丰富经验，奠定了坚实基础。

（一）推进低碳省区和低碳城市试点

我国第一批“五省八市”低碳试点取得积极进展，各试点省区和城市研究制定加快推进低碳发展的政策措施，创新体制机制，围绕优化能源结构推动产业、交通、建筑领域低碳发展，引导低碳生活方式，增加林业碳汇，开展了一系列重大行动，实施了一批重点工程，取得了明显成效。2012 年，国家又确定在北京市、上海市、海南省和石家庄市等 29 个省市开展第二批低碳省区和低碳城市试点工作，各试点地区积极明确工作方向和原则要求，编制低碳发展规划，探索适合本地区的低碳绿色发展模式，构建以低碳、绿色、环保、循环为特征的低碳产业体系，建立温室气体排放数据统计和管理体系，确立控制温室气体排放目标责任制，积极倡导低碳绿色生活方式和消费模式，部分试点地区还提出了温室气体排放总量控制目标和排放峰值年目标。

（二）推进碳排放权交易试点

2012 年以来，北京、天津、上海、重庆、深圳、广东和湖北等七个省市的碳排放交易试点工作取得积极进展。2012 年 10 月，深圳市发布实施了相关管理规定；2013 年 7～8 月，上海市、广东省和湖北省就碳交易管理办法向社会公开征求意见。各试点地区结合本地实情，综合考虑节能减排目标、经济增长趋势、企业及行业排放水平等因素，确定碳交易覆盖企业范围，并研究确定交易范围和配额分配。各试点地区针对交易所覆盖行业，研究建立碳排放核算方法和标准，开展企业碳排放历史数据核查。其中上海市于 2012 年 10 月发布了钢铁、电力等行业的碳排放核算方法指南，深圳市于 2012 年 11 月和 2013 年 4 月以地方标准形式发布了温室气体量化报告及核查规范指南和建筑行业细则。深圳市碳交易平台自 2013 年 6 月上线以来，累计完成交易量超过 11 万吨，成交金额超过 700 万元。[1]

---

[1] 参见《中国应对气候变化的政策与行动 2013 年度报告》（国家发展和改革委员会，2013 年 11 月）。

(三) 开展相关领域低碳试点工作

我国开展相关领域低碳试点工作包括以下内容:

一是开展低碳产品认证试点。2013 年 2 月，国家发展改革委、国家认监委联合印发《低碳产品认证管理暂行办法》，第一批认证目录包括通用硅酸盐水泥、平板玻璃、铝合金建筑型材、中小型三相异步电动机四种产品，并在广东、重庆等省（直辖市）开展低碳产品认证试点工作，探索鼓励企业生产、社会消费低碳产品的良好制度环境。

二是研究开展低碳社区和低碳园区试点。国家发展改革委会同有关部门组织开展低碳社区试点的研究工作，探索社区低碳化运营管理新模式，减少居民生活领域的能源消耗和碳排放。工业和信息化部、国家发展改革委组织研究开展低碳工业试验园区试点工作，研究制定相应的评价指标体系和配套政策。

三是开展低碳交通试点。国家在天津、重庆、北京、昆明等 26 个城市开展低碳交通运输体系建设试点，启动 26 个甩挂运输试点项目、40 个甩挂运输场站建设，推进以天然气为燃料的内河运输船舶试点，开展原油码头油气回收试点。组织开展低碳交通城市、低碳港口、低碳港口航道建设、低碳公路建设等评价指标体系研究。

四是地方积极推进试点示范。各省（自治区、直辖市）积极开展符合本地区实际和特点的低碳发展实践，形成了不少好的经验和做法。四川省确定成都、广元、宜宾、遂宁、雅安等市为省级低碳试点城市，积极探索具有本地特色的低碳发展模式。安徽省积极探索低碳社区、低碳园区等试点示范建设，安排专项资金，用于支持省内九个园区、社区等综合性低碳示范基地建设。山东省设立了建筑节能与绿色建筑发展资金、新能源产业资金、新能源汽车补贴等一系列低碳发展类专项资金，着力支持建筑节能、工业降耗、新能源产业发展等重点行业和领域的低碳试点示范建设。

五、加强温室气体统计核算体系建设

我国重视应对气候变化的基础统计体系建设。2013 年，国家发展改革委会同国家统计局制定并印发《关于加强应对气候变化统计工作的意见》，明确提出应建立应对气候变化统计指标体系，完善温室气体排放基础统计工作。国管局印发了《公共机构能源资源消费统计制度》，进一步规范公共机构能源资源消费统计工作，组织完成了 2011 年和 2012 年全国公共机构能源资源消耗情况汇总分析，纳入直接统计范围的公共机构扩大到 69 万家。林业局以各省历次森林资源清查结果为基础，结合各类林业统计数据，完成了各省森林面积和蓄积量变化的测算。

为提高温室气体排放核算能力，国家发展改革委2012年组织完成了《第二次国家信息通报》的编制工作（其中国家温室气体清单报告年份为2005年），并已提交《框架公约》秘书处。第三次国家信息通报的项目申报工作目前正在进行，拟在这个项目下编制2010年和2012年国家温室气体清单。全国31个省（自治区、直辖市）开展了温室气体清单编制，初步摸清了本地区的温室气体排放状况，并进行了年度碳强度下降核算工作。目前正在组织开展对2005年和2010年省级温室气体清单的验收评估工作。组织编制了化工、水泥、钢铁、有色、电力、航空、陶瓷等行业生产企业的温室气体排放核算方法与报告指南；开展碳排放权交易试点的省市已经或正在开展企业碳排放核算工作，并正在建立第三方碳排放核查体系。

六、应对气候变化行动的全社会参与

（一）政府引导

我国政府机构率先示范，践行低碳生活理念。国务院决定自2013年起设立“全国低碳日”。国家发展改革委和有关部门围绕首个“全国低碳日”联合举办了一系列活动，包括“美丽中国梦 低碳中国行”应对气候变化主题展览、制作并播放低碳公益短片、启动“低碳中国行”等活动；住房城乡建设部组织开展“中国城市无车日活动”；气象局组织完成多语种《应对气候变化——中国在行动2012》电视宣传片及画册。在“全国低碳日”期间，全国各地举办了多种形式的主题宣传活动，提高公众低碳意识。2013年7月，生态文明贵阳国际论坛围绕“建设生态文明：绿色变革与转型——绿色产业、绿色城镇、绿色消费引领可持续发展”开展研讨，形成了广泛共识。

（二）机构行动

环境保护部宣传教育中心、国家应对气候变化战略研究和国际合作中心、中国国际民间组织合作促进会绿色出行基金等机构在全国多个城市开展了“酷中国——全民低碳行动计划”。中石油、万科、绿色出行基金等众多企业、民间组织成立了“中国低碳联盟”，共同发表《中国低碳联盟宣言》。中国绿色碳汇基金会在全国数十个城市和国家部委开展了“足不出户、购买碳汇、低碳造林、履行义务植树”活动。中国低碳产业协会和联合国工业发展组织共同主办了2013中国国际低碳产业博览会，中国轻工业联合会等机构共同组织了“低碳行动，骑行中国”2013美丽西部自行车幸福行活动。中国国土经济学会在中国科学技术协会支持下开展了“全国绿色国土行”公益活动，中国关心下一代工作委员会等部门在北京、天津、石家庄等十城市开展“中华家庭低碳环保行”公益活动。

(三) 公众参与

通过气候变化教育培训应对气候变化、节能减排、低碳生活等丰富活动，公众对气候变化的认知更深入，行动更自觉，参与领域更广泛。更多公众开始选择低碳出行、低碳饮食、低碳居住、厉行节约的低碳生活及消费模式，积极应对气候变化正成为社会公众的自觉行动。2013 年民间自发倡导的“光盘行动”得到社会公众的广泛关注；“千名青年环境友好使者应对气候变化创新行动”在 2013 年积极开展行动；全国各城市普遍开展了节能减排进家庭、进社区、进企业、进机关、进学校等专项活动；多个城市举办了“低碳·健康家生活”宣教活动，通过多种形式在普通家庭中倡导节能减排的科学观念，提倡绿色低碳的行为方式。

此外，我国充分发挥各类媒体的传播功能，提高了公众应对气候变化和低碳意识。近年来，中国媒体围绕应对气候变化、节能环保、低碳发展等主题进行了大量的报道和宣传活动。

七、参与国际气候变化谈判

(一) 参加应对气候变化的国际谈判

中国坚持以《框架公约》和《京都议定书》为基本框架的国际气候制度，坚持该公约框架下的多边谈判是应对气候变化的主渠道，坚持“共同但有区别的责任”原则、公平原则和各自能力原则，坚持公开透明、广泛参与、缔约方驱动和协商一致的原则，一贯积极建设性参与应对气候变化的国际谈判，推动谈判取得进展，不断加强该公约的全面、有效和持续实施。其实，中国从一开始就参加了《框架公约》和《京都议定书》的谈判，以及其他涉及气候变化领域的谈判如政府间气候变化专门委员会、亚太清洁发展和气候伙伴关系、碳收集领导人论坛。实际上，中国一直是气候变化多边谈判的核心成员，为推动气候变化的国际进程发挥了重要的建设性作用。现有的气候变化国际规则方面的很多条款，都有中国的贡献。例如，CDM 规则中有一条是，不允许发达国家利用官方发展援助来购买温室气体减排量，因为如果那样，发达国家就有可能把所有的官方发展援助全都用于购买减排量，这会使发展中国家本来就少得可怜的官方发展援助不复存在。这个条款就是中国提出并坚持下来的。

多边气候变化谈判的过程，就是制定国际规则的过程。参加多边气候变化谈判，也是维护国家应有利益的政府行为。正是因为多边气候变化谈判涉及国家重大利益，所以这一谈判非常艰苦，经常是通宵达旦地进行。例如，1997 年 12 月在《京都议定书》谈判的最后阶段，连续进行了 56 个小时的谈判才完成了《京都议定书》的全部条款。因此，加强我国国际气候变化谈判队伍的建设，今后应作为一项重要工作来抓。

（二）参与相关国际对话与交流

中国重视应对气候变化的高层对话和交流，推动谈判进程。中国领导人在出席“金砖国家”领导人会议、“二十国集团”领导人峰会、亚太经合组织领导人峰会等重大多边外交活动中，多次发表重要讲话，与各国元首共同推动积极应对气候变化。中美两国元首均高度重视气候变化问题，在2013年两次会晤中就加强气候变化对话与合作以及氢氟碳化物（HFCs）问题形成重要共识。2013年7月，第五轮中美战略与经济对话期间举行了两国元首特别代表共同主持的气候变化特别会议，深化了两国国内气候变化政策和双边务实合作的交流。2012年6月，中国政府领导人在出席2012年联合国可持续发展大会期间，呼吁各方按照“共同但有区别的责任原则”应对气候变化，发展绿色经济，推动可持续发展。

中国还积极参加该公约外气候变化会议和进程。参加了“里约+20”联合国可持续发展大会、经济大国能源与气候论坛领导人代表会议、彼得斯堡气候变化部长级对话会、华沙会议部长级预备会等一系列气候变化相关的对话和磋商。积极参与国际民航组织、国际海事组织、关于消耗臭氧层物质的《蒙特利尔议定书》、万国邮政联盟等国际机制下的谈判。积极参与“全球清洁炉灶联盟”“全球甲烷倡议”“全球农业温室气体研究联盟”等活动，多方推动该公约主渠道谈判取得进展。此外，中国广泛开展双边、多边气候变化对话与磋商。继续加强“基础四国”、“立场相近发展中国家”等磋商机制，与发展中国家开展联合研究，积极维护发展中国家利益。通过中美、中欧、中澳等气候变化部长级磋商开展与发达国家的双边磋商，就气候变化国际谈判、国内应对气候变化政策和相关务实合作深入交换意见。积极推动中国与其他国家智库之间开展交流。

第三节　我国应对气候变化的国家政策

一、我国应对气候变化的指导思想与基本立场

中国应对气候变化的指导思想如下：全面贯彻落实科学发展观，推动构建社会主义和谐社会，坚持节约资源和保护环境的基本国策，以控制温室气体排放、增强可持续发展能力为目标，以保障经济发展为核心，以节约能源、优化能源结构、加强生态保护和建设为重点，以科学技术进步为支撑，不断提高应对气候变化的能力，为保护全球气候作出新的贡献。在应对气候变化和发展低

碳经济的过程中必须坚持可持续发展框架下应对气候变化的原则、减缓与适应并重的原则、将应对气候变化的政策与其他相关政策有机结合的原则、依靠科技进步和科技创新的原则和积极参与、广泛合作的原则。

我国应对气候变化的总体目标是，控制温室气体排放取得明显成效，适应气候变化的能力不断增强，气候变化相关的科技与研究水平取得新的进展，公众的气候变化意识得到较大提高，气候变化领域的机构和体制建设得到进一步加强。同时，国家又在控制温室气体排放、增强适应气候变化能力、加强科学研究与技术开发和提高公众意识与管理水平等方面分别设定了主要目标。我国“十二五”控制温室气体排放的主要目标如下：大幅度降低单位国内生产总值二氧化碳排放，到2015年全国单位国内生产总值二氧化碳排放比2010年下降17%。控制非能源活动二氧化碳排放和甲烷、氧化亚氮、氢氟碳化物、全氟化碳、六氟化硫等温室气体排放取得成效。应对气候变化政策体系、体制机制进一步完善，温室气体排放统计核算体系基本建立，碳排放交易市场逐步形成。通过低碳试验试点，形成一批各具特色的低碳省区和城市，建成一批具有典型示范意义的低碳园区和低碳社区，推广一批具有良好减排效果的低碳技术和产品，控制温室气体排放能力得到全面提升。❶

在基本立场方面，我国主张减缓温室气体排放是应对气候变化的重要方面，同时适应气候变化是应对气候变化措施不可分割的组成部分。技术在应对气候变化中发挥着核心作用，应加强国际技术合作与转让，使全球共享技术发展所产生的惠益。各缔约方均应切实履行其在《框架公约》和《京都议定书》下的各项承诺，在国际社会应对气候变化的主体法律框架下也应重视加强气候变化的区域合作。❷

二、我国应对气候变化的政策分析

我国为应对气候变化，采取了正确的政策战略：一是将碳减排技术提高到与提高能源效率和改善能源结构相同的战略地位。我国近年来的节能减排政策和可再生能源发展政策很好地贯彻了这一战略。中国现实的能源状况决定了煤炭在相当长的时期内要占据能源消费的重要角色，因此煤炭利用的低碳化技术对我国未来的温室气体减排具有重要战略意义。二是借鉴欧盟的政策战略，把温室气体减排和其他经济社会政策进行整合，把温室气体减排与其他公共政策

---

❶ 参见《“十二五”控制温室气体排放工作方案》。

❷ 国家发展与改革委员会：“《中国应对气候变化国家方案》第三部分”，载 http://new.xinhuanet.com/politics/2007-06/04/content_6196300_2.htm，2013年5月9日访问。

目标联动，通过一体化的规制策略，以实现最佳的政策效果。例如，提高建筑质量、长远规划、谨慎拆迁的政策不仅可以避免许多社会矛盾和社会问题，而且可以避免因重复建设而导致的温室气体排放增长。三是增加将温室气体排放社会成本内部化的基本政策和制度。

虽然我国已经构筑了较为体系化的温室气体减排宏观政策体系，但是实践功能较强的具体政策措施却严重滞后。因此，在政策手段上，一方面要引入温室气体规制经济手段和社会手段；另一方面，还有注重对传统的命令控制式手段进行改造，把命令控制式政策手段与自愿性政策手段、命令控制式政策手段与经济手段进行组合，使命令控制式手段具有更多弹性和灵活性的同时又不损害其效能。这种组合的方式很多，如允许地区和重点企业之间交易节能和减排指标，允许一个企业在其全部产品平均达标的前提下某些产品超标等。❶

温室气体的减排政策是一个涉及社会各行业和各领域的综合性政策；温室气体减排目标的实现，特别是远期目标能够顺利实现，需要在各个重要的领域都积极推行相关的政策。我国目前的政策涉及工业、农业、交通、建筑等各个领域，应该说各个行业和领域都出台了相应的政策。有必要在消费领域也出台更有体系的规制政策。在社会发展理念上，我国需要学习欧洲建设可持续社会的模式：存量型社会，避免我国目前的基础设施和建筑修建模式所带来大量的资源消耗和温室气体排放增长。

政策的执行必须有组织保障并建立相应的监督体系。在组织保障方面，我国已在中央层面建立了节能减排及气候变化应对领导小组，并在国家发展改革委内部建立了专门司职气候变化应对的机构；但在地方层面的组织建设存在不配套和不规范的情况。

确保政策执行监督体系主要包括外部的监督体系和内部的监督体系两方面。近年来，在推行节能减排相关政策的过程中，我国已形成一系列相对成熟和成功的制度体系，如限批制度、挂牌督办制度、考核及问责制度、节能减排行政建议及约谈制度，这些成功的内控制度和体系也可运用于温室气体减排。然而，与内部的监督体系和制度相比，我国对环境法规政策执行的外部监督体系和制度并不完善，外部监督制度包括信息公开制度、人大监督制度、公开听证制度、公益诉讼制度等。为了应对气候变化政策的有效实施，应当通过立法规定政府温室气体减排信息方面的公开制度、政府向人大报告温室气体减排情况制度、重大项目立项的公开听证制度及允许公民或合法环保团体就行政不作

❶ 曹明德等："中国已有相关法律与应对气候变化内容分析"课题中期报告（非正式出版物），第20页。

为提起公益诉讼的制度等，以建立相关政策执行监督的完善体系。❶

三、我国减缓气候变化的国家政策

我国通过调整产业结构、优化能源结构、节能和提高能效、增加碳汇等，控制温室气体排放工作取得了积极成效。

(一) 调整产业结构

中国政府注重经济结构的调整和经济发展方式的转变，制订和实施了一系列产业政策和专项规划，将降低资源和能源消耗作为产业政策的重要组成部分，推动产业结构的优化升级，努力形成“低投入、低消耗、低排放、高效率”的经济发展方式。❷

1. 推动传统产业改造升级

国家发展改革委、环境保护部、国土资源部等部门通过加强节能评估审查、环境影响评价和建设用地预审，进一步提高行业准入门槛，严控高耗能、高排放和产能过剩行业新上项目，严控高耗能、高排放产品出口。2013 年 2 月，国家发展改革委会同有关部门对《产业结构调整指导目录（2011 年）》有关条目进行了调整，强化通过结构优化升级实现节能减排的战略导向。2013 年 3 月，国家发展改革委印发了《全国老工业基地调整改造规划（2013—2022 年）》，提出改造提升传统优势产业、加大调整力度、增强传统优势产业的市场竞争力、充分利用新技术、优化产业结构。在“十二五”期间，国家发展改革委启动了“国家低碳技术创新及产业化示范工程”。其中，2012 年在煤炭、电力、建筑、建材等四个行业实施了 34 个示范工程。❸

2. 扶持战略性新兴产业发展

2007 年我国发布高技术产业、电子商务和信息产业等领域的“十一五”（2006—2010 年）规划。完善促进数字电视、软件和集成电路、生物产业等高技术产业发展的政策措施，加快培育符合节能减排要求的新兴产业。信息、生物、航空航天、新能源、新材料、海洋等高新技术产业加快发展，振兴装备制造业成效显著，基础设施基础产业建设取得长足进展。❹ 2012 年 7 月，国务院

---

❶ 曹明德等：“中国已有相关法律与应对气候变化内容分析”课题中期报告，第 21 页。

❷ 国务院新闻办公室：“中国应对气候变化的政策与行动”，载 http：//www.gov.cn/zwgk/2008－10/29/content_ 1134378.htm，2013 年 5 月 9 日访问。

❸ 曹明德等：《中国应对气候变化的政策与行动 2013 年度报告》（国家发展和改革委员会，2013 年 11 月）。

❹ 国务院新闻办公室：“中国应对气候变化的政策与行动”，载 http：//www.gov.cn/zwgk/2008－10/29/content_ 1134378.htm，2010 年 5 月 10 日访问。

印发了《“十二五”国家战略性新兴产业发展规划》，明确中国节能环保、新一代信息技术、生物、高端装备制造、新能源、新材料、新能源汽车等七个战略性新兴产业重点领域。国务院有关部门陆续制定并发布了七个重点产业专项规划以及现代生物制造等二十多个专项科技发展规划，制定并发布了《战略性新兴产业重点产品和服务指导目录》《战略性新兴产业分类（2012）》《关于加强战略性新兴产业知识产权工作的若干意见》等相关政策措施。北京、上海等26个省市相继发布战略性新兴产业发展的规划或指导意见。

3. 大力发展服务业

继续贯彻落实《国务院关于加快发展服务业的若干意见》、《国务院办公厅关于加快发展服务业若干政策措施的实施意见》等政策文件。2012年12月，国务院印发了《服务业发展“十二五”规划》，明确“十二五”时期是推动服务业大发展的重要时期，努力实现提高服务业比重、提升服务业水平、推进服务业改革开放、提高服务业吸纳就业能力等发展目标，构建结构优化、水平先进、开放共赢、优势互补的服务业发展格局。

2012年5月，国家发展改革委会同有关部门制定了《关于加快培育国际合作和竞争新优势的指导意见》，提出大力发展服务贸易的目标任务，建立健全服务贸易体系，提高服务业国际化发展水平。2012年，全国服务业比重较2010年提升了1.5个百分点。

4. 加快淘汰落后产能

2009年中国政府陆续出台十大产业调整和振兴规划，各规划都把淘汰落后产能、提高技术水平、节能减排作为重点。汽车产业调整和振兴规划强调把新能源汽车作为突破口，并注重改造、提高传统产品节能、环保和安全水平；钢铁、石化产业调整和振兴规划强调提高淘汰落后产能的标准，建设完善的落后产能退出机制，并为单位产品能耗、资源的回收率等制定了详细的标准；船舶工业调整和振兴规划把降低单位工业增加值能耗、显著提高钢材利用率、加快报废更新老旧船舶作为重点。[1] 2010年发布的《国务院关于进一步加强淘汰落后产能工作的通知》指出了近期重点行业淘汰落后产能的具体目标任务。[2] 2013年10月，国务院印发《关于化解产能严重过剩矛盾的指导意见》，提出了尊重规律、分业施策、多管齐下、标本兼治的总原则，并根据行业特点，分

---

[1] 国家发展和改革委员会：“中国应对气候变化的政策与行动——2009年度报告”，载 http://www.ccchina.gov.cn/WebSite/CCChina/UpFile/File572.pdf，2010年5月10日访问。

[2] 国务院：“国务院关于进一步加强淘汰落后产能工作的通知”，载 http://www.gov.cn/zwgk/2010-04/06/content_1573880.htm，2010年5月21日访问。

别提出了钢铁、水泥、电解铝、平板玻璃、船舶等行业分业施策意见，确定了当前化解产能过剩矛盾的八项主要任务。2012 年 6 月，工业和信息化部下达了关于 19 个工业行业淘汰落后产能目标任务，并公布了第一批淘汰落后产能的企业名单，要求各地及时将目标任务分解到市、县，落实到企业。[1]

5. 遏制高耗能、高排放行业过快增长

中国政府相继制定发布了高耗能行业市场准入标准，提高高耗能行业的节能环保准入门槛，并采取调整出口退税、关税等措施，抑制“两高一资”（高耗能、高排放、资源型）产品出口，高耗能行业增速呈逐步回落趋势。[2]

（二）优化能源结构

我国政府十分重视可再生能源、新能源、天然气等无碳和低碳能源的发展，积极推动能源结构优化。我国《国民经济和社会发展第十一个五年规划纲要》明确提出：“实行优惠的财税、投资政策和强制性市场份额政策，鼓励生产与消费可再生能源，提高在一次能源消费中的比重。”为了加快可再生能源发展、促进节能减排、积极应对气候变化，2007 年 6 月 7 日，国务院常务会议审议并通过了《可再生能源中长期发展规划》，确定的到 2020 年我国可再生能源发展的总目标如下：提高可再生能源在能源消费中的比重，解决偏远地区无电人口用电问题和农村生活燃料短缺问题，推行有机废弃物的能源化利用，推进可再生能源技术的产业化发展。同时，确立了具体目标和重点发展领域。

1. 推动化石能源清洁化利用

2012 年 10 月，国家发展改革委印发《天然气发展“十二五”规划》，提出到 2015 年中国天然气供应能力达到 1760 亿立方米左右，其中常规天然气约 1385 亿立方米、煤制天然气约 150～180 亿立方米、煤层气地面开发生产约 160 亿立方米，城市和县城天然气用气人口数量约占总人口的 18%。2012 年，国家发展改革委、能源局等部门联合发布《页岩气发展规划（2011—2015 年）》，财政部、能源局联合发布《关于出台页岩气开发利用补贴政策的通知》，安排专项财政资金支持页岩气开发。2013 年 9 月，国务院下发《大气污染防治行动计划》，进一步强化控制煤炭消费总量、加快清洁能源替代利用的目标和要求，大幅提升控制化石燃料消耗、发展清洁能源的工作力度。截至 2012 年年底，全国 30 万千瓦及以上火电机组比例达到 75.6%，比上年增加近

---

[1] 参见《中国应对气候变化的政策与行动 2013 年度报告》（国家发展和改革委员会，2013 年 11 月）。

[2] 国务院新闻办公室：“中国应对气候变化的政策与行动”，载 http://www.gov.cn/zwgk/2008-10/29/content_1134378.htm，2010 年 5 月 10 日访问。

1.2 个百分点；在运营百万千瓦超临界燃煤机组达到 54 台，数量居世界第一；中国自主研发、自主设计、自主制造、自主建设、自主运营的华能天津 IGCC 电站示范工程于 2012 年 12 月投产，标志着中国洁净煤发电技术取得了重大突破。[1]

2. 发展非化石能源

2013 年 7 月，印发了《国务院关于促进光伏产业健康发展的若干意见》，明确了开拓光伏应用市场、加快产业结构调整和技术进步、规范产业发展秩序、完善并网管理和服务等政策措施。能源局先后印发了《太阳能发电发展“十二五”规划》《生物质能发展“十二五”规划》《关于促进地热能开发利用的指导意见》，明确了“十二五”时期中国太阳能、生物质能、地热能发展的指导思想、基本原则、发展目标、规划布局和建设重点，提出了保障措施和实施机制。继续加大对可再生能源的投资：2012 年完成水电投资 1277 亿元，核电投资 778 亿元，风电投资 615 亿元。为进一步激励对可再生能源发电并网收购，2012 年 3 月，财政部、国家发展改革委、能源局联合印发了《可再生能源电价附加补助资金管理暂行办法》，对可再生能源电价进行全面的资金补助。2013 年 8 月，国家发展改革委印发《分布式发电管理暂行办法》，提出对风能、太阳能、生物质能、海洋能、地热能等新能源分布式发电的扶持政策。截至 2012 年年底，全国水电、核电、风电和太阳能发电等非化石能源发电装机占全部发电装机的 28.5%，比 2005 年提高 4.2 个百分点，发电量占全部上网电量的 21.4%。中国一次能源消费总量为 36.2 亿吨标准煤。其中，非化石能源占一次能源消费总量的比重为 9.1%，比 2011 年提高 1.1 个百分点。[2]

3. 经济激励政策

经济激励政策成为支持可再生能源建设的重要政策手段。我国为各种可再生能源的开发建设提供了各种补贴。1998 年，国务院批准的《当前国家重点鼓励发展的产业、产品和技术目录》和《外商投资产业指导目录》，把可再生能源的太阳能、地热能、海洋能、垃圾发电、生物质能发电和大型风力机都列入了鼓励发展的产业和产品中。1999 年颁布了《关于进一步支持新能源与可再生能源发展有关问题的通知》，为新能源和可再生能源项目提供优惠的基建贷款。2005 年可再生能源法通过以后，国家相关部门抓紧了对配套法规、政策的制定工作，同年 11 月国家发展改革委发布了《可再生能源产业发展指导

---

[1] 参见《中国应对气候变化的政策与行动 2013 年度报告》（国家发展和改革委员会，2013 年 11 月）。

[2] 同上。

目录》，2006年1月发布了《可再生能源发电价格和费用分摊管理试行办法》和《可再生能源发电有关管理规定》。[1] 2008年以来，国家又继续推出了一系列的财税优惠政策以促进可再生能源发电项目的发展，其中包括《风力发电设备产业化专项资金管理暂行办法》（2008年）、《秸秆能源化利用补助资金管理暂行办法》（2008年）、《太阳能光电建筑应用财政补助资金管理暂行办法》（2009年）、《金太阳示范工程财政补助资金管理暂行办法》（2009年）、《关于完善风力发电上网电价政策的通知》（2009年）等。[2]

（三）节能和提高能效

1. 节能标准

为积极配合节约能源法的实施，国家标准化管理委员会制定了46项与节约能源法配套的国家标准，并于2008年6月1日起陆续实施。这46项国家标准包括22项高耗能产品单位产品能耗限额标准，5项交通工具燃料经济性标准，11项终端用能产品能源效率标准，8项能源计量、能耗计算、经济运行等节能基础标准。其中，新制定国家标准37项，修订国家标准9项，强制性国家标准36项。

2. 能效标识与节能标准标识

自2004年国家发展改革委、国家质检总局联合制定并发布《能源效率标识管理办法》以来，我国能源效率标识制度建立并不断完善，此后，我国相继发布了多批能效标识的产品目录及实施细则。实践表明，能源效率标识制度是市场经济条件下政府节能管理的一项重要措施；是发挥市场机制作用、促进企业节能技术进步、不断提高产品能效水平的有效途径；是规范节能产品市场、创造公平的市场环境的有力手段；是提高我国节能产品市场竞争力、积极应对绿色贸易壁垒的客观要求。

2012年以来，国家发展改革委、国家标准化管理委员会联合实施了“百项能效标准推进工程”，发布了包括高耗能行业单位产品能耗限额、终端用能产品能效、节能基础类标准在内的60多项节能标准。住房城乡建设部批准发布了《建筑能效标识技术标准》、《城镇供热系统节能技术规范》等十个行业标准。完善节能与新能源汽车标准体系，截至2012年年底，工业和信息化部等部门累计发布60多项新能源汽车相关标准，交通运输部累计发布21批营运

[1] 李丹：“可再生能源法律问题研究”，载 http://www.riel.whu.edu.cn/article.asp?id=28511，2013年5月20日访问。

[2] 国家发展和改革委员会：“中国应对气候变化的政策与行动——2009年度报告”，http://www.ccchina.gov.cn/WebSite/CCChina/UpFile/File572.pdf，2013年5月20日访问。

车辆燃料消耗量限值标准达标车型。实施了能效标识、节能产品认证，截至2013 年 5 月底，能效标识已覆盖 28 种终端用能产品。

4. 加强节能目标责任考核

2012 年以来，国务院印发了节能减排“十二五”规划、节能环保产业发展规划等，进一步明确了各地区、各领域节能目标任务，细化了政策措施，并定期发布各地区节能目标完成情况晴雨表。完善节能考核制度，调整考核内容，健全考核程序。2013 年，国家发展改革委会同有关部门，组织对省级人民政府进行节能目标责任评价考核，将考核结果作为对地方领导班子和领导干部综合考核评价的参考内容，纳入政府绩效管理。

5. 实施重点节能改造工程

2012 年以来，安排中央预算内投资 48.96 亿元和中央财政奖励资金 26.1 亿元支持重点节能改造、高效节能技术和产品产业化示范、重大合同能源管理、节能监察机构能力建设、建筑节能、绿色照明等重点工程项目。加大对合同能源管理的支持力度，安排财政奖励资金 3.02 亿元。通过实施节能项目，累计形成 1979 万吨标准煤的节能能力。

6. 推广节能技术与产品

国家发展改革委发布第五批《国家重点节能技术推广目录》，公布 12 个行业的 49 项重点节能技术，五批目录累计向社会推荐了 186 项重点节能低碳技术。工业和信息化部、科技部、财政部联合发布了《关于加强工业节能减排先进适用技术遴选评估与推广工作的通知》，筛选出钢铁、化工、建材等 11 个重点行业首批 600 余项节能减排先进适用技术，发布《节能机电设备（产品）推荐目录（第三批）》、《高耗能落后机电设备（产品）淘汰目录（第二批）》，完成了工业节能减排技术信息平台建设。印发《2013 年工业节能与绿色发展专项行动实施方案》《关于组织实施电机能效提升计划（2013—2015 年）的通知》《关于加强内燃机工业节能减排的意见》，大力推进了重点行业电机系统节能改造及内燃机节能减排技术、新产品推广应用。财政部、国家发展改革委推进节能产品政府采购，更新发布了两批节能产品政府采购清单。继续实施节能产品惠民工程，安排中央财政资金 300 多亿元，推广节能家电近 9000 多万台（套）、节能汽车 350 余万辆、高效电机 1400 多万千瓦、绿色照明产品 1.6 亿只，累计形成年节能能力 1200 多万吨标准煤。[1]

[1] 参见《中国应对气候变化的政策与行动 2013 年度报告》（国家发展和改革委员会，2013 年 11 月）。

（四）推动重点领域应对气候变化

1. 建筑领域

我国在建筑领域的节能减排政策主要包括以下几个方面：第一，严格执行新建建筑节能标准。建筑节能标准体系是我国推动建筑节能工作的重要手段。近年来，围绕大力发展节能省地环保型建筑和建设资源节约型环境友好型社会，建设部从规划、标准、政策、科技等方面采取综合措施，先后批准发布了《公共建筑节能设计标准》、《建筑节能工程施工质量验收规范》等几十项重要的国家标准和行业标准。[1] 第二，提高既有建筑能源利用效率。建设部《关于加强国家机关办公建筑和大型公共建筑节能管理工作的实施意见》指出，国家机关办公建筑和大型公共建筑所有权人或使用人可以委托专业的能源服务机构对节能改造的必要性、可行性以及投入收益比等进行科学论证，并采取合同能源管理等方式组织实施。在改造时应同步考虑采用可再生能源。[2] 第三，推动可再生能源建筑的建设。财政部和住房城乡建设部于 2009 年发布《关于加快推进太阳能光电建筑应用的实施意见》，实施财政扶持政策支持“太阳能屋顶计划”，注重发挥财政资金政策杠杆的引导作用，形成政府引导、市场推进的机制和模式，加快光电商业化发展。[3] 颁布《民用建筑太阳能光伏系统应用技术规范》为太阳能在建筑领域的应用提供了新的标准，今后新建、改建和扩建的民用建筑光伏系统设计应纳入建筑工程设计。[4] 第四，实施对建筑节能的经济激励措施。国家相继颁布了《高效照明产品推广财政补贴资金管理暂行办法》《太阳能光电建筑应用财政补助资金管理暂行办法》《“节能产品惠民工程”高效节能房间空调推广实施细则》《再生节能建筑材料财政补助资金管理暂行办法》等政策，为建筑节能提供资金支持、金融扶持和税收优惠。

国家发展改革委、住房城乡建设部联合编制了绿色建筑行动方案，住房城乡建设部发布了“十二五”建筑节能专项规划。截至 2012 年年底，北方地区既有居住建筑供热计量及节能改造 5.9 亿平方米，形成年节能能力约 400 万吨标准煤，相当于少排放二氧化碳约 1000 万吨。全国城镇新建建筑执行节能强

---

[1] 武涌：“我国民用建筑节能标准体系已基本形成”，载 http：//www.gov.cn/zxft/ft144/content_1087070.htm，2013 年 5 月 17 日访问。

[2] 建设部：“关于加强国家机关办公建筑和大型公共建筑节能管理工作的实施意见”，载 http：//www.gov.cn/zwgk/2007－10/29/content_ 788896.htm，2013 年 5 月 17 日访问。

[3] 财政部、住房城乡建设部：“关于加快推进太阳能光电建筑应用的实施意见”，载 http：//www.gov.cn/zwgk/2009－03/26/content_ 1269282.htm，2013 年 5 月 17 日访问。

[4] “民用建筑太阳能光伏系统应用技术规范颁布”，载 http：//www.chinagb.net/policy/zcfx/20100511/63800.shtml，2010 年 5 月 17 日访问。

制性标准基本达到100%，累计建成节能建筑面积69亿平方米，形成年节能能力约6500万吨标准煤，相当于少排放二氧化碳约1.5亿吨。[1]

2. 交通领域

交通运输业是中国能源消费增长最快的行业。近年来，随着机动化的快速发展，交通领域能源消费急剧增长。交通能源的高消耗、低效率和石油对外依存度膨胀三箭齐发，迫切要求加快交通节能建设。节能减排和低碳经济已成为交通运输业健康持续发展的唯一出路。近年来，国家将交通节能减排工作提高到了前所未有的高度，将其定位为一项长期性战略任务。2006年国家发展与改革委发布的《节能中长期专项规划》中对铁路运输、农业渔业机械、交通运输发展模式等方面作出了专项规划。原国家环境保护总局（现国家环保部）于2007年发布的《国家环境保护“十一五”规划》规定，大型、特大型城市要把防治机动车尾气污染作为改善城市环境质量的重要内容。交通部也先后印发了《2007年交通行业节能工作要点》、《关于进一步加强交通行业节能减排工作的意见》和《交通行业节能减排工作方案》，明确提出了交通行业节能减排的主要任务。2010年及“十二五”期间，交通运输业将加快建立以低碳为特征的交通运输体系。[2]

国家在交通领域的节能减排措施主要体现在以下几点：第一，技术性减碳，加强节能环保技术研发和应用。交通部于2007年6月发布了《关于在交通行业开展节能减排示范活动的通知》，在首批节能减排示范项目推出后，交通部将这些项目的经验向交通行业进行推广。交通运输部于2008年8月和2009年6月又相继推出了第二、第三批节能减排示范项目，同时公布了两批“全国运输行业‘十一五’营运车辆节能产品（技术）目录”，这些示范项目和节能产品（技术）目录为交通运输行业提供了先进经验和技术指导。[3] 第二，结构性减碳，提高运输效率。目前，我国甩挂运输发展滞后，牵引车和挂车数量少，拖挂比低，道路货物运输仍然以普通单体货车为主，与节能减排和发展现代物流的要求不相适应。为提高运输效率、促进交通运输的节能减排，交通部和国家发展改革委等部门于2009年联合发布了《关于促进甩挂运输发

---

[1] 参见《中国应对气候变化的政策与行动2013年度报告》（国家发展和改革委员会，2013年11月）。

[2] 交通部：“中国将加快建立低碳交通运输体系”，载 http：//www.gov.cn/jrzg/2010－01/15/content_1511528.htm，2013年5月19日访问。

[3] “交通运输行业近日将推出第三批节能减排示范项目”，载 http：//www.gov.cn/gzdt/2009－06/15/content_1340175.htm，2013年5月19日访问。

展的通知》，凸显了甩挂运输的明显优势。[1] 加快建设交通运输信息系统，促进智能交通和运输网络化发展，提高运输效率和效能。第三，制度性减碳，严格市场准入和退出机制。根据交通部《公路水路交通节能中长期规划纲要》，预计到2015年，与2005年相比，营运货车单位运输周转量能耗下降12%左右，营运客车单位运输周转量能耗下降3%左右；预计到2020年，与2005年相比，营运货车单位运输周转量能耗下降16%左右，营运客车单位运输周转量能耗下降5%左右。为实现道路运输行业节能减排目标，必须立足车辆源头，从控制营运车辆燃料消耗量入手，限制高耗能车辆进入道路运输市场。我国已实施道路运输车辆燃料消耗量限值标准和准入制度，2009年交通部颁布了《道路运输车辆燃料消耗量检测和监督管理办法》。2009年6月，发展改革委、财政部等五部门联合发布了《促进扩大内需 鼓励汽车、家电"以旧换新"实施方案》，以财政补贴的方式，鼓励汽车以旧换新，促进节能减排。[2] 国家还运用税收政策推动大排量乘用车退出汽车市场。[3] 为促进汽车产品技术进步、保护环境、节约能源、鼓励企业研究开发和生产新能源汽车，国家制定了《新能源汽车生产企业及产品准入管理规则》。[4]

交通运输部进一步调整优化交通运输节能减排与应对气候变化重点支持领域，不断加大政策支持力度，继续组织开展"车、船、路、港"千家企业低碳交通运输专项行动；出台了《关于加强城市步行和自行车交通系统建设的指导意见》，通过城市步行和自行车交通系统示范项目，引导各地加强城市步行和自行车交通建设。科技部在全国25个试点城市组织开展"十城千辆"节能新能源汽车示范推广应用工程。据测算，2012年交通运输行业共实现节能量420万吨标准煤，相当于少排放二氧化碳917万吨。

3. 工业领域

2010年，工业和信息化部发布了《工业节能与综合利用工作要点》，提出了单位工业增加值能耗下降7%、工业固体废物综合利用率提高1.5

---

[1] 交通部："关于促进甩挂运输发展的通知"，载 http://www.moc.gov.cn/zizhan/siju/daoluyunshusi/guanlipindao/guanliwenjian/201001/t20100115_652051.html，2010年5月19日访问。

[2] 发展改革委等："促进扩大内需 鼓励汽车、家电'以旧换新'实施方案"，载 http://www.gov.cn/zwgk/2009-06/03/content_1331210.htm，2010年5月19日访问。

[3] 国家发展和改革委员会："中国应对气候变化的政策与行动——2009年度报告"，载 http://www.ccchina.gov.cn/WebSite/CCChina/UpFile/File572.pdf，2010年5月19日访问。

[4] 工业和信息化部："新能源汽车生产企业及产品准入管理规则"，载 http://www.gov.cn/gzdt/2009-06/25/content_1350379.htm，2010年5月19日访问。

个百分点的工作目标。[1] 2013 年 1 月 9 日，为贯彻落实《中华人民共和国国民经济和社会发展第十二个五年规划纲要》、国务院《工业转型升级规划（2011—2015 年）》和《“十二五”控制温室气体排放工作方案》，明确工业领域应对气候变化目标和任务，全面提升应对气候变化能力，推动工业低碳发展，工业和信息化部、发展改革委、科技部、财政部制定了《工业领域应对气候变化行动方案（2012—2020 年）》（以下简称《行动方案》）。工业领域应对气候变化的基本原则如下：坚持把应对气候变化作为实现工业转型升级的重要着力点，坚持把提高能源利用效率作为应对气候变化的中心任务，坚持把技术进步作为应对气候变化的重要支撑，坚持把体制机制创新作为应对气候变化的重要保障。

《行动方案》指出，到 2020 年我国单位国内生产总值二氧化碳排放比 2005 年下降 40%~45%，此数据将作为约束性指标纳入国民经济和社会发展中长期规划。《行动方案》总结了我国“十一五”期间工业节能所取得的显著成效，提出了 2020 年工业二氧化碳排放的具体目标，即 2015 年全面落实国家温室气体排放控制目标，单位工业增加值二氧化碳排放量比 2010 年下降 21% 以上，钢铁、有色金属、石化、化工、建材、机械、轻工、纺织、电子信息等重点行业单位工业增加值二氧化碳排放量分别比 2010 年下降 18%、18%、18%、17%、18%、22%、20%、20%、18% 以上，主要工业品单位二氧化碳排放量稳步下降，工业碳生产力大幅提高。工业过程二氧化碳和氧化亚氮、氢氟碳化物、全氟化碳、六氟化硫等温室气体排放得到有效控制。产业结构进一步优化，战略性新兴产业快速发展，建设一批低碳产业示范园区和低碳工业示范企业，推广一批具有重大减排潜力的低碳技术和产品。重点用能企业温室气体排放计量监测体系基本建立，工业应对气候变化的体制机制与政策进一步完善。到 2020 年，单位工业增加值二氧化碳排放量比 2005 年下降 50% 左右，基本形成以低碳排放为特征的工业体系。[2]

工业领域应对气候变化的主要任务如下：（1）积极构建以低碳排放为特征的工业体系；（2）大力提升工业能效水平；（3）控制工业过程温室气体排放；（4）加快工业低碳技术开发和推广应用；（5）促进低碳工业产品生产和消费。为完成上述任务，应以实施六大重点工程为抓手，提高工业单位碳排放生产效率，提升碳管理水平，有效控制工业温室气体排放。这六大重点工程如

---

[1] 工业和信息化部：“2010 年工业节能与综合利用工作要点”，载 http://www.gov.cn/gzdt/2010-03/29/content_1567715.htm，2010 年 5 月 13 日访问。

[2] 参见《工业领域应对气候变化行动方案（2012—2020 年）》（2013 年 1 月 9 日）。

下：（1）工业重大低碳技术示范工程；（2）工业过程温室气体排放控制示范工程；（3）高排放工业产品替代示范工程；（4）工业碳捕集、利用与封存示范工程；（5）低碳产业园区建设试点示范工程；（6）低碳企业试点示范工程。为此，应提供如下保障措施：（1）建立健全工业应对气候变化管理体制；（2）完善工业应对气候变化政策法规；（3）建立工业温室气体排放监测体系；（4）建立工业碳排放评价标准体系；（5）建立健全促进工业低碳发展的市场机制；（6）加强工业应对气候变化宣传培训和国际合作。

（四）增加森林碳汇

加快植树造林，继续实施生态建设重点工程，巩固和扩大退耕还林成果，开展碳汇造林项目。深入开展城市绿化，抓好铁路、公路等通道绿化。加强森林抚育经营和可持续管理，强化现有森林资源保护，改造低产低效林，提高森林生长率和蓄积量。完善生态补偿机制。“十二五”时期，新增森林面积 1250 万公顷，森林覆盖率提高到 21.66%，森林蓄积量增加 6 亿立方米。积极增加农田、草地等生态系统碳汇。加强滨海湿地修复恢复，结合海洋经济发展和海岸带保护，积极探索利用藻类、贝类、珊瑚等海洋生物进行固碳，根据自然条件开展试点项目。在火电、煤化工、水泥和钢铁行业中开展碳捕集试验项目，建设二氧化碳捕集、驱油、封存一体化示范工程。❶

目前，我国批准京津风沙源治理二期工程规划，林业局印发了《落实德班气候大会决定加强林业应对气候变化相关工作分工方案》，启动编制“三北”防护林五期工程规划，发布实施长江、珠江防护林体系和平原绿化、太行山绿化工程三期规划。进一步推进森林经营：中央财政森林抚育补贴从试点转向覆盖全国，全国森林经营中长期规划编制工作启动，确定并推进首批 15 个全国森林经营样板基地建设，印发了森林抚育检查验收办法和作业设计规定。在全国 200 个县（林场）深入开展以森林采伐管理为核心的森林资源可持续经营管理试点。积极推进森林资源保护，印发了《进一步加强森林资源保护管理工作的通知》。全国林业碳汇计量监测体系建设扎实推进：2012 年在 17 个省（自治区、直辖市）开展了试点，2013 年已实现覆盖全国，初步建成全国森林碳汇计量监测基础数据库和参数模型库。2012 年至 2013 年上半年，全国完成造林面积 1025 万公顷、义务植树 49.6 亿株，完成森林抚育经营面积 1068 万公顷，森林碳汇能力进一步增强。❷

---

❶ 参见《“十二五”控制温室气体排放工作方案》（2011 年 12 月 1 日）。

❷ 参见《中国应对气候变化的政策与行动 2013 年度报告》（国家发展和改革委员会，2013 年 11 月）。

（五）控制其他领域排放

1. 控制农业温室气体排放

2012年，中央财政安排补贴资金7亿元，支持2463个项目开展测土配方施肥。农业部启动实施“百县千乡万村”测土配方施肥整建制推进行动，开展农企合作推广配方肥试点。中央财政安排专项资金0.3亿元及保护性耕作工程投资3亿元，在204个县（市）推广保护性耕作技术，全国新增保护性耕作面积164万公顷。中央投入30亿元资金继续实施生猪、奶牛标准化规模养殖场（小区）建设项目，重点支持规模养殖场对畜禽圈舍进行标准化改造，建设贮粪池、排粪污管网等粪污处理配套设施。在农垦区域因地制宜积极推进生物质能源综合利用、畜禽粪便综合利用以及太阳能、风能综合利用等新技术，实施了生物质发电、生物质气化、沼气工程、固体成型燃料及生物质能源替代化石能源区域供热等示范项目。

2. 加强非二氧化碳温室气体管理

国务院办公厅印发了《“十二五”全国城镇污水处理及再生利用设施建设规划》、《“十二五”全国城镇生活垃圾无害化处理设施建设规划》，积极控制城市污水、垃圾处理过程中的甲烷排放。截至2012年年底，全国生活垃圾无害化处理率达76%，绝大部分垃圾填埋场对填埋气体进行了收集、导排和处理。制订了《蒙特利尔议定书》下加速淘汰含氢氯氟烃（HCFCs）的管理计划，截至2012年6月，中国第一阶段（2011—2015年）含氢氯氟烃淘汰总体计划、六个消费行业计划和一个履约能力建设规划获得批准，预计完成2013年HCFCs冻结目标，预计减排2亿吨二氧化碳当量。组织研究了国内外煤炭生产、废弃物处理、化工生产、制冷、电力和电子及冶金铸造等领域的非二氧化碳类温室气体排放及控制现状，提出了中国非二氧化碳类温室气体控排技术与对策建议。[1]

四、我国适应气候变化的国家政策

我国采取积极行动，加强重点领域适应气候变化和应对极端天气和气候事件的能力，减轻了气候变化对经济社会发展和生产生活的不利影响。

（一）防灾减灾

民政部制订或修订了《民政部救灾应急工作规程》《民政部关于加强自然灾害救助评估工作的指导意见》《中央救灾物资储备库管理暂行办法》等政策文件，进一步完善了减灾救灾工作体制机制；推动实施《国家综合防灾减灾

[1] 《中国应对气候变化的政策与行动2013年度报告》（国家发展和改革委员会，2013年11月）。

规划（2011—2015 年）》，启动综合减灾示范社区和避难场所建设工程项目，2012 年以来新创建全国综合减灾示范社区 1273 个；2012 年会同财政部安排下拨中央自然灾害生活救助资金 116 亿元，及时有效帮助灾民开展恢复重建和保障受灾群众的基本生活。农业部建立提早会商、预测、预判的工作制度，出台农业防灾减灾稳产增产关键技术、良法补助政策，指导各地完善抗灾技术措施，加强防灾减灾经验和典型宣传。水利部推进 2058 个县山洪灾害防治县级非工程措施和国家防汛抗旱指挥系统二期工程建设，开展洪水影响评价和洪水风险图编制，修订完善了重点江河流域的洪水、水量调度方案。林业局颁布《国家森林火灾应急预案》，强化森林防火检查，开展地方政府有害生物防控责任制。2012 年林业无公害防治率达到 87%，森林航空消防覆盖到 16 个省（自治区、直辖市）265 万平方公里。海洋局加强海洋减灾体系构建，开展沿海大型工程海洋灾害风险排查和风险区划工作。❶

（二）监测预警

国家防总、减灾委相关成员单位进一步完善各类自然灾害的监测预警系统建设，加强极端天气和气候灾害的应对能力。海洋局加强沿海、近海海洋观测能力建设，优化调整海洋灾害预警发布渠道，强化对重点地区海平面变化、海水入侵、土壤盐渍化和海岸侵蚀的监测评价，建设海洋渔业生产安全环境保障服务系统，开展面向沿海重点保障目标的精细化预报试点工作。气象局发布《中国气候变化监测公报 2011》，推进气候灾害风险普查，帮助地方出台气象灾害防御规划，加大对重点区域和流域的气候变化评估和特色产业适应气候化的技术支持，在重点城市开展精细化城市暴雨、积涝相关的预报业务。

（三）农业领域

2012 年 11 月，国务院办公厅印发了《国家农业节水纲要（2012—2020 年）》，促进水资源可持续利用，保障国家粮食安全。农业部印发了《农业部关于推进节水农业发展的意见》，下发了《关于印发〈全国土壤墒情监测工作方案〉的通知》，继续大力推动农田水利基本建设，完善农田水利设施配套，提升农业综合生产能力。进一步完善农作物品种测试评价体系，强化抗逆性品种选育，加大农作物良种补贴力度，加快推进良种培育、繁殖、推广一体化进程。2012 年全国主要粮食品种良种覆盖率达到 96% 以上。建立国家主导的农作物种质资源保护和利用制度，长期保存种质资源 42 万多份，居世界第二位。推广节水农业，启动旱作节水农业示范基地和农田节水技术示范项目，设立旱作节水农业示范基地 500 多个，核心示范区面积 1000 多万亩。因地制宜开发

❶ 《中国应对气候变化的政策与行动 2013 年度报告》（国家发展和改革委员会，2013 年 11 月）。

和推广农田节水技术，推广全膜双垄集雨沟播、膜下滴灌、测墒节灌等九大节水农业技术，面积达到4亿多亩。❶

（四）水资源领域

我国完成第一次全国水利普查，系统掌握了江河湖泊开发治理与保护现状。住房城乡建设部编制印发《全国城镇供水设施改造与建设“十二五”规划及2020年远景目标》及《国家节水型城市考核标准和考核办法》，促进城市节水与源头减排。水利部会同国家发展改革委等10部委组织编制的长江、辽河流域等七大流域综合规划（修编）获得国务院批复，明确了流域治理开发与保护的重要目标和任务；印发《落实〈国务院关于实行最严格水资源管理制度的意见〉实施方案》和《关于贯彻落实〈实行最严格水资源管理制度考核办法〉的意见》，建立健全最严格水资源管理制度体系。截至2013年上半年，全国已有21个省（自治区、直辖市）发布了实行最严格水资源管理制度意见或配套文件，30个省（自治区、直辖市）建立了实行最严格水资源管理制度行政首长负责制，14个省（自治区）将2015年省级水资源管理控制目标分解到市级行政区，形成以用水总量控制、用水效率控制和污染物排放总量控制“三条红线”为核心的最严格水资源管理制度，有序推进重要江河流域水量调度和主要江河流域水量分配工作，推动了14个水生态系统保护与修复试点建设。❷

（五）海岸带和生态系统

海洋局组织开展了《国家海洋事业发展“十二五”规划》、《全国海洋经济发展“十二五”规划》和《全国海岛保护规划》等专项规划的编制工作并经国务院批准发布，编制海洋岛屿管理保护的指导意见和管理办法，积极构建典型海洋生态系统对气候变化响应监测评价的指标体系，中央财政安排近8.5亿元支持沿海地方海域、海岸带整治修复和海岛生态修复、淡水资源保护等工作。环境保护部组织实施《中国生物多样性保护战略与行动计划（2011—2030年)》，开展生物资源基础调查，积极推进自然保护区建设。林业局贯彻落实《国务院办公厅关于做好自然保护区管理有关工作的通知》，进一步加强国家重要生态区域和生物多样性关键地区保护；完成第二次全国湿地资源调查并出台《湿地保护管理规定》，提出了湿地生态系统健康价值和功能评价指标体系。水利部制定针对水土流失的多项条例、导则、指导意见和管理办法，组

---

❶ 参见《中国应对气候变化的政策与行动2013年度报告》（国家发展和改革委员会，2013年11月）。

❷ 同上。

织编制或实施了相关规划、方案和细则等。2012 年至 2013 年上半年共审批水土保持方案 374 个，建设单位投入水土保持资金 352.1 亿元；新增林业国家级自然保护区 38 处，自然保护区总数达 2149 处。2012 年恢复湿地 30 万亩，新增湿地保护面积 135 万亩和 85 处国家湿地公园试点，确认了 11 处国家重要湿地。[1]

---

[1] 参见《中国应对气候变化的政策与行动 2013 年度报告》（国家发展和改革委员会，2013 年 11 月）。

第六章　我国应对气候变化的法治建设

第一节　我国应对气候变化的法治现状

应对气候变化立法是近年来国际上的一个新领域，也是我国法治建设的一个新事物，关系到我国环境保护和经济建设的全局，也关系到我国参与全球应对气候变化的立场和行动方案。应对气候变化是一个系统工程，从法治建设上讲，需要建立健全系统的法规体系，包括与应对气候变化密切相关的法律法规，还有与之配套起作用的法律法规。1992 年 6 月中国政府签署了《框架公约》，同年年底全国人大常委会正式批准。受它的影响，全国人大常委会先后制定或修订了节约能源法、可再生能源法、循环经济促进法等一系列与应对气候变化有关的法律。2009 年 8 月，《全国人民代表大会常务委员会关于积极应对气候变化的决议》明确提出要加强应对气候变化的法治建设。我国应对气候变化方面的立法正处于发展阶段，主要以能源法律规范为核心，以节能法律规范为重点，以生态法律规范为基础，反映了当前我国应对气候变化的法治需求。

一、《全国人民代表大会常务委员会关于积极应对气候变化的决议》

2009 年 8 月 27 日，第十一届全国人民代表大会常务委员会第十次会议通过了《全国人民代表大会常务委员会关于积极应对气候变化的决议》（以下简称《应对决议》），其中第四部分提出加强应对气候变化的法治建设，“要把加强应对气候变化的相关立法作为形成和完善中国特色社会主义法律体系的一项重要任务，纳入立法工作议程。适时修改完善与应对气候变化、环境保护相关的法律，及时出台配套法规，并根据实际情况制定新的法律法规，为应对气候变化提供更加有力的法制保障”。这是一个具有法律效力的规范性文件，体现了全国人大常委会对气候变化议题的高度关注和重视；而这个决议的背后是我国对中华民族和全人类长远发展的一种高度负责精神的体现，是我国进一步增强应对气候变化意识的体现。[1]

---

[1] 席锋宇：“应对气候变化首次纳入立法议程”，载《法制日报》2009 年 8 月 26 日。

在2009年的两会上，30名代表联名提出了“关于制定气候变化应对特别法的议案”，全国人大环境与资源保护委员会在办理代表议案过程中，对该项议案进行了认真研究，认为应对气候变化问题，事关我国可持续发展，事关我国广大人民群众切身利益，事关我国发展的国际环境，是一项极为重要的工作。为强化这项工作，人大常委会同意将决议草案作为单独议案列入本次常委会会议议程，以环资委的名义提出。

《应对决议》首先阐述了我国积极应对气候变化及时顺应当今世界发展趋势的客观要求，也是我国实现可持续发展的内在需要和历史机遇。《应对决议》对于我国应对气候变化法治建设提出的总体要求是“按照积极应对气候变化的总体要求，严格执行《节约能源法》《可再生能源法》《循环经济促进法》《清洁生产促进法》《森林法》《草原法》等相关法律法规，依法推进我国应对气候变化工作。要把应对气候变化方面的工作作为人大监督工作的重点之一，加强对有关法律实施情况的监督检查，保证法律法规的有效实施”。其次，强调了应对气候变化必须全面落实科学发展观，阐述了我国积极应对气候变化的指导思想。《应对决议》提出了积极应对气候变化所要采取的切实措施：(1) 要努力控制温室气体排放；(2) 增强适应气候变化能力；(3) 充分发挥科技在积极应对气候变化方面的支撑和引领作用；(4) 立足国情发展低碳经济、绿色经济；(5) 把积极应对气候变化作为实现可持续发展战略的重要内容纳入国民经济和社会发展总体规划，并制定专项规划，明确目标、任务和要求。《应对决议》强调了要加强应对气候变化的法制建设，指出要把加强相关立法作为形成和完善中国特色社会主义法律体系的一项重要任务纳入立法工作议程，严格执行现行有关法律，加强对有关法律实施情况的监督检查。《应对决议》还着重强调了应对气候变化应加强国际合作，坚持“共同但有区别的责任”原则，促进《框架公约》及《京都议定书》的全面、有效和持续实施。

《应对决议》是当前我国应对气候变化立法的指导性文件。

二、与应对气候变化密切相关的法律及制度

从我国现行法律法规来看，与气候变化和低碳经济相关的法律制度已经初步建立，并且日趋完善，主要涉及电力、煤炭、节能、可再生能源等能源领域以及清洁生产和循环经济等方面的法律制度。

（一）《电力法》中与应对气候变化相关的法律制度

《电力法》中与应对气候变化相关的法律制度包括以下内容：

第一，可再生能源和清洁能源发电激励制度。可再生能源和清洁能源发电

激励制度是指国家为改变我国以煤为主的电源结构，在现有的技术条件下，国家通过土地划拨、税收优惠等积极的财政激励手段鼓励和支持利用可再生能源和清洁能源发电的制度设计。《电力法》的重要贡献之一，是为我国《可再生能源法》、《清洁生产促进法》和《循环经济法》的制定提供了法律依据，也为我国可再生能源特别是水电尤其是中小型水电开发、风电和太阳能等可再生能源的发展提供了法律依据。国家发展改革委据此制定的《可再生能源发电价格和费用分摊管理试行办法》和《可再生能源发电有关管理规定》中通过建立框架性的制度，为未来的细化与具体措施奠定了基础。该制度取得了非常好的执行效果，这与其适度超前的制度设计有关。为改变我国以煤为主的能源结构，大力发展核电、太阳能、风能和水电等新能源和可再生能源奠定了法律基础和依据。不仅有利于能源结构的多元化，而且有利于我国更灵活地应对气候变化和发展低碳经济。

但是由于该制度设计之初主要是针对我国农村地区和农业使用，所以有范围过狭之嫌。随着《可再生能源法》、《清洁生产促进法》和《循环经济法》的颁布，该制度得以在更大的范围内得到使用。未来我国制定气候变化应对的法律中也应保留此制度。

第二，电力发展规划制度。电力发展规划是我国电力行业未来发展的主要指导方针；特别是其中有关电源结构多元发展的原则，对我国应对气候变化和发展低碳经济具有非常重要的意义。我国能源发展“十二五”规划明确了大力发展非化石能源基本原则：大力开发水电、加快发展核电、积极发展风电、扩大利用太阳能、科学开发生物质能和稳步发展其他可再生能源。环境保护规划、计划必须纳入电力发展规划、计划，采取有利于环境保护的经济、技术措施，使电力与环境保护同步规划、同步实施、同步发展。电力发展规划已经成为我国能源领域一个重要的政策工具。根据电力“十二五”发展规划，2015年全国常规水电装机预计达 2.84 亿千瓦左右，2020 年全国水电装机预计达 3.3 亿千瓦左右。2015 年，抽水蓄能电站规划装机容量 4100 万千瓦左右，2020 年 6000 万千瓦左右。“十二五”期间，我国电力发展的原则如下：优先开发水电、优化发展煤电、高效发展核电、积极推进新能源发电、适度发展天然气集中发电以及因地制宜发展分布式发电。电力发展规划对于我国可再生能源的发展起到了非常重要的作用。[1]

第三，分类电价制度。国家针对使用不同的能源资源发电规定不同的电

---

[1] 曹明德等：“中国已有相关法律与应对气候变化内容分析”课题中期报告（非正式出版物），第 59 页。

价。分类电价制度对于改变我国以煤为主的能源结构具有非常重要的意义。该制度的确立有利于国家鼓励和扶持可再生能源和新能源发电项目，为后来的可再生能源发电项目上网电价的国家补贴政策奠定了基础。我国近年来大力发展生物质能发电项目，国家对此类项目给予补贴。生物质项目上网电价实行政府定价，由国务院价格主管部门分地区制定标杆电价，电价标准由各省（自治区、直辖市）2005 年脱硫燃煤机组标杆上网电价加补贴电价组成。补贴电价标准为每千瓦时 0.25 元。发电项目自投产之日起，15 年内享受补贴电价；运行满 15 年后，取消补贴电价。自 2010 年起，每年新批准和核准建设的发电项目补贴电价比上一年新批准和核准建设项目的补贴电价递减 2%。❶ 未来制定低碳经济相关法律，可以将分类电价制度纳入可再生能源和新能源激励制度的规定中。❷

第四，节约用电和计划用电制度。节约用电和计划用电制度是气候变化减缓措施中的一项非常重要的制度。我国政府近年来一直提倡居民使用节能产品。一方面，节能与减排是密切联系的，能源节约了，电力使用减少了，电力的生产也会相应减少，碳排放量就随之减少；另一方面，提高能源利用效率也是节约能源的重要途径。

（二）《煤炭法》中与应对气候变化相关的法律制度

《煤炭法》在 2009 年 8 月 27 日进行了第一次修订，并在 2011 年 4 月 22 日进行了第二次修订。虽然经过两次修订，却无实质性变化。

第一，煤炭资源规划制度。煤炭资源开发利用规划制度对低碳经济的重要意义在于，煤炭资源的勘探、开发、利用和保护规划与我国未来二氧化碳的排放与控制关系密切。煤炭资源规划必须符合我国煤炭业的发展，特别是与我国当前的节能减排和应对气候变化的政策法律相一致。要减少二氧化碳的排放，煤炭资源规划制度应鼓励新的清洁煤技术、煤气层开发利用技术以及其他与应对气候变化相一致的技术的研发与应用。从《煤炭法》目前的规定来看，条款原则性强，缺乏对违反规划的法律责任与制裁措施的规定，没有具体的可操作性，并未得到很好的执行，导致现实中煤炭资源的生产开发一直处于无序状态，争夺资源、浪费和破坏煤炭资源的现象十分普遍。

第二，煤炭生产许可制度。《煤炭法》《矿产资源法》《乡镇煤矿管理条例》《矿产资源法实施细则》《煤炭生产许可证管理办法》《关于预防煤矿生

---

❶ 《可再生能源发电价格和费用分摊管理试行办法》第 7 条。

❷ 曹明德等："中国已有相关法律与应对气候变化内容分析"课题中期报告（非正式出版物），第 65 页。

产安全事故的特别规定》《煤炭生产许可证环境保护年检办法》和《煤炭生产许可证管理办法实施细则》等都对煤炭生产许可证制度作出了规定。对于高碳行业，通过生产许可证设定企业必须遵守的某些条件，就能够减少其碳排放。如果为了我国的低碳经济发展，法律制度能够从能源行业准入角度要求使用煤炭发电的火电厂必须采取清洁煤炭的措施，则可以有效减少二氧化碳的排放。

第三，煤炭综合开发利用制度。针对煤炭开发利用中损失浪费严重、资源利用率低、环境污染等问题，《煤炭法》确立了煤炭综合开发利用制度。该制度将国家关于煤炭产品的开发、加工转化和综合利用的方针、政策法律化。鼓励、引导煤矿大力发展煤炭的精加工、深加工以及综合利用。这不仅对提高社会效益和经济效益有重大作用，而且也是具有战略意义的发展重点。作为煤炭第一大国，煤炭在我国一次能源利用中的份额极大。煤炭综合开发利用不仅有利于节约煤炭资源，而且有利于减少二氧化碳的排放，符合发展低碳经济的要求。

第四，煤炭环境保护制度。煤炭环境保护制度是一项具有适应和减缓气候变化双重功能的法律制度。其主要任务在于以下方面：合理开发利用煤炭及与煤共生、伴生的矿产资源，依靠科学技术进步，推行清洁生产，防治矿区生态破坏和环境污染，发展洁净煤技术，提供清洁能源。我国的气候变化与低碳经济立法无法避开对煤炭资源的管理，因此，相关的制度设计尤为重要。该制度取得了一定的效果，特别是煤矸石和粉煤灰的综合利用方面，但在环境影响评价、生态补偿机制方面效果并不理想。《煤炭法》的两次修订也未使得生态补偿制度得到法律认可，故有待今后改进。

（三）《节约能源法》中与应对气候变化相关的法律制度

《节约能源法》中与应对气候变化相关的法律制度包括以下内容：

第一，节能标准体系制度。节能标准体系制度是节能法律制度的基础，是一项减缓气候变化的法律制度。《节约能源法》《民用建筑节能条例》《公共机构节能条例》《能源效率标识管理办法》《民用建筑节能管理规定》和《道路运输车辆燃料消耗量检测和监督管理办法》等都对节能标准体系制度作出了规定。该制度的意义在于国家通过建立节能标准体系规范企业的能源使用，能源产品的生产、进出口和使用，能源效率的提高以及建设节能建筑物等的行为，从而相应减少二氧化碳的排放。[1]

---

[1] 曹明德等："中国已有相关法律与应对气候变化内容分析"课题中期报告（非正式出版物），第109页。

节能标准体系基本可以满足国家、行业、企业和公众对节能的要求。随着该体系的完善，其在气候变化和低碳经济中发挥的作用也将日益增大。2011年，全国交通运输行业有122个节能减排项目获得共2.5亿元专项资金支持，拉动投资达到80.6亿元。经测算，已经补助的122个项目，除无法准确计算节能减排量的交通运输服务与能力建设类项目外，所形成的年度节能减排量达到31.5万吨标准煤和替代燃料22.4万吨标准油，减少二氧化碳排放量达到113.8万吨。❶

第二，高耗能项目、产品、设备和工艺淘汰制度。由于我国不同的地区、不同所有制的企业之间在经济发展水平、技术工艺水平方面存在很大差异，不少地方盲目上马许多技术落后、耗能过高、严重浪费能源的工业项目，不仅浪费了大量宝贵的能源资源，而且排放了大量的二氧化碳，使我国成为全球第一大二氧化碳排放国。这种以牺牲能源资源和生态环境为代价的粗放式经济发展模式与我国科学发展观与可持续发展战略相悖。《节约能源法》《民用建筑节能条例》《公共机构节能条例》《中央企业节能减排监督管理暂行办法》《民用建筑节能管理规定》和《节约用电管理办法》等对高耗能项目、产品、设备和工艺淘汰制度作出了规定。

我国已经出台了众多的高耗能项目、产品、设备和工艺淘汰名录，如第一、二、三批《煤矿设备目录》，第一、二批《高耗能机电设备淘汰名录》等。“十二五”机械工业节能减排目标已初步确定，机械工业万元工业增加值综合能耗由2009年的0.42吨标准煤下降到2015年的0.31吨标准煤，年均下降5.9%。在煤炭行业，截至2011年11月，中国累计关停小火电7210万千瓦，电力工业结构得以优化。30万千瓦及以上机组比重，已从2005年的不到一半提高到70%左右；每千瓦时供电煤耗从370克下降到340克。两者累计节约原煤超过3亿吨。❷

第三，节能目标责任制和节能考核评价制度。节能目标责任制和节能考核评价制度是一项具有中国特色的法律制度。《节约能源法》《民用建筑节能条例》《公共机构节能条例》《中央企业节能减排监督管理暂行办法》《中央企业节能减排考核细则》和《重点用能单位节能管理办法》等对该制度作出了规定。除上述法律制度外，《节约能源法》还对节能技术创新、能效标识、建

---

❶ 乔雪峰：“全国交通运输行业122个节能减排项目或2.5亿支持”，载http：//finance.people.com.cn/GB/16392372.html，2014年1月6日访问。

❷ “上大压小：千万吨级以上煤炭企业产量占全国58%”，载http：//finance.ifeng.com/news/special/energyhuanshuai/20110113/3199132.shtml，2014年1月6日访问。

设项目节能评估审查、节能产品认证、重点用能单位节能、建筑节能、交通运输节能、公共机构节能和节能经济激励制度进行了规定。这些法律制度均取得了一定的成效并在逐步完善中，对我国应对气候变化和发展低碳经济起到了推动作用。[1]

（四）《可再生能源法》中与应对气候变化相关的法律制度

《可再生能源法》与应对气候变化的关系更直接、更密切。2009 年 12 月全国人大常委会通过了《可再生能源法修正案》。修改后的《可再生能源法》为可再生能源的发展构筑了“绿色通道”，确立了可再生能源总量目标制度、可再生能源并网发电审批和全额收购制度、可再生能源上网电价与费用分摊制度、可再生能源发展基金制度、可再生能源经济激励制度[2]等相关法律制度。

2011 年 12 月，财政部公布印发《可再生能源发展基金征收使用管理暂行办法》（以下简称《暂行办法》），自 2012 年 1 月 1 日起实行。《暂行办法》中称，根据可再生能源开发利用中长期总量目标和开发利用规划，以及可再生能源电价附加收支情况，征收标准可以适时调整。《暂行办法》规定，可再生能源发展基金包括国家财政公共预算安排的专项资金和依法向电力用户征收的可再生能源电价附加收入等。可再生能源发展专项资金由中央财政从年度公共预算中予以安排（不含国务院投资主管部门安排的中央预算内基本建设专项资金）。新能源电价附加加倍征收标准定为每千瓦时 8 厘，成为可再生能源的利好消息。[3]

（五）清洁生产促进与清洁发展机制法律制度

《清洁生产促进法》中主要有以下与应对气候变化相关的法律制度：清洁生产制定和推广政策、规划制度、循环经济促进制度、清洁产品环境标志制度、清洁生产教育宣传制度、环境信息公开制度、产品包装和回收制度以及清洁生产审核制度。2011 年 5 月，国家发展改革委、环境保护部会同有关部门决定，为实现节能减排和降低二氧化碳排放强度约束性指标，进一步完善法律法规、加强规划指导、健全标准体系、强化政策支持、加快技术创新、发挥市场作用、形成有效的激励和约束机制，加快构建企业为主、政府指导、市场驱动、全民参与的清洁生产工作格局；通过抓好清洁生产审核、清洁生产评价，在重点区域、重点领域实施清洁生产重大工程，带动企业实施清洁生产改造，

---

[1] 曹明德等：“中国已有相关法律与应对气候变化内容分析”课题中期报告（非正式出版物），第 119 页。

[2] 参见《可再生能源法》第 13～14 条、19～20 条、24～26 条。

[3] “可再生能源电价附加标准上调为每千瓦时 8 厘”，载 http：//www.zjol.com.cn/epmap/system/2011/12/22/018095263.shtml，2014 年 1 月 6 日访问。

实现经济社会效益提高、科技研发能力增强、资源能源消耗降低、污染物排放减少的综合效益。❶

清洁发展机制（clean development mechanism，CDM）是《京都议定书》创立的一个在发达国家和发展中国家之间开展温室气体减排的合作机制。根据这一机制，一方面允许发达国家在发展中国家建设具有减少温室气体排放作用的项目，并运用这些项目所产生的“可确认的温室气体减排量”（CERs）来抵销该发达国家的一部分减排义务；另一方面，针对没有减排义务的发展中国家，有许多能够减少或避免排放温室气体的项目，但由于缺乏相应的先进技术和足够资金而无法开展的情况，发展中国家可以通过 CDM 项目从发达国家获得先进技术以及资金支持。中国建立了有关清洁发展机制项目管理的法规和制度，促进了清洁发展机制项目的快速发展。2005 年 10 月 12 日，国家发展和改革委、科学技术部、外交部和财政部联合发布《清洁发展机制项目运行管理办法》，明确了清洁发展机制项目许可条件、监管体制、监管程序和费用分担制度。❷ 截至 2010 年 3 月 17 日，国家发展改革委批准的清洁发展机制项目共有 2443 个。❸

（六）《循环经济促进法》中与应对气候变化相关的法律制度

中国政府高度重视发展循环经济，积极推进资源利用减量化、再利用、资源化，从源头和生产过程减少温室气体排放。国家制定《清洁生产促进法》《固体废物污染环境防治法》《循环经济促进法》《城市生活垃圾管理办法》《废弃电器电子产品回收处理管理条例》❹ 等法律法规，建立起较完备的循环经济法律体系；建立了循环经济规划制度、抑制资源浪费和污染物排放的总量调控制度、循环经济评价考核制度、以生产者为主的责任延伸制度等法律制度。

实现可持续发展是循环经济立法的根本目的，也是我国国民经济和社会发展的基本指导方针。《循环经济促进法》的制定，通过在全社会倡导一种资源节约和环境友好的理念，逐渐让政府、企事业单位、公民、行业协会等主体形成一种资源节约和环境友好的行为方式，从而促进可持续发展。《循环经济促进法》对于循环经济的各主要环节、各主要方面仅是原则性地提出了一些要

---

❶ 杨丽萍：“我国将修订清洁生产促进法，发展改革委表示将增强法律的约束力”，载 http://news.163.com/11/0512/10/73RLVB9N00014AEE.html，2014 年 1 月 6 日访问。

❷ 《清洁发展机制项目运行管理办法》第 6 条、12～13 条、17～18 条、20 条、24 条。

❸ 中国清洁发展机制网：“国家发展改革委最新批准的 CDM 项目”，http://cdm.ccchina.gov.cn/WebSite/CDM/UpFile/File2436.pdf，2013 年 4 月 18 日访问。

❹ 参见《废弃电器电子产品回收处理管理条例》（2011 年 1 月 1 日起施行）。

求，但对于一些要求如何遵守以及违反了应当如何追求责任等问题，却没有进一步明确。这说明，《循环经济促进法》是促进我国循环经济发展的基本法，需要一些新的条例和规章予以配合。如果立法不能破除地方保护主义，没有相关细则和规章的衔接规定，就缺乏有力的监督执行。这种现状使我国在发展循环经济的基础制度方面存在相当大的困难，不能适应发展循环经济的要求。缺乏法律规章就难以从制度上约束不合理的行为，不利于循环经济的发展。同时，法律、法规或者部门规章之间也存在衔接协调的问题。[1]

（七）污染防治法律制度

2000 年 4 月修订的《大气污染防治法》把洁净能源技术和洁净能源的开发利用作为大气污染控制战略的重要组成部分，有利于实现温室气体的排放控制。如该法第 9 条规定国家鼓励和支持开发、利用太阳能、风能、水能等清洁能源；第 25 条规定国务院有关部门和地方各级人民政府应当采取措施，改进城市能源结构，推广清洁能源的生产和使用；第 19 条规定企业应当优先采用能源利用效率高、污染物排放量少的清洁生产工艺，减少大气污染物的产生。国家对严重污染大气环境的落后生产工艺和严重污染大气环境的落后设备实行淘汰制度。此外，《大气污染防治法》专章规定的防治燃煤产生的大气污染、防治机动车船排放污染以及防治废气、尘和恶臭污染的相关法律规定在一定程度上也能起到减少温室气体排放的作用。

2009 年，中国开始启动现行《大气污染防治法》的修订工作，修订的一大亮点就是拟在修订草案中增设“控制温室气体排放”一章，专门就温室气体排放强度标准、统计、考核、监测、低碳技术等方面作出规定。

此外，其他的污染防治法律规定也包含有气候变化应对方面的内容。如《固体废物污染环境防治法》第 43 条第 1 款规定：城市人民政府应当有计划地改进燃料结构，发展城市煤气、天然气、液化气和其他清洁能源。这对于减少温室气体的排放也能够起到一定的积极作用。

（八）“碳金融法”

碳金融是指在低碳经济的背景下，旨在减少温室气体排放从而应对气候变化的市场机制和金融方法的统称，包括银行“绿色信贷”、低碳项目直接投融资、温室气体排放权及衍生品的创制和交易、相关金融中介服务等金融制度安排和金融交易活动。

碳金融法是指调整减少温室气体排放的金融监管关系和交易关系的法律规

---

[1] 曹明德等：“中国已有相关法律与应对气候变化内容分析”课题中期报告（非正式出版物），第 248 页。

范的总称。目前金融法以及财税法中有关的成文法律法规较少，大多是以规范性法律文件形式制定的"通知"、"指导意见"以及政策。2005 年 10 月，我国颁布了《清洁发展机制项目管理办法》，规定国家从清洁发展机制项目减排量转让收入中收取一定比例的费用，用于应对气候变化的工作。2006 年 8 月，国务院批准成立中国清洁发展机制基金。2010 年 9 月 14 日，国务院批准了《中国清洁发展机制基金管理办法》。《中国清洁发展机制基金管理办法》中确立的环境协议制度、申报许可制度、优惠措施制度等法律制度对于适应国际气候变化的趋势以及自我创新、发展低碳经济具有重大意义。❶

三、我国应对气候变化的生态立法

我国除了专门应对气候变化的规范性文件以及与应对气候变化密切相关的立法之外，在外围还有大量的起配套作用的法规体系。我国在农业、森林与其他自然生态系统、水资源等领域，以及海岸带及沿海地区等脆弱区，建立健全法规体系，依法实施适应气候变化的政策和行动，取得了积极成效。

（一）农业领域应对气候变化的立法

国家制定并实施了《农业法》《草原法》《渔业法》《土地管理法》《突发重大动物疫情应急条例》《草原防火条例》等法律法规，努力建立和完善农业领域适应气候变化的政策法规体系。加强农业基础设施建设，开展农田水利基本建设，扩大农业灌溉面积，提高灌溉效率和农田整体排灌能力，推广旱作节水技术，增强农业防灾抗灾减灾和综合生产能力。实施"种子工程"，培育产量高、品质优良的抗旱、抗涝、抗高温、抗病虫害等抗逆品种。

取得的立法成果与确立的诸多法律制度举其要者如下：农业保护性耕作促进制度、农村建筑节能推广制度（《民用建筑节能条例》、《建筑节能专项规划》）、国家大工程项目的资金投入制度（重大工程包括长江上游和黄河中上游地区的生态建设和保护工程、农村水利工程、农村沼气工程、退耕还林工程）、其他农村适应性项目（农村生物质能利用、沼气项目、滴灌项目、测土施肥项目）。我国将进一步加大优良品种推广力度，提高良种覆盖度。强化重大动物疫病防控，建立和完善动物防疫体系，加强动物疫病监测预警，提高动物疫病的预防和控制能力。开展草原退牧还草，草场围栏，人工草场建设，加强草原防火基础设施建设，保护和改善草原生态环境。开展水生生物养护行动，保护水生生物资源和水生生态环境。

---

❶ 曹明德等："中国已有相关法律与应对气候变化内容分析"课题中期报告（非正式出版物），第 470 页。

（二）应对气候变化的水资源立法

我国制定并实施了《水法》《防洪法》《河道管理条例》等法律法规，编制完成了全国重要江河流域的防洪规划等水利规划，初步建立起适合国情的水利政策法规体系和水利规划体系，初步建成了大江大河流域防洪减灾体系、水资源合理配置体系和水资源保护体系，建立了水资源领域的流域综合治理制度、小水电能源替代生态保护制度等。同时，大力推进水土流失综合治理，有效地保护水土资源，改善生态环境。

我国还将加快全国水资源综合规划、流域综合规划等规划的编制工作，制订主要江河流域水量分配方案，加快实施南水北调等跨流域调水工程，优化水资源配置格局，提高特殊干旱情况下应急供水保障能力。加强水资源统一管理和统一调度，建立国家初始水权分配制度、水权转让制度以及水资源节约和保护制度。加强大江大河防洪工程建设和山洪灾害防治体系建设，基本建成以水库、河道、堤防、蓄滞洪区为主的大江大河防洪减灾工程体系和以管理措施为主的山洪灾害防治体系，进一步完善国家防汛抗旱指挥系统，建立洪水风险管理制度，提高抵御洪涝灾害的能力。对于生态严重恶化的流域，实施地下水限采，努力控制地下水超采，采取积极措施予以修复和保护。进一步加强气候变化对水资源的影响研究，加强大气水、地表水、土壤水和地下水的转化机制和优化配置技术研究，加强污水再生利用技术、海水淡化技术的研究、开发与推广。

（三）应对气候变化的自然生态系统立法

多年来，我国通过制定并实施《森林法》《野生动物保护法》《水土保持法》《防沙治沙法》和《退耕还林条例》《森林防火条例》《森林病虫害防治条例》等相关法律法规，努力保护森林和其他自然生态系统。国家正在积极制定自然保护区、湿地、天然林保护等相关法律法规，推动全面实施全国生态环境建设和保护规划。

我国还将进一步加强林地、林木、野生动植物资源保护管理，继续推进天然林保护、退耕还林还草、野生动植物自然保护区、湿地保护工程，推进森林可持续经营和管理，开展水土保持生态建设。建立健全国家森林资源与生态状况综合监测体系。完善和强化森林火灾、病虫害评估体系和应急预案以及专业队伍建设，实施全国森林防火、病虫害防治中长期规划，提高森林火灾、病虫害的预防和控制能力。改善、恢复和扩大物种种群和栖息地，加强对濒危物种及其赖以生存的生态系统保护。加强生态脆弱区域、生态系统功能的恢复与重建。

（四）应对气候变化的海岸带及沿海地区立法

依据《海洋环境保护法》、《海域使用管理法》以及《海气相互作用业务体系发展规划（纲要）》等，国家确定了海洋领域应对气候变化业务体系的建设目标和内容，建立了综合管理的决策机制和协调机制，努力减缓与适应气候变化的不利影响。加强海岸带和沿海地区适应气候变化的能力建设。开展海气相互作用调查研究，深化海气相互作用的认识，初步建成海洋环境立体化观测网络，提高了海洋灾害防御能力。

我国还将进一步建立健全海洋领域的海岛、海岸线和沿海地区保护管理制度，海域使用审批制度，海域（海洋特别保护区）保护区制度，海洋灾害应急预案体系和响应机制，全面提高沿海地区防御海洋灾害能力。建设完善海洋领域应对气候变化观测和服务网络，开展海洋领域对气候变化的分析评估和预测。建立海平面监测预测分析评估系统，进一步做好海平面变化分析评估和影响评价。提高近海和海岸带生态系统抵御和适应气候变化的能力，推进海洋生态系统的保护和恢复技术研发以及推广力度，强化海洋保护区的建设与管理，开展沿海湿地和海洋生态环境修复工作，建立典型海洋生态恢复示范区，大力营造沿海防护林等。加强海岸带管理，提高沿海城市和重大工程设施的防护标准，控制沿海地区地下水超采和地面沉降，采取陆地河流与水库调水、以淡压咸等措施，应对河口海水倒灌和咸潮上溯。

（五）其他领域应对气候变化的立法

中国加强了对极端天气气候事件的监测预警能力建设，基本建立相应的气象及其衍生和次生灾害应急处置机制。强台风和区域性暴雨洪涝等极端天气气候事件的防御取得重大进展，初步建立起气候与气候变化综合观测系统。

针对气候变化可能导致流行病疫区的扩大，国家将进一步加强监测、监控网络，建立和完善健康保障体系。编制城市防洪排涝计划，提高城市防洪工程设计规范的标准。在重大工程的设计、建设和运行中考虑气候变化的因素，制定新的标准，适应未来气候变化的影响。

第二节 我国气候变化立法应注意的问题[1]

一、应充分考虑我国的国情

气候变化问题虽然是全球性问题，但具体到各国实际情况又有所不同，如

[1] 周珂、徐岭、潘文军：“中国应对气候变化法治建设刍议”，载《学习与探索》2010 年第 2 期。

气候变化对各个国家的影响程度不同，不同国家经济发达程度不同，相关国际公约规定的各国应该承担的责任和义务也都有明显的差异。因此，在气候变化立法时必须充分考虑我国的国情。

首先，我国是一个自然灾害较频繁的国家；气候变化会加剧自然灾害，对我国影响巨大。[1] 对于经济和社会系统仍相对脆弱的中国而言，在不断增大的气候灾害风险面前，建立有效的“预警—反应—恢复”机制至关重要。不仅政府层面要加大科技投入，还要形成有利于气候技术研发和推广应用的政策和法律环境体系，力求像对待地震、地质、洪涝等自然灾害那样建立相应的野外监测站等观测技术系统和环境信息网络系统，对气候变化进行监测、预测和预警；建立健全减灾防灾方面的立法和制度，以对突发的气候灾害能科学有效地处理；通过配套措施的完善建立相应的资金制度对受害群众实施有效救助。涉及救助问题，不仅仅包括技术上、道义上的帮助，法律方面（救济法、保险法等）也要考虑增加相应条款来加以保证。

其次，我国是发展中国家，现代化进程远没完成，发展经济、改善民生的任务还很艰巨。我国在气候变化立法进程中要用好、用足《框架公约》和《京都议定书》中关于发展中国家的相关规定。关于“共同但有区别的责任”原则，一方面我们在国际谈判中和在立法中要坚持，另一方面我们要建立健全气候变化应对政策、法律法规体系，为促成发达国家向我国进行技术转移和资金支持创造良好的外部环境；提请发达国家必须把相当一部分气候变化技术排除在知识产权法之外，即使是采取技术贸易的形式转移至发展中国家也必须将价格控制在较低范围内；创造国内有效使用国外资金和技术支持的平台和运作机制。

关于《京都议定书》中的清洁发展机制，我们也要用足、用好。通过清洁发展机制，我国可以吸收、引进国外的先进技术、经验和资金来实现提高能源利用效率、降低碳排放、开发新能源、清洁能源等可持续发展目标。清洁发展机制是一个与能源开发、利用和投资等重大事项有着密切关系的法律机制。因此，我国应在以下方面进行努力：（1）应逐步修改完善现有的《清洁发展机制项目运行管理暂行办法》《节约能源法》《可再生能源法》《电力法》等

[1] 中国《气候变化国家评估报告》把气候变化对中国的危害主要概括为三方面：其一是温度变化。近100年来中国年地表平均气温明显增加。升温幅度约为0.5℃～0.8℃，比同期全球平均值（0.6℃±0.2℃）略强。其二是降水变化。近100年和近50年中国年降水量变化趋势不显著，但年代际波动较大。华北、西北东部、东北南部等地区年降水量出现下降趋势。其三是其他要素变化。近50年中国的日照时间、水面蒸发量、近地面平均风速、总云量均呈显著减少趋势。华北和东北地区干旱趋重，长江中下游流域和东南地区洪涝加重。

法律，以和国际法接轨；（2）通过相关立法推动建立详尽准确的基于微观个体、单位、楼宇等的碳排放信息统计、监测信息网络系统和严格可执行的碳排放考核制度；（3）应完善碳汇相关制度；（4）应推动碳金融、碳排放权交易制度的研究和建立健全。

最后，中国是大国，温室气体排放占全球较大份额。中国虽然人均碳排放不是很高，但已经是世界平均水平的1.1倍，并且从2007年开始已经超过美国成为世界上第一排放大国。中国和美国的排放总量占到全球的温室气体排放量的将近一半。鉴于这种客观情况，“共同但有区别的责任”作为谈判武器的效果越来越有限，我国承担强制性减排义务恐怕是早晚的事情。因此，我们可借鉴美国做法，做到以下方面：（1）要在国际谈判中争取时间。在气候变化问题上，印度提出的“不能放弃发展的权利、任何减排都必须得到补偿”一定程度上代表了发展中国家的核心利益，我国应当支持和坚持。（2）国内必须立法推动和促进各项节能减排、新能源等的研发以及机制、制度等的建设，并积极进行低碳经济生态园试点工作，尽快真正、全面地把可持续发展落在实处。（3）做好落实我们已经承诺的自愿碳减排目标，提升减缓气候变化的能力。（4）加强碳排放交易制度和体系的研究和建设。（5）加快国际国内碳税和碳关税的相关研究。

二、协调好环境保护与经济发展的关系

气候变化问题把环境问题与经济问题空前紧密地结合到一起。气候变化虽然是环境问题，但归根到底是发展问题，应该在可持续发展框架下解决。

第一，气候变化问题实际上是国际社会内部各个国家之间经济利益的博弈。美国是公开地把气候变化问题与经济问题紧密联系在一起，欧洲是利用气候变化问题不动声色地维护有利于发达国家的国际经济秩序。国内和国际利益集团的博弈性在政策和立法的制定上要充分考虑，特别是我国环境保护行政主导体制下，要防止迷信行政推动。

第二，应对气候变化带来的低碳经济、绿色经济、循环经济将有效地促进经济转型，增加就业，提升经济竞争力。我国以往与外国签订的双边环境保护条约包括涉及气候变化合作的条约，很少涉及经济的发展，使这些双边条约缺乏活力。事实上，我国气候变化应对国内政策和法律规定大部分也缺乏经济考量。奥巴马访华签订的中美联合声明中有关气候变化、能源和环保的内容较好地把二者结合在一起，这也促使我们更多地考虑我国今后无论在国内立法还是在对外签约上都必须更加重视气候变化问题中的经济因素。

第三，气候问题的解决离不开低碳技术，必须自主创新。在传统经济技术

领域，我国企业竞争力和国外差距较大；但在新能源以及碳捕捉、碳封存、碳转化等新兴领域，我国起步并不晚，如在电动汽车、太阳能光伏发电等领域。因此中国企业要积极应对，在这一轮竞争中主动承担责任，变压力为参与新一轮和更高层次利益分配的动力，毕竟高耗能产业路会越走越窄。自主创新，成为标准和规则的制定者是网络新经济时代企业乃至区域、国家取得更大权益资本的不二法门。因此，进一步修改完善新能源法促进低碳技术的研发和推广应用也必不可少。

第四，气候问题不仅是一个科学技术问题，也是一个经济问题。绿色经济、循环经济、低碳经济等不仅仅体现不同的技术标准、游戏规则，还体现了特定国家的利益诉求。网络经济下，选择某种技术就意味着选择某个标准和网络，不要追求时髦，要注意货比三家，让卖者之间形成竞争，从卖者那里争取更多的利益，避免被牢牢锁定。我国立法实践中并没有意识到这些问题，还存在跟风追时髦现象，体现在2002年通过《清洁生产促进法》，2008年又通过《循环经济促进法》，现在气候方面的专门法律也提上日程，据说可持续发展法也在酝酿中，现在又热炒低碳经济概念，是否再出台低碳经济方面的法律？面对纷繁复杂、日新月异的提法和概念，立法前一定要注意区分并搞清其相互间的关系，结合我国利益诉求才能真正制定出合理实用的气候变化法律体系。

第五，中国需要更加积极地参与碳市场的构建，要成为市场规则的主要制定者之一，争取更大的话语权和定价权。跟其他领域如世界贸易组织、世界银行、世界能源定价权等不同，在这些领域，中国作为“玩家”参与游戏时，人家已经形成了紧密的利益集团，中国要想从既得利益集团手中得到足够的话语权或定价权需要长期的谈判和斗争，毕竟改变已经形成几十年的游戏规则是很难的。但是在碳交易领域不同，中国从一开始就已经是参与者和规则制定者之一，而且现在中国的影响力与当年已不可同日而语，因此我国在这一领域的话语肯定很重要。我们不仅要积极参与国际谈判相关规则制定争取核心利益，还要在国内积极构建自身的碳交易服务平台，形成自身的价格发现机制，并要建立健全相关立法（包括宏观和微观层面），保证交易的顺利和公平实施。

第六，加强对黄金标准、温室气体协议、澳大利亚温室气体官方协议、气候社区生物多样性、温洛克国际等清洁发展机制实施中已经存在的标准和方法学的研究，争取尽快推出我国自己关于碳排放交易市场的标准和方法学，并从立法上保证其有效实施。

第七，加强对相关国家碳税、碳关税的相关研究。其一，为我国企业提供法律政策咨询等援助，帮助其在国际贸易中争取更多的经济利益；其二，为我国在恰当时刻制定碳关税维护我国在国际贸易中的经济利益提供必要的论证和储备；其三，为我国国内进行相关税制改革征收碳税、促进低碳经济发展的必要性和时点提供借鉴。

第八，加强对国际标准化组织（ISO）、国际电工委员会（IEC）和国际电信联盟（ITU）制定发布的相关标准的研究。这些标准已经覆盖到包括 IPCC 报告中减排技术、政策法规、控制措施及其所涉及的能源供给、运输、建筑、工业、农业、林业以及废弃物处理等诸多领域。

三、应注重优先行动领域

应对气候变化的法制建设是个系统工程。我国不宜也不能像欧盟那样全面铺开、高调立法，也不能像美国那样一鸣惊人。要明确我国的优先行动领域，循序渐进。应对气候变化的第一要务在我国当推“节能减排”。新能源无论概念多新，毕竟是增量和替代，而“节能减排”是能源利用效率的提高。我国较之发达国家，能源利用率低得惊人，研发和引进低碳技术和低碳产品前景十分广阔，涉及许多行业。如低碳技术就涉及电力、交通、建筑、冶金、化工、石化等部门。

新能源包括太阳能、风能、新型电池技术等，其发展无疑是实施低碳经济的重要举措，前景光明。但新能源的推广面临的主要瓶颈是，虽然其生产状态不消耗能源，但在设备制造、回收等领域均要消耗能源，而且往往会产生污染（如废旧电池）。在很大程度上这些新能源的前景取决于其设备成本和维护成本的降低，现在太阳能、风能的发电上网，是建立在国家巨额补贴基础上的；如果传统能源的价格没有迅速超过所谓新能源的成本，这种补贴能延续多久和多大规模是有疑问的。

现阶段，保证我国国家环境安全也不容忽视，必须防止自然灾害等环境问题所造成的社会动荡。在我国，与气候变化关联最紧密的自然灾害主要表现为碳循环异常导致的水循环异常进而导致的旱涝灾害及水土流失问题。做好防灾减灾，兴修水利改善水循环，促进农业发展保证粮油等食品供应安全事关国家稳定大局，不容小觑。当然，如前所述，用好清洁发展机制、加快培育国内碳排放交易机制和市场的发展、增加碳汇等措施对应对气候变化、发展低碳经济也非常重要。

从国际立法实践看，即使是在欧盟，其计划实施也是分阶段分步骤的。首先实施的规划就是 SAVE（1991 年 1 月 1 日至 1995 年 12 月 31 日）。由于 SAVE 规划的成功实施以及能源效率问题和温室气体排放控制问题的极端重要性，欧共体随后启动 SAVE Ⅱ 规划。[1] 第二项规划是“促进可再生能源发展规划”（ALTENE）。1998 年，理事会决定实施 ALTENE Ⅰ 计划，并批准了 ALTENE Ⅱ 计划。[2] 该计划的实施期限为 1998 年到 2002 年。

综合考虑以上因素，借鉴国外立法经验，按重要性程度，笔者主张气候变化立法中应注重以下排序的优先领域：节能减排，防灾减灾，新能源与绿色经济，水利与农业，增汇与 CDM 机制特别是碳汇交易，其他。

四、应对气候变化在立法上应公开宣示

我国相关的法律领域应当在立法上公开宣示。这不仅是有关国际公约规定的义务，而且对国内相关政策与法律的制定，对执法、司法和守法都至关重要。更重要的是，这还是我们前面已经提到过的，是用好用足国际气候法律、增强国际交流进而获得发达国家资金与技术支持的前提。

从国外立法实践看，日本国会于 1998 年 10 月通过的《地球温室化对策推进大纲——面向 2010 年的地球温室化对策》第一条就规定：“制定本法的目的是促进应对全球气候变暖措施的制定，通过明确中央政府、地方政府、企业和市民应对气候变暖应采取措施的责任，确立应对气候变暖的基本政策，从而为确保当代人和后代人享有健康和文明的生活作出贡献，为全体人类福祉作出贡献。”2008 年 11 月 24 日，英国驻上海总领事馆发布了英国日前通过《气候变化法案》的消息。该法案承诺，英国将在 2050 年将温室气体排放量在 1990 年基础上减少 80%，并确定了今后五年的“碳预算”。这是全球第一个确定温室气体减排目标的法案。

在政策层面可更积极。现阶段，政策和立法公开显示是其最重要的功能，其他功能可以逐步完善。如 2002 年 3 月，日本就重新修订其 1998 年制定的《地球温室化对策推进大纲》（以下简称新大纲），并进一步指出：地球温室化“是与人类生存基础相关的最重要的环境问题之一”。这表明，日本对气候变化问题严重性的认识在加深。[3] 新大纲明确规定了涉及各方面 115 种具体的量化减排对策指标；在原大纲 107 项对策的基础上又增加了 94 项新对策。

立法公开显示功能现阶段对内是引起全社会的重视，转化为全社会的自觉行动，成为落实科学发展观的组成部分；对外是与有关国际公约对接，落实国

---

[1] 参见 1996 年 12 月 16 日理事会通过的《关于提高共同体能源效能的跨年度计划的第 96/737 号决议》（英文版）。

[2] 何建坤、刘滨、王宇：“全球应对气候变化对我国的挑战与对策”，载《清华大学学报（哲学社会科学版）》2007 年第 5 期。

[3] 刘江永：“日本应对气候变化的战略、措施与困难”，载《世界经济与政治》2003 年第 6 期。

际责任，也是争取国际支持的前提。我国现有的气候变化法律相关领域可分为两类：其一是密切相关的立法，包括已经制定的有循环经济促进法、清洁生产促进法、煤炭法、节约能源法、可再生能源法、电力法。正在起草包括应当论证储备的立法有能源基本法、建筑节能条例、汽车节能条例、新能源立法、碳税法、碳交易法等。此外，民事立法中应当增加鼓励绿色消费的规定。其二是起配套作用的相关领域立法，包括已经制定的有环境保护法、环境影响评价法、大气污染防治法、水污染防治法、固体废物污染防治法、海洋环境保护法、土地法与水土保持法、森林法（包括野生动物保护法、野生植物保护条例等）、气象法、水法、自然灾害防治法、农业法、草原法；需要新增的有湿地法、生态安全法和生态补偿法、自然保护区法等。此外，针对发达国家屡屡扬言的碳关税制裁，我国对外贸易法中要有应对绿色贸易壁垒的立法论证。要借鉴美国的做法，重视法案阶段，积极论证，充分准备，加强储备，适时推出。

五、加强气候变化方面的环境教育

我国一方面要加大气候变化教育与宣传力度，重视环境与气候变化领域的教育、宣传与公众意识的提高；另一方面要抓紧制定《环境教育法》，并将应对气候变化的内容在该法中明文规定。[1]

国际社会大多重视环保宣传教育，比如环境教育是日本政府的一项重要基本政策。环境教育与研究方案作为一项具有开创性的政策，给学校、家庭和社会教育设定了目标。日本除了在自然科学等课程中不断丰富内容外，还努力在制度上把其他环境教育计划纳入教育和意识战略的主流。日本国民对于环境问题非常敏感和关注，在提高民众环境意识的一些运动中还带有经济鼓励措施。联合国审查小组认为，日本的做法不仅对其本国有利，也值得其他国家借鉴。教育和增强意识在改变公众行为、实现减排目标方面具有重要作用。日本政府和非政府组织把与气候变化有关的教育工作作为优先考虑的事项，不断增加经费，1990 年为 3.4 亿日元，2000 年时增加到 30 亿日元。这些经费中有很大一部分用于开发高质量的软件、培训合格的人员来从事气候信息和教育工作。

在应对气候变化问题上，积极高效的路径是提高公众意识和参与度，转变生产、生活和消费模式，真正实现发展低碳经济。其中一个重要方面就是加大应对气候变化的宣传教育，提高公众应对气候变化的意识和水平。我们应当从各个方面促进各个层面的公众在应对气候变化方面进行广泛参与。要将相关内

[1] 周珂、徐岭、潘文军：“加强法治建设，积极应对气候变化”，载《绿叶》2012 年 12 期。

容纳入大中小学教材，普及相关知识；要通过各种媒体介绍节能减排和气候变化与老百姓日常生活的关系，介绍由于气候变化所带来的近期和长期的影响；要号召公众从生活的各方面进行节能减排，减少温室气体的排放；要鼓励公众监督各种浪费行为和违法排放；要通过全民参与行动，将国家政策变为每个公民的自觉行动。[1]

第三节　我国应对气候变化法治建设的完善

一、中国气候变化应对法律机制的不足

在低碳立法和政策制定上，中国虽然颁布了多项低碳经济发展和应对气候变化的相关法律，但是立法上缺乏体系，存在缺漏之处。同时，出台的政策和法律之间缺乏协调性和配合性。很多法律条文规定虽然在方向上有利于低碳经济的发展，但是规定过于原则化，缺乏实际的可操作性。

我国清洁发展机制的发展不完善。清洁发展缺乏相关的宣传，公众对清洁发展了解不足，很多相关领域和人员没有动起来，没有得到私人部门的广泛参与。清洁发展机制交易不完善。中国作为清洁发展机制最大的供应方，环境能源交易规模小，清洁发展项目申报程序复杂、成本高，尚处于起步阶段。相应的政策和法律框架还不完善，咨询、监测、考核办法还不完善。建立全国性的统一、成熟、与国际接轨的碳交易市场平台是目前中国的迫切需要。[2]

能源消费和结构的调整上存在问题。中国能源消费总量居高不下，能源需求还将保持较快增长，产业结构不合理，高耗能、高排放行业在工业中的比重偏高，节能减排能力、手段明显不足。能源结构方面，我国煤炭消费和世界石油天然气消费比例相当，而石油天然气消费又与世界煤炭消费相当。虽然通过我国能源结构的优化，煤炭消费的比例有所下降，但是短时间内很难改变我国以煤炭为主的能源消费现状。整个“十一五”期间，尽管国家在优化能源结构方面决心很大，但中国单位 GDP 的能源消耗的减少，依然不容乐观。

二、关于我国气候变化应对是否专门立法的讨论

我国在积极推动气候变化法制建设的同时，首先要对立法的紧迫性有一个

---

[1] 万钢：“积极应对全球气候变化”，载《资源环境与发展》2008 年第 1 期。

[2] “发展低碳金融存在的问题及相关建议”，载 http：//www. zgjrw. com/News/20101125/home/285741173201. shtml，2012 年 1 月 2 日访问。

正确的判断，并对立法的步骤和进程作出合理的安排。我国推出应对气候变化的专门法律，应当慎重从事。

第一，气候变化的国内立法应当非常谨慎。气候变化本身是一个非常复杂而又充满不确定性的问题，这种复杂性和不确定性通过气候变化的“风险预防原则”体现出来。所谓风险预防通俗地说就是“宁可信其有，不可信其无”，这个原则因此而在客观上受到法律的排斥；因为法律应当是确定的，而尽量避免出现对不确定的事物作出价值评判并规定权利和义务。

第二，越是有压力，越要防陷阱。西方对发展中国家特别是对我国在气候变化问题上施加压力已是公开的秘密。这种压力来自欧盟和美国两个方面，说法不同，目的一样，都是想使中国与发达国家无区别地承担碳减排责任。欧盟向中国开征航空器碳税是在逼迫中国接受它们的游戏规则。美国在哥本哈根会议前众议院以微弱多数通过了一个有关气候变化的法案，立法上作出非常积极的姿态，但正当人们看好美国碳减排立法时，美国国会却以一个新的法案替代原有法案，即一切从头来。这是不是陷阱不好说，但着实迷惑了世人，足以引起我们的警惕。

第三，气候变化尤其是碳减排问题，立法并不见得就一切都好，不立法也不见得就一切都不好，时机的把握至关重要。从国际立法层面来看，这方面的立法从来就是非常困难的：好不容易形成了一个框架公约，哥本哈根会议也没有形成新的法律文件。这方面的立法至少目前来看事实上是西方在主导。因此我们的国内立法要非常小心，不必跟着西方的步子走，更不必攀比。在规范类型的选择上，目前应当宁可保持在较灵活的政策规范层面，立法要看准了才可出台。可以预见的事实是，国内碳减排立法一旦出台实施，必然加重企业负担，加大行政成本。我国目前环境污染欠账多，节能减排压力大，企业本已不堪重负，碳减排应量力而行。这本身也是有关国际公约留给我国企业喘息的空间，我们应当把气候变化国际法上的“共同但有区别的责任”原则用足用好。

第四，对内要防止立法目标的选择性。从目前我国主张加快气候变化国内立法的具体主张来看，呼声较高的是二氧化碳总量控制、碳交易市场准入控制、交易规则的制订和解释等监督和管理规范。这些手段即使在国外也是新事物，它赋予了政府有关部门新的行政审批权，因而容易成为有关主管部门立法的选择性目标，进而成为促进立法的行政推手。总量控制带有计划经济的色彩，在环境保护法制发达的国家并不被看好，欧美各国更强调环境标准和环境目标，要谨防这个手段的负面效应。至于碳减排国际公约虽有个阶段性总量目标，但只在附件一国家即经济发达国家实施，我国没必要跻身其间而给自己规定个控制总量。如果规定了控制总量并法定化，无疑是偏离了我国既定的碳排放强度目标。

第五，借鉴美国的做法，注重地方立法，加强气候变化立法的超前性研究，做好立法储备工作。美国气候变化各州地方立法积极，进程较快，也不至于因联邦立法对外的效力而产生损害国家利益的问题。另一方面，美国国会在气候变化立法上的激烈争论有助于科学的论证进而保证立法的科学性，一些法案虽然没有生效，但已经比较成熟，可供不时之需。

总之，由于《应对决议》在立法宣示上已经非常充分，至少在现阶段，我国没必要也不应当搞更高调的专门立法。

三、关于《大气污染防治法》的修订问题

（一）二氧化碳是否属于污染物质

大多数国家认为，温室效应是由二氧化碳等温室气体的无节制排放引起的。在法治年代，一些具有国际减排义务的发达国家纷纷把温室气体的工业排放纳入立法管制的轨道。然而，按照《框架公约》及《京都议定书》的约定，发展中国家并无二氧化碳等温室气体减排的国际义务。因此，大多数发展中国家的环境立法既没有把二氧化碳等温室气体作为污染物质对待，也没有对二氧化碳的排放征收环境税费。国际社会对二氧化碳是否属于污染物质的看法还存在分歧。

目前，我国正在修订《大气污染防治法》。一些认为二氧化碳是大气污染物的国家，开始以各种手段对中国进行游说甚至施加压力，要求中国在修订《大气污染防治法》时把二氧化碳的排放控制纳入法治的轨道。当然，温室气体的排放控制是国际大势所趋，中国不可能游离在外。但是，中国的《大气污染防治法》解决的是大气污染防治问题，二氧化碳是否属于污染物质仍然存在争议。现行的《大气污染防治法》并无相关的界定，正在修订的《大气污染防治法》考虑借鉴《水污染防治法》（2008 年修订）关于“水污染”的定义方法，把“大气污染”定义为“是指大气环境因某种物质的介入，而导致其化学、物理、生物或者放射性等方面特性的改变，从而影响大气的有效利用，危害人体健康或者破坏生态环境，造成大气环境恶化的现象”，进而把“大气污染物”定义为“是指直接或者间接向大气排放的，能导致大气污染的物质”。也就是说，大气污染包括以下前提条件：（1）某种大气不包括或者包含相当稀少的物质介入大气；（2）大气的化学、物理、生物或者放射性等方面特性发生改变；（3）大气环境恶化。众所周知，大气中一个重要成分就是二氧化碳，向大气排放二氧化碳不是介入某种大气不包括或者包含相当稀少的物质；另外，向大气排放二氧化碳，就目前来说并没有造成大气环境恶化。所

以，向大气排放二氧化碳不会产生大气污染现象，按照现有立法关于污染的定义框架，二氧化碳不属于污染物质，《大气污染防治法》不应当把二氧化碳的排放控制纳入其立法修订任务。❶

（二）《大气污染防治法》与应对气候变化的关系

大气污染防治立法与应对气候变化、温室气体控制不同：（1）立法宗旨或者控制目标不同。《大气污染防治法》的立法宗旨主要是为了控制因污染物污染环境，破坏大气质量而影响人体健康，是一部以保护人体健康为主要规范目的的法律；而气候变化应对主要是为了保护气候环境。《大气污染防治法》是污染防治法；而对于温室气体，国际上、科学界并未认定为污染物，把非污染物放在污染防治法中予以规范，至少与法律名称都不相符合。（2）控制手段不同。二氧化碳等温室气体是导致气候增温的物质，而大气污染物基本是降温物质。由于对两种不同类物质的控制手段不同，控制目标及标准等均不同，难以将两种不同的控制对象在同一部法律中作出规范。（3）确定的法律责任不同。《大气污染防治法》作为国内法，主要以规范我国社会各种导致大气污染的行为及其相关管理活动，进而保护人体健康为目的和内容；而二氧化碳控制是国际法律义务，属于国际法确立和规范的责任范围。在此范围中主要是发达国家的责任，中国虽然在应对气候变化上做了大量工作，取得了较大成绩，但目前主要是道义行为，不属于法律义务。因此，不需要以国内法的形式确立减排温室气体的法律责任。所以，那种试图通过修改《大气污染防治法》来明确我国温室气体的减排责任和具体措施的主张是不适当的。❷

反之，如果我国修订的《大气污染防治法》认可了二氧化碳的污染物质地位，但不规定二氧化碳的排放浓度、排放总量和相应的行政处罚措施，则会受到国际社会的谴责。而我国目前并无二氧化碳削减的国际法律义务，大幅度地削减二氧化碳的排放不利于经济发展。另外，二氧化碳一旦被规定为污染物质，很多现行的国际环境条约将对中国施加更多的国际法律义务，这也不符合国家利益。当然，二氧化碳毕竟是造成温室效应的主要物质，中国宜把二氧化碳作为环境影响物质对待，并由环境经济政策规范。这样，既符合我国作出的自愿性承诺，又为削减温室气体的排放作出贡献。❸

---

❶ 常纪文："二氧化碳的排放控制与《大气污染防治法》的修订"，载《法学杂志》2009 年第 5 期。

❷ 王明远："中国应对气候变化战略、政策与法律述评"，载《气候变化应对与低碳经济法律国际研讨会论文集》2010 年 6 月。

❸ 常纪文："二氧化碳的排放控制与《大气污染防治法》的修订"，载《法学杂志》2009 年第 5 期。

四、其他需要完善的重点领域

未来的应对气候变化立法，我国需要确认和固化以往成功的制度。这些制度包括低碳转型的规划和计划制度、温室气体目标控制责任制、碳排放标准制度、低碳产品补贴制度、地方低碳防治促进制度、落后高碳产能淘汰制度等。在目前的条件下，重点应完善以下方面：

第一，应尽快出台一部综合性的能源基本法，即能源法。笔者虽不主张创制专门性的"应对气候变化法"，但是建议尽快出台《能源法》来统率能源立法。这主要是基于以下两点考虑：一是从能源的重要性上来看，合理的能源消费结构与使用方式，不仅会帮助我国降低温室气体的排放、减轻我国在温室气体减排上的国际压力，而且有利于我国实现向低碳经济发展模式的转变，还有助于提升我国的能源国家安全；二是从能源立法结构上看，我国虽已出台《节约能源法》《可再生能源法》《煤炭法》等单行法，但是这些单行法都不是综合性的能源基本法，只是对能源问题的某些方面加以规定，并未涵盖所有的能源问题。此外，就是从上述能源单行法调整范围的角度出发，也存在立法规定不够详细、缺乏足够的操作性等问题。

第二，建立健全"碳排放的总量管制与交易"制度，来发挥市场在调节温室气体排放中的作用。该制度主要分为两大部分内容：（1）关于碳排放的总量管制。为了碳排放总量管制与交易制度的有效执行，应在全国范围内要求企业减量排放温室气体并完成以下碳减排目标，即到2020年，全国单位国内生产总值二氧化碳排放比2005年下降40%~45%。（2）关于碳排放的交易。欲排放温室气体的企业必须先获得排放许可证。由于企业的生产能力、生产水平不同等因素，不同的企业对排放额度的需求也不相同，即有的企业需额多、有的企业需额少。而政府发放的排放许可证额度是有限的，如果企业超额排放，将遭受高额的罚款。因此，一方面，超额排放的企业，为了规避这种被罚款的风险，就会在市场上向其他企业寻求剩余的额度；另一方面，有剩余额度的企业，也乐意通过出售一部分富余的额度来赚取利润。因此，碳排放市场最终就在买卖双方的推动下形成了。

第三，要增强全社会应对气候变化的意识，加快形成低碳绿色的生活方式和消费模式。当前要结合国际社会合作应对气候变化的良好机遇，让社会公众了解并认识应对气候变化的重要性和紧迫性，认清应对气候变化对国家、地区和企业自身发展和竞争力有重要影响。要倡导全民自觉参与，鼓励企业自愿采取行动。倡导健康、文明的消费观念，抑制奢侈消费。增强企业的社会责任感，自觉制订并实施减缓碳排放的目标和措施。引导企业生产方式的转变和社会民众消费方式的转变，逐渐形成全民应对气候变化的体制和机制。[1]

第四，加大科技投入，加快应对气候变化相关技术的研发。科技的进步和创新，在人类应对气候变化的过程中发挥着至关重要的作用。因此，我国的法律要为应对气候变化相关技术研发及其所需资金提供制度性保障。[2] 其一，关于资金来源，除了政府提供资金加以保障外，还应通过低息贷款、税收优惠、政府补贴等奖励手段，来鼓励更多的企业与个人投资能源技术。其二，关于资金投入的领域，应主要集中于以下三大技术领域：提高能源效率与发展可再生能源的技术、用于开发碳捕捉与封存的技术以及基础科学的研究。

此外，需要通过立法来进行积极推动的法律制度包括建设项目、规划和政策战略的气候环评制度，温室气体排放检测、报告和核准制度，低碳消费促进制度、低碳金融制度、林业碳汇交易或补偿制度、促进存量型社会建设制度、低碳技术发展促进制度、低碳标签和标识制度、碳减排政策制定和执行的外部参与和监督制度等。

---

❶ 郑国光："解读哥本哈根协议：凝聚共识 构筑新的起点"，载 http://env.people.com.cn/GB/10634308.html，2009 年 12 月 25 日访问。

❷ 周珂、李博："我国低碳经济的法制保障"，载 http://www.legaldaily.com.cn/bm/content/2010-03/31/content_2099260.htm?node=20740，2012 年 1 月 6 日访问。

第七章　水循环与多元机制

第一节　气候变化与水资源

气候变化对水资源的影响主要表现为：其一，加速或减缓水气的循环改变降水的强度，和历时变更径流的大小扩大洪灾、旱灾的强度与频率，以及诱发其他自然灾害等。其二，对水资源有关项目规划与管理的影响。这包括降雨和径流的变化以及由此产生的海平面上升、土地利用、人口迁移、水资源的供求和水利发电变化等。其三，加速水分蒸发，改变土壤水分的含量及渗透率，并因此影响农业、森林、草地等生态系统的稳定性及其生产量等。气候变化对水资源的影响不仅包括了对水资源系统自身的影响，也包含了由水资源系统自身变化引起的社会、经济、资源与环境的变化。另外，由于水资源系统的变化及其对人类社会活动和经济等方面的影响反过来又会对局地的气候产生影响，从而导致局地的气候变化在某种程度上又加剧气候变化。

一、气候变化对水资源安全的影响

水资源不仅是基础自然资源，更是战略性经济资源，是综合国力的有机组成部分。不考虑气候变化，在目前条件下我国的水资源供应已经出现不安全迹象。按1997年人口统计，我国人均水资源量为2220立方米，预测到2030年人口增至16亿时，我国人均水资源量将降至1760立方米，届时将成为世界上用水紧张国家之一。全球和中国的气候经历着明显的变化。在气候变化的情形下，特别是在降水分布格局改变的条件下，有可能进一步增大区域水资源供需矛盾，加剧一些流域洪涝和干旱的风险，给我国日益严峻的水资源供应形势增加新的变数。[1]

（一）我国水资源安全面临的严峻形势

水资源安全具有自然属性和社会属性的双重特征，干旱、洪涝、河流改道等自然条件引起的水安全，属自然范畴；而供水安全和水生态环境安全，如水

---

[1] 高歌、许红梅等："气候变化对我国水资源安全的影响及适应对策建议"，载 http：//www.ipcc.cma.gov.cn/Website/index. php？ChannelID＝4&NewsID＝574，2013年11月22日访问。

量短缺、水质污染、水环境破坏、水生态系统功能丧失、水分配不公、水资源浪费、水管理混乱等属社会范畴。水资源安全问题还可外延至由水资源安全引发的其他安全问题，如粮食安全、经济安全和社会政治稳定及国家安全等。

长期以来，我国由于特殊的地理位置、复杂的天气气候条件和社会经济发展的阶段，水资源安全问题越来越突出，主要表现为以下几个方面：（1）我国受季风气候的影响，降水年际变化大，且空间分配不均，旱涝灾害频发且损失严重。一方面，干旱灾害在全国各地都有发生，但分布不均，北方春旱严重，长江流域、江南和江淮之间伏旱较多。另一方面，我国约有2/3的国土面积受到不同程度的洪水灾害威胁，长江中下游、黄河流域及淮河流域、华南、华中、华北、东北等地区洪水灾害影响更大。例如，2001—2007年平均年成灾面积为770.1万公顷，仅次于20世纪90年代。（2）水资源短缺匮乏，饮水安全问题突出。我国农村和城市都存在突出的饮水安全问题。水质不好、水量不足、取水不便、污染严重等因素导致农村人口饮水不安全，中、西部地区问题尤为突出，城市缺水形势也十分严重。我国人均水资源占有量仅占世界平均值的1/4，是全球人均水资源最贫乏的国家之一。而我国用水量巨大，目前我国年缺水总量约300~400亿立方米。随着人口增长和社会经济的发展，我国的用水需求也在不断增长，供需矛盾日益突出。此外，我国水资源可供应量与需求量在空间上不匹配，华北地区人口多，可耕地面积大，经济较发达，需水量很大，但降水量少，水资源可供应量低，供需矛盾十分突出。（3）水土流失、水质污染问题严重。我国水土流失问题依然严重。新中国成立以来，1983—1990年、1999—2000年、2002年的3次全国遥感普查得到的水土流失面积分别为179万、165万、161.22万平方公里，总体虽有减少，但地区差异大，局部区域依然严重甚至恶化。我国江河湖泊和地下水污染问题十分严峻。水污染在东部和北方地区尤其突出，其中海河、淮河和黄河水系中有超过70%的水由于受到污染而不能为人类使用。长期的气候干旱和径流量减少加剧了水污染程度。由于海平面上升等因素影响，从而导致沿海平原地区海水倒灌，河口河段咸水入侵。

（二）IPCC第四次评估报告对水资源的关注

气候变化及其对水资源的影响是国际地学界和水资源管理者关注的共同话题。在2007年IPCC（政府间气候变化专门委员会）第一工作组和第二工作组的报告中提供了气候变化是否实际发生、气候变化影响评估的总结。第二工作组为政策制定者提供的摘要报告显示，从各大洲和大部分的海洋观测到的数据表明，许多自然系统正在受区域气候变化特别是温度升高的影响。IPCC第四次评估报告对气候变化和水资源给予特别关注，在气候变化与水资源方面总结道：观测到的记录和气候预测提供了丰富的证据表明淡水资源是脆弱的，受到气候变化潜在的强烈影响，将对人类社会和生态系统产生广泛的后果。他们还指出现有的水资源管理，不能足够应付气候变化对水资源供给、洪水风险、人体健康、农业、能源和水生生态系统保障程度的影响。许多国家重视气候变化对水资源管理的影响，并采取措施适应气候变化，如英国在新一轮的水资源规划中，充分考虑未来的气候变化，预测水资源的变化。美国水管理部门和科技部门联合推出了气候变化与水资源管理报告，以期促进积极应对气候变化对水部门的影响。我国积极应对气候变化影响，跟踪国际前沿，开展了包括气候变化对水资源影响方面的许多研究，在认识气候变化对水资源影响和适应气候变化方面取得许多重要成果。对水资源管理者而言，关心的重点是气候变化加剧了当前的水资源短缺和增加了洪水风险等问题，使其面临更大的挑战。

（三）气候变暖对五大湖区水资源的影响

在加拿大和美国交界处，有五个大湖，这就是闻名世界的五大淡水湖。它们按大小分别为苏必利尔湖、休伦湖、密歇根湖、伊利湖和安大略湖。五大湖总面积约 245 660 平方公里，是世界上最大的淡水水域。五大湖流域约为766 100平方公里，南北延伸近 1110 公里，从苏必利尔湖西端至安大略湖东端长约 1400 公里。湖水大致从西向东流，注入大西洋。除密歇根湖和休伦湖水平面相等外，各湖水面高度依次下降。

1. 气候变暖对五大湖区的影响的主要观点

五大湖区水资源占全球淡水资源的 20%，同时也是重要的经济发展区域。据介绍，五大湖区经济总量计算排在全球第四位。加拿大、美国对气候变化对五大湖区水资源的影响进行了较为深入的研究。主要是基于 IPCC（2007）温室气体排放情景，对 1900—2100 年气候变化进行了分析，主要观点：[1]（1）在气候变暖条件下，五大湖区降水总量增加，但降雨增多，降雪减少，冬季的径流会增加，储存于冰盖中的降水减少，春季的径流会减少；（2）通常情况下河流的流量在春季最高，在夏末最低，但在气候变暖的情况下，低流量过程会比现在更晚，高流量过程会更早出现；（3）由于温升引起的蒸发的增强，夏天和秋天的低流量会比现在更低，低流量过程持续的时间更长；（4）洪水事件发生的频率也会增加；（5）由于温度升高，蒸发蒸腾显著增加，尽管降水增加，但难以补偿蒸发带来的水量损失；（6）在气候变暖条件下，五大湖水位会下降，可能会达到 1 米左右；（7）这些变化对供水、湖泊生态、生物

---

[1] 王东胜："全球气候变化对五大湖对淡水资源的影响介绍及其启示"，载 http：//www.iwhr.com/zgskyww/ztbd/canada/xinde/webinfo/2011/07/1309756800799016.htm，2013 年 11 月 22 日访问。

栖息、作物生长等将产生深远影响。

2. 加拿大气候变化对五大湖的影响研究的启示

气候变化对五大湖水资源影响案例的研究对我国气候变化对资源及国民经济的影响的研究有如下启示：（1）我国应积极开展气候变化对重要经济圈（如长三角、珠三角、渤海经济圈）的水资源的影响研究，开展温升变化特征，温升对降水、蒸发、径流的时间和空间尺度的影响等基础性研究，为适应气候变化提供基础性支持；（2）充分考虑我国现阶段经济增长特征，城市化快速增长的特点，开展适合我国需求的适应气候变化的水管理对策，包括对重大基础设施的需求及影响的研究；（3）借鉴加拿大针对气候变化对冰原、冻土的影响的研究，开展气候变化对高寒地带水资源的影响的研究。

二、气候变化对水管理部门的影响

气候变化对水资源管理部门潜在影响的讨论主要基于 IPCC 第四次评估第二工作组的报告以及 IPCC 气候和水技术报告。[1]

一是对可利用水量的影响。气候变化对可利用的水量产生影响，影响水资源的供给。满足市政、工业、灌溉、航运、水电和环境等可以利用的水量是各地区最关心的内容。潜在的气候变化包括降水总量、强度、形态、历时的变化，融雪时间的变化，蒸发和散发的变化。这些将影响可利用水量的变化。在我国，最明显的例子是气候变化对降水分布格局的改变，导致华北地区来水量减少。我国降水带从 20 世纪 70 年代末发生了明显的年代际变化，夏季主要雨带由华北逐渐南移到长江流域和华南地区，暴雨集中地区也南移到江淮和长江以南地区，改变了中国降水分布的格局，呈现出“南涝北旱”的分布态势，特别是淮河流域在 1991 年和 2003、2005 年，珠江流域在 1994 年和 1996 年，长江流域在 1998 年均发生了大范围严重洪涝灾害。而北方则出现了长达 20 多年的长期干旱，华北地区由于持续少雨，形成了以环渤海地区和黄海北部为核心的干旱地带。气候变暖及“南涝北旱”的降水分布格局，致使许多大河的径流量发生显著变化，对我国水资源安全造成巨大影响，尤其是北方地区面临严重的水资源短缺，在一定程度上影响了社会经济可持续发展。1980—2000 年与 1956—1979 年两时段对比，北方地区普遍偏旱，黄、淮、海、辽河流域年降水量平均偏少 6%，地表水资源量平均减少了 17%，水资源总量减少了 12%，其中海河流域水资源衰减最为突出，降水量减少 10%，地表水资源量

[1] 曹建廷：“气候变化对水资源管理的影响与适应性对策”，载《中国水利》2010 年第 1 期，第 7~9 页。

减少 41%，水资源总量减少 25%。黄河河源区降水量总体上呈减少态势，近10 余年来减少幅度近 10%，径流量减少 20% 以上。❶ 不管现有的水利基础设施能不能够适应不同径流量或者径流的不同时间分配的变化，我们仍然需要积极发挥它们的作用。在经历来水条件减少的区域，不同用户之间对水资源的竞争将增加，具有最低优先级水权的用户最可能遭遇水短缺问题。在这些地区水资源供给的减少将对经济发展和生态环境产生负面影响。

二是对水资源需求与水质的影响。随着温度升高导致的蒸发与散发的增加，农业灌溉用水的需求可能增加。然而由于二氧化碳浓度的增加，作物对水的利用效率的提高，可能减少这种影响。在一些地区可能经历生长季节的延长，这可能增加对水资源的需求。火力发电对水的需求可能增加或减少，这依赖于将来水资源利用效率的趋势，以及新的电站的发展。在降水增多的地区，水资源的需求可能减少，这取决于农业和市政部门的适应战略。这些需求的可能变化，要求水管理者重新评估现有水需求管理战略的有效性。

气候变化导致的降水和温度变化将对水质产生影响。气温升高将导致水温增高，影响（动植物的）生活环境的适宜性，影响水化学过程。在湖泊和水库中，水温的升高将加快藻类的繁殖速度，进一步减少水中溶解氧的水平。可利用水量的减少，可能影响河流和湖泊悬浮物、营养物、化学污染物的浓度。降水强度和频率的改变，影响非点源污染。在冰川冰和永久冻土融化的地区，原来固结的土壤可能更加易于侵蚀，改变沉积物的运移，同样对水质产生影响。

三是对防洪以及水基础设施的影响。气候变化加剧了防洪形势。由于气候模型预测和洪水记录资料分析的不确定性，特定地区洪水情势变化的性质存在不确定性，需要更详细深入地研究。应该利用可得到的最近的资料，考虑包括典型洪水峰值的季节迁移的未来气候条件，进行防洪设施的设计和评价。在融雪径流为主的一些流域，由于温度升高融雪过程的提前，已发生春汛提前现象。水库的调度方案可能需要调整，以反映新的洪水情势。不同的融化模式将改变凌汛的频率和时间。在西部高山地区，青藏高原冰川融化增加堰塞湖溃决的威胁。

气候变化对水基础设施的设计和运行产生影响。对城市雨水、污水处理的基础设施的设计和评估，提高其在可供水量、需水量、水质变化情况下的运行效率，需要充分考虑包括气候变化在内的影响。同样，利用目前的管理措施，

---

❶ 高歌、许红梅等："气候变化对我国水资源安全的影响及适应对策建议"，载 http：//www.ipcc.cma.gov.cn/Website/index.php？ChannelID＝4&NewsID＝574，2013 年 11 月 22 日访问。

控制非点源污染情况，如果系统的设计能够充分考虑未来的气候变化条件，控制非点源污染的管理措施将更有效。

四是对生态系统的影响。气候变化对生态的影响非常复杂，评估和预测环境变化敏感区对气候变化的响应需要深入的研究。普遍最关心的是局地和短期气候变化对生态阈值的影响，而不仅是通常报道的对平均状况的影响。潜在的水生生态系统的影响包括水温和水质变化、径流和洪水情势的季节变化、由泉水补给流量的大小和时间变化、湿地范围和深度的变化。这些变化影响河岸和两侧陆地的野生动植物。在融冰融雪为主要补给的河流流域，水生生态系统和邻近的动物群落受到气候变化影响的风险非常显著。加速的冰川退缩，导致短期夏季径流增加，长期径流减少，使高海拔河流变成潜在的季节性河流。确定生态系统脆弱性和变化的主要指标，加上精心设计的观测，能够提供气候变化对生态系统潜在影响和响应的深刻认识。利用自然保护区适应常态气候变化情景下气候变化的影响，是重要的保护战略。水资源的管理不但对水生和河流生态系统产生重要影响，而且受这些生态系统中管理目标的重要影响。

气候变化对冰川的影响最为显著。冰川径流的变化依赖于气温升高速度和冰川面积大小，径流在升温初期的增加量以及峰值出现时间取决于升温的速度和冰川规模大小。20 世纪的气候变暖致使我国山地冰川普遍退缩，西部山区冰川面积减少了 21% 。冰储量大幅度减少，冰川融水对河川径流季节调节能力大大降低。气候变暖背景下，海平面呈现上升趋势，不断扩大沿海地区地下水与河口区盐渍化的面积，造成沿岸区淡水供应减少，含水层和河口淡水量的过度减小或撤退，使海平面上升的作用加剧，引起更强的盐渍化和咸潮，致使水资源状况日益恶化。

三、气候变化信息在水资源管理中的应用

气候变化对经济社会影响的许多方面是通过改变水循环而产生的。对水资源管理者而言，最关心的气候变化主要是温度和降水情势的变化及其相应的影响。一方面，温度增加将改变降水的组成，使降水中降雨的组成增加、降雪的组成减少。降水组成的这种改变将影响径流的来源和时间分布，导致春季融雪径流的减少，更多的冬季降水形成径流。对永久积雪和冰川补给的河流，温度升高在短期内导致径流增加，但在长期内导致径流减少，这种变化已经在一些地区有过报道。温度增加可能增加植被和陆地表面潜在的蒸发和散发，因此减少流入河道湖泊和水库的水量。海水温度改变和海洋循环的变化，可能增加未来沿海地区暴雨的强度和频率，但存在着很大的不确定性。另一方面，降水的变化在各个地区不同，一些地区将增加降水，一些地区将减少降水。降水的季

节分布和极端降水可能会产生变化。在未来的气候变化条件下，这种可能的变化将导致干旱和洪水，相对于过去的经验定义，会更加频繁和更加严重。

水资源决策制定和水资源管理的全过程都需要气候变化信息。气候信息被利用的有效性受到气候学家、水文学家、决策制定者、管理者相互之间协作程度的影响，在不同的层次和尺度上，气候信息的需求和信息资源不匹配现象仍将继续存在。对未来气候状态的假设，表现在对局地和区域的水资源系统（供水、防洪、排水等设施）的规划、设计、运行和改造中。这些水资源系统，传统上依据对不同的时间和空间尺度上气候波动和径流的观测资料确定的气候波动外包线进行设计和运营。由于重点放在近期的径流和天气的历史观测资料上，因此存在一个固有的假设，就是这些因素波动的外包线在未来不发生变化，也就是说，在水资源系统的设计运行中，气候是稳态的，即未来气候与过去气候具有相似的波动模式、极端事件具有相同的概率。总体来看，目前大多数水资源管理者通常假定气候是平稳过程，利用稳态的假定评估未来水文事件的可能性，对这个假设需要检验和认真地评估。

水资源系统一旦被建成，它的运行将受到过去的、目前的和不久将来的气候信息的影响。当更新水资源供给模型、更新水资源系统运行条件以反映近期的气候变化趋势时，过去气候信息将发挥作用。例如，重新开发的水资源供给预测模型，将要建立在延长的和最近的径流和气候观测资料的基础上。同样地，重新制定防洪规则，将依据延长的洪水水文资料记录。可利用当前的和不久将来的气候信息，决定水资源系统年度运行目标。例如，水资源配置到不同的用户，主要依据现在的水量和预测来水状况，而来水状况主要依据近期气候预测信息。

由于气候信息对水资源系统设计和运行的重要性，很明显，气候变化将转移到关于资源的供给、系统的需求或者运行的要求、运行的约束条件等设计和运行的假定条件，影响到水资源管理的各个部门。这种变化的重要程度，依赖于气候变化对水工程生命周期内运行结果的增量。如果这个增量足够大，系统设计依赖的气候水文波动的假定条件将不再有效。除气候变化外，土地覆被和土地利用方式、水资源的消耗、水资源的基础设施，同样影响水资源系统及其管理。

四、水资源安全问题的应对措施

在气候变化背景下，应对水资源安全问题的积极措施主要包括：（1）增强应对水危机能力。大气降水是一切水资源的根本来源，应发挥其巨大的开发利用潜力；加强对山区降水的普查，合理规划，因地制宜发展各种微水工程，避免过量降水变成地表径流流失；增强雨洪资源利用能力，利用城市地区的雨水资源；合理开发利用空中水资源，是一条增加可调蓄水量、投资少、见效快的新途径；利用污水处理技术，加大污水处理和中水回用；应把海水利用作为应对水资源安全问题的一项重要战略措施。（2）建立节水型社会。实现社会可持续发展需要充分考虑气候和水文条件及其变化规律，按照水资源的承载能力，量水而行，以水定发展，调整经济结构和规模。通过立法手段，推动各地在制定地区经济发展和城市发展规划时，将水资源承载能力以及气候变化对水资源承载能力的影响作为约束条件加以考虑，提高全社会合理开发和利用水资源的水平。提高全民节水意识，并通过法律、行政、经济、技术和工程等措施，结合社会经济结构的调整，实现全社会在生产和消费上的高效合理用水。坚持“以供定需”，选择和发展节水型产业，提倡和推行节水型生活方式。此外，建立适水型产业结构和实现产业结构的升级也是缓解水资源矛盾的重要途径之一。（3）加强水利基础设施建设，提高适应气候变化能力。针对中国大部分地区降水和河川径流的季节、年际和年代际变率大的特点，以及未来一些地区极端天气气候事件频率可能发生显著变化的趋势，要充分利用气候监测、预测和评估信息，在科学规划的基础上，加强防洪、抗旱、供水等方面基础设施建设，调剂盈亏，慎行调水。跨流域的调水工程，需慎重考虑未来气候变化及调水区和受水区的气候变化特点及相互作用规律，开展气候可行性论证，保障工程能充分发挥效益和价值，科学地运行和管理。（4）加强气候变化及其对水资源影响的研究，掌握水资源变化规律。进一步研究气候变化及其对水资源系统的影响，加强中国气候观测系统建设、开展区域气候变化、极端天气气候事件及其对水资源安全影响的监测、检测研究，开发完善的气候系统模式，提高对季节、年际和数十年的气候变化的预测、预估能力。气候变化对水资源影响研究，除了解气候变化对径流的影响外，还要评估气候变化对干旱和洪涝等极端水文事件、防洪工程运行安全、农业灌溉、供水系统的可靠性以及水质和生态环境的影响，深入了解水资源系统对气候变化的敏感性和脆弱性，开展水资源系统适应气候变化的阈值和风险评估。

第二节 水循环治理对气候变化的修复功能[1]

通过《京都议定书》确定了气候变化应对的“减排”与“增汇”二元应

---

[1] 周珂：“论气候变化应对的水循环机制”，载《昆明理工大学学报，社科（法学）版》2008年第7期。

对机制。近年来发达国家更多地强调减排机制，而增汇机制有减弱的趋势。人类既要通过减排温室气体以避免气候变化的加剧，也要重视自然力碳循环和水循环对气候变化的影响。“泛温室气体成因”的趋势对气候变化问题认知和对策路径提出了挑战。在承认各国在气候变化成因、利益、作用等方面差异的前提下加强国际分工与合作，实现的路径是以《联合国气候变化框架公约》为主导，在重视减排的同时，加强增汇机制的作用，并且应增加水循环改善这一新的机制要素，形成“减排—增汇—治水”的三元应对机制。减排的主要对象依然是发达国家，对于中国等碳汇潜力巨大、水循环影响力巨大的国家，则要通过生态保护建设增加碳汇，并加强水利建设改善水循环，加强和培育自然力碳循环和水循环对温室效应的修复功能。

一、温室气体和气候变暖的成因

关于温室气体和气候变暖的成因，联合国《气候变化框架公约》中规定了6种温室气体，分别是二氧化碳（CO_2）、甲烷（CH_4）、氧化亚氮（N_2O）、氢氟碳化物（HFCs）、全氟化碳（PFCs）、六氟化硫（SF_6）。联合国政府间气候变化专业委员会（IPCC）第四报告认定，“由于人类活动的影响，自1750年工业革命以来全球大气中二氧化碳、甲烷和氧化亚氮等温室气体的浓度显著增加，它们的总体效应是引起气候变暖。”

关于上述温室气体主要来源，人们曾一直认为是所谓高度经济活动，包括化学物质的使用和石油、煤炭的使用，这类因素发达国家比发展中国家权重要大得多。而在发展中国家较为严重存在的诸如滥用资源、工业污染、农业污染、人口增加等因素，并不认为与温室效应有对应关系。[1] 然而IPCC第四报告出台前后，温室气体及气候变暖的成因解释出现的越来越多，呈“泛温室气体成因”的趋势，例如，中国《气候变化国家评估报告》认为，人类活动主要通过以下三方面引起气候变化：一是化石燃料利用排放的二氧化碳等温室气体增加大气中温室气体的浓度，温室效应随之增强而影响到气候，这是人类活动造成气候变暖的主要驱动力；二是农业和工业活动排放的二氧化碳（CO_2）、甲烷（CH_4）、氧化亚氮（N_2O）、氢氟碳化物（HFCs）、全氟化碳（PFCs）、六氟化硫（SF_6）等温室气体进入大气后，也通过温室效应增强气候变暖；三是土地利用变化导致的温室气体源/汇变化和地表反照率变化进一步影响气候变化，这包括森林砍伐、城市化、植被改变和破坏等。[2]

---

[1] 杨志峰、刘静玲等著：《环境科学概论》，高等教育出版社2004年版，第75页。

[2] 《气候变化国家评估报告》解读，载科技部网站，访问日期为2008年4月10日。

中国农业大学（Yahai Lu）和德国马普学会陆地微生物学的 Ralf Conrad 于《科学》杂志上发表了一篇论文，文中提到，大量的土壤微生物对于甲烷的排放起到重要的作用。因而稻田被认为是温室气体一大排放源。❶ 这一创见似乎把稻田当成沼气池了，但它确实在引导人们重新认识农业大国在气候变化中的作用。

俄罗斯科学院微生物学研究所与土壤物理化学和生物问题研究所通过实验发现，人们对荒地的开垦是导致大气中甲烷浓度升高的原因之一。甲烷在温室气体中作用仅次于二氧化碳。地球上只有土壤中的细菌能破坏大气中的甲烷。过去 150 年来，大气中甲烷浓度升高了 15 倍，全球气候也有明显的升高。❷

森林一直被认为是遏制全球变暖的利器，树木能通过光合作用吸收空气中的二氧化碳并蒸发出清凉的水分。森林与气候的变化关系密切，一方面森林生长可吸收并固定二氧化碳，是二氧化碳的吸收汇、贮存库和缓冲器。另一方面森林的破坏是二氧化碳的排放源。因此，通过造林、退化生态系统恢复、建立农林复合系统、加强森林可持续管理等措施，可增强陆地碳吸收量。通过减少毁林、改进采伐作业措施、提高木材利用效率以及更有效的控制森林灾害，可减少陆地碳排放量。但近来美国卡内基研究院和劳伦斯·利弗莫尔国家实验室的研究报告坚称，温带森林不仅不能减缓全球变暖，相反还会使变暖情况进一步加剧。❸

这种“泛温室气体成因”的趋势产生了三种效应：一是促使人们更加关心基于发展中国家经济活动产生的温室气体排放问题，不放过每一个可能造成气候变化问题的死角，全方位地动员世界各国的参与，这无疑是积极的。二是这种认知客观上引导对于世界各国在应对气候变化问题的责任上的重新分配。显然，农业大国、制造业大国将平添沉重的减排压力。目前发达国家要求减排责任重新分配的倾向已经很明显。三是泛温室气体成因中的许多问题是《京都议定书》中所未考虑的，这必将引发更广泛和激烈的争议。事实上近年来新出现的制造业及消费品有关的温室气体排放责任如何认定、发展中国家减排问题等争议造成的“不和”已经很明显。❹

单一减排机制趋势与“泛温室气体成因”趋势并行发展，二者的矛盾是

---

❶ “稻田被认为是温室气体一大排放源”，载中国气候变化信息网，访问日期为 2008 年 4 月 10 日。

❷ “俄提出导致全球变暖新因素：开垦荒地” 载：中国气候变化信息网，科技日报。

❸ 《美国科学家研究称温带森林能加剧全球变暖》［日期：2005 - 12 - 18］［新闻来源：中国气候变化信息网，科学时报］，访问日期：2008 - 03 - 12。

❹ 周珂：“论水循环与气候变化应对机制”，载《河海大学学报（哲学社会科学版）》2008 年第 3 期。

不可避免的："泛温室气体成因"一方面客观上加重了发展中国家的应对气候变化责任，另一方面也要求针对不同的温室气体成因而丰富和完善应对机制的内容，即成因的多元化要求应对机制的多元化。如果在主张成因多元化的同时却把应对机制单一化，就如同载重汽车、公共汽车、小客车明明可以分道行驶，但却把它们赶到一条车道上行驶，这不仅不利于道路畅通，还会增加不同类型车辆的矛盾。

一个国家的经济发达程度与气候变化对该国造成的危害有关联，但不是最重要的关联。一个国家的自然气候地理才是与气候变化对该国危害最紧密关联的因素。笔者对这种关联试作出如下分析：第一，国土纵深越大的国家和地区对气候变化承受力越强大，而国土纵深越小的国家和地区这种承受能力越脆弱。第二，从生态学原理上看，地质气候多样性越丰富的国家和地区对气候变化承受能力越强大，反之，地质气候越单一的国家和地区，这种承受能力就越脆弱。[1] 第三，大陆性气候比海洋性气候对气候变化承受能力更强。第四，大陆国土比海岛国土对气候变化承受能力更强。第五，高海拔国土比低海拔国土对气候变化承受能力更强。

气候变化基于经济发达程度对发达国家和发展中国家危害的差异是客观存在的，但不应把这种差异绝对化，也不应把这种差异定位的不适当升级。笔者不赞成把中国说成是气候变化最大受害国之一的论断，也不同意简单地把发展中国家说成是气候变化最大受害者的论断。主流认知把发展中国家说成是气候变化最大的受害者，这是一种形而上学认识论的结论，不符合实际，也并不一定对发展中国家有利，反而不利于气候变化问题的国际合作。如果想当然地把发展中国家说成是最大受害者，许多本来因气候变化受危害最大的发达国家，就会顺理成章地从受难的耶稣复活为救世主的耶稣，这对于气候变化利益格局和对策格局都会产生误导。事实上欧洲一些国家这种救世主心态正在自觉或不自觉地日渐膨胀，气候变化国际合作的困境与这种角色错位的误区不无关系。

二、现有的应对机制中应当加入水循环机制

（一）水循环机制

与《京都议定书》的机制相比，中国在气候变化应对机制上显示出更多

[1] "生态系统的平衡是相对的和动态的，生态系统内部具有自动调节的能力，一般情况下，生态系统的结构越复杂、生物种类越多，物质循环的渠道也越多，自动调节能力也就越强；反之，结构简单、成分单调的生态系统，其自动调节能力则较弱。"引自周珂：《生态环境法论》，法律出版社2001年版，第7页。

样性的特征，更加注重结合中国的实际，并不是仅局限于在减排问题上做文章，而是更多地关注增汇机制，在关注气候变化治理的同时，也关注对气候变化的适应能力。

需要指出的是，中国生态保护建设和增加碳汇最大的瓶径是水资源问题，特别是水资源南北分配本来就不均衡，而气候变化会加剧南涝北旱。因此中国气候变化问题不仅与减排、增汇相关联，更与水循环相关联。

笔者从辩证唯物论的认识论方法提出如下认知：碳循环与水循环有着密不可分的关系，碳循环改变着水循环，而水循环的变化既是碳循环变化的结果，也必然会对碳循环产生巨大的反作用，包括修复碳循环异常的功能。如果不存在这种关系，就不会有地球气候变化循环性的周而复始。以往国际社会关注的仅仅是如何防止碳循环变化造成的水循环异常和灾害，但从未考虑如何通过水循环的改善来抵消碳循环变化的不利影响，这种理念下的气候应对机制是不全面的。

关于碳循环与水循环的关系，英国学者曾提出二氧化碳影响全球水循环，但仅限于“大气中二氧化碳含量增加，导致植物从大气中吸收水分减少，使更多的水进入内陆河流，影响全球水循环，增加洪水发生的几率”❶这样的认识。气候变化问题与水循环的关联人们议论最多的是地球两极，特别是潘基文秘书长描述的南极冰架崩塌。但人们很少注意到地球的第三极，即中国的青藏高原和喜马拉亚山脉❷。气候变暖将会加剧南亚次大陆和东南亚国家的洪涝灾害，这已是不争的结论，但如何减轻这种不利的水循环后果或使这种不利的水循环化害为利，国际社会并未给予更多的关注。

与地球两极相比，第三极的水循环是最具人类控制可行性的。在第三极南侧面临洪涝灾害威胁的同时，它的北侧却苦于干旱和高温。中国《气候变化国家评估报告》显示，在最近的 50 年，中国年平均地表气温增加 1.1℃，增温速率为 0.22℃/10 年，明显高于全球或北半球同期平均增温速率。这表明中国基于综合生态因素变化的程度高于气候变化因素。可以说，中国对全球气候变暖的最大影响因子是地表增温，如果能够降低这种增温，将会大大缓解全球气候变暖的均势。而改变这种状况的最有效途径是改善中国国土的水循环给国土“降温”从而给全球气候降温，并通过水循环的改善增加国土植被，借此

---

❶ 参见“英国学者认为二氧化碳影响全球水循环”，载央视国际 2006 年 2 月 22 日。

❷ 青藏高原面积近 200 万平方公里，平均海拔 4000 米以上，蕴藏大面积的冰雪，且降水总量丰富。据唐古拉区实测，最近 5 年共发生大于 5 毫米的日降水 106 次（其中半数超 50 毫米），小于 5 毫米的也是 106 次（其中小于 3 毫米的不及一半），年均降水超过 700 毫米。东南部念青唐古拉山年均降水可高达 2800～3600 毫米，是中国大面积降水最多的地方。

提高国土的碳蓄积能力。❶

与全球其他国家相比，中国的水循环自然状态是最不正常的，无论是欧洲大陆、亚洲大陆的俄罗斯部分、印度和东南亚次大陆，还是美洲大陆和非洲大陆，河流水系都能够比较均匀地覆盖大陆土地，不仅有利于森林植被生长，而且起到给土地降温的效果，而中国的河流和水循环这种效果却是最不理想的。中国著名水利学家翁文灏先生把中国水系的这种不正常状态描绘为"三大拐弯理论"，并提出应该利用我国西南高、西北和华北低的地形特点，把西南诸河水源调到严重缺水的西北地区。这一提议后来被写入孙中山先生的《建国大纲》❷。可以说，中国是世界上水循环影响力和完善潜力最大的国家。中国正在实施的南水北调工程同时也是一项改善全球水循环和增加国土碳汇的工程，更宏大的"大西线调水方案"近二十年来引起中国各界的普遍关注。这一方案旨在从根本上解决中国水资源分布和水循环不合理的问题，也可以大幅度地增加中国的碳汇，更重要的是还可以大大缓解中国西南五大河流流域的周边国家因气候变化已经面临和日益严重的水患。❸ 当然这样的宏大工程需要进一步严谨的科学论证，并需要国际合作与支持。

第三节 气候变化下的我国农田水利政策与法律

气候变化对我国水资源的最重要挑战是干旱的加剧，并直接影响到我国的粮食安全。应对气候变化确保粮食生产安全的关键措施是加强农田水利建设，通过采取减缓与适应措施提高农田水利保障能力。但是我国农田水利建设明显滞后已成为影响农业稳定发展和国家粮食安全的最大硬伤，实践证明农田水利健康发展离不开有效的政策指导与法律保障。完善现有农田水利政策，健全农田水利法律规范体系，不仅能改变我国目前农田水利薄弱的现状，也是我国落实联合国气候谈判协议的国际义务，更为我国农业可持续发展与国家粮食安全奠定坚实基础。

一、我国农田水利政策与法律面临着气候变化的挑战

（一）农田水利法治化的重要意义

政府间气候变化专门委员会（IPCC）第四次评估报告表明，近百年来全

---

❶ 周珂、马绍峰："泛温室气体成因及对策分析，"载《中国地质大学学报（社会科学版）》2008 年第 4 期。

❷ "'大西线调水'首倡者郭开：拯救黄河迫在眉睫"，载《第一财经日报》2006 年 3 月 21 日。

❸ "郭开：开发西藏之水解救干旱中国"，载《北京科技报》2006 年 10 月 27 日。

球地表平均温度升高0.74℃，地球气候正经历以全球变暖为特征的显著变化。气候变化带来的洪涝与干旱长期困扰着中国，尤其是干旱，影响着中国的粮食生产。2004年受旱耕地2.49亿亩，2007年则达到5.99亿亩，2011年，受旱面积2.99亿亩。因此中国政府始终将水利视作农业命脉。2007年的《中国应对气候变化国家方案》中将农田水利建设视为重要应对气候变化的措施，努力减缓与适应气候变化。2011年中央一号文直接是关于水利建设改革的，并把农田水利作为了最重要急需加强的一方面。

气候变暖对水资源产生了重要影响，直接影响了粮食生产。根据《气候变化国家评估报告》预测，未来气候变化对农牧业、生态系统、水资源、沿海岸带社会经济的影响最为严重。《中国应对气候变化国家方案》指出中国未来的气候变暖趋势将进一步加剧，极端天气与气候事件发生的频率将增大，中国干旱区范围可能扩大，荒漠化可能性加重。尽管这仅是一种预测，但近年这种情况已初现端倪，2009~2010年，西南地区发生了有气象记录以来最为严重的秋冬春持续特大干旱，2010年冬季北方八省冬麦区持续干旱，这些现实不能不引起我们的警觉。干旱的加剧对我国农田水利带来了前所未有的压力。我国70%的粮食来自灌溉农业，要在2030年实现新增500亿公斤粮食生产能力的目标，关键在于水。因此农田水利建设已经不是灌溉排水本身的问题，而是关系到国家粮食安全的战略全局问题。

自1990年以来，各国为应对气候变化进行了积极的探索和合作，谈判形成的《气候变化框架公约》《京都议定书》《巴厘岛路线图》《哥本哈根协议》《坎昆协议》就各国应负的责任和义务形成了一定共识。我国作为一个负责任的大国，明确提出了控制温室气体排放的具体任务，制定了《中国应对气候变化国家方案》，其中将农田水利建设作为适应气候变化的重点领域农业当中首位措施，明确指出完善灌排体系，推进节水灌溉示范，发展节水旱作农业，继续建设旱作农业示范区，狠抓小型农田水利建设来加强农业基础设施建设。2009年8月，全国人民代表大会常务委员会也通过了《积极应对气候变化决议》，并提出"要把加强应对气候变化的相关立法作为形成和完善中国特色社会主义法律体系的一项重要任务，纳入立法工作议程。适时修改完善与应对气候变化、环境保护相关的法律，及时出台配套法规，并根据实际情况制定新的法律、法规，为应对气候变化提供更加有力的法律保障"。因此，加强农田水利应对气候变化政策与法律的研究，建立健全农田水利法律规范体系对于农业大国来说具有重大意义。

（二）农田生态系统的水循环与碳循环

IPCC迄今所作的四次评价报告均表明，全球气候变化的影响主要表现在四个方面：一是温度变化，二是降水变化，三是海平面变化，四是蒸散发变化。这些变化都与农田水利有直接的关系。一方面气候变暖导致部分区域干旱增强，给农田水利带来压力；另一方面农田水利改善，影响农田生态系统的水循环，水循环又影响农田碳循环，从而影响了农田温室气体的排放。采取有利于减碳的农田水利措施，会减缓气候变化。因此，中国气候变化问题不仅与减排、增汇相关联，更与水循环相关联。

农田生态系统是一种是自我调节机制较为薄弱、受人类干预较强的生态系统，是全球气候变化的主要承受者。水分是光合作用的基本原料，这个过程是消耗水与二氧化碳合成有机物；植物又以水蒸汽状态通过蒸腾作用向外界蒸散水分，并吸收空气中二氧化碳的；土壤在吸收水分的同时也通过蒸发向大气中散发水分。植物碳循环通过蒸散作用吸收二氧化碳，通过呼吸作用释放二氧化碳。另外，农业土壤有储碳和释放碳的功能，土壤中碳储量占全球碳储量8%~10%，生物圈和大气圈的碳交换主要通过光合作用与呼吸作用、分解和燃烧进行。人类影响生物圈碳贮存变化主要是通过土地利用和林业活动进行的，农田管理措施的改善能够改善土壤碳储量。水分在此系统中的运行贯穿于土壤、作物与大气三者之间，使水循环与碳循环相互作用，形成一个统一的动态的相互反馈连续系统。土壤水成为水转化的中心环节。土壤含水量直接影响植被蒸散发和土壤蒸发过程，从而影响到植物能量转换、蒸散发与植物生长，影响区域植被的生理与生态演化，进而改变农田生态系统的碳排放与捕获能力及区域碳的净排放。由此导致区域水平衡和碳平衡发生变化，并引发系统的气候、水资源、生态和环境变化。此外，农田水利在取水、输水、用水和排水过程中的能耗使用，影响区域碳的净排放量。增加灌溉是促进作物增产的重要措施，由于作物增产而增加了土壤有机质输入而利于土壤固碳。但同时会由于抽水灌溉消耗能源所引起的温室气体排放可抵消部分土壤固碳效益；另外由于灌溉使土壤湿度加大，因此为土壤排放更多温室气体 N_2O 创造了条件。可见，农田水利会影响农田水循环，水循环影响碳循环，虽然目前灌溉对温室气体排放影响的具体程度尚无具体资料，但可以肯定，良好的灌溉有利于农田生态系统，从而形成良好的区域小气候，增强土壤固碳能力。

（三）气候变化对农田水利的影响

气候变暖会影响水循环，从而对降雨量、蒸散量与径流量都有较大影响，且这种影响在短期内呈现出不确定性。在降水量多的地区，有可能暴雨增多；在干旱与半干旱地区，干旱会进一步增强。至于蓄水与灌溉，对气候变化尤为敏感，由于温度的不断升高，环境湿度会不断降低，灌溉需水量也会越来越多。对我国而言，气候变化对水资源的影响是：根据不同的气候模式模拟结果，预计到21世纪中叶，在高纬度地区和湿热地区年径流量将增加10%～40%；在中纬度地区的干旱年份，径流量将减少10%～30%，未来干旱影响区的范围将进一步扩大。但同时，暴雨发生频率增加，洪涝风险增大。

（1）气候变化会使不同地区的农田水利建设有差异。预测未来50年中国年平均降水量将呈增加趋势，但水资源分布会更加不均。全国平均径流量北方地区将会进一步减少，中东南沿海呈现增多趋势。一些地区主要是防洪排水，有些地区是抗旱取水，还有的地区旱涝并防。

（2）气候变化加剧了我国主要产粮区用水矛盾。水资源增量集中在长江中下游等地区，相反未来气候变暖将造成我国北方主要产区水资源短缺加剧，特别是在北方干旱和半干旱区情况会更为严重，沙漠化趋势将进一步恶化。北方是主要产粮区，干旱缺水影响呈扩大、加重趋势，农田水利成为农业丰收的关键。

二、我国的农田水利政策

（一）基本情况简介

新中国成立后30年，国家十分重视水利事业的发展。当时的水利建设背景是计划经济体制，农田水利建设投资与管理是由政府负责。由于政策重视，政府动员能力强，能够集中人力、物力、财力办水利。在农田水利方面，在"大跃进"时期，国家在《中共中央关于水利工作的指示》中提出了水利工程"以小型工程为主、以蓄水为主、以社队自办为主"的"三主"建设方针后，建设了900多座大中型水库，对当时防洪、抗旱、排涝等起到了重要作用，构建了我国农田水利的基本框架。1965年，国家全面总结了"四重四轻"（重建轻管、重大轻小、重骨干轻配套、重工程轻实效）的水利建设特点，制定了"大、小、全、管、好"（发扬大寨精神，小型为主，全面配套，狠抓管理，更好地为农业增产服务）的水利工作方针，推动了全国大规模的农田水利基本建设，基本满足了农业灌溉的需要。到1976年底，仅水库全国就建成了大中小水库85 400多座，总库容4200亿立方（至2009年为87 151座，水库总库容7064亿立方米；有效灌溉面积达到4.3亿亩，比改革开放初增长41.9%）。与改革开放30年来我国新增各类水库1751座相比，不难看出我国农田水利的主要基础是这个时期构建的。

改革开放后30年，在国家重视大江大河治理基础上，农田水利继续发展，但速度减缓。1997年实施的《水利产业政策》，明确了水利与产业结合的水利建设方针，将防洪除涝、农田灌排骨干工程的建设资金由财政拨付，而小型水利工程鼓励以多种形式建设和经营，对农业节水项目贷款安排财政贴息。这一时期是农田水利的建设主要由国家负责，农田水利的管理由水利管理部门进行，农户交纳统筹与提留，投入“义务工”“积累工”参与水利建设。2002年实行的《水利工程管理体制改革实施意见》，全面开始了水利体制改革。在农田水利方面，主要涉及小型农村水利工程管理体制改革。小型农村水利工程要明晰所有权，探索建立以各种形式农村用水合作组织为主的管理体制、灵活多样的经营方式和运行机制，其核心思想是农业灌溉要走市场化道路。同时也将基层的水利管理部门进行改革，对其工作人员大量裁撤，水利站由政府单位转变为社会化的水利服务中心。另外在这一时期，开始注意节水建设，2002年《开展节水型社会建设试点工作指导意见》强调了发展节水农业，确定了亩均灌溉用水量、主要农作物用水定额、灌溉水有效利用系数、节水灌溉工程率等指标考核体系。

2003~2005年，农田水利改革进一步加快。2005年《中央财政小型农田水利工程设施建设“民办公助”专项资金管理试点办法》对农户、农民合作组织、村组集体等自愿开展小型农田水利工程设施建设的项目，财政给予补助。2005年《关于建立农田水利建设新机制的意见》进一步改革和完善农田水利建设的政策体系、投入方式及组织形式。确立了今后农田水利建设的坚持政府支持、民办公助，坚持民主决策、群众自愿，坚持规划先行、注重实效，坚持深化改革、创新体制四项主导原则。建立以政府资金为引导的多元化投融资机制，加快农田水利管理体制和小型设施产权制度改革。2005年关于落实《国务院关于做好建设节约型社会近期重点工作的通知》要求把节水灌溉作为一项革命性措施来抓，强调以提高农业用水利用率和效益为核心，积极推广先进实用的综合节水灌溉技术。

2007年后，农田水利注意应对气候变化。《节水型社会建设“十一五”规划》明确提出重点从八个方面开展农业重点节水工程，实现农业节水工程节水量200亿立方米。2007年《中国应对气候变化国家方案》，把水资源列为我国应对气候变化的重点领域，农田水利在适应气候变化的政策措施方面，通过完善农田水利基本建设新机制和推行节水等措施，加强法律法规的制定和实施，力争将农业灌溉用水有效利用系数提高到0.5，到2010年，力争减少水资源系统对气候变化的脆弱性。十七大报告明确提出加强应对气候变化能力建设，保护土地和水资源，重点加强水、大气、土壤等污染防治，加强水利、林业、草原建设，促进生态修复。十七届三中全会通过的《中共中央关于推进农村改革发展若干重大问题的决定》提出了搞好水利基础设施建设，加快病险水库除险加固，创新投资机制，采取以奖代补等形式，鼓励和支持农民广泛开展小型农田水利设施、小流域综合治理等项目建设。2011年初，国务院批复《全国水资源综合规划》，提出了全面建设节水型社会、合理配置和有效保护水资源、实行最严格的水资源管理制度任务，确立到2020年，农田灌溉水有效利用系数提高到0.55，到2030年，农田灌溉水有效利用系数提高到0.6的目标。从2004年到2011年中央连续出台了8个与农业相关的一号文件，都提出要把加强农田水利设施建设作为现代农业建设的一件大事来抓，并加大对农田水利建设的投入。尤其是2011年的中央一号文件《中共中央国务院关于加快水利改革发展的决定》，明确了“十二五”期间应对气候变化水利改革发展的方向，提出了有利于适应气候变化能力农田水利任务与措施。“十二五”期间新增农田有效灌溉面积4000万亩，农田灌溉水有效利用系数提高到0.55以上；大兴农田水利建设，到2020年，基本完成大型灌区、重点中型灌区续建配套和节水改造任务；健全农田水利建设新机制，在资金上从土地出让收益中提取10%，引导农民自愿投工投劳，大力发展节水灌溉，积极发展旱作农业。

从以上有关农田水利的主要政策来看，经过30年来的改革发展，在管理体制上，形成了水利工程按大小实行分级管理的原则，小型水利工程由村集体管理；在产权上，小型水利设施产权按照“谁投资、谁受益、谁所有”的原则，形成了谁建、谁管、谁有的利益激励机制。在资金投入上，国家管大型骨干工程，重点是大江大河治理，其余的则是采用政府支持、民办公助的原则，形成了国家、农民、社会资金共同投入的多元化的农村水利投入机制。小型水利项目建设上，充分依靠农民、尊重和保证农民的合法权益，推行农田水利建设“一事一议”制度。在应对气候变化方面，2007年以前，农田水利建设主要围绕建立节水型社会进行开展，从2007年出台国家应对气候变化方案开始，农田水利加强了应对气候变化的内容。尤其是2011年的中央一号文件强调了最严格水资源管理制度，确定了把农田水利作为农村基础设施建设的重点任务，包括健全农田水利建设新机制，确立用水效率控制红线，坚决遏制用水浪费，健全基层水利服务机构，强化农田水利建设公益性职能，推进农业水价综合改革。充分体现了在农田水利领域应对气候变化的国家政策，为“十二五”期间农田水利发展奠定了宏观政策基础。

（二）我国农田水利政策存在的主要问题

国家虽然一直非常重视农田水利建设，在抗御自然灾害，促进农业生产持续稳定发展，保护水土资源和改善生态环境等方面发挥了十分重要的作用。但由于受国家财力与农民富裕程度所限，目前我国农田水利基本建设与管理还存在不少薄弱环节。随着气候变化，水资源的供需情况已经发生了很大的变化，原来的农田水利工程设施与管理已不能与目前的农业生产相匹配，加快农田水利发展的政策还有待于进一步加强。

（1）在农田水利基础建设方面，政策推动力不足。现有农田水利设施不足，全国现有的1.22亿公顷耕地中，尚有6393万公顷是没有灌溉条件的“望天田”。已有工程也基本是老化失修，功能严重衰退，防洪、排涝、灌溉效益都逐年衰减，农田水利化现代化程度比较低。正如中国人民大学农业与农村发展学院副院长、博士生导师郑风田教授所说，从改革前后农村农田水利投入的制度演变和现实情况来看，我国农田水利投入的状况客观上一直处于恶化趋势，由此导致原有的供给水平遭到了相当程度的破坏，水利设施淤塞，农田道路失修，导致农业抗灾能力薄弱，影响了农业和农村的持续稳定发展。

（2）农田水利资金投入政策不能适应新形势，农田水利投入严重不足。“两工”取消后，国家财政支持不够，缺少其他资金渠道，建设资金无法落实到位；财政投入虽有增加，但规模太小，按当前投资强度，要完成大中型灌区骨干工程改造规划任务，至少需要30年。

（3）管理制度与体制不健全。水管单位的市场化改革使农田水利的管护体制不顺，依靠收取水费的管护单位难以为继；集体产权的水利工程因集体缺位，使产权不明晰，维修养护责任和经费投入主体界定不清；缺乏专门农田水利管理与科技队伍，管理技术水平和管理手段落后，管理与经营模式粗放，对农田水利适应气候变化重视不够，制约着农田水利的可持续发展；农户参与农业水资源管理的积极性不高，缺乏公众支持，难以提高灌溉用水效率。

（4）小型水利工程组织方式效果不好。小型水利工程通过实行“一事一议”由村集体自主建设，虽然将自主权交给了农户，但出现了“事难议，议难决，事难干”的问题，与农业生产的要求不相适应，难以成为推动农田水利建设的有效机制。

（5）在科技创新激励政策上，农田水利工程科技含量低，科技支撑体系薄弱。灌区渠系与灌溉技术规划设计不合理，没有综合考虑各种气候变化因素；节水灌溉技术与节水灌溉制度落后，致使灌溉水利用系数、水分生产率和灌溉保证率普遍较低。目前全国灌溉水平均利用率只有0.46，远低于发达国家0.7～0.8的水平，水资源浪费严重。另外还存在着边利用边污染的情况，加剧了水资源的短缺，不适应水资源节水型社会的要求。

（6）缺乏针对性的应对气候变化的农田水利政策。从已有政策来看，国家对农田水利政策目标与任务明确，而在实施中缺乏具有针对性实施性的政策与办法。连续八年的中央一号文件都有农田水利建设的内容，特别是在《中国应对气候变化国家方案》出台后，水资源领域被确定为重点领域，农田水利节水建设应是重要环节。但是目前在节水制度、节水运行机制与水价管理政策上都缺乏具体的、具备可操作性应对气候变化农田水利的减缓措施与适应措施。原有已出台政策显然已不能适应新形势下农田水利建设。

三、我国农田水利法律分析

（一）农田水利的法律基本情况

目前我国还没有系统的专门农田水利法律文件，这并不是说没有农田水利方面的法律规范。关于农田水利有关法律规定，散见于与农田水利有关的法律法规和其他法律文件中。

20世纪80年代中期，水利部制定了《水土保持工作条例》，水利法制建设开始了起步；1988年以《水法》颁布为标志，水利法制建设进入了快速发展阶段，我国相继出台了一些与农田水利有关的法律法规，包括《水法》《农业法》《水土保持法》《防洪法》《农业技术推广法》《灌区管理办法》《占用农业灌溉水源、灌排工程设施补偿办法》《取水许可制度实施办法》《抗旱条例》等。同时地方法规建设也取得全面进展，各地颁布的地方性水法规、政府规章和省级规范性文件达700余件，水法规体系初步形成。这些法律、法规和规章都涉及了农田水利的条款。

农田水利规范中主要的内容有：在《水法》中确立了水资源利用的基本制度。如国家对用水实行总量控制和定额管理相结合的制度；国家取水许可制度和水资源有偿使用制度；国家厉行节约用水，发展节水型农业，建立节水型社会，单位和个人有节约用水的义务；农村集体经济组按照谁投资建设谁管理和谁受益的原则，对水工程设施及其蓄水进行管理和合理使用。在《农业法》第十九条中规定了“各级人民政府和农业生产经营组织应当加强农田水利设施建设，建立健全农田水利设施的管理制度，节约用水，发展节水型农业，严格依法控制非农业建设占用灌溉水源，禁止任何组织和个人非法占用或者毁损农田水利设施。国家对缺水地区发展节水型农业给予重点扶持”。在《抗旱条例》中规定了要加强农田水利基础设施的建设、维修和管理。推广农田节水技术，合理调整农业种植结构。国家鼓励和扶持研发、使用抗旱节水机械和装备，推广农田节水技术，发展旱作节水农业。在《取水许可和水资源费征收管理条例》中，规定各级地方人民政府应当采取措施，提高农业用水效率，发展节水型农业；使用本集体经济组织的水塘、水库中的水不需要申请领取取水许可证；水资源费征收标准根据当地情况而定。

从这些规定可以看出，国家加强农田水利建设，推广农田节水技术，建立节水型农田水利，实施有利于保护环境的水资源管理制度，都直接或者间接地增强了我国农田水利应对气候变化的综合能力。

（二）有关农田水利法律规范的主要问题

1. 缺少农田水利的基本法

从现有法律来看，没有一部关于农田水利的专门法律，导致农田水利的基本法律缺位。作为水资源管理的基本法《水法》，没有一处是关于农田水利的专门条款，可见对农田水利的重视程度。《农业法》第十九条是关于农田水利的专条规定，但这一条的不足是仅是号召与促进性质的条款，缺乏强制性。散见于其他法律中有关农田水利的规范，基本都是附带制定的，对农田水利虽有涉及，但系统性不强，针对性差，不同法律的规定之间难以配套成为严密的规范体系，不能有效规范和指导农田水利建设与发展。这些不系统的规范虽有一些与气候变化相联系，但也只能间接体现应对气候变化。正是因为农田水利的法律制度不系统、不健全，缺乏长效机制，从而导致我国农田水利发展不稳定，尤其是前些年还出现了农田水利发展的“欠账”情况。

2. 农田水利的法律制度薄弱

由于农田水利法律规定零散地分布在法律和行政法规之中，从而导致一些重要的法律制度欠缺，如农业水权交易制度。还有一些既存的法律制度内容不够完整，如农业节水法律制度等。在规范的内容体系上，更是缺乏系统的农田水利开发、利用、管理具体制度与措施。如没有建立适应未来气候变化的农田水利规划与开发制度，导致农田水利开发利用不当；没有建立与农田水利公益性质及其地位作用相匹配的投资体制，直接制约农田水利发展；没有建立适应中国国情的节水灌溉技术推广制度，造成农业用水效率低；没有严格的农田用水管理机制，致使管理粗放，手段落后；没有建立适应农业生产的水价机制，制约着灌溉用水效率的提高；没有建立相关利益者积极参与的有效机制，制约社会力量参与建设、管理和监督等问题。

3. 体现应对气候变化的内容较少

由于《水法》与《农业法》等相关农田水利的立法时间较早，当时对气候变化认识与措施没有今天这样深刻，对应对气候变化的紧迫性意识还远远不足。尽管这两部法律的有些内容能够对应对气候变化发挥积极作用，却因为这些条款数量少，缺乏针对性与系统性，减缓性规范内容较少或者缺位，适应性立法也不健全，如至今没有一部关于节水灌溉的法规；同时也没有考虑农田水利对水循环的作用并影响碳循环，从而没有关于增强农田水利碳汇作用的配套措施，导致减缓效果不好。至于2009年制定的《抗旱条例》，主要是一部应急管理的的抗旱规定，还不能从根本上解决过去农田水利开发、利用与管理中出现的问题。因此，只有进一步健全农田水利法律制度，才能提高农田水利在应对气候变化中的适应和减缓能力。

四、应对气候变化农田水利政策与法律的完善

有效应对气候变暖对我国农业发展带来的不利影响，就必须牢牢抓住水利是农业的命脉这个重点，“有收无收在水”就是此意。因此要提高水资源供给的应变能力，就要促进农田水利健康发展，提高防洪、抗旱、供水等基础设施的能力，实现灌溉水的优化配置与提高效率，建设节水型农业。完成这个目标既要在农田水利政策方面主动进行调整，也要健全适应气候变化的农田水利法律规范体系。

（一）农田水利政策方面

1. 加强气候变暖背景下对农田水利影响的认识

首先要科学认识农田水利应对气候变化的意义。农田水利一方面要适应气候变化，通过发展农田水利，减少气候变暖对粮食生产带来的不利影响。另一方面要为减缓气候变化作出贡献。要减少农田水利系统的碳排放，增强农田碳捕捉能力，从而起到减缓气候变化的作用。其次是要充分认识政策在促进农田水利发展方面的作用，不仅要重视农田水利发展的专门政策，还要从相关领域政策共同推进。在应对气候变化的农田水利发展中，水资源政策与农业政策、环境政策、经济政策等都涉及农田水利，需要增强政策之间的协调和配合，形成不同领域中政策促进农田水利的强大合力。

2. 制定针对农田水利发展的具体政策

2005 年出台的《关于建立农田水利建设新机制的意见》经过几年的实施，有些内容已不能适应气候变化的需要。2011 年的中央一号文件虽然是专门发展水利的国家政策，主要是就水利全局提出的总体目标与任务，但这些内容过于原则性，缺乏具体措施与实施办法，所以亟须将 2011 年的《关于加快水利改革发展的决定》有关农田水利建设的内容进行细化并提出专门性的指导性意见。专门政策的关键点应当包括：如何健全农田水利建设新机制，增加政府对农田水利建设的投入，引导农民自愿投工投劳；如何建立应对特大干旱和突发水安全事件的水源储备制度；怎样落实从土地出让收益中提取 10% 用于农田水利建设；如何解决一事一议实效恶性循环，充分调动农民兴修农田水利的积极性；如何推动小型水利工程产权制度改革，健全基层水利服务体系，大力发展农民用水合作组织，推进农业水价综合改革等问题。

3. 农田水利减缓气候变化方面的政策

从农田水利技术角度看，农田水利减缓政策主要是在农田水利建设与使用管理中制定低碳导向政策，减少与控制二氧化碳排放，同时采取有利于增加碳汇的措施。主要方面有：（1）提高灌溉系统能源使用效率进行节能。主要包

括优化水利工程设计、水利工程施工低碳化、提高灌溉能效。(2) 灌溉引水动力的去碳与低碳。改进电机与水泵的效率来降低碳排放强度，包括使用清洁能源等替代高碳排放的化石燃料的低碳可再生能源等。(3) 确定合理的灌溉制度、灌溉方式、灌溉时间，抑制土壤表面水分无效蒸发；加强田间土地平整力度，推广适合不同作物浇灌方法，彻底改变大水漫灌的习惯，形成科学灌溉制度。(4) 推广节水型农业和旱作农业，实行抗旱节水作物高产品种改良技术，进行生物节水。(5) 加强农业土壤管理，增加土壤吸收和储存温室气体的能力。重点是耕作保墒技术、覆盖保墒技术、保水调节技术、增施有机肥与节水灌溉有机结合的水肥耦合技术等。

4. 农田水利适应气候变化的政策

气候变暖会对农业造成不利影响，需要因地制宜地采取适应措施。主要适应措施是：(1) 面对气候变暖，水资源短缺，改变农业用水的管理方式，在灌溉用水中贯彻最严格的水资源管理制度。(2) 要根据未来的气候变化预测改善灌溉和排水设施。加强农田水利基础设施建设，积极安排灌区续建配套工程，建设蓄水调水工程补充水源，提高农田水利设施的灌溉保障能力与生态环境的固土保水能力。(3) 制定节水农业促进政策，将农田水利建设与节水农业建设结合起来。通过制定激励政策，大力推行节水灌溉技术，改革灌溉制度，采用水价与水费激励措施，强化用水户的节水意识，提高农民节水积极性，进一步提高水资源的利用率。(4) 加强农村生态环境建设。加强小微型水利设施建设，通过坑塘、沟渠、小型水库的整治，增加雨水集蓄能力，防止水土流失，增强水土涵养能力，做到汛期能除涝、旱期能灌溉的农田水利效果。(5) 完善防汛抗旱灾害预警和应急机制。加强应急预案的编制与落实，提高洪涝灾害的防御能力；提高水资源的应急调度与供水能力，加强防灾能力建设，最大限度地减少农业经济损失。

5. 完善农田水利科技研究与科技推广政策

为适应气候变化的需要，农田水利发展的重点是依靠技术进步，用新的技术、新的装备提高能效，建立节水型农业。首先要加强减缓和适应气候变化影响的农田水利技术开发与研究，目前，世界灌溉排水技术已经有了一个大的发展，国外灌溉系数已达 0.7 ~ 0.8，我国要低得多。因此要不断完善、创新农田节水模式。根据不同地区情况，从工程类措施、管理类措施和农艺措施着手，运用技术、管理、经济等综合手段发展节水灌溉。其次，强力推进技术推广。加大政策推广力度，配备有农田节水技术的基层服务人员，建立技术服务责任制，开展技术宣传与培训，制定地方节水生产技术体系和技术规程，推广农田节水、施肥、耕作、种植模式、农机具配套等方面的技术，完善农田水利科技推广体系，并配套各种激励政策与措施促进先进技术的推广应用，以不断提高农业生产对气候变化不利影响的抵御能力。最后，加强农户应对气候变化的能力建设，开展广泛的宣传教育，提高公众对气候变化影响的认识，提高供水能力和用水效率，大力推进节水型社会的建设。

（二）法律方面

有效应对气候变化并促进我国农田水利的发展，不仅要在农业政策上要积极进行调整；而且也需要逐步建立健全我国农田水利法律规范体系，这也是完善农田水利制度、推动农田水利良性发展与应对气候变化的根本之举。

1. 制定农田水利法，规范农田水利建设

我国农田水利历史悠久，早在唐宋就把附属于国家大法中的水利条款独立出来，汇集为综合性的国家水利法规，如唐朝的《水部式》与宋朝的《农田水利约束》。现今，中国农田水利的地位更决定了我国应该有一部农田水利法。中国是一个农业大国，同时，中国也是一个人口大国，农田水利在粮食生产起着关键作用。提高粮食生产能力，有赖于国家高度重视农田水利事业的发展。另外，制定农田水利法是农田水利应对气候变化的需要，制定一部专门的《农田水利法》，确立农田水利相关制度，规范相关行为，可以进一步完善中国应对气候变化的法律体系。因此在应对气候变化大背景下，制定农田水利法，既是解决农田水利现实问题的根本需要，也是农业和农村发展的客观需要，更是国家长治久安的必然要求。

制定农田水利法已有较为成熟的条件。特别是新中国成立后六十年的水利建设，形成了许多行之有效的经验。进入建设社会主义新农村时期，我国已初步形成社会主义法律体系，农田水利建设也有了丰富的制度与政策基础，根据依法治国与依法行政的原则，将农田水利建设好经验与好做法纳入法治轨道是可行的。

制定农田水利法具有重要意义。一是将农田水利建设政策法律化、制度化，用法律的形式将党和国家的农田水利方针政策、可持续发展思路固定下来，把经过实践检验行之有效的农田水利措施上升为国家的法律制度。二是为农田水利有序发展提供了法律保障。通过对农田水利制度进行规定，营造了有利于农田水利发展和改革的良好法治环境，能够有效促进农田水利事业的健康发展。三是为水利依法行政奠定了重要基础。农田水利管理逐步实现了由单纯依靠行政手段向综合运用行政、法律、经济、技术手段并更加注重法律手段的转变，运用法律手段管理农田水利事业，能够有效促进政府职能转变。四是为农业生产增强适应气候变化提供了法律保障，也是中国政府应对气候变化，践行国际法义务的积极举措。

制定农田水利法，可以明确农田水利立法目的、农田水利性质定位，以及农田水利法的基本原则。能够确立农田水利的基本法律制度，促进节水灌溉制度的实施，形成农田水利运行新机制。主要包括：落实最严格的水资源管理制度，制定农田水利规划体系，建立健全高效分级管理与水利产权制度、良性资金投入机制，实施总量控制、定额管理、取水许可、有偿使用、阶梯水价等一系列适合农田用水的具体管理制度，界定农田水利法律关系中政府与其他主体的权利与义务关系，协调好各级政府及有关部门、用水户、各类主体在农田水利建设和管理中的利益关系，规范农田水利工作的主要运行环节。农田水利法主要构成可由基本原则、规划、建设与投入、工程施工、工程管理、用水管理、管理组织、节水灌溉、科技推广与教育、法律责任等方面组成。

2. 健全与完善农田水利法律规范体系，增加应对气候变化的内容

在积极推进农田水利法立法的同时，更为现实的是对原来的法律进行及时修订，健全与完善农田水利法律规范体系。首先，要对已有的法律进行及时修改，主要对《水法》《农业法》《农业技术推广法》进行完善，增加改善农田水利保障能力和增强农业生态系统碳汇的制度，融入《关于加快水利改革发展的决定》的精神，体现农田水利是农村基础设施建设的重点任务。《水法》重点增加农业水资源、农用水权、水市场等农田水利管理制度；《农业法》从土地利用、种植制度方面适应水资源的变化；营造良好的农田生态系统，促进生态系统平衡，促进水资源的可持续开发和利用，增加碳汇与减少碳源；《农业技术推广法》重在建设农田水利新技术推广的长效机制。在修改这些法律时，还要对农田水利规范体系进行权衡与布局，哪一些内容是可以写进其他法律，有些还要给未来的《农田水利法》立法留下足够空间，达到避免重复，节约立法资源的目的。其次是完善农田水利规范体系，制定行政法规与规章，促进法律的实施。同时加强地方性法规建设，地方立法机关与各级地方政府也应在自己的立法权限内对农田水利进行立法规范。2010 年 2 月 1 日黑龙江省实施了《黑龙江省农田水利条例》、2010 年 11 月 29 日湖南省实施了《湖南省小型农田水利条例》，有利地促进了当地的农田水利建设。[1]

---

[1] 上述内容参考了秦承敏、周珂：“气候变化下的农田水利政策与法律思考”，载《中国环境法治》2011 年第 1 期。

第八章　气候变化与能源发展

第一节　气候变化与中国的能源现状

气候变化既是环境问题，也是发展问题，归根到底是发展问题。能源的大量开发和利用，是造成环境污染和气候变化的主要原因之一。中国是处于工业化初期的发展中国家，历史累积排放少，从 1950 年到 2002 年，中国化石燃料二氧化碳排放只占同期世界排放量的 9.3%，人均二氧化碳排放量居世界第 92 位，单位 GDP 二氧化碳排放弹性系数也很小。然而，正确处理好能源开发利用与环境保护和气候变化的关系，是世界各国迫切需要解决的问题，中国也概莫能外。今后，中国的能源发展必定会遇到国际气候变化大背景下的巨大压力，随后的减排义务对中国的能源开发与消费及能源结构调整与能源法治都会带来很大的影响，这既是机遇，也是挑战，必须积极应对，不能回避。

一、中国的能源发展现状

（一）能源资源及其特点

能源资源是能源发展的基础。新中国成立以来，不断加大能源资源勘查力度，组织开展了多次资源评价。中国能源资源有以下特点：（1）能源资源总量比较丰富。中国拥有较为丰富的化石能源资源。其中，煤炭占主导地位。2006 年，煤炭保有资源量 10 345亿吨，剩余探明可采储量约占世界的 13%，列世界第三位。已探明的石油、天然气资源储量相对不足，油页岩、煤层气等非常规化石能源储量潜力较大。中国拥有较为丰富的可再生能源资源。水力资源理论蕴藏量折合年发电量为 6.19 万亿千瓦时，经济可开发年发电量约 1.76 万亿千瓦时，相当于世界水力资源量的 12%，列世界首位。（2）人均能源资源拥有量较低。中国人口众多，人均能源资源拥有量在世界上处于较低水平。煤炭和水力资源人均拥有量相当于世界平均水平的 50%，石油、天然气人均资源量仅为世界平均水平的 1/15 左右。耕地资源不足世界人均水平的 30%，制约了生物质能源的开发。（3）能源资源赋存分布不均衡。中国能源资源分布广泛但不均衡。煤炭资源主要赋存在华北、西北地区，水力资源主要分布在西南地区，石油、天然气资源主要赋存在东、中、西部地区和海域。中国主要的能源消费地区集中在东南沿海经济发达地区，资源赋存与能源消费地域存在明显差别。大规模、长距离的北煤南运、北油南运、西气东输、西电东送，是中国能源流向的显著特征和能源运输的基本格局。（4）能源资源开发难度较大。与世界相比，中国煤炭资源地质开采条件较差，大部分储量需要井工开采，极少量可供露天开采。石油天然气资源地质条件复杂，埋藏深，勘探开发技术要求较高。未开发的水力资源多集中在西南部的高山深谷，远离负荷中心，开发难度和成本较大。非常规能源资源勘探程度低，经济性较差，缺乏竞争力。

（二）能源工业与能源发展

改革开放以来，中国能源工业迅速发展，为保障国民经济持续快速发展作出了重要贡献，主要表现在：（1）供给能力明显提高。经过几十年的努力，中国已经初步形成了煤炭为主体、电力为中心、石油天然气和可再生能源全面发展的能源供应格局，基本建立了较为完善的能源供应体系。建成了一批千万吨级的特大型煤矿。2006 年一次能源生产总量 22.1 亿吨标准煤，位列世界第二位。其中，原煤产量 23.7 亿吨，位列世界第一位。先后建成了大庆、胜利、辽河、塔里木等若干个大型石油生产基地，2006 年原油产量 1.85 亿吨，实现稳步增长，位列世界第五位。天然气产量迅速提高，从 1980 年的 143 亿立方米提高到 2006 年的 586 亿立方米。商品化可再生能源量在一次能源结构中的比例逐步提高。电力发展迅速，装机容量和发电量分别达到 6.22 亿千瓦和 2.87 万亿千瓦时，均列世界第二位。能源综合运输体系发展较快，运输能力显著增强，建设了西煤东运铁路专线及港口码头，形成了北油南运管网，建成了西气东输大干线，实现了西电东送和区域电网互联。（2）能源节约效果显著。1980—2006 年，中国能源消费以年均 5.6% 的增长支撑了国民经济年均 9.8% 的增长。按 2005 年不变价格计算，万元国内生产总值能源消耗由 1980 年的 3.39 吨标准煤下降到 2006 年的 1.21 吨标准煤，年均节能率 3.9%，扭转了近年来单位国内生产总值能源消耗上升的势头。能源加工、转换、贮运和终端利用综合效率为 33%，比 1980 年提高了 8 个百分点。单位产品能耗明显下降，其中钢、水泥、大型合成氨等产品的综合能耗及供电煤耗与国际先进水平的差距不断缩小。（3）消费结构有所优化。中国能源消费已经位居世界第二。2006 年，一次能源消费总量为 24.6 亿吨标准煤。中国高度重视优化能源消费结构，煤炭在一次能源消费中的比重由 1980 年的 72.2% 下降到 2006 年的 69.4%，其他能源比重由 27.8% 上升到 30.6%。其中可再生能源和核电比重由 4.0% 提高到 7.2%，石油和天然气有所增长。终端能源消费结构优化趋势明显，煤炭能源转化为电能的比重由 20.7% 提高到 49.6%，商品能源和清洁能源在居民生活用能中的比重明显提高。(4)科技水平迅速提高。中国能源科技取得显著成就,以"陆相成油理论与应用"为标志的基础研究成果,极大地促进了石油地质科技理论的发展。石油天然气工业已经形成了比较完整的勘探开发技术体系,特别是复杂区块勘探开发、提高油田采收率等技术在国际上处于领先地位。煤炭工业建成一批具有国际先进水平的大型矿井,重点煤矿采煤综合机械化程度显著提高。在电力工业方面,先进发电技术和大容量高参数机组得到普遍应用,水电站设计、工程技术和设备制造等技术达到世界先进水平,核电初步具备百万千瓦级压水堆自主设计和工程建设能力,高温气冷堆、快中子增殖堆技术研发取得重大突破。烟气脱硫等污染治理、可再生能源开发利用技术迅速提高。正负500千伏直流和750千伏交流输电示范工程相继建成投运,正负800千伏直流、1000千伏交流特高压输电试验示范工程开始启动。(5)环境保护取得进展。中国政府高度重视环境保护,加强环境保护已经成为基本国策,社会各界的环保意识普遍提高。1992年联合国环境与发展大会后,中国组织制定了《中国21世纪议程》,并综合运用法律、经济等手段全面加强环境保护,取得了积极进展。中国的能源政策也把减少和有效治理能源开发利用过程中引起的环境破坏、环境污染作为其主要内容。2006年,燃煤机组除尘设施安装率和废水排放达标率近100%,烟尘排放总量与1980年基本相当,单位电量烟尘排放减少了90%。2006年,全国建成并投入运行的脱硫火电机组装机容量达1.04亿千瓦,超过前10年的总和,装备脱硫设施的火电机组占火电总装机的比例由2000年的2%提高到30%。(6)市场环境逐步完善。中国能源市场环境逐步完善,能源工业改革稳步推进。能源企业重组取得突破,现代企业制度基本建立。投资主体实现多元化,能源投资快速增长,市场规模不断扩大。煤炭工业生产和流通基本实现了市场化。电力工业实现了政企分开、厂网分开,建立了监管机构。石油天然气工业基本实现了上下游、内外贸一体化。能源价格改革不断深化,价格机制不断完善。

(三)能源供应面临的问题

随着中国经济的较快发展和工业化、城镇化进程的加快,能源需求不断增长,构建稳定、经济、清洁、安全的能源供应体系面临着重大挑战,突出表现在以下几方面:(1)资源约束突出,能源效率偏低。中国优质能源资源相对不足,制约了供应能力的提高;能源资源分布不均,也增加了持续稳定供应的难度;经济增长方式粗放、能源结构不合理、能源技术装备水平低和管理水平相对落后,导致单位国内生产总值能耗和主要耗能产品能耗高于主要能源消费国家平均水平,进一步加剧了能源供需矛盾。单纯依靠增加能源供应,难以满足持续增长的消费需求。(2)能源消费以煤为主,环境压力加大。煤炭是中国的主要能源，以煤为主的能源结构在未来相当长时期内难以改变。相对落后的煤炭生产方式和消费方式，加大了环境保护的压力。煤炭消费是造成煤烟型大气污染的主要原因，也是温室气体排放的主要来源。随着中国机动车保有量的迅速增加，部分城市大气污染已经变成煤烟与机动车尾气混合型。这种状况持续下去，将给生态环境带来更大的压力。（3）市场体系不完善，应急能力有待加强。中国能源市场体系有待完善，能源价格机制未能完全反映资源稀缺程度、供求关系和环境成本。能源资源勘探开发秩序有待进一步规范，能源监管体制尚待健全。煤矿生产安全欠账比较多，电网结构不够合理，石油储备能力不足，有效应对能源供应中断和重大突发事件的预警应急体系有待进一步完善和加强。

二、促进能源与环境协调发展

中国作为负责任的发展中国家，高度重视环境保护和全球气候变化。中国政府将保护环境作为一项基本国策，签署了《联合国气候变化框架公约》，成立了国家气候变化对策协调机构，提交了《气候变化初始国家信息通报》，建立了《清洁发展机制项目管理办法》，制定了《中国应对气候变化国家方案》，并采取了一系列与保护环境和应对气候变化相关的政策和措施。中国提出“十一五”时期要实现生态环境恶化趋势基本遏制，主要污染物排放总量减少10%，温室气体排放控制取得成效的目标。中国正在积极调整经济结构和能源结构，全面推进能源节约，重点预防和治理环境污染的突出问题，有效控制污染物排放，促进能源与环境协调发展。具体内容如下：其一，全面控制温室气体排放。中国加快转变经济发展方式，积极发挥能源节约和优化能源结构在减缓气候变化中的作用，努力降低化石能源消耗。大力发展循环经济，促进资源的综合利用，提高能源利用效率，减少温室气体排放。依靠科学技术进步，不断提高应对气候变化的能力，为保护地球环境作出积极贡献。其二，大力防治生态破坏和环境污染。中国将更加重视能源特别是煤炭的清洁利用，并作为环境保护的重点，积极防治生态破坏和环境污染。加快采煤沉陷区的治理和煤层气的开发利用，建立并完善煤炭资源开发和生态环境恢复补偿机制。推进煤炭的有序开采，限制开采高硫高灰分煤炭、禁止开采含放射性和砷等有毒有害物质超过规定标准的煤炭。积极发展洁净煤技术，鼓励实施煤炭洗选、加工转化、洁净燃烧、烟气净化等技术。加快燃煤电厂脱硫设施建设，新建燃煤电厂必须根据排放标准安装并使用脱硫装置，现有燃煤电厂加快脱硫改造。在大中城市及近郊，严禁新建纯发电的燃煤电厂。其三，积极防治机动车尾气污染。随着汽车工业的发展和人民生活水平的提高，中国机动车保有量迅速增加，防治机动车尾气污染成为环境保护的重要内容。中国正在积极采取有效措施，严格实施机动车排放标准，加强环保一致性检查，确保新生产机动车稳定达标；严格实施在用机动车环保年检制度；严格禁止制造、销售和进口超过排放标准的机动车；鼓励生产和使用低污染的清洁燃料机动车，鼓励生产混合动力汽车，支持发展轨道交通和电动公交车。其四，严格能源项目的环境管理。加强对能源项目的环境管理，是实现能源建设与环境保护协调发展的有效措施。中国严格执行环境影响评价制度，通过严格环境准入制度抑制粗放型经济增长。新建、扩建和改建能源工程项目建设与环境保护设施同时设计、同时施工、同时投入使用。加强核电项目的安全管理，强化对已运行核电站、研究堆、核燃料循环设施的安全与辐射环境的监督管理，积极做好在建核电设施安全评审和监督工作。进一步加强水电建设中的生态环境保护，在满足江河流域综合开发利用的要求下，在保护中开发，在开发中保护，注重提高水资源的综合利用和生态环境效益。

三、国际能源竞争与能源政治

能源的生产与消费关系着一国的经济命脉，能源的效能、品质和类型又关系着一国经济的可持续发展。对石油等化石能源的依赖，一方面使国家的经济发展更加脆弱，另一方面使能源资源的争夺成为国际政治最重要的方式之一。伴随着经济的全球化、交往的信息化，国际社会已经进入了一个全新的能源时代。

（一）能源政治

能源时代的到来并不是偶然的。世界绝大多数国家的生产方式、生活方式已经严重依赖石油的供给，石油经济渗入世界各国的政治和经济，石油维护着世界经济的正常运行，并在当代世界政治经济格局中起着关键的作用。随着石油资源的减少和日益枯竭，各国在石油市场上的竞争越来越激烈，石油已经成为一种政治武器和实现大国战略的关键因素。由此，世界就进入了能源政治时代。能源政治是指在内政和外交方面保障国家能源安全的国务活动。作为内外政策重要组成部分的能源政治，涵盖了对外经济、技术、生态、国家政治生活及其次要部分。[1]相对于以前的地缘政治外交和核威胁外交，以能源为主线的国际关系也呈现出自己的特有图景。

（二）传统能源争夺

地球上石油分布的不均衡是世界各国特别是西方发达国家对石油能源的争

[1] 〔俄〕C. 3. 日兹宁著：《俄罗斯能源外交》，王海运、石泽译，人民出版社2000年版，第31页。

夺越来越激烈的一个原因。世界石油主要集中分布在中东、俄罗斯、委内瑞拉、墨西哥、西非等地区和国家，许多经济大国像美国、日本、德国、法国、英国等都是贫油国，而上述等国对石油的需求量很大。经济发展比较迅速的中国、印度与巴西等发展中国家也要进口大量的石油，随着它们经济总量的膨胀，它们对石油的依赖也日见增大。国际关系是国内政治经济的延续，各国之间已通过加强能源外交，为自己的经济发展寻找更充足的能源保障。国际石油贸易领域出现了“新”的地缘政治版图，国际关系调整和力量格局也发生了急剧的变化。形成了石油消费国、石油生产国两大阵营，石油消费国集团又分为发达国家和发展中国家两个阵营。为了石油能源与经济安全，各国剑拔弩张，如石油输出国组织（OPEC）利用石油资源与发达国家的斗争，通过油价和产量等手段，在国际事务中为自身争得部分利益，打破了大国对世界能源的垄断。俄罗斯将油气资源作为政治和经济外交筹码，企图遏制北约向乌克兰等独联体国家的东扩，并决定加快从泰舍特到斯科沃罗季诺区段的石油管道建设，以寻求对亚洲和欧洲油气出口的平衡。[1] 伊朗领导人将核问题与石油供应挂钩，试图以此作为与美国等西方国家谈判的砝码。中东产油国对国际资本参与石油的上游领域仍持保守立场，以便在长期供货协议方面有较大谈判空间。委内瑞拉、玻利维亚、墨西哥等拉美石油生产国政府正在进一步实施石油资源国有化的运动，目的就是更牢地控制本国的石油资源，以此提高本国的实力，以抵制大国对石油资源的控制。[2]

中国是石油进口国，对石油的需求量日益增大，中国对石油的大量需求当然会触动美国的神经，面对中国的石油外交活动，美国通过自己的亚洲战略，联合日本、印度等国一起对抗中国。中国正利用自己在第三世界国家的影响力以及自己的地缘优势，积极开展与中东国家和非洲国家的合作，在激烈的石油竞争市场拿到属于自己的份额。

（三）新能源角逐

在气候变化问题上，国际社会已经通过《联合国气候变化框架条约》以及实施机制《京都协议书》，达成了减排的一系列措施。由于《京都协议书》的期限性，哥本哈根会议上虽然没有达成新的协议，然而，以清洁能源为主、减排以缓解温室气体效应的方向仍然不变。由于传统能源——化石能源的缺点和应对气候变化的压力，当前的国际能源背景是：不放弃对石油等传统能源的竞争，此外，许多国家已经逐渐把主要精力放在可再生能源的生产上。可再生

[1] 〔俄〕C. 3. 日兹宁著：《俄罗斯能源外交》，王海运、石泽译，人民出版社 2000 年版，第 53 页。

[2] 赵宏图：“当前国际能源形势特点及变化前景”，载《现代国际关系》2006 年第 12 期。

能源的关键问题：一是技术问题，二是资金问题，三是立法问题。从某种程度上讲，世界范围内清洁能源产业兴旺的背后，都蕴含着新一轮的科技相关国际规则以及能源市场等多方位的竞争。世界上最主要的能源消费国都已制定了一系列的可再生能源政策与法律，如美国的 CDM 机制，日本、德国、英国在这方面已经走在前头，并且凭借着自身的经济实力和技术优势，在新能源的角逐中谋求更大的利益。我国也对之前颁布的《可再生能源法》进行了修改，并在 2010 年 6 月开始实行。

四、能源领域的中外合作

中国的发展离不开世界，世界的繁荣需要中国。随着经济全球化的深入发展，中国在能源发展方面与世界联系日益紧密。中国的能源发展不仅满足了本国经济社会发展的需求，也给世界各国带来了发展机遇和广阔的发展空间。

（一）中国参与国际能源合作的政策与措施

中国是国际能源合作的积极参与者。在多边合作方面，中国是亚太经济合作组织能源工作组、东盟与中日韩（10 +3）能源合作、国际能源论坛、世界能源大会及亚太清洁发展和气候新伙伴计划的正式成员，是《能源宪章条约》的观察员，与国际能源机构、石油输出国组织等国际组织保持着密切联系。在双边合作方面，中国与美国、日本、欧盟、俄罗斯等许多能源消费国（组织）和生产国（组织）都建立了能源对话与合作机制，在能源开发、利用、技术、环保、可再生能源和新能源等领域加强对话与合作，在能源政策、信息数据等方面开展广泛的沟通与交流。

在国际能源合作中，中国既承担着广泛的国际义务，也发挥着积极的建设性作用。中国发展国际能源合作的主要政策与措施有：第一，完善油气资源勘探开发的对外合作。中国在石油天然气资源领域，实行以产品分成合同为基础的对外合作模式。2001 年，中国公布了修订后的《对外合作开采海洋石油资源条例》和《对外合作开采陆上石油资源条例》，依法保护参与合作开采的外商合法权益。鼓励外商参与石油和天然气的风险勘探、低渗透油气藏（田）、提高老油田采收率等石油勘探开发领域的合作。鼓励外商投资输油（气）管道、油（气）库及专用码头的建设与经营。第二，鼓励外商投资勘探开发非常规能源资源。2000 年，中国发布了《关于进一步鼓励外商投资勘查开采非油气矿产资源的若干意见》，进一步开放非油气资源的探矿权、采矿权市场。允许外商在中国境内以独资或与中方合作的方式进行风险勘探。外商投资开采回收共、伴生矿，利用尾矿以及西部地区开采矿产资源的，可以享受减免矿产资源补偿费的优惠政策。进一步改善对外商投资勘查开采非油气资源的管理和服务。第三，鼓励外商投资和经营电站等能源设施。中国鼓励外商投资电力、煤气的生产和供应。鼓励投资单机容量60万千瓦及以上火电、煤炭洁净燃烧发电、热电联产、发电为主的水电、中方控股的核电，以及可再生能源和新能源发电等电站的建设与经营。鼓励外商投资规模容量以上的火电、水电、核电及火电脱硫技术与设备制造。鼓励投资煤炭管道运输设施的建设与经营。第四，进一步优化外商投资环境。中国政府信守加入世界贸易组织的有关承诺，在能源管理方面，清理了与世界贸易组织规则不一致的行政法规和部门规章。按照世界贸易组织的透明度要求，放宽了公益性地质资料的范围，并将进一步加强能源政策的对外发布，完善能源数据统计系统，及时公布能源统计数据，确保能源政策、统计数据以及资料信息的公开与透明。第五，进一步拓宽利用外资领域。中国吸引外商投资开发利用能源资源，注重引进国外先进技术、管理经验和高素质人才，进一步实现从投资化石能源资源向可再生能源的转变，从注重勘查开发领域向发展服务贸易转变，从主要依靠对外借贷和外国直接投资向直接利用国际资本市场方式转变。第六，发展国际能源贸易，积极利用国外能源。国际能源贸易今后仍将是中国利用国外能源的主要方式。中国将积极扩大国际能源贸易，促进国际能源市场的优势互补，维护国际能源市场的稳定。按照世界贸易组织规则和加入世界贸易组织的承诺，开展能源进出口贸易，完善公平贸易政策。逐步改变目前原油现货贸易比重过大的状况，鼓励与国外公司签订长期供货合同，促进贸易渠道多元化。支持有条件的企业对外直接投资和跨国经营，鼓励企业按照国际惯例和市场经济原则，参与国际能源合作，参与境外能源基础设施建设，稳步发展能源工程技术服务合作。

（二）维护世界能源安全的主张

能源安全是全球性问题，每个国家都有合理利用能源资源促进自身发展的权利，绝大多数国家都不可能离开国际合作而获得能源安全保障。要实现世界经济平稳有序发展，需要国际社会推进经济全球化向着均衡、普惠、共赢的方向发展，需要国际社会树立互利合作、多元发展、协同保障的新能源安全观。近年来，国际市场石油价格大幅波动，影响了全球经济发展，其原因是多重的、复杂的，需要国际社会通过加强对话和合作，从多方面共同加以解决。为维护世界能源安全，中国主张国际社会应着重在以下三个方面进行努力：一是加强开发利用的互利合作。实现世界能源安全，必须加强能源出口国与消费国、能源消费国之间的对话与合作。国际社会应该加强能源政策磋商和协调，完善国际能源市场监测和应急机制，促进石油天然气资源开发以增加供应，实现能源供应全球化和多元化，保证稳定和可持续的国际能源供应，维护合理的国际能源价格，确保各国的能源需求得到满足。二是形成先进技术的研发推广体系。节约能源，促进能源多元发展，是实现全球能源安全的长远大计。国际社会应大力加强节能技术研发和推广，推动能源综合利用，支持和促进各国提高能效。积极倡导在洁净煤技术等高效利用化石燃料方面的合作，推动国际社会加强可再生能源和氢能、核能等重大能源技术方面的合作，探讨建立清洁、经济、安全和可靠的世界未来能源供应体系。国际社会要从人类社会可持续发展的高度，处理好资金投入、知识产权保护、先进技术推广等问题，使世界各国都从中受益，共同分享人类进步成果。三是维护安全稳定的良好政治环境。维护世界和平和地区稳定，是实现全球能源安全的前提条件。国际社会应携手努力，共同维护能源生产国和输送国，特别是中东等产油国地区的局势稳定，确保国际能源通道安全和畅通，避免地缘政治纷争干扰全球能源供应。各国应通过对话与协商解决分歧、化解矛盾，不应把能源问题政治化，避免动辄诉诸武力，甚至引发对抗。

此外，为参与国际能源合作，中国积极完善对外开放的法律政策，先后颁布了《中外合资经营企业法》《中外合作经营企业法》和《外资企业法》，努力营造公平、开放的外商投资环境。2002 年制定了《指导外商投资方向规定》，2004 年修订了《外商投资产业指导目录》和《中西部地区外商投资优势产业目录》，鼓励外商投资能源及相关的采掘、生产、供应及运输领域，鼓励投资设备制造产业，鼓励外商投资中西部地区能源产业。

第二节　气候变化对能源立法的影响

任何国际法规和政策都是民族或国家利益的博弈的产物。全球气候变化问题打破了原来国际利益格局的平衡状态，多元利益机制形成的同时，法律的多元也是势在必行。“后京都时代”的来临，促使各国积极采取行动，调整或制定有利于自身的法规、政策，争取在未来的竞争中处于主动。能源立法的快速发展和能源法律、法规、政策的综合化可以看作是应对气候变化中各国所采取的措施。与气候变化关系最大的自然是各国的能源消费状况，能源消费的方式、能源结构与排放量的关系密切。在目前的技术条件下，能源结构的改革，包括可再生能源的立法和清洁生产机制的建立，是至关重要的。各国的能源立法和政策也基本上围绕着这方面来展开，今后一段时期，能源立法和能源政策应该是各国立法的重点，能源立法的加快以及各种促进节能的政策或措施会成为一国立法中最快的部分。

一、能源立法的“后京都化”

《京都议定书》的签署对全球面对气候变化的合作起到了很大的促进作用，但2012年“议定书”到期后能形成什么样的新国际条约？这些问题是每个国家和地区不可能回避的问题。可以说每个国家从自身的国家利益出发都希望新的条约对本国更有利，但同时也希望全球的环境会变得更好。所以，在利益预期与付出上形成矛盾，如何在此问题上找到一个平衡点，是每个国家考虑的重点。因此，在新的国际背景下，每个国家都会利用自身条件和在国际上的影响进行博弈，争取自己利益的最大化。这对未来的国际能源立法会产生很大的影响。

首先，“后京都”时期，由于欧盟成员国的国土面积都比较狭小，对气候变化的承受能力较差，在心理上，欧盟国家对气候变化问题非常敏感。因此，在涉及环境方面的国际事务中表现得最为积极；欧盟国家拥有比较合理的能源结构，这也是造成它们基本上能够落实《京都议定书》减排任务的规定，比其他大国做得更好的原因，因此在此问题上也有着较大的发言权。实际上，欧盟已经取得了比较有力的位置，欧盟已主导着“后京都”进程。这样，欧盟会把注意力集中在《京都议定书》框架下，从而展开关于“第二承诺期”的谈判。根据欧盟的情况，可能会设置更高、更广泛的减排目标，要求各国承担比第一承诺期更多、更大的责任。❶这一趋势应该是未来的主流，因为全球气候变暖，且由此引起的气候异常、灾害天气和环境恶化越来越严重，国际环境保护组织和国际社会将会给排放大国施加更大的压力。在这一点上，每个国家都会基于全球利益，采取合作的态度。

其次，“后京都”时期对发展中国家的立法影响比较大。一方面，一些发展中国家经过这10年的经济发展，已经进入到发达国家或准发达国家的行列，因此，在新的时期由于压力，承担更大的责任的可能性增大。如新加坡、韩国和我国台湾地区，这些国家和地区会在联合国的协调下，在欧盟、美国的压力下，修改、制定本国本地区的相关的环境法律，签署新的国际多边或单边条约。总之，在将来必定会承担更大的责任和发挥更大的作用。另一方面，发展中国家立法呈增量化趋势。主要是一些发展中的国家会受到来自发达国家特别是欧盟、美国等的压力，承担更大的责任。像中国和印度，这两个国家尤其是中国会面临更大的压力。鉴于中国目前在国际上的地位越来越高，影响越来越大，因此我国在气候变化问题上，将会参加和签署更多的相关方面的条约，承

❶ 龚向前：《气候变化背景下能源法的变革》，中国民主法制出版社2008年版，第36页。

担更大的责任，在国际舞台上发挥着更大的作用，为改善人类的生存环境尽责、尽力。另外，中国的国内立法也将会受到很大的影响，特别是在能源、环境方面一定得采取较大的力度和较有效的措施，促进能源效率的提高和清洁生产机制的形成。如当前正在进行的国家能源基本法立法、修改节约能源法和可再生能源立法、循环经济立法、环境教育立法，等等。与气候变化有关的法律法规将首先被立法机构列入近期的立法规划，这些是临近“后京都时代”发展中国家普遍的现象。

二、能源立法的快速化

造成全球气候变暖是因为人类活动排放的二氧化碳导致大气臭氧层受破坏而引起的事实，这差不多已经是世界公认的论说。二氧化碳的排放主要关系到一个国家的能源结构和能源效率。能源结构合理，以清洁能源和可再生能源为主，其排放量就少；反之，以化石燃料为主的能源结构，其二氧化碳的排放量越大，对环境、大气的压力也就越大。因此，减少排量，被认为是当前和以后一段时期应对气候变化的主要方法。许多国家在最近几年，一方面面临全球变暖的威胁，另一方面面临能源危机的威胁，因此能源立法是世界各国立法最快的领域，能源问题是当前最牵动人们神经的问题。

能源的生产、贸易和竞争已经在几个大国之间处于白热化的状况。美国是头号经济大国，也是能源消耗大国，它在世界的影响举足轻重，其立法也紧靠能源相关方面作出了新的立法和调整。美国应对气候变化的立法是 2007 年通过的《能源独立和安全法》，这是一部比较综合性的法律，该法着重提高能源利用效率，促进可再生能源利用，规定了平均燃料确定标准，提出 2022 年可再生能源使用的数量要在 2008 年的 90 亿加仑提高到 360 亿加仑，取消石油和天然气的补贴等。日本是个环境保护比较发达的国家，也十分注重能源利用效率，面对气候变化和能源严峻的形势，日本制定了《关于促进新能源利用的特别措施法》《新能源利用的特别措施法实施令》《日本电力事业者新能源利用特别措施法》《日本电力事业者新能源利用特别措施法施行规则》和《独立行政法人新能源、产业技术综合开发机构法》《地球温暖化对策催进法》《资源利用促进法》等，这些法律涉及节能，提高能效，还有碳税征收，企业的环境责任和节能责任以及中央政府与地方政府的责任范围。此外，日本还颁布了《环境教育法》。日本政府认为，振兴环境教育为社会各主体提供体验环保活动的机会及环保信息以提高国民、非政府组织、企业等理解和参与环保活动的热情，最终实现社会可持续发展之目标是极为必要的。[1] 欧盟2008年11月颁布《可再生能源利用促进指令》，共25条和6个附件，适用于欧盟各个成员国。英国在2008年颁布了《气候变化法》，计划到2050年，排放量减少到80%。德国也不甘落后，2004年颁布了《可再生能源法》和《循环经济与废物立法》。俄罗斯也积极进行能源方面和环境保护的立法。中国是个能源比较缺乏、能源消耗大国，因此能源的立法处于非常重要的地位。我国已在着手制定一部综合性的能源基本法，已经修改《节约能源法》和颁布了《可再生能源立法》，新的能源立法与原来的《煤炭法》《电力法》等法律已经基本构成一个能源立法体系。另外我国政府还启动节能减排计划，中央、地方财政支持，政策、税收优惠等措施，目的是大幅度降低我国的排量，促进社会经济发展的良性循环。印度等其他发展中国家也针对自身的能源状况和未来国际能源的发展格局，采取了相应的立法和措施。

三、能源政策变化的综合化

能源产业涉及一国经济的诸多方面，能源一旦出现问题，一定会引起一国的经济问题。因此，能源立法、政策现在承担着一国应对气候变化的功能的同时，也承担着一国经济发展的重任。为了保证国家能源的安全，绝大部分国家除了立法来确保能源的安全，减少排量外，还纷纷出台相关的综合政策，试图从多方位上实现其国家的能源发展战略，试图在未来的能源竞争中处于优势地位。考察一些国家所采取的措施，比较突出的、普遍采用的方法是：第一，政府对能源领域的干预比较强。能源事关国民经济发展和安全，许多国家都在法律中规定政府对该领域的管制，如能源生产的准入，普遍能源服务，能源部分产品的国家垄断，对国外能源企业的进入采取限制或非常谨慎的政策等。如日本采取“两个全面覆盖”的方法，目的在于规定中央政府和地方政府的责任。其含义是：第一个“全面”指的是法律和政策全面覆盖《京都议定书》控制的6种温室气体，根据情况同时对6种温室气体的排放控制作出不同的安排与统筹，以免控制一种温室气体排放的效果被另一些未加控制的温室气体的排放所抵消，比较注重实施的效果。第二个“全面”指的是全面覆盖有关部门和利害关系方。所有的产业，除了电力产业之外，还有运输业、农业、林业、商业等都要加入到温室气体减排的行列。所有的利害关系方，企业也好，政府也好，个人也好，都要参与。与其他国家相比，日本的的相关政策覆盖面最宽，

---

[1] 刘莹、孙磊：“日本应对气候变化的法律机制及其对我国的启示”，载《法制与社会》2008年第8期。

执行也比较彻底。第二，普遍采用市场手段，如能源税，对清洁能源和可再生能源实行税收优惠；充分调动社会力量参与清洁能源生产，出台鼓励社会和民间进行可再生能源的开发和生产的优惠政策。取消对化石能源的补贴，并逐步实行高税率，限制其产量，从而达到减排的效果。如我国在节能减排中，利用中央和地方财税，对达标的企业进行奖励等措施来落实减排任务，逐步实施我国的能源发展战略。第三，政府利用行政合同，与有能力或感兴趣的企业订立节能减排的合同。例如，“欧盟鼓励企业通过与欧盟或成员国政府签订自愿协议，来提高产品的能源效率和减少负面环境影响。欧洲有不少行业认识到率先开发更为清洁的产品，不仅顺应了世界环境保护的潮流，有利于提高企业的社会形象，而且在经济上有利可图。”❶在市场因素方面，也注意引导消费者进行绿色消费，如选择有能源标志、绿色标志等产品，让消费者用新型、环保的消费观念去促进企业的环保、节能运动。

环境法律、政策的综合化将是“后京都时代”国家、国际之解决问题的主流方式。全球变暖涉及的问题的复杂，与国家的经济、科技、文化等都有牵连。而经济的发展又离不开能源，能源的使用效率和结构又反过来制约着经济的发展，能源结构与气候变暖的关系又非常直接，所以环环相扣，其中一个因素的变化都会影响其他因素的变化，这就意味着要比较好地解决这些问题，单靠一种或两种方法是无法解决好如此复杂的问题的，综合性的应急机制势在必行。

四、气候变化国际立法的多元化

《京都议定书》是在经过了艰难的谈判、不断的博弈，最后才签署的。这说明在背后存在着巨大的利益差别和不同力量的较量。特别是近几年灾害天气的威胁，能源安全的问题非常突出，各个经济大国相互之间都在争夺能源资源，在气候变化问题上试图争得对本国更有利的形势和话语。欧盟因为自身的能源结构和能源效能的优势，一直是应对气候变化的中坚力量，在国际合作和推行新能源和新的有益于减排的措施方面扮演着积极的角色。而美国由于自己是最大的排放国，国内的能源结构又是以化石原料为主，因此在这些国家利益问题上与欧盟存在着分歧，特别是在美国退出了《京都议定书》后，其国际形象大受影响，从而丧失了在这方面的主导地位。随着美国重返《京都议定书》，其与欧盟存在着较大的分歧将会加剧它们之间的竞争关系。美国想利用自身在国际事务中的影响，在气候变化涉及的国际法领域上，另辟新路，抵消

❶ 王曦：“论欧盟温室气体控制法律和政策的方法论意义”，载《西南政法大学学报》2008 年 10 月。

欧盟的主导和影响，确立自己在国际事务的主导地位。因此，美国在 2007 年 6 月的八国峰会上，抛出了应对气候变化的长期战略，以反对由德国提出的到 2050 年减少排放 50% 的目标。不单这些，美国还提出由全球排放量最大的 20 个国家共同达成一个新的气候变化的国际协议，意图把中国、印度等发展中国家纳入其中，承担与发达国家一样的责任。美国的目的非常明确：企图建立一个国际法“新机制”。[1] 另外，美国先期是以全球变暖原因的不确定性为由拒绝加入《京都议定书》，因而想在科技问题上大做文章——美国国会已经拨款给一些科研机构，就气候变化的不确定性问题进行深入的研究。美国政府表示，在温室气体与气候变化的因果关系弄清之前，美国不会采取限排措施。只有证实温室气体会对环境造成明显的影响，而且有相关的实验数据作为支撑，并得到大多数科学家的认可，美国才履行减排任务。美国的这一做法的目的是：通过自己的科研力量，重新证明气候变化以及相关因素的关系。如果能得到科研的证明或报告，反证原来人们认为导致全球变暖主要是因为二氧化碳等温室气体的排放的结论是片面的，全球变暖还受其他因素的影响，那美国就可以凭这些新的科研成果为依据，取得新的话语权，以达到不承担或少承担减少排放二氧化碳的排量的目的。因为先期已有一些国家对影响气候变暖提出新的观点：中国农业大学的 Yahai Lu 和德国马普学会陆地微生物学的 Ralf Conrad 于《科学》杂志上发表了一篇论文，文中提到，大量的土壤微生物对于甲烷的排放起到重要的作用，因而稻田被认为是温室气体一大排放源。[2] 俄罗斯科学院微生物学研究所与土壤物理化学和生物问题研究所通过实验发现，人们对荒地的开垦是导致大气中甲烷浓度升高的原因之一。甲烷在温室气体排放致全球变暖中的作用仅次于二氧化碳。地球上只有土壤中的细菌能破坏大气中的甲烷，过去 150 年来，大气中甲烷浓度升高了 15 倍，全球气候也有明显的升高。[3] 世界各国的科学家，特别是发达国家的科学家都想发现新的证据，为本国赢得话语权。

欧盟是落实《京都议定书》各项规定最好的地区，因此对美国想绕开《京都议定书》的做法欧盟国家普遍持反对态度。由于油价的攀升，许多国家如日本、加拿大、德国没有全部达到要求，但欧盟由于自身能源效能的提高和能源结构的合埋性，并吸纳东欧一些国家的排量（因为这些东欧国家经济发展缓慢，排放量下降），所以仍然有条件和资本，以高起点来重新构建“后京

[1] 龚向前：《气候变化背景下能源法的变革》，中国民主法制出版社 2008 年版，第 37 页。

[2] 周珂：“论泛温室气体成因及其应对机制” 载 http://www.bjelf.com/onews.asp? id=593。

[3] 同上。

都时代”的国际法体系，这必然与美国形成了某些冲突和紧张。欧盟还通过自身地缘的特点，进行了一些非常有特色的立法活动：在原来“法规”“指令”和“决定”的法律体系中，加强“决定”的立法数量和速度，因为“决定”有着其他两种形式的法规所没有的优越性，“决定”可以针对特定成员国或所有成员国发布，也可以针对特定的企业、个人发布。决定与法规的相同点是，它对其发布对象具有全面的约束力；与法规不同的是，它只具有特定的适用性，通常用于特定场合对欧盟一般性法律规则的具体实施。[1] 欧盟以“决定”这种法律形式，要求成员国或企业、个人从事某项活动，或不得从事某项活动，或实施某项处罚。“决定”能够比较灵活地针对不同的形势作出相应应急或阶段性的措施，成为经常被采用的个别行政措施。可以避免“法规”的程序性的高成本，在面对能源危机或气候变化的新形势下，“决定”这种形式能够较快地解决欧盟在环境立法中大量出现的问题，由于决定主要针对某一国家的环境问题或某一项污染情况而发布，呈多样性的特征，因此这也是造成欧盟环境法律、政策多样化的一个因素。

俄罗斯由于是能源大国，没有其他国家普遍出现的问题，所以俄罗斯也想以自身的能源优势，影响、牵制国际社会的立法和博弈，从而在减排上得到更有益于自己国家利益的政策。例如，在与中国、日本就有关石油出口的贸易与合作中，俄罗斯充分利用自己的资源优势和地缘优势，在中日两国的竞争中纵横游刃，为自己谋求更大的国家利益。在与欧盟的关系问题上，俄罗斯也是如法炮制，紧握能源牌，通过其石油与天然气的供应，制约欧盟的经济发展和政策的选择。俄罗斯因为能源的优势已经成为石油、天然气竞争中地缘政治的新贵。[2] 发展中国家如中国、印度、巴西等大国，因为自身的经济总量和经济发展的阶段性特征，在短期间内还难以争取到对自己更有利的话语权。但是，这些人口大国经济发展势头足，经济总量在迅速扩大，因此它们也想谋求对自身更有利的政策和话语，这也会对国际条约和多边协约产生一定的影响。

中国在应对气候变化方面，在2007年就制定了《中国应对气候变化国家方案》，一方面抓减缓温室气体排放，另一方面抓提高适应气候变化能力。[3] 根据自身的国情，作出了加强水利建设，改变国土水循环系统，通过植树造林，提高植被覆盖，改善防治自然灾害能力和加强自然灾害的预报、预测能力

---

❶ 刘春青：“欧盟立法初探”，载《环境管理》1998年第12期。

❷ 钟乃仪：“能源霸权的历史经纬与日本的战略动向”，载蔡建国著：《东亚区域合作》，同济大学出版社2007年版，第195页。

❸ 参见《中国应对气候变化国家方案》（2007年）。

等措施。这些针对中国国情的措施的制定和运行，具有鲜明的中国特色，而不是一味附和西方国家的强势话语，将会对国际环境法体系产生影响。随着中国以及第三世界国家的日益强大，它们的环境立法和能源政策也会日益受到重视，并有可能成为国际法的一种立法类型。[1]

第三节 国际能源政治与可再生能源立法

国际政治格局从地缘政治到能源政治的演变，对国际关系产生了巨大的影响，首先就是对各国能源政策与法律的冲击。由于气候变化这个变量的引入，国际能源外交更加复杂化。

一、我国可再生能源现状

可再生能源是指在自然界中可以不断再生、永续利用、取之不尽、用之不竭的资源。它对环境无害或危害极小，而且资源分布广泛，适宜就地开发利用。主要包括太阳能、风能、水能、生物质能、地热能和海洋能等。我国可再生能源开发利用方兴未艾，前景广阔。在国家大力支持可再生能源发展的政策鼓励下，我国可再生能源开发和利用步伐明显加快。中国是世界上新能源和可再生能源增长速度最快的国家，水电装机容量、太阳能热水器集热面积、光伏发电容量均居世界第一位。到 2009 年底，中国可再生能源年利用量总计约为 2.6 亿吨标准煤，约占一次能源消费总量的 8.3%，比 2005 年上升了近 1 个百分点，为 2010 年实现非化石能源占全国一次能源消费总量的 10% 的目标迈出了坚实的一步。以风能为例，风电装机容量自 2006 年以来，每年以 100% 的速度增长，到 2009 年底已超过 2400 万千瓦，仅次于美国，位居世界第二。我国已有 80 家整机制造企业，1.5 兆瓦机组本地化率已超过 70%，风电上网电价已与火电机组上网电价相差不到一倍，同时每年还生产 30 千瓦以下的离网小型风电机组 3 万多台。“十一五”规划前四年（2006—2009 年），结构节能主要依靠淘汰落后产能，主要高耗能行业关停目标得到很好落实，可以完成或超额完成任务。据国务院办公厅印发的《关于进一步加强煤矿安全工作的意见》（国办发［2013］99 号），我国继续加快小煤矿关闭退出，计划到 2015 年底全国关闭 2000 处以上小煤矿。

---

[1] 参见《中国气候变化国家评估报告》，载 http：//www.bjelf.com/onews.asp? id =593。

二、国际能源政治背景对我国可再生能源立法的影响

“能源结构、能源战略，温室气体排放、环境生态，国家经济战略、国家发展战略、国家安全战略，以及国际政治经济秩序，具有不同的层次、不同的侧面而又相互联系。”❶ 正是这样的层次与侧面，影响到能源的相关立法。

（一）政治性

可再生能源立法的政治性表现在以下两个方面：第一，外交因素。中国现在已是世界第一大排放国❷，国内能源结构主要以煤炭和石油为主，中国未来的减排压力很大，2009 年的哥本哈根会议谈判没有成功就是因为许多国家不承认中国是一个发展中国家，它们认为：如果中国不承担硬性的减排任务，它们的减排就没有任何意义，因此，不管接下来在减排方面的谈判进展如何，中国基于自己的国力和人类的生存环境考虑，一定会在此问题上与世界主要大国进行减排方面的合作。而合作的基础一定是中国在清洁能源生产上应有所建树，具体落实到政策和法律层面上就是国家必定通过可再生能源的立法，为节能减排提供一系列的鼓励、刺激、促进清洁能源生产的政策和法律，以体现我国是一个负责任的大国，为我国在能源外交方面取得一个较为主动的位置。内政与外交，使可再生能源立法担负着缓解我国外交压力的任务，这是历史的使命。第二，国家安全因素。能源的安全关系到我国的经济安全，进而关系到国家安全，还直接影响到各自在未来产业与技术革命及低碳经济发展中的地位。❸能源的争夺，已成为国际政治、国家关系最主要的问题之一。正如吉登斯所说的那样：气候变化问题如果与日益严重的能源稀缺问题纠缠在一起的时候，可能走向军事化并受安全风险的摆布。❹这样的形势，必定会迫使国家动用一切力量，去保证国内能源的供给，而可再生能源立法也自然会被保障型国家❺纳入其进行能源外交的一个重要组成部分。因为，每一个能源消费国都清楚除了在国际能源竞争中夺取更多的石油和天然气等资源外，一个更带有根本性的问题就是如何促进国内能源的转型，减少对国际能源市场的依赖。石油和天然气等资源是不可再生能源，终有枯竭的一天，再怎么争夺，只是治标不治本，只有通过可再生能源的生产，在能源自足的基础上减少对石油生产国的依

---

❶ 卫建林：“能源与国际格局”，载《观察与思考》2008 年第 2 期。

❷ 蒋琪：“秦大河：中国碳排放全球第一，节能减排是当务之急”，载人民网—环保频道，2014 年 4 月 10 日访问。

❸ 赵宏图：“国际能源转型现状与前景”，载《现代国际关系》2009 年第 6 期。

❹ 参见吉登斯著：《气候变化的政治》，曾湘荣译，社会科学文献出版社 2009 年版，第 228 页。

❺ 同上书，第 309 ~ 310 页。

赖，这样才能从根本上解决能源问题。能源自足与安全，关系国家的经济命脉，关涉到国家安全。所以，我们需要一种“经济敛合”❶和“政治敛合”❷，以“打包”的方式，把与气候变化、能源有关的公共政策等因素捆绑在一起，进行一种系统化思考，而不是片面地考虑低碳技术、清洁能源等问题。或许这样的方式对复杂的气候变化问题才有效。把可再生能源立法提高到如此的高度，使其承担这么大的政治任务，在某种程度上也是经济与政治的敛合的结果，这似乎出乎人们的意料。

（二）环保性

所谓环保性就是可再生能源与环境保护的关系更加密切。虽然世界许多国家的情况差异比较大，但是最早进行可再生能源立法国家的动因主要是石油危机、油价的飞涨，立法的目的首先在于减少对石油国的依赖，其次解决化石能源日益枯竭的问题，最后，才是进行减少化石能源对大气的污染。可见，初期环境保护的目的被排在最后。然而，天有不测风云，气候变化问题越来越严重，国际社会在经过了激烈的争论后终于形成了一定的共识，那就是《里约宣言》所表述的：各国应根据自己的能力和情况，广泛建立预防的机制，对于严重或者不可逆转损害，不得以科学上的不确定性为由，延缓采取符合成本—收益的措施阻止环境的恶化。❸这就是著名的风险预防原则（precautionary principle）。落实风险原则的主要体现就是清洁能源生产，提高能源的效率，改变能源的结构等，这需要国家相关政策和法律来落实和保证。清洁能源的技术革新主要是企业和社会的事情，所需的资金也主要来自社会，政府能够做的就是提高一套有效的政策和法律机制去落实，鼓励社会的技术创新，和对新能源的投资。许多国家都颁布了扶持新能源的措施，像美国联邦政府颁布了一系列刺激可再生能源生产的政策与法律，从税收、资金方面对可再生能源领域进行优惠，尤其是风能与太阳能这两个受欢迎的领域。❹

气候变化这个变量，使能源与环境保护捆绑在一起。能源消费大国，特别是发达国家，会利用“绿色壁垒”，在政治、经济与其他的国际事务中打环保

---

❶ 指的是将气候变化的政治与经济政策整合在一起，既获得经济上的竞争性，又获得技术革新的动力。参见吉登斯著：《气候变化的政治》，曾湘荣译，社会科学文献出版社 2009 年版，第 308 页。

❷ 指的是将政策“打包”在一起，以便使未来气候不至于出现灾难性的结果，我们必须在国家、国际层面上将汽车等政策敛合在一起。参见吉登斯著：《气候变化的政治》，曾湘荣译，社会科学文献出版社 2009 年版，第 308 页。

❸ 龚向前：《气候变化背景下能源法的变革》，中国民主法治出版社 2008 年版，第 39 页。、

❹ Jessia . A . Graf. Federal stimulus provisions for renewable energy development , including cash grants . http：//international. westlaw. com/result/default. wl？ rltdb = CLID_ DB7248633552196&srch = TRUE&db = JLR&sv，登录日期：2010 - 6 - 10。

牌，以此压制发展中国家，因为它们有自己的技术和资金优势，通过输出技术和资金，垄断新的市场，为本国谋取更大的利益。而在环保和绿色的旗帜下，许多活动好像具有天然的正当性，这又为其进行新的贸易保护主义提供一个很好的借口。但这些客观上却有利于全球的环境保护的发展。

（三）国际性

这里所指的国际性就是可再生能源立法上的国际趋同化。可再生能源立法当然是解决国内能源安全问题，但在当今的国际背景下，落实国家战略以应对气候变化的减排压力会挤压着原来的法律功能。今天，节能减排已成为应对气候变化的公约数。现在所有国家都赞成应对气候变化，恐怕世界上没有什么问题比它有更高的共识度，只是在具体的责任、行动和方式上还有争论。[1]有了这个共同的公约数，人类在此问题上的行动逐步趋向一致。汪劲教授指出，环境问题的全球化，导致环境立法呈现出国际趋同化的倾向。主要表现在调整方法原则化、立法理念生态化、调整范围的全球化等。[2]可再生能源立法看起来好像是解决能源问题，但实质上是解决环境问题。因为通过清洁能源的生产，减少排放，减少对空气的污染，就是解决了环境污染的问题。由于温室效应的影响具有全球性，因此世界各国应对气候变化的主要手段、方法和路径也相似。

首先，立法的价值观念。不管各国的立法目的如果表述，可以肯定都会涉及能源安全与有益于环境保护事业。能源安全主要涉及国内能源的生产、供应情况，谈及环境保护就必须涉及可持续发展观，涉及人类只有一个地球的理念。这实际上就是说“我们负有保护地球、关心后代、促进整个人类和谐生存和发展的共同责任。一个国家或地区的碳排放不是仅仅排放到自己的境内，而是排放到整个大气层，影响全世界”[3]。其实，应对气候变化为什么能够引起几乎全世界的共鸣，就是基于人类只有一个地球的认识，许多涉及减排、节能的公约，也都是处于保护人类共同的家园、保护人类共同利益的目的。这样的价值追求，也就成了与气候变化有关的国际关系的基础。虽然降低温室气体含量还有其他方法和观点，但是这些目前还无法取得国际社会的承认，只有减排方法，成为空前的共识。而这些共识的基础也就是基于保护地球家园的出发点。

---

[1] 参见“气候变化与中国的国家战略——王缉思教授访谈”，载《国际政治研究》2009 年第 4 期。

[2] 汪劲：《环境法律的解释：问题与方法》，人民法院出版社 2006 年版，第 472 ~476 页。

[3] 参见“气候变化与中国的国家战略——王缉思教授访谈”，载《国际政治研究》2009 年第 4 期。

其次，立法模式的趋同。从宏观层面上看，可再生能源的立法涉及国家产业政策、市场准入、竞争等宏观经济调控政策与法律，与能源有关的法律，如与《电力法》《煤炭法》的关系；从微观层面上看，可再生能源立法涉及能源技术、资金支持、入网、价格等诸多方面，是一个庞大的系统工程。然而，反观世界有关清洁生产和可再生能源立法的概况，大多数国家采用综合立法模式。因为，采用政策法虽然具有弹性好、抽象性强、覆盖面广的优势，但这只能满足宏观层面的需求，无法落实微观层面的要求，且法律不具操作性，不利于法律的执行。要使可再生能源法能够得到顺利的执行，还必须有一系列的配套的实施细则和条款，如与《可再生能源法》配套的 12 个配套实施细则，有的已经颁布，有的正在制定的过程中，但这些细则由于来自不同的部门，会造成政出多门，导致新的冲突的出现。如果采用单行法的模式，虽然顾及了微观层面的因素，法律规定具体、细致，便于操作，但指导性、弹性、前瞻性不足，无法有效覆盖该领域所涉及的问题。综合性立法刚好能克服前面两种模式的缺点，有指导性也有可操作性，适应可再生能源复杂的关系。当然，趋同化还涉及其他方面，如调整手段的宏观政策（碳税征收）、行政管制和市场手段（碳交易等）也相似。

第三，实现目标的途径。可再生能源法最大的瓶颈是技术的突破和资金的支持。这两方面，国外新能源技术远远领先于我国，而且市场化程度比较高，当前我国可再生能源所需的技术、设备还大部分需要依赖国外。虽然我国是一个发展中的大国，但我国人均拥有的资源量、人均收入和生活水平还是处于世界相对落后的地位，因此，要进行新能源生产所需的大量资金单靠国内的资金支持还是有困难的，因此寻求国际合作是一条比较好的途径。进行国际合作已存在着一定的基础：基于“共同但有区别的责任”的国际法原则，联合国《气候变化框架条约》在第四条第三款至第七款规定了这方面的义务：发达缔约国应当为发展中国家提供新的、额外的、充分的财政援助（包括资金和技术），以满足发展中国家履行义务的需要；发达缔约国应当帮助发展中国家尤其是受气候变化影响的发展中国家，为它们提供适应气候变化的费用；发达国家应当采取实施的步骤加强、加快并资助环境技术和专有技术的转让，尤其是对发展中国家的转让；发达国家应当支持已转让环境技术的革新和建设。[1]《京都议定书》中也明确规定了发展中国家不承担具体的减排义务。虽然发达国家在履行上述这些国际条约时由于各种利益关系，不能完全按照条约的规定

[1] 国家环保总局国际合作司编：《国际环境公约选辑》，中国环境科学出版社 2007 年版，第 326～327 页。

的去做，有所保留，或打了折扣，但仍然有些做得不错，欧盟和美国、日本等就做得不错，一些发展中国家也得到了一些资金和技术的支持。不管执行得怎么样，这些条约对签约方都有一定的约束力，并成为发展中国家获得技术和资金的依据。

发展中国家不能产生依赖的心理，应该下决心解决本国的能源问题，改善能源结构，提高能源的效能，才能保证自身能源的安全。其实，发达国家与发展中国家在此问题上的争论和矛盾就是一种博弈。虽然发展中国家（除了产油国外）与发达国家的博弈基本处于劣势位置，但基于我们只有一个地球的共识：进行合作就有可能，只有合作才是双赢的。当然，双方作出让步和妥协是应该的，终极就是为了人类的未来。因为不管产油国和主要的石油消费国之间有着怎样的矛盾，石油总有枯竭的一天，只有进行再生能源的生产才是出路。美国总统奥巴马上台以来，我国与美国两国的能源方面的合作，也说明合作的趋势和重要性：2009 年 7 月，在华盛顿举行的首轮中美战略与经济对话会议上，中美双方将气候变化和能源环境问题列为重要议题，一致同意建立中美气候变化和对话合作机制，并草签《加强气候变化、能源和环境合作的谅解备忘录》。2009 年 11 月，奥巴马访华时中美双方又签署了《中美关于在页岩气领域开展合作的谅解备忘录》《中美关于建立可再生能源伙伴合作关系的合作备忘录》《关于中美能源合作项目的谅解备忘录》。随后，国家能源局与美国能源部签署了《关于中美清洁能源联合研究中心合作议定书》。[1]

（四）不确定性

法律的秉性是就是其具有确定性，最大的功能之一就是给人们可明确的预期。然而，法律又是不确定性的，由于社会生活的多姿多彩和纷繁复杂，文本法律的确定性总是难于完全去描绘生活的多样性和多变性，可见，法律的的确定性并不是绝对的，而是相对的。沈敏荣博士说法律的不确定性表现为法律概念、法律规则和违法确认原则三个方面的不确定性。[2] 这里所指的不确定性主要是法律对象存在着不确定性。具体涉及可再生能源立法的领域，不确定性因素又有特定的内容：一方面，气候变化本身就是不确定的；另一方面，国际油价波动的不确定性、国际金融危机的不确定性等。这两方面的因素都会影响可再生能源生产的进程与速度，同样道理，也会影响可再生能源法律的形式与内容。

首先，气候变化存在的不确定性因素。尽管绝大多数科学家公认二氧化碳等温室气体是导致产生全球温室效应的根源，但也有一部分科学家认为是地球

---

[1] 参见《中美联合声明》，载《人民日报》2009 年 11 月 18 日。

[2] 沈敏荣：《法律的不确定性——反垄断法规则分析》，法律出版社 2001 年版，第 104 页。

自身的周期性特征，与人类活动关系不大，以前美国不参加《京都协议书》就是据此为由不签约的，美国为此还专门拨款，组织科学家进行论证，试图通过科学家的科学发现来论证温室效应并不是碳排放导致的。美国科学家的努力最后也没能如愿以偿，提出的相关问题还是没能成为主流看法，虽然 2009 年英国的“邮件门”和美国《清洁能源安全法案》通过受阻等事件使人们对全球变暖更加怀疑，但“在全球众多大型科研预测报告中，IPCC 报告预测的可靠性始终认为是最强的，它对于督促各国积极应对气候变化、提高环保意识等也有举足轻重的作用”❶。这些怀疑无法动摇全球关于气候变化在减少排放问题上达成了高度的共识。《京都协议书》一系列落实《气候变化框架条约》的内容与计划，就是这种共识的体现。

不确定性的存在对于治理为目标的法律和政策会产生很大的影响。法律的制定是有成本的，立法者希望制定的法律能够长时间发挥作用，不要频繁地修改，所以追求的是法律的稳定性，但气候变化问题上的科学上的不确定性一旦被证明了，或成了被确定的结论，这时就存在着两种可能：如果结论与当今多数人的认识一致，那说明今天的应对办法——法律和政策可以继续使用；但是如果结论与现在的认识刚好相反呢？那当下的法律或政策就得进行修改或者整部法律要被废除。如果是后者，那成本会很高的。为了克服这个不确定性问题的困扰，立法者就采用了软法或政策性的法律。与气候变化问题有关的法律都带有软法的性质，呈现出政策性的特征。倡导、鼓励和宣言式的条文较多，禁止性规范减少，设计者这样做的目的就是，减少法律的刚性程度，一旦被调整的对象或领域发生比较大的变化，修改法律和把原来政策性的法律、法规废除的成本会较少。因为软法具有“建构性规则”、政策性、多样性等特点而使得立法成本相对比硬法低，并且软法的执法手段具有合意性、协商性而减少执法成本。❷ 这是人类理性在应对两难局面下所表现出来的聪明才智，在不确定性的问题上留有余地。总之，受气候变化不确定性的影响，法律的政治性增加，而规范性减弱了。

三、可再生能源立法面临的挑战

受国际能源政治背景下一系列变量的影响，可再生能源立法面临更大的挑战，承载了更多的功能，必须引起高度重视。

---

❶ 赵宏图：“气候变化‘怀疑论’分析及启示”，载《现代国际关系》2010 年第 4 期。

❷ 罗豪才、宋功德：《软法也法——公共治理呼唤软法之治》，法律出版社 2009 年版，第374～375 页。

（一）立法难度

宏观方面，由于可再生能源法处在气候变化这样的时代背景下，处在国际能源政治格局的博弈中，因此，立法要涵盖这么多的领域，要统筹政治上、经济上、外交上的关系，就得把握好时代的脉络，这无疑加大了立法的难度。微观方面，就是立法中如何体现能源与国家的相关能源立法的关系，如煤炭法、电力法和能源法的协调；如何体现传统能源与可再生能源的衔接，这要求有比较高的立法技术，才能够客观反映这些错综复杂的关系，这也会增加立法的技术难度。

（二）前瞻性

法律一般是滞后于社会生活的发展的，但人类凭借着经验和理性，在立法时就会尽量扩大法律的调整范围，或者尽量增加法律的弹性，以涵盖可能发生的社会关系，加大法律的预测性。但对在这方面的努力也不能有太多的幻想，因为如果有太多的预测功能，就会偏离法律的稳定性和确定性，这样的法律就不是法律，而是预测学。与民法、刑法等传统的法律不同的是，可再生能源法涉及面太广，又存在着政治性、国际性、环保性和不确定性的特征，因此对它的预测性就比传统法律高，这只能增大法律的弹性，具体表现就是增加法律的政策性和抽象性，使之能解释更多的领域，涵盖更大的范围。

（三）法律的定位

一部法律不能承载太多的功能，如果太多，使之不能承受其重，就会影响法律的实现效果，甚至会扼杀了该法律的生命力。上述列举的可再生能源法的功能，有国内的、国际的，宏观的、微观的，面面俱到就有可能抓不到重点，也可能顾此失彼，最终该解决的问题也没有解决。当然，法律是不能超然于国家的政治生活，也不能脱离实际的生活环境的。然而，政治、外交都有时效性的，一旦达到预期目的，任务就完成，但法律是要继续调整社会关系的，就不能有太强的时效性，否则就是政治了，不是法律。所以，在正常的情况下，不能让法律承担太多的功能，要正确定位法律的功能，以免事倍功半。

四、《欧盟可再生能源指令》（Directive 2009/28/EC）[1] 及对我国的启示

《欧盟可再生能源指令》的出台是基于欧盟遵循逐步控制传统能源，鼓励可再生能源利用和开发，从而应对全球气候变化的时代背景。欧盟在全球气候谈判中展现了其先锋形象，主要体现在加强温室气体的减排力度，扩大可再生

[1] 罗豪才、宋功德：《软法也法——公共治理呼唤软法之治》，法律出版社 2009 年版，第374～375 页。

能源在能源市场的占有率等方面。

(一)《欧盟可再生能源指令》的立法背景

随着2012年《京都议定书》第一承诺期的到期，气候谈判面临僵局，国际间减排重心逐步转向可再生能源、能效改革、碳捕捉与封存等先进技术及商业化应用的竞争上来。2007年，欧盟委员会提出了气候能源包裹政策，进一步展示了气候领导者的雄心，在同年3月通过了“20+20+20”目标，即通过欧盟排放交易系统第三阶段改革在2020年比1990年降少20%的碳排放，如果世界其他国家也一同承诺减排的话，其便将目标调整到30%；2020年可再生能源利用率达到20%，其中生物燃料的使用达到10%；以及2020能效提高20%的目标。基于这一背景，欧盟在其成员国内部开始逐步控制对传统能源的消费，提倡使用可再生能源，于2009年4月23日通过了《欧盟可再生能源指令》。

1. 保障能源安全，降低外部依赖

欧盟为了有效履行《京都议定书》下的相关义务，必须于2012年之前降低并减少温室气体排放，[1] 欧盟采取进一步的措施以保障能源供应的安全性为首要要旨。欧盟在可再生能源技术革新和技术发展领域，尤其在涉及交通运输业部分，强调技术革新由此带来的可再生能源在交通运输业上的广泛应用，从而降低对外部石油进口的依赖度，在解决能源储备的安全性方面具有重要意义。

2. 通过可再生能源产业的发展创造就业

由创新和可持续竞争的能源政策所带动的经济、社会发展的机遇已经得到社会广泛认同，通过可再生能源产业发展创造就业，促进偏远地区经济社会发展是大力发展可再生能源的重要考量原因之一。一般在欧盟内部，可再生能源的发展往往依赖于本地的中小型企业，通过对可再生能源的投资可以带动相关就业机会及经济增长，欧盟委员会和欧盟各成员国从国家和地方层面支持可再生能源的开发和利用，鼓励可再生能源生产领域的广泛交流与合作，努力提高可再生能源在整个能源体系中的使用率和使用范围。可再生能源利用的推广对地方经济的发展具有促进作用，特别是在能源出口的前景、就业机会，本地中小企业以及独立能源供应商和生产者等方面均具有积极意义。

---

[1] Directive 2009/28/EC of the European Parliament and of the Council of 23, Official Journal of the European Union, page1.（1）.

（二）《欧盟可再生能源指令》对中国的启示

1. 立法目的与立法范围

《欧盟可再生能源指令》的立法目的是支持并鼓励欧盟各成员国使用可再生能源，希望将可再生能源作为传统能源的替代。而我国的可再生能源的立法目的则希望将可再生能源作为传统能源的有效补充，在我国的相关立法中没有具体提出将可再生能源逐渐取代传统能源的规定。我国是发展中的大国，对传统能源的需求量非常巨大，因此必须意识到使用可再生能源具有的战略意义，以及对传统能源过分依赖的后果，适当调整我国可再生能源的立法目的，确立更加积极、多元化的目标。

《欧盟可再生能源指令》（以下简称指令）的立法范围规范得非常全面，不仅关注可再生能源用于供电，而且关注供热、制冷和交通领域，特别值得注意的是该指令首次关注航空运输业，将航空运输业与交通运输业予以适当区分，明确可再生能源在交通运输业的消耗比重。欧盟成员国中有一些国家在其整个能源消耗的体系中，航空业占到很大的比重。我国的可再生能源立法以电力为主，供热和交通运输领域和航空运输业的可再生能源立法严重缺失。我国《可再生能源法》仅在第16条和第23条直接涉及了供热和交通领域的能源发展，相对来说，我国的可再生能源政策主要集中在供电方面，可再生能源立法的范围过于狭窄，对此，我国可以拓宽可再生能源的立法范围。

2. 相关制度的借鉴

在通报制度上，欧盟在涉及各成员国的可再生能源政策的制定和行动计划的实施情况时，都明确规定了详细的通报制度，包括各成员国向欧盟的通报制度，也包括欧盟委员会向欧盟议会和欧盟理事会的通报制度。欧盟就通报制度的具体内容、具体的时间作了非常详细的规定，反观我国，可再生能源立法刚刚起步，执行可再生能源政策缺乏相应的反馈机制，既包括地方对中央政府的报告制度，也包括具体的实施机构对监管部门的报告制度。

在合作制度上，指令明确规定了各成员国可以在欧盟内部开展有关可再生能源政策方面的合作，欧盟规定要求各成员国在其国家内部通过合作来实现指令所设定的具体目标，明确这些合作既可以是双边的，也可以是多边的，除指令规定强制性的效用计算机制以外，各成员国被要求在数据转换、信息共享、项目合作、实践交流、信息平台透明度等方面实现全方位的合作与协调。此外，欧盟为降低实现该指令目标的成本，在欧盟内部实现可再生能源消费的便捷化，这样做可以在各成员国之间实现能源消耗统计的便捷。我国的可再生能源省际合作相对不是非常完善，应加强地方层面的深层次合作，如资格认证、信息共享、数据转移、缩小地区间立法水平的差异等。

在比重计算问题上，指令就可再生能源的消耗比重作了具体的规定。不仅确立了总体的可再生能源消耗比重，更就具体行业，如交通运输业的可再生能源的消耗比重作了具体的规定。此外欧盟指令就可再生能源的比重计算问题也作了具体规定，并就消耗比重目标的实现期限作了具体的安排。反观我国的可再生能源立法，虽然具体提出了能源使用的比重问题，但就比重计算问题没有进行具体的细化。因此在我国的实践中存在着可再生能源使用比例和市场占有比例无法计算和统计或统计不准确的情况，为此中国可再生能源立法可以借鉴欧盟的经验，具体细化可再生能源计算的问题和相关行业市场的确立标准。

在电网建设方面，欧盟指令在电网建设方面出台了一系列非常严格、细致的规定，尤其关注可再生能源与电网的衔接问题，以及欧盟与欧盟以外的第三国之间的电力输送的衔接问题，规定了可再生能源在电网建设中的使用比例以及与第三国在电网建设上的合作。欧盟同时还关注电网建设的适度市场化，防止电网建设陷入经营垄断。我国应该调整其电网建设中的技术标准，提出更加细化的规定，在电网建设环节实现各地方间的合作，逐步开展电网运营的市场化。

关于生物燃料和生物液体，指令中关注可再生能源原料的可持续标准。生物燃料和生物液体由于缺乏可持续标准，通常不被视为可再生能源，但如果将生物燃料和生物液体与其他原料进行混合，生产出混合原料则可以被视为是对可再生能源的有效补充，对此欧盟制定了非常详细的规定，包括设立具体的技术生产标准。我国可再生能源立法在生物燃料和生物液体方面缺乏相应的法律规定，没有具体法律条文直接涉及生物燃料和生物液体，我国应该加紧出台生物燃料和生物液体的技术标准，整合现有的生物燃料资源，升级现有的生物燃料技术。

3. 公众支持

欧盟可再生能源政策的制定离不开公众的支持。欧盟鼓励各成员国及本地机构制定比欧盟标准更严格的要求，更好地提高公众使用可再生能源的意识，更好地开发生物燃料和生物资源，各个成员国被要求扩大现有生物资源的存储量并开发自身的森林资源。[1] 同时各成员国都有各自完全不同的可再生能源的储备，大部分欧盟成员国都在其国土上生产可再生能源，由此各个国家可以基于其所承担的国家义务标准在其国家的范围内调控可再生能源所产生的利益和效果。欧盟和其成员国努力减少在交通运输业[2]的能源消耗并提高在该领域的

[1] Directive 2009/28/EC of the European Parliament and of the Council of 23, Official Journal of the European Union, page7, (57).

[2] Directive 2009/28/EC of the European Parliament and of the Council of 23, Official Journal of the European Union, page20. Article 4th.

能源利用的效率，最主要的减少能源消耗的方法包括交通规划改革、使用公共交通、增加电力能源车的生产、制造能源利用率更高且引擎体积更小的汽车。[1] 各成员国在可再生能源的混合能源方面也采取更加多样化的措施，从制度建设上获得公众对使用可再生能源的支持。

我国的可再生能源没有就公众支持方面作具体的规定，我国的可再生能源立法理念还停留在鼓励公众、企业使用可再生能源上，但对配套的扶持政策没有任何规定，缺乏相应的激励机制。欧盟不仅在政策制定上鼓励公众参与可再生能源立法，更在城市规划、公共交通基础设施建设方面加大力度实行改革，因此我国相关立法应当打破“单一模式”下的思维模式，从深层次探寻公众支持可再生能源政策的方法。

4. 配套措施

指令在鼓励推广可再生能源使用方面非常关注配套制度的建设，其中涉及可再生能源装置的安装、可再生能源的利用、能源政策的制定和实施情况的评估等。欧盟在制定政策时考虑所有欧盟成员国的环境立法以及为可再生能源政策所付出的努力和贡献，其最终目标是实现应对气候变化的目标。欧洲议会1998 年第 34 号指令[2]确定了具体的信息技术标准，涉及测试方法、质量监察和使用条件。欧盟支持可再生能源储备和能源的转化和混合，特别是在生物燃料中实现与其他能源的混合。可再生能源项目的发展，尤其是 TENE[3] 项目得到了广泛支持，此外欧盟关注可再生能源项目对提高能源储备安全性的贡献。

欧盟国家内部有关可再生能源混合的相互连接可以减少平衡成本，从而促进竞争并进而降低价格。电力被放在优先考虑的位置，根据欧盟 2003 年第 54 号指令[4]，欧盟优先关注电力生产在可再生能源体系中的地位，确保电力生产主要来源于可再生能源，重点从市场内部整合可再生能源，在具体涉及国家电网安全性问题时，要求确保使用量最大的电力销售均来源于可再生能源网络。该指令同时要求在不影响电网的安全性和可靠性的前提下，增加可再生能源的生产数量，加快电网连接的相关程序以及供可再生能源发电的新装置的生产。

---

[1] Directive 2009/28/EC of the European Parliament and of the Council of 23, Official Journal of the European Union, page4. (28).

[2] Directive 2009/28/EC of the European Parliament and of the Council of 23, Official Journal of the European Union, page6. (45).

[3] Trans European Energy Networks, Directive 2009/28/EC of the European Parliament and of the Council of 23, Official Journal of the European Union, page15. Article6th.

[4] Directive 2009/28/EC of the European Parliament and of the Council of 23, Official Journal of the European Union, page19. Article15th.

我国的可再生能源立法缺乏相应的配套措施。由于我国相关立法的条文非常少，且内容大多过于原则化，缺乏实际操作性，无法具体规范可再生能源的相关配套设施。建议在我国未来的立法中进一步完善可再生能源的配套制度及其作用。

五、我国《可再生能源法》的修订

十一届全国人大常委会第十二次会议 2009 年 12 月 26 日表决通过关于修改《可再生能源法》的决定，新的《可再生能源法》自 2010 年 4 月 1 日起施行。

(一)《可再生能源法》修订的背景

2005 年制定的《可再生能源法》时隔四年重新修订，这表明在新的社会经济发展形势下，可再生能源愈加凸显其发展的重要性和紧迫性，须以新法修订加以保障。

从国际背景上讲，随着全球气候变化威胁的日益扩大，始现于 20 世纪末、成形于 21 世纪初的“低碳发展”概念已越来越为世界各国所认同，其推行已是大势所趋。除了继续提高现有能源的利用效率外，另一选择便是开发利用以可再生能源为代表的非化石能源。世界各主要发达国家和地区都已经制定了推动可再生能源发展的专门规划或法规，如欧盟制定的低碳发展一揽子计划中规定，2020 年要将可再生能源在总能源利用中的比例提高到 20%，美国则在《清洁能源安全法》中大幅提高可再生能源的利用程度。

中国在成为世界第二大经济体和第一大出口国的同时，也是目前最主要的碳排放国。预计在未来十年里，中国将继续保持经济的高速增长，这使得中国面临越来越大的气候环境压力。为实现减排目标和满足经济转型的需要，更为积极地发展可再生能源是当务之急。因此，此次修订《可再生能源法》与低碳发展背景相符，其修订内容也与低碳发展息息相关。外界也注意到，中国此次修改《可再生能源法》距离哥本哈根联合国气候变化大会结束不到十天的时间。而就在哥本哈根大会召开前，中国政府首次宣布了二氧化碳减排的量化目标，即 2020 年单位 GDP 二氧化碳排放比 2005 年下降 40% 到 45% 的目标。对尚处在发展中的中国而言，这个目标的实现无疑是一个巨大的挑战。中国之所以在哥本哈根会议结束不到十天就通过了《可再生能源法》的修改决定，目的是通过法律保障来落实中国政府在二氧化碳减排方面实施的自主行动。体现了中国在发展可再生能源方面的决心和信心，也体现了中国在应对气侯变化方面的决心和信心。

从中国国内背景上讲，近年来，中国国家立法机关和相关机构围绕节能减排与应对气候变化，加强了环境资源保护方面的法制建设，目前已初步形成了一套比较完整的保护环境、节约资源和能源的法律制度体系。2005 年获全国人大常委会审议通过的《可再生能源法》确立了政府推动和市场引导相结合的可再生能源发展体制，规定了包括总量目标、强制上网、优惠电价等一系列重要法律制度和措施。该法施行以来，对推动中国可再生能源开发利用产生了重要作用。中国风力发电连续 4 年翻番，目前中国已成为全球风力发电增长最快的市场。而太阳能利用、农村沼气以及其他生物质利用亦取得长足进步。然而，中国的可再生能源产业在快速发展的同时，也存在一些问题，如电网建设滞后、有的可再生能源发电项目上网难、可再生能源发电上网电价费用分摊机制不够完善等。《可再生能源法》的此次修改重在解决其在施行过程中遭遇到的瓶颈。修改后的《可再生能源法》从法律上确立了国家实行可再生能源发电全额保障性收购制度，建立了电网企业收购可再生能源电量费用补偿机制，设立了国家可再生能源发展基金，要求电网企业提高吸纳可再生能源电力的能力等，将有力地推动我国可再生能源产业的健康快速发展，促进能源结构调整，加强环境友好型和资源节约型社会建设。

总之，作为重要的环境与资源保护法律之一，《可再生能源法》的修改有助于促进中国可再生能源的开发利用，改善能源结构，节能减排，更进一步强化了中国应对气候变化的法律支持。

（二）《可再生能源法》修订的主要内容

1. 可再生能源开发利用的统筹规划与协调

修订后的《可再生能源法》旨在振兴可再生能源发展，为中国政府的减排承诺以及有关政策提供注解，同时兼顾统筹发展的现实需要。在可供开发利用的主要非石化能源品种中，除了核电外，其他基本都属于可再生能源的范畴，其发展的重要性自然不可低估。因此，修改后的《可再生能源法》增加了对各类可再生能源的开发利用作出统筹规划的规定，以提高可再生能源发展规划的科学性。修改决定还完善了可再生能源开发利用规划的编制程序和内容，规定："国务院能源主管部门会同国务院有关部门，根据全国可再生能源开发利用中长期总量目标和可再生能源技术发展状况，编制全国可再生能源开发利用规划，报国务院批准后实施。"结合此前已经公布的国家中长期可再生能源发展规划，政府振兴可再生能源的发展目标将进一步得到法律上的保障。

近年来，随着我国可再生能源产业的快速发展，可再生能源开发利用缺乏整体协调，部分地区项目盲目无序建设问题日益突出。主要是国家和地方规划缺乏衔接，发电规划与电网规划不协调。针对上述问题，《可再生能源法》（修订案）对规划的统筹协调作了明确规定，要求加强可再生能源规划与电网规划的协调，地方可再生能源规划与全国规划的协调；对规划的指导调控作用进行了强化，要求地方规划要向国家主管部门备案，增加了规划编制的原则和具体内容。

2. 营造可再生能源发展的公平竞争环境

新的《可再生能源法》致力于解决阻碍低碳发展的各种不利因素，为可再生能源的开发利用清除制度和技术等方面的障碍，打造公平的竞争环境。从目前的情况来看，除了成本因素外，可再生能源还面临体制性因素的挑战。受限于传统利益格局，可再生能源的发展对相关部门造成了一定冲击和影响，短期内的抵制不可避免。由体制上的阻碍可以扩大到技术上的障碍，包括低成本风能在内的可再生能源在竞争格局中处于劣势地位，不利于低碳发展的大局。因此，《可再生能源法》修正案明确规定，“电网企业应当与相应的可再生能源发电企业签订并网协议，全额收购上网电量”，电网企业还应积极采取措施，为“可再生能源发电提供上网服务”。这些规定在一定程度上避免了可再生能源与传统能源不公平竞争的局面出现，为可再生能源的发展营造了公平的竞争环境。

3. 实行可再生能源发电“全额保障性收购制度”

新的《可再生能源法》致力于推动低碳发展，为开发利用可再生能源提供扶持政策，在经济上保障可再生能源的发展。众所周知，在当前可再生能源发展过程中，过高的成本是其市场准入的障碍之一。在主要的可再生能源品种中，只有风能的成本接近市场平均水平，具备一定的经济可行性，其他品种都因成本过高而与市场应用和推广相去甚远。为此，修订案提出了政府强制性补贴的解决方案，国家将实行“可再生能源发电全额保障性收购制度”，同时补偿可再生能源上网电价高于常规能源发电平均上网电价的差额，并设立可再生能源发展基金，全方位支持可再生能源的发展。这将在很大程度上推动可再生能源的市场化，有利于扩大可再生能源使用规模，满足降碳需要，更提高了可再生能源产业的发展积极性，推动其良性发展，加速真正市场化速度，成就低碳发展之路。

修改前的《可再生能源法》虽然规定了全额收购制度，但主要是通过在电网覆盖范围内发电企业与电网企业履行并网协议来解决，实施中由于双方企业利益关系和责任关系不明确，缺乏对电网企业的有效行政调控手段和对电网企业的保障性收购指标要求，难以落实有关全额收购的规定。“全额收购”表述被修改为“国家全额保障性收购”，其中的“保障性”含义即明确了电网企业、发电企业以及政府三方的责任和义务，使“全额收购”更可操作。“保障性收购”的第一层意思是，可再生能源发电的建设要纳入到规划中来，以保障电网衔接和资金来源，使电网和电场建设能够同步，保证将来建成之后能够全额收购；第二层意思是，电源点必须符合规划，不能乱建，规划之外可以不收购；第三层意思是，电力必须符合电网入网的技术标准，包括电压、体量、稳定性等，不能因为接入可再生能源而影响电网安全。

4. 建立可再生能源发展基金

修改后的《可再生能源法》还明确，建立“可再生能源发展基金”，资金来源包括国家财政年度安排的专项资金和依法征收的可再生能源电价附加收入等。国家可再生能源发展基金用于支持的活动包括：可再生能源开发利用合并网的科学技术研究、标准制定、检测认证和示范工程；农村、牧区生活用能的可再生能源利用项目；偏远地区和海岛可再生能源独立电力系统建设；可再生能源的资源勘查、评价和相关信息系统建设和促进可再生能源开发利用设备的本地化生产等。基金的管理办法由国务院财政部门会同国务院能源、价格等有关主管部门制定。

由于作为新兴能源技术的可再生能源发电成本较高，近年来，各国普遍采取政府财政予以先期支持。建立可再生能源发展基金，是政府重要的经济调控手段，也是国际上很多国家推进可再生能源持续快速发展所采用的有效办法。

第四节 气候变化与我国节能立法

把节能工作纳入法治轨道，是我国推动、规范能源节约活动的有效手段。早在1986年我国就发布了《节约能源管理暂行条例》，这是第一部节约能源的行政法规，1997年11月1日我国出台了《节约能源法》，后于2007年进行了修订，并于2008年4月1日起实施。由于能源的开发、利用形式的多样化并涉及我国众多的行业和部门，所以节能立法除《节约能源法》之外还涉及其他的立法文件，它们共同组成调整我国节能活动的立法体系。

一、《节约能源法》的修订内容

2007年修订的《节约能源法》除了继续对原有的主管机构、监督主体以及基本的节能技术予以明确外，明确将节约能源确定为国家的基本国策，并从节能的基本制度、注重体现政府管理与市场引导的有机结合、增强立法的可操作性等方面进一步作了完善。

主要的修订内容如下：（1）明确实行节能目标责任制和节能考核评价制度，将节能目标完成情况作为对政府及其负责人的考核评价的内容，从而强化了监管职责。（2）扩大了节能调整领域，在对重点用能单位节能进行规定的基础上，根据我国节能工作的实际情况，对工业、建筑、交通运输和公共机构等几大重点耗能领域的节能分别作了详细规定，进一步增强了立法调控的针对性。(3) 规定了一系列的强制性节能制度和措施，如实行强制性能源效率标准和单位产品能耗限额标准制度，能效标识和对落后的高耗能产品的强制淘汰制度。体现了国家推广节能工作的强硬态度。(4) 构建了促进节能的激励和约束机制，新增“激励措施”一章，明确规定国家通过财政、税收、价格、信贷等经济政策促进企业节能和产业升级，限制高耗能、重污染的产业和产品。无论是工业领域还是建筑、交通运输领域的节能，政府经济激励的推行都会给节能单位以节能的内在动力，以更积极的方式推进节能工作。正如美国著名经济学家诺思所述，“激励是经济绩效的根本决定因素。它暗含在我们的理论中，并被假定具有特定的形式与影响”。(5) 加强了节能标准的规定。节能标准既是企业实施节能管理的基础，又是政府加强节能监管的技术依据。因而新法较之以往新增了好多条文规定了节能标准的相关内容；另外，对建筑节能标准、交通运输车船燃料消耗量限值标准也提出了明确要求。[1] (6) 强化了法律责任。无论从数量还是领域上，修订后的法律责任较之旧法都有长足进步，共规定了19项法律责任，包括未按规定配备、使用能源计量器具，瞒报、伪造、篡改能源统计资料或编造虚假能源统计数据，重点用能单位无正当理由拒不落实整改要求或者整改未达到要求、不按规定报送能源利用状况报告或报告内容不实、不按规定设立能源管理岗位，建设、设计、施工、监理等单位违反建筑节能标准等方面的法律责任。(7) 进一步增强了可操作性。《节约能源法》修订后将原有的一些倡导性条款和原则性要求进一步细化、明确，提高了法律的操作性。

二、我国在能源节约立法方面的不足及完善建议

(一)《节约能源法》修订后的瑕疵

1. 混淆了节约能源与开发利用可再生能源的关系

《节约能源法》第2条规定，“本法所称能源，是指煤炭、石油、天然气、生物质能和电力、热力以及其他直接或者通过加工、转换而取得有用能的各种资源”。这就意味着《节约能源法》的调整对象既包括煤炭、石油、天然气、生物质能等一次能源，也包括电力、热力等二次能源；对于电力、热力无论取

---

[1] 目前，与《节约能源法》相配套的46项配套国家标准也于2008年由国家标准化管理委员会颁布实施。这46项标准包括22项高耗能产品单位产品能耗限额标准，5项交通工具燃料经济性标准，11项终端用能产品能源效率标准，8项能源计量、能耗计算、经济运行等节能基础标准。

自不可再生的还是可再生的资源，都属于《节约能源法》规范的对象。修订的《节约能源法》第四条规定，“国家实施节约与开发并举、把节约放在首位的能源发展战略”，这就明确了《节约能源法》应是有关能源领域“节流”活动的规范，但在第七条第3款却规定，“国家鼓励、支持开发和利用新能源、可再生能源”；且第五十九条第3款规定，“国家鼓励、支持在农村大力发展沼气，推广生物质能、太阳能和风能等可再生能源利用技术”。因此，《节约能源法》显然已经将开发新能源、可再生能源这一“开源”活动视为“节流”的手段，因此，该法关于开发利用可再生能源的条款与能源的定义表述有瑕疵。

2. 惩罚力度不够

节约能源不仅仅是一种道德要求，还是我国的基本国策，因此需要在立法中规定更强有力的法律责任，为政府执法提供明确的依据，使节能真正落到实处。而修订的《节约能源法》关于法律责任的规定还不足以有效惩治浪费能源的行为：第一，罚款数额与违法者的收益相比微乎其微，起不到惩戒作用。新法中规定的多处罚款条款，[1] 即使是按照规定的最高限额进行罚款，对于一些大规模的生产单位或重点耗能单位来说也是九牛一毛。因此，可以尝试按照其违法所得的比例代替明确的数额进行处罚，真正使违法者树立节能的意识。第二，个别法律责任的缺失。修订后的《节约能源法》中的法律责任仍然是侧重对企业的违法行为进行惩罚，对于负有节能管理职责的行政机关或负责人的法律责任部分则有些欠缺或者过于笼统。如《节约能源法》规定，“县级以上地方各级人民政府有关部门应当加强城市节约用电管理，严格控制公用设施和大型建筑物装饰性景观照明的能耗”，但在法律责任部分则欠缺具体的法律责任规定。再如，虽然《节约能源法》规定了国家工作人员的法律责任，但过于笼统，对于节能这一具体的工作而言，意义不大。

（二）《节约能源法》可操作性差

实施细则在我国具有非常重要的位置。因受国家的政策性因素影响很大，《节约能源法》多采用宣示性、鼓励性的规定，立法的推行往往是对国家政策的确认或者要依赖于具体的国家政策的规定，因而可操作性不强。修订后的《节约能源法》有多处条款的落实要依赖实施细则的制定，如第15条规定，“国家实行固定资产投资项目节能评估和审查制度……具体办法由国务院管理节能工作的部门会同有关部门制定”；第18条规定，“实行能源效率标识管理的产品目录和实施办法，由国务院管理节能工作的部门会同国务院产品质量监

---

[1] 如修订后的《节约能源法》第73条、76条、77条、83条等。

督部门制定并公布”；第五十二条规定，“重点用能单位节能管理办法，由国务院管理节能工作的部门会同国务院有关部门制定”；关于“激励措施”一章更是需要立法机关或行政主管部门制定实施细则。

目前，国务院及各级政府已经据此制定了许多节能政策性文件，如国家发展改革委、国家电监会《关于取消电解铝等高耗能行业电价优惠有关问题的通知》（发改价格〔2007〕3550号）、《国家发展改革委关于防止高耗能行业重新盲目扩张的通知》（发改运行〔2006〕1332号）、《国务院关于加强节能工作的决定》（国发〔2006〕28号）、国务院发布《关于印发节能减排综合性工作方案的通知》（2007年6月3日发布）、《国务院批转发展改革委、能源办关于加快关停小火电机组若干意见的通知》（国发〔2007〕2号）等。这些政策性文件尽管数量可观，但是法律效力比较低，而且综合性不足。

（三）地方性法规滞后

我国多数省市都制定了节能方面的地方性法规，如《北京市节约能源条例》、《河北省节约能源条例》等，但是其中许多地方性法规是《节约能源法》修订前制定的，如《北京市节约能源条例》竟是在1987年根据《节约能源管理暂行条例》制定的，已经非常陈旧，跟不上《节约能源法》的立法最新要求和节能形势发展的需要。地方性法规有待于以修订后的《节约能源法》内容为蓝本进行全面的清理。

（四）我国节能法规体系的完善建议

一方面应完善以《节约能源法》为核心的配套法规、标准相协调的节能法律法规体系。尤其是积极制定、完善有关能源节约的财政、税收、金融、价格等经济激励立法，建立高效的能源竞争市场，形成基于市场的长效节能机制，充分调动各方积极性，引导不同领域和群体出于自身利益去自发节能。另一方面，为配合《节约能源法》的有效实施，应进一步完善与能源密切相关的计量法、电力法、建筑法、交通运输立法等有关节能的规定，注重增强法的实效性和可操作性，强化法律责任，使能源节约真正落到实处。

三、能源节约的相关立法

（一）《电力法》及《节约用电管理办法》

电力行业是主要的耗能业，《节约能源法》第30条、31条、32条对电力节能降耗提出了要求，涉及电力节能技术及设备的改进、禁止新建不符合能耗要求的发电机组等内容；在法律责任部分也相应作了规定。1995年12月通过的《电力法》作为电力行业的基本法，对电力节能虽然作了一些规定，但仅是倡导性、原则性的条款，在法律责任部分更不会有关于浪费能源的处罚措施。例如第24条规定，国家对电力供应和使用，实行安全用电、节约用电、计划用电的管理原则；第34条规定，供电企业和用户应当遵守国家有关规定，采取有效措施，做好安全用电、节约用电和计划用电工作。2001年1月颁布实施的《节约用电管理办法》虽然对节约用电管理、电力需求侧管理、节约用电技术等作了规定，但是存在诸多问题：一是立法更新较慢，许多规定不适应目前电力实际需要，如其规定“国家经济贸易委员会、国家发展计划委员会按照职责分工主管全国的节约用电工作”，而事实上，这两个机构早已不复存在，目前主要由国家发展改革委、电监会负责电力工业的监管工作。二是作为部门规章，内容较简单，尤其是关于法律责任的条款过于单一，惩罚措施较宽松，无法起到有效惩治违法行为的作用。

将来修订《电力法》及《节约用电管理办法》时应该针对电力行业的实际情况，规定具体可行的节能条款，并设置相应的法律责任，配合《节约能源法》的实施，共同促进能源节约工作。

（二）《建筑法》及《民用建筑节能条例》

我国建筑能耗总量和节能水平不容乐观，建筑领域作为节能降耗的重点规范领域不容质疑。据统计，我国430多亿平方米的存量建筑中，99%是高能耗建筑，单位建筑面积能耗是发达国家的3~4倍。2000—2006年，我国每年新建房屋20亿平方米，95%仍是高能耗建筑。

《节约能源法》第三章第三节第34~40条是关于建筑节能的规定。对节能监督管理体制，建筑开工建设、设计、施工和监理阶段的节能控制，建筑节能信息公开，公共建筑室内温度控制、照明控制，节能材料设备的使用等作了比较明确的规定，并且“法律责任”一章中的第79、80条作了相应规定。

1998年施行的《建筑法》作为建筑领域的基本法，主要是关于建筑许可、建筑工程发包与承包、建筑工程监理、建筑安全生产管理、建筑工程质量管理等规定，着眼点在于保障工程质量和建筑安全；通篇只有一条涉及节约能源的规定（第4条，国家扶持建筑业的发展，支持建筑科学技术研究，提高房屋建筑设计水平，鼓励节约能源和保护环境，提倡采用先进技术、先进设备、先进工艺、新型建筑材料和现代管理方式），属于鼓励性条款，没有可操作性。由于《建筑法》是建筑业的根本大法，建筑节能相关规定在《建筑法》中未能得到体现，直接导致行政法规和部门规章缺乏上位法的支持。《建筑法》中应当规定有关建筑节能的强制性规定，这也是建筑业可持续发展的必然要求。

2008年10月1日起施行的《民用建筑节能条例》从新建建筑节能、既有建筑节能、建筑用能系统运行节能等几个方面对民用建筑节能降耗作了规定。

（三）交通运输业的节能立法

交通运输业既涉及公路、水运、海运，还包括道路建设等，迄今为止，交通系统相关的法律法规如国务院2004年颁布并实施的《道路运输条例》、交通部2006年颁布并实施的《农村公路建设管理办法》等，主要是着眼于工程质量、交通安全的角度，而不侧重能源节约方面。目前唯一的关于交通行业节约能源的立法是交通部于2000颁布并实施的《交通行业实施节约能源法细则》。该规章基本按照《节约能源法》体系和思路，对交通行业的节能管理、合理使用能源、节能技术等方面作了详细规定。但是，法律责任规定过于简单，有待于作出更具体的规定。

（四）《计量法》及实施细则

能源计量是能源节约管理工作的重要技术依据，在实行节能目标责任制和节能考核评价制度后，能源计量作为考核主管机关及负责人的技术手段，更是具有至关重要的地位。《节约能源法》中有诸多条款是规范能源计量活动的。《节约能源法》第27条规定，"用能单位应当加强能源计量管理，按照规定配备和使用经依法检定合格的能源计量器具。"这是我国第一次以法律的形式对用能单位计量器具的配备作出规定，具有普遍约束力。关于能源计量器具配备、使用规定所应承担的法律责任方面，第74条规定，"用能单位未按照规定配备、使用能源计量器具的，由产品质量监督部门责令限期改正；逾期不改正的，处一万元以上五万元以下罚款"，这就为实现能源消耗的普遍、有效、准确计量，促进节能降耗，提供了法律保障。

与此相比，1985年制定的《计量法》主要是关于计量器具的检定、制造、修理、销售、使用的立法，却没有对计量器具的配备作出规定。《计量法实施细则》第25条规定的"任何单位和个人不准在工作岗位上使用无检定合格印、证或者超过检定周期以及经检定不合格的计量器具"与《节约能源法》"使用经依法检定合格的能源计量器具"的要求相吻合；但是在罚款数额上，《节约能源法》对能源计量违法行为的罚款上限达到了五万元，远远高于《计量法》以及《计量法实施细则》对一般计量违法行为的处罚额度，体现了国家强制推行"基本国策"的决心。

鉴于能源节约作为国家的基本国策，《计量法》及其实施细则在将来修改过程中，应该对包括能源节约领域在内的强制性计量器具配备作出专门规定，并且结合社会实际，规定更严格的法律责任。

此外，2008年10月起施行的《公共机构节能条例》对公共机构的节能规划、节能管理、节能措施、监督和保障等作了详细的规定，与《节约能源法》中的"公共机构节能"相契合。

四、我国合同能源管理与节能服务产业的发展

合同能源管理，其本质是一种契约性的未来收益分享模式，必须在一个比较成熟、完善和规范的市场环境下才能得到充分的发挥。合同能源管理的有效实施，需要健全的法律保障、可行的财务体系、独立的第三方监管和审计、法律服务、风险控制等中介机构共同参与，是一个系统工程，需要政府部门的积极介入和干预。鉴于我国目前“合同能源管理”市场尚未成熟，管理体制的自我良性循环尚未建立，“合同能源管理”过程中各方面的风险仍然较大，问题较多，2010 年，我国出台了《关于加快推行合同能源管理促进节能服务产业发展意见的通知》（以下简称《通知》），提出将扶持培育一批专业化节能服务公司，发展壮大一批综合性大型节能服务公司。该《通知》的及时出台为我国合同能源管理的实质性发展奠定了坚实的政策基础，从宏观调控层面为节能服务产业确立了明确的发展方向和充足的发展动力。然而，合同能源管理的产业化进程除了依赖于宏观调控政策扶持之外，还需要在微观层面就自身的发展模式和合同管理进行更加深入的剖析，方能实现相关产业政策和行业规范化之间的良性互动。

（一）合同能源管理市场模式的选择

由于合同能源管理在我国发展时间较短，且在《通知》颁布之前没有行业公认的关于合同能源管理的界定，因此，在合同能源管理模式选择上明显体现出单一特点，即 BOT 模式，由节能服务公司与用户公司签订能源管理合同，为用户提供节能诊断、融资、改造等服务，并以节能效益分享方式回收投资和获得合理利润，节能服务公司的节能设备在节能期限届满时归属为用户单位所有。然而，成熟的市场永远存在多元化的需求和多元化的供给，单一的发展模式难以适应不同领域对于节能降耗的技术和资金需求的多样性。除了 BOT 模式外，对 BOO（建设—运行—拥有）及 BLT（建设—租借—转让）等模式鲜有尝试。为此，应借鉴和学习国外在合同能源管理中比较成熟的经验和模式，政府及相关职能部门陆续出台和制定相应的合同范本及相关的规范性文件，组织和促进国内节能企业间的交流。

（二）“合同能源管理”实施的困境及解决途径

根据中国节能协会节能服务产业委员会的估算，2011 我国节能服务产业产值有望达到 800 亿元，增速保持在 30%~40%，未来行业市场容量达 4000 亿元，发展空间非常大。节能服务企业（EMCO）帮助企业减少能源的使用量，减少企业开支，相对来说比较受民营企业的青睐，但一些大中型国有企业积极性不高。据了解，许多节能管理公司在向国有企业推广 EMCO 时都不顺利。

"合同能源管理"在国企推广困难重重，除了节能意识差之外，主要原因是节能指标考核不落实，节能缺少紧迫感，节能效益与领导和员工没有直接利益关系，节能改造成了多此一举。此外，还存在类似投资效益和资金筹措的问题；在企业中，目前正在使用的、使用寿命没到而又被列入高能耗的设备，依法是否必须全部报废更新，目前还没有硬性的规定；政府的政策、项目资金等方面的支持不够等因素，都是制约合同能源管理产业推进的发展障碍。

为此，应加大政府扶植力度，从立法开始，明确公共机构建筑节能或用能大户的节能改造必须采用"合同能源管理"模式进行，并对取得资质的EMCO实行公开招标，形成市场机制，能让过去EMCO找项目，逐渐演变成业主找EMCO的积极状况。而且，还应该加大奖励力度，明确项目业主单位与EMCO可共同分享奖励，在奖励计算方法上不仅只参照节能量，也可以参照投资额度和节能率，按一定比例进行奖励，使EMCO能比较容易地获得建立资金。

（三）加强队伍建设和制度规范

由于我国开展"合同能源管理"模式还处于初级阶段，节能服务公司普遍规模偏小，实力偏弱，目前对采用"合同能源管理"机制运作的制度规范还不够齐全，或者是已制定的"指南"等规范广大企业和EMCO又不够了解，运作机制的规范亟需制定和完善，制度和规范的建设和宣传还有待于进一步加强。为此，应加强对EMCO的规范管理和资质认证工作，一定要明确必须具备一定条件、经过评审的公司才可成为EMCO，但要防止苛求和复杂的程序。要设置相关的一站式办公程序或便捷高效的为节能服务公司办事的制度和规范性文件，以期实现规范化管理。另外，应该借鉴国外先进经验和技术，大力培育有一定规模的附属于设备制造集团（包括节能设备和产品制造）的EMCO，或者附属于公用事业公司（电力公司、天然气公司、自来水公司）的节能服务公司。

（四）EMCO的融资与资金回收问题

在当前对于合同能源管理进行摸索和试行的节能企业中，由于缺乏配套的政策支持，很多节能公司用完赠款和相应配套资金后，转行的转行，沉寂的沉寂，没有国家政策支持的合同能源管理如同一张空头支票，偌大的市场转瞬即逝。为此，国家和地方政府应予充分重视并出台相应政策予以解决。目前，我国的EMCO中小企业的比例较大，大多经济实力较弱，无力对成批的或企业整个系统的节能技改项目实施全过程的服务，而且以分享效益型方式回收资金，期限较长；商业银行最关注商业贷款的安全性，没有银行愿意贷款给只能拿未来收益作空头抵押的节能公司。而不少EMCO无力向银行提供保证其贷款安全性的财政担保或足额的抵押；商业银行或社会投资者对“合同能源管理”了解甚少，一些 EMCO 又没有良好的财务信誉历史记录等。上述种种因素，导致因资金不足，大量好的节能技改项目无法实施。所以，需要在 EMCO 运营初期为其获得商业贷款提供帮助。

“合同能源管理”作为新生事物，节能公司为开拓市场往往和客户先定口头协议，工程运行一年见效后，双方再签订正式合同，存在资金回收难的风险。但由于市场秩序不规范，部分企业诚信度差，一些客户在项目运行半年见效之后往往毁约，或是中止合作，或是提出购买设备，导致一些节能企业遭受巨大经济损失。在某些企业中，由于节能项目一直处在从属地位，一些用户愿意享受节能效益回报，而不愿在节能项目中承担义务，这样对 EMCO 的资金、技术、设备等存在风险就比较大。

为破解此难题，可考虑在银行系统建立“合同能源管理”模式的专项基金；为了解决贷款的担保问题，可以允许 EMCO 以正在执行过程中的投资的设备或技改工程项目的投资作抵押，这可以使得 EMCO 的融资能力能扩大一倍；还可以考虑借鉴国外先进经验，在采用“合同能源管理”模式的节能技改项目中引入保险机制，在项目中引进保险公司运作；而且，政府应加强对节能咨询和诊断的奖励力度，并简化取得奖励的操作手续，切实解决进行了咨询而没有得到项目的资金问题。

（五）合同能源管理的道德风险

能源合同管理项目实施期短则一年、长则三五年，期间企业生产状况有不确定性，节能服务公司如果遇到不诚信的客户，巨额投资很可能就血本无归。合同能源管理在实际运作过程中充分依赖于项目能源管理合同对于项目各方利益的保护。然而，合同能源管理的经验表明，能源管理中的信用和道德风险难以受制于合同条款的严格约束，主要体现在：（1）客户的信用状况好坏。中国目前的信用机制尚不完善，信用状况差的现象较普遍。有的客户从一开始就存在恶意隐瞒行为，目的是诱使 EMCO 对其投资；有的在合同执行过程中，客户通过各种手段来转移项目的节能收益；有的客户想方设法迟迟不支付属于 EMCO 享有的节能效益部分；投资市场竞争加剧，其他节能公司给予更优惠的条件，客户违约而与其他节能公司合作等。（2）客户的经营问题。一旦客户由于经营不善，盈利能力下降，若无其他更好的措施，势必会压缩生产规模，这样节能改造后的设备就达不到预定负荷，能耗就会减少，预计的节能量及效益就会下降，从而导致 EMCO 的利润下降。另外，客户还有可能由于卷入法律纠纷而发生风险，如客户由于从事非法经营，或其他重大问题而导致停业或关闭，致使 EMCO 遭受损失。（3）EMCO 的诚信问题。“合同能源管理”过程中也存在 EMCO 诚信问题，并不是采用“合同能源管理”模式的节能技改项目都能达到预期的节能效果。（4）EMCO 与客户签订的合同问题。合同不完善，导致在合同执行过程中及合同纠纷解决时存在着大量的风险。在合同能源管理中，最为主要的法律风险就在于能源管理合同的确定。当前的合同能源管理的法律风险主要集中在：融资法律风险，节能服务公司和节能用户单位道德风险，节能用户单位法律主体灭失风险，节能效益的测量与验证（measurement &verification）风险等。节能服务公司以及节能用户单位应当聘请专业机构对合同能源管理的风险评定及防范、合同模式的选择以及法律风险的防范给予必要的指导。行业自律机构应当对上述问题进行培训和交流，制定相应的行业标准和规范，最大限度降低法律风险，推动合同能源管理健康有序发展。政府充分发挥主导作用，引导建立较好的市场诚信度，尊重双方的合法真实的意愿，积极搭建平台，完善该产业相关的立法。对此可参照欧美等发达国家，加强从诚信规则、制度以及立法的层面上给予签订的“合同能源管理”合同的法律地位。

（六）节能量的认定问题

节能量的认定是项目中的主要问题之一，应予充分重视，实践过程中，很多纠纷的根源都牵扯到节能量的认定。目前，我国对于节能量的检测没有权威的官方机构和和检测制度。项目业主单位与 EMCO 之间对节能量的认定有时会出现矛盾，主要原因是某些单位的能量计量系统不齐全，造成节能量计量的量化程度不够。目前，第三方检测单位较少，要对所有项目进行测试也有困难，同时缺少相关的标准和规程也是主要的原因之一。此外，有时一个单位的节能量是由各方面节能工作的综合效益取得的，从而对某一项具体项目的节能量的看法就会有矛盾。为此，应着重培育一批有资质的第三方节能量认证单位来做好此项工作；在签订“合同能源管理”的合同时，就应特别明确节能量的测试条件，在改造完成后，按此条件进行测试应得到双方的认可；成立对“合同能源管理”模式规范项目行为的第三方监督保障机构，进行节能效果的检测，确保节能数据能够公正、客观地评价项目的节能效果，确保节能数据的翔实和正确，对于双方的矛盾进行协调和仲裁。

（七）合同能源管理中面临的财务问题

政府机关、公用事业等节能服务重点领域的财务管理制度对合同能源管理项目的实施存在着很多来自政策和管理方面的阻碍。一方面中央和地方财政预算的单位没有支付节能服务收益的对应科目，财政预算没有办法为节能服务提供资金，节能服务公司开具的节能服务发票也不能视同能源费用入账抵扣，使得节能服务公司即使为政府机关、公用事业单位实施了合同能源管理项目并取得了预期的效果，也难以取得服务收益。另一方面，我国财政实行收支两条线，按照现行政策，实行合同能源管理节约的能源费用也不能由用能单位进行处置。这样，必然导致不仅节能服务公司的投资无法收回，而且上述这些用能单位也没有引入能源服务的积极性。

为此，应该对采用“合同能源管理”模式的节能技改项目，按照目前现有的财务制度，合理合法地做好财务处理工作，如支付给 EMCO 的费用可以列入生产成本等。在采用“合同能源管理”模式以后，包括“合同能源管理”的各种类型都要按照目前现有财务制度的各个方面进行梳理，逐步实现实施规范化的管理。在财务制度上要明确有“合同能源管理”的财务科目，符合财务审计的要求，受益方效益核算可以单列会计科目核算，也可用统计核算办法做辅助账目进行统计核算等。

（八）合同能源管理的税收缺乏依据

目前，我国现行税法对合同能源管理这块产业的税收很不明确，不同公司去不同地点去交税竟然套用三种不同方式，当地税务机关缺乏收税依据，税务机关要按照有利于税收的原则来收取，这恰恰加重了节能服务公司的税负，影响了节能产业发展。由于采用“合同能源管理”模式实施的节能技改工程项目，至今并未明确选择使用的税种或税目，在实施过程中，项目业主单位或主管税务机关人员往往能比较随意地提出或指定税种或税目，从而提高了采用这一模式的节能技改工程的成本。因此，明确税种或税目的选择很重要，将有利于降低节能技改工程的成本。此外，还不可避免地存在进口设备的关税问题。为此，应从法律层面明确指定采用“合同能源管理”模式的节能技改工程使用的税种或税目，避免税种或税目选择的随意性，确保该类工程在税务方面的合理合法。政府应支持“合同能源管理”在税务上享受一定的优惠政策。

总之，合同能源管理本身是一种基于市场的、不同于一般投资机制的节能投资机制，合同能源管理项是通过项目的实施最终实现各参与方共赢，其关键点是“服务”，既包括技术的服务，也包括管理的服务，合同能源管理项目重在服务。在合同能源管理服务中，“服务”理念贯穿始终。作为节能服务公司，在合同能源管理服务中应充分发挥自身技术优势，通过专业的产品测评和现场检测、科学严谨的技术分析，以引导客户选择合理的节能方式。作为客户单位，应本着为国家和社会作贡献，为广大民众服务的理念，树立节能减排的意识，树立高度的责任感和使命感，积极完全地履行合同义务。作为政府，在大力倡导节能减排、加大节能减排宣传力度的同时，更应增强为节能企业的服务意识，从培养全社会节能意识、拓宽节能企业融资渠道、规范节能管理市场等方面着手，采取多种有效措施，积极为节能企业创造良好的生存发展环境。

第九章　低碳发展与绿色经济

第一节　低碳经济的发展

一、低碳经济产生的背景与发展路径

（一）低碳经济产生的背景

由于全球气候系统的复杂性及其涉及的广泛社会经济问题，应对气候变化需要系统的解决方案。人类经过多年的探索发现，要想真正减缓和适应气候变化，必须从根本上转变对化石燃料的依赖，也就是要实现生产方式、消费方式以及全球资产（包括产业、技术、资金、资源等）配置与转移方式全面向低碳转型。低碳经济是以低能耗、低排放、低污染为基础的经济模式，是人类社会继原始文明、农业文明、工业文明之后的又一大进步。其实质是提高能源利用效率和创建清洁能源结构，核心是技术创新、制度创新和发展观的转变。发展低碳经济是一场涉及生产模式、生活方式、价值观念和国家权益的全球性革命。当前，国际上有关低碳经济研究的主要内容有：能源消费与碳排放，包括与碳减排有关的能源消费结构的转换和低碳排放能源系统的建立；经济发展与碳排放，主要探讨不同经济发展模式、阶段、速度与碳排放的关系；农业生产与碳排放，包括土地利用变化、农业土地整治、农业生产水平与结构的变化等；碳减排的经济风险分析与减排对策研究等。

伴随着生物质能、风能、太阳能、水能、化石能、核能等能源的使用，人类逐步从原始文明走向农业文明和工业文明。而随着全球人口和经济规模的不断增长，能源使用带来的环境问题及其诱因不断为人们所认识，不只是烟雾、光化学烟雾和酸雨等的危害，大气中二氧化碳浓度升高将带来的全球气候变化，也已被确认为不争的事实。在此背景下，“碳足迹”“低碳经济”“低碳技术”“低碳发展”“低碳生活方式”“低碳社会”“低碳城市”“低碳世界”等一系列新概念、新政策应运而生。而能源与经济以至价值观实行大变革的结果，可能将为逐步迈向生态文明走出一条新路，即摒弃20世纪的传统增长模式，直接应用新世纪的创新技术与创新机制，通过低碳经济模式与低碳生活方式，实现社会可持续发展。

发展“低碳经济”作为协调社会经济发展、保障能源安全与应对气候变化的基本途径，正逐渐获得全球越来越多国家的认同。虽然没有统一的定义，但发展低碳经济的核心是要建立高能效、低能耗、低排放的发展模式，在公平有效的应对气候变化国际体制下，改善能源开发、生产、输送、转化和利用过程中的效率并且减少能源消耗，降低经济发展必不可少的能源供应中的碳含量，减少能源使用中的碳排放；通过增加自然生态系统固碳能力和发展 CCS 技术来抵消短期内无法避免的化石能源燃烧所排放的温室气体；同时建立新的合理的技术转让和资金机制，使发展中国家不至于因处在成长中的不成熟经济阶段和国际分工格局中的产业链低端而增加低碳转型的成本；并且还需要改变发展理念和价值观念，促进整个社会向可持续的低碳消费方式转型。

（二）低碳经济发展的路径

低碳经济的概念最早是在 2003 年提出的，而这个概念提出之前，1992 年的《联合国气候变化框架公约》和 1997 年的《京都议定书》都详细地阐述了低碳发展的思路。

1992 年的《联合国气候变化框架公约》是国际社会首个应对气候变化、控制温室气体排放的框架公约，目标是将大气中温室气体的浓度稳定在防止气候系统受到危险的人为干扰的水平上。该公约规定，发达国家与发展中国家之间负有“共同但有区别的责任”（Common but Differentiated Responsibilities, CBDR）。发达国家要采取措施减少温室气体排放，并提供资金协助发展中国家减排。根据“共同但有区别的责任”原则，发展中国家暂时还不承担法律义务。1997 年的《京都议定书》确定了对工业发达国家具有法律约束力的量化减排指标（美国没有签署），规定 2008—2012 年的温室气体排放总量比 1990 年的水平至少减少 5. 2% 。《京都议定书》没有为发展中国家规定减排或限排义务。从大气温室气体排放容量这一全球公共物品的性质来说，需要依靠建立国际气候体制来解决市场失灵和保护气候系统，并需要所有利益相关方的共同参与，探索新的发展路径。人类为解决气候变暖问题必须付出经济代价，但其成本相对高昂，即使是发达国家都难以承受，为此《京都议定书》设计了“三项灵活机制”（联合履行、排放贸易和清洁发展机制），为降低附件一缔约方温室气体减排成本作出了有益的尝试。在“共同但有区别的责任”以及《京都议定书》“三项机制”的基础上，人类需要寻找更加普适的符合各利益相关方责任的公平有效配置资源的机制，低碳发展道路正是一条综合的解决路径，通过发展低碳经济和构建低碳社会，实现资源、技术、资金等要素的重新整合，为人类社会通过合作方式应对气候变化提供新的机遇。

2003 年，英国发布了能源白皮书《我们能源的未来：创建低碳经济》，这是“低碳经济”的概念首次出现于政府文件之中。该白皮书从英国对进口能源高度依赖和作为《京都议定书》缔约国，有义务降低温室气体排放的实际需要出发，来应对能源安全问题，应对气候变化的挑战，着眼于降低对化石能源依赖和控制温室气体排放，提出了英国将实现低碳经济作为英国能源战略的首要目标。

2006 年，前世界银行首席经济学家尼古拉斯·斯特恩牵头发布了《斯特恩报告》，该报告认为，气候变化的经济代价堪比一场世界大战的经济损失。应对这场挑战，目前技术上是可行的，在经济负担上也比较合理。行动越及时，花费越少。如果现在全球以每年 GDP 1% 的投入，即可避免将来每年 GDP 5%~20% 的损失。《斯特恩报告》呼吁全球向低碳经济转型，主要措施有：提高能源效率；对电力等能源部门“去碳”；建立强有力的价格机制，如对碳排放征税和进行碳排放交易；以及全球联合对去碳高新技术进行研发和部署等。

2007 年 7 月，美国参议院提出了《低碳经济法案》，表明低碳经济的发展道路有望成为美国未来的重要战略选择。

2007 年 12 月 3 日，联合国气候变化大会在印度尼西亚巴厘岛举行，强调适应气候变化、技术开发和转让、资金三大问题。15 日大会正式通过了一项决议，决定在 2009 年前就应对气候变化问题举行谈判，制订了世人关注的应对气候变化的“巴厘路线图”。该“路线图”为 2009 年前应对气候变化谈判的关键议题确立了明确议程，规定所有发达国家缔约方（包括非缔约方美国）要履行可测量、可报告、可核实的温室气体减排责任，要求发达国家在 2020 年前将温室气体减排 25%~40% 。“巴厘路线图”为全球进一步迈向低碳经济起到了积极的作用，具有里程碑的意义。

2008 年，联合国环境规划署确定该年度“世界环境日”（6 月 5 日）的主题为“转变传统观念，推行低碳经济”。

2008 年 7 月，G8 峰会上八国表示将寻求与《联合国气候变化框架公约》的其他签约方一道共同达成到 2050 年把全球温室气体排放减少 50% 的长期目标。

2009 年的《哥本哈根协议》未能达成具有法律约束力的协议，欠缺创新内容。而 2009 年的美国，众议院通过了该国的《清洁能源与安全法案》。美国的立法背景是：（1）美国要创造百万个工作岗位以刺激经济；（2）美国大力推进智能电网和新能源汽车等低碳经济领域的发展，投资 1900 亿美元于新清洁能源技术及提高能源效率；（3）提升国家能源安全，减少石油对外依赖。该法案设置了碳排放总量控制限额，在 2005 年美国温室气体排放量的基础上，到 2020 年减少 17% ，到 2050 年减少 80% 以上。

在国际社会稳步推进低碳经济发展的背景下，中国政府当然不能置身事外。中国以环境保护为国策，以可持续发展为经济发展战略，全面落实科学发展观，大力推动低碳经济发展，实现经济发展又好又快增长。2007 年 9 月 8 日，国家主席胡锦涛在亚太经合组织（APEC）第 15 次领导人会议上明确主张“发展低碳经济”，此后低碳经济发展成了我国的热门课题。我国提出要培育以低碳排放为特征的新的增长点，始于 2009 年 8 月。尽管 2009 年的哥本哈根会议没有达成具有约束力的协议，但中国作为一个发展中大国依然就气候变化问题作出了明确的承诺。2009 年 9 月，胡锦涛主席在联合国气候变化峰会上宣布了中国政府的减排目标，即到 2020 年，单位国内生产总值二氧化碳排放比 2005 年有显著下降，2020 年非化石能源占一次能源消费的比重达到 15%，并研发和推广气候友好技术。同年 11 月 25 日，温家宝主持召开的国务院常务会议决定，到 2020 年，我国单位 GDP 的二氧化碳排放比 2005 年下降 40%~45%。

二、国外发展低碳经济的实践

低碳经济是全方位、多角度、多层面的，涵盖工业、建筑、交通、环境保护、新能源、消费等几乎所有领域。金融危机以后，世界各国纷纷寻找引领未来经济发展的新引擎，低碳也逐渐离开传统环保手段的单纯定位，成为各国期待的新经济增长模式。

（一）英国发展低碳经济的经验

作为第一次工业革命的先驱，英国进入 21 世纪之后，又成为全球低碳经济的积极倡导者和先行者。英国从低碳技术研发推广、政策法规建设到国民认知姿态等诸多方面，都处在领先位置。其主要经验是：

1. 制定一系列保障低碳经济发展的政策法规

英国将低碳经济视为未来企业和国家竞争力的核心所在，并希望借此重塑自己的国际政治经济地位。2003 年英国发布了能源白皮书《我们能源的未来：创建低碳经济》，成为最早提出“低碳经济”的国家。[1] 英国政府在继 2003 年发布能源白皮书之后，于 2006 年 10 月发布的《气候变化的经济学：斯特恩报告》，对全球变暖的经济影响作了定量评估。[2] 2008 年 3 月，英国颁布实施

---

[1] UK Energy White Paper. Our Energy Future – Creating a Low Carbon Energy, Feb, 2003 [EB/OL]. Http://www.berr.gov.uk/files/file10719. pdf.

[2] N. Stern. The Economics of Climate Change: The Stern Review [M]. Cambridge University Press, 2007.

《气候变化法案》，这使英国成为世界上第一个为减少温室气体排放、适应气候变化而建立具有法律约束性长期框架的国家。按照该法律，英国政府必须致力于发展低碳经济，到2050年达到减排80%的目标，英国正在着力将“低碳经济模式”向全世界推广。2009年7月15日，英国又发布了《英国低碳转换计划》《英国可再生能源战略》，标志着英国成为世界上第一个在政府预算框架内特别设立碳排放管理规划的国家。按照英国政府的计划，到2020年可再生能源在能源供应中要占15%的份额，其中40%的电力来自绿色能源领域，这既包括对依赖煤炭的火电站进行“绿色改造”，更重要的是发展风电等绿色能源。❶

2. 占领低碳产业的技术制高点

英国政府希望以此降低能源替代的成本，并通过向全球提供技术转让和服务而获得经济社会效益。英国知识产权局2009年推出向低碳技术发明在专利体系中提供优先权的举措，并与其各大贸易伙伴就签署该环保专利快速通道体系展开协商。该举措着眼于为英国低碳技术领域的创新企业提供更为快速地获得高质专利权的机会，进而帮助企业产品更快速地进入市场。“政府投资、企业运作”成为英国推动低碳经济的有效模式。

2001年，英国成立碳信托有限公司，主要资金来源于气候变化税，收益循环投入。碳信托公司的宗旨是通过投资开发低碳技术、捕捉低碳技术的商业机会，向企业和公共部门提供专家咨询、资助和认证服务，协助完成减排目标，激发低碳产品和服务的市场需求，最终帮助英国迈向低碳经济。该公司成立以来，已帮助众多英国公司累计减排1700万吨，节省能源支出超过10亿英镑。该公司2006年提出的PAS2050碳测量系统，已正式被英国标准协会推出，成为测量产品碳足迹的新标准，被认为是企业第一次有了强制性的、统一产品和服务的碳足迹测定标准。该标准将帮助企业了解自己产品对气候变化的影响，并据此采取减少供应链中碳排放的针对性措施。近年来，英国政府以2012年伦敦奥运会为契机，隆重推出了GREAT项目，意在向世界宣传英国技术和创新、知识、绿色等领域优势，提升自身国际声誉，并最大限度发掘奥运会的潜在经济价值。

英国政府积极支持绿色制造业，研发新的绿色技术，从政策和资金方面向低碳产业倾斜，确保英国在碳捕获、清洁煤等新技术领域处于领先地位。英国能源和气候变化部提出过一个新计划，即在全球范围内大力推广碳捕存技术，并将在今后的碳预算中作出相应安排。碳捕获和储存技术（CCS）可以把消耗

❶ 王宇：“绿色经济政策渐渐流行”，载《中国经济时报》2009年10月13日，第3版。

能源所排放的二氧化碳“捕捉”起来并储藏在沉积盆地或海底。据专家估计，如果全面应用，可使人类的减排成本降低 30%。英国计划在国内建设四座规模宏大的 CCS 示范工程，并将规定所有新建煤电厂至少须有 25% 的产能安装碳捕存设施，凡不具备碳捕存能力的煤电厂都应关闭。

3. 引导人们向低碳生活方式转变

比如，在住房方面，英国政府拨款 32 亿英镑用于住房的节能改造，对那些主动在房屋中安装清洁能源设备的家庭进行补偿。要求所有新盖房屋在 2016 年达到零碳排放，目前，新建房屋中至少有三分之一要体现碳足迹减少计划，不使用一次性塑料袋等。在交通方面，新生产汽车的二氧化碳排放标准要在 2007 年基础上平均降低 40%。英国首相公开建议政府官员购买使用环保汽车。相关社团组织也发挥了相当作用，它们提供和传播低碳经济信息与知识，辅之以有针对性的意见和指引，循序渐进地改变国人的行为方式。

4. 致力于开辟新的洁净能源

英国发挥其海岛国家的自然优势，技术研发和运用上注重利用海洋资源，在发展海上风能、海藻能源等低碳能源方面居于全球领先水平。其苏格兰地区拥有世界上第一个海洋能源中心和第一个并入电网的商业波浪能发电站，同时拥有欧洲最大的陆地风电厂，提供苏格兰总电量的 2%。2008 年英国政府确定在十年内建成 33GW 风力发电能力的目标，意味着在包括英吉利海峡在内的全部英国大陆架上都将开发风电园，届时可向 2500 万户家庭供应电力。[1] 英国丁铎尔气候变化研究中心发布的“全球碳计划”2012 年度研究显示，全球 CO_2 排放量在 2012 年进一步增加，达到 356 亿吨。作为发达国家，英国常年致力于帮助发展中国家开展适应气候变化及实现低碳发展所需的迫切工作，包括减少因毁林所增加的温室气体排放量，并抓住机遇发展清洁能源。[2]

当然，英国希望采取低碳模式来解决气候变暖问题有其深刻的历史和现实原因。其主要目的在于保障能源安全，减轻气候变化影响，利用其自身能源基础设施更新的机遇和低碳技术领域的优势，提高经济效益和活力，占领未来的低碳技术和产品市场，赢得国际政治主动权并增强其国际影响力。尽管减少碳排放是发展低碳经济的基本目标，但毫无疑问，提高经济竞争力和获取政治优势是英国的主要驱动因素。总之，英国已初步形成了以市场为基础，以政府为主导，以全体企业、公共部门和居民为主体的互动体系，并通过一系列的公共政策创新和技术措施扩大就业，补偿转型替代的损失。在某种程度上，英国已

---

[1] 李琼：“英国发展低碳经济的经验”，载《光明日报》2009 年 6 月 16 日。

[2] 刘璐：“英国领跑低碳经济”，载《经济》2013 年第 1 期。

突破了发展低碳经济的最初瓶颈，走出了一条崭新的可持续发展之路。

（二）美国发展低碳经济的经验：能源与立法先行

美国应对气候变化、发展低碳经济的重点是转变能源战略和能源利用方式。在美国政府当年的经济刺激计划中，能源相关产业占据核心地位，同时在公布的能源政策中，提出了节能和提高能效、发展可再生能源和清洁替代能源、投资新能源和清洁能源技术研发、改变过度依赖石油进口状况、减少温室气体排放等一揽子综合能源改革和转型措施，这不仅沿袭了美国过去关注清洁能源技术的一贯做法，更重要的是把能源发展、应对气候变化、发展低碳经济与经济振兴结合了起来。

2007 年 7 月 11 日，美国参议院提出了《低碳经济法案》，表明低碳经济的发展道路有望成为美国未来的重要战略选择。奥巴马出任总统后，高度重视气候议题，提出新能源政策，实施“总量控制和碳排放交易”计划，设立国家建筑物节能目标，预计到 2030 年，所有新建房屋都实现“碳中和”或“零碳排放”；成立芝加哥气候交易所，开展温室气体减排量交易。

2009 年 2 月 15 日，美国出台了《美国复苏与再投资法案》（American Recovery Reinvestment Act），投资总额达到 7870 亿美元。《美国复苏与再投资法案》将发展新能源作为重要内容，包括发展高效电池、智能电网、碳储存和碳捕获、可再生能源如风能和太阳能等。在节能方面最主要的是汽车节能。此外，应对气候变暖，美国力求通过一系列节能环保措施大力发展低碳经济。2009 年 3 月 31 日，由美国众议院能源委员会向国会提出了“2009 年美国绿色能源与安全保障法案（The American Clean Energy and Security Act of 2009）”。该法案由绿色能源、能源效率、温室气体减排、向低碳经济转型等四个部分组成。《绿色能源与安全保障法案》在“向低碳经济转型”领域的主要内容有：确保美国产业的国际竞争力，绿色就业机会和劳动者转型，出口低碳技术和应对气候变化等四个方面，该法案构成了美国向低碳经济转型的法律框架。2009 年 6 月 28 日，美国众议院通过了《美国清洁能源和安全法案》（American Clean Energy and Security Act）。这是美国第一个应对气候变化的一揽子方案，不仅设定了美国温室气体减排的时间表，还设计了排放权交易，试图通过市场化手段，以最小成本来实现减排目标。美国之所以这么做，明显是想抓住“低碳经济”的龙头，使美国成为继 IT 产业之后世界经济又一场革命的领导者。

（三）日本发展低碳经济的目标：实现低碳社会

2004 年 4 月，日本环境省设立的全球环境研究基金就成立了“面向 2050 年的日本低碳社会情景”研究计划，该研究计划由来自大学、研究机构、公司等部门的约60名研究人员组成5个项目组。2007年2月，项目组发表了题为“日本低碳社会情景：2050年的二氧化碳排放在1990年水平上减少70%的可行性研究”的研究报告，指出在满足到2050年日本社会经济发展所需能源需求的同时实现比1990年水平减排70%目标是可行的，日本具有相应的技术潜力，即对低碳社会构想的可行性加以肯定。2008年5月，项目组又完成了“面向低碳社会的12项行动”的研究报告。这12项行动涉及住宅部门、工业部门、交通部门、能源转换部门以及相关交叉部门，每一项行动中都包含未来的目标、实现目标的障碍及其战略对策，以及实施战略对策的过程与步骤等三部分。[1] 新出炉的日本低碳社会行动计划提出要在3~5年，将太阳能发电设备的价格降至目前的一半，同时大力推进将二氧化碳封存到地下的碳捕集及封存技术的开发。[2]

2008年6月，日本首相福田康夫以政府的名义提出日本新的防止全球气候变暖的对策，即著名的“福田蓝图”，这是日本低碳战略形成的正式标志，它包括应对低碳发展的技术创新、制度变革及生活方式的转变，其中提出了日本温室气体减排的长期目标是：到2050年，日本的温室气体排放量比目前减少60%~80%。2008年7月26日，日本内阁会议通过了“实现低碳社会行动计划”，一场影响深远的低碳革命拉开帷幕。

2009年4月，日本又公布了名为《绿色经济与社会变革》的政策草案，目的是通过实行减少温室气体排放等措施，强化日本的低碳经济。这份政策草案除要求采取环境、能源措施刺激经济外，还提出了实现低碳社会、实现与自然和谐共生的社会等中长期方针，其主要内容涉及社会资本、消费、投资、技术革新等方面。此外，政策草案还提议实施温室气体排放权交易制和征收环境税等。

（四）欧盟发展低碳经济的政策

欧盟在平衡与协调各成员国的基础上，欧盟委员会于2007年通过了欧盟战略能源技术计划，其目的在于促进新的低碳技术研究与开发，以达成欧盟确定的气候变化目标。欧盟为自己确定的应对气候变化的目标是：到2020年减少20%的温室气体排放量，到2050年则希望将温室气体排放量减少60%~80%，并且提出，若其他主要经济体也能承担此挑战性责任，则愿意在1990

---

[1] 庄贵阳：《低碳经济：气候变化背景下中国的发展之路》，气象出版社2007年版，第48~51页，第61~67页。

[2] 陈志恒：“日本构建低碳社会行动及其主要进展”，载《现代日本经济》2009年第5期，第12~15页。

年的基础上削减到30%。2008年12月，欧盟最终就欧盟能源气候一揽子计划达成一致，形成了欧盟的低碳经济政策框架。批准的一揽子计划包括欧盟排放权交易机制修正案、欧盟成员国配套措施任务分配的决定、碳捕获和储存的法律框架、可再生能源指令、汽车二氧化碳排放法规和燃料质量指令等6项内容。计划中制定的具体措施可使欧盟实现其承诺的“3个20%”：到2020年将温室气体排放量在1990年基础上减少至少20%，将可再生清洁能源占总能源消耗的比例提高到20%，将煤、石油、天然气等化石能源消费量减少20%。

欧盟委员会2009年11月17日发表公报，对欧洲议会当天通过欧盟能源气候一揽子计划表示欢迎，认为该计划将帮助欧盟向低碳经济发展，增强欧盟的能源安全。欧盟委员会指出，欧盟议会通过的能源气候一揽子计划已经成为具有法律约束力的法规，作为世界上第一个在法律上承诺大幅度强制减排的地区，欧盟将在应对气候变化方面发挥模范带头作用，欧洲议会通过的能源气候一揽子计划，对2009年底在丹麦哥本哈根达成有关应对气候变化协议作出了贡献。欧盟委员会主席巴罗佐说，欧盟能源气候一揽子计划是气候危机与当前经济和金融危机解决方案的一个重要组成部分，该计划将引导欧盟向低碳经济发展，可以鼓励开拓创新，提供新的商机，创造更多的就业机会，从而提高欧盟产业的竞争力。

低碳经济是欧盟国家改善就业状况的希望所在。气候变化以及应对政策对于就业是利好因素，特别是对能源供应、农业、渔业、旅游和建筑业。欧盟委员会2009年11月23日发表的一份《2009年度欧洲就业报告》预计，2020年欧盟经济因向低碳经济转型将新增280万个工作岗位，虽然低碳经济也将使现有的一些工作岗位丧失，但净增工作岗位有望达到40万个。欧盟国家一个新的阶层——“绿领”即将产生，他们从事的将是环保材料生产、碳足迹测量、环保评估等工作。为此，欧盟在制订就业政策时就必须充分考虑这一因素，并加强“绿领”行业的宣传和技能培训，以适应经济转型的需要。

三、低碳经济发展的不确定性

由于各国的社会经济背景不同，向低碳转型的起点和条件不同，追求的目标也有所差异。发达国家因为率先承诺量化减排，其发展低碳经济的目标首先是减少碳排放；而发展中国家处于经济的成长期，其目标首先是发展，而且还要提高人均能源的消费水平，在当前阶段难以将气候变化政策主流化，只能通过降低能源强度和提高碳生产率来逐步实现低碳目标。

同时需要注意，发展低碳经济仍然存在不确定性，尤其对于发展中国家来讲，还有很多必须克服的困难和障碍。在国际层面，发展低碳经济的不确定性主要表现在三个方面：一是成本和市场问题。目前还难以估算发展低碳经济需要付出的全部成本，它远非只计算采用低碳技术需要支付的直接成本那么简单；二是建立公平的国际气候体制及制定中长期的应对气候变化目标。发展低碳经济在一定程度上还取决于国际气候谈判的进程及其结果，尤其取决于能否产生有全球约束力的量化减排指标、分摊方案及其配套的技术转让和资金机制。三是虽然一些欧盟国家实现了经济增长和碳排放的脱钩，但发展低碳经济还没有获得普适性的成功经验，而已有经验对于发展中国家具有多大的参考价值也还需要实践的检验。

对于发展中国家来说，发展低碳经济的困难和障碍也是明显的，具体体现在发展阶段、国际贸易结构、经济成本、不完全市场、技术推广体系、制度安排、配套政策和管理体制等方面。从工业化国家经济发展与碳排放关系的历史演化规律看，这些国家一般都需要先后经历碳排放强度、人均碳排放量和碳排放总量的三个倒 U 型曲线，而不同的国家或地区碳排放高峰所对应的经济发展水平存在很大差异，说明了经济发展与碳排放之间不存在单一的、精确的演变规律。从那些跨越了碳排放高峰的发达国家或地区来看，碳排放强度高峰和人均碳排放量高峰之间所经历的时间在 24 ~91 年，平均为 55 年左右。这说明在没有强制减排措施和外部支持的条件下，发展中国家可能需要较长的时间才能达到碳排放的拐点。❶

四、中国低碳经济的发展机遇与发展战略

在国际社会的经济与社会发展日益受到能源和环境制约的大背景下，低碳经济已在全球范围内受到广泛认同，我国国内对低碳经济的认识也在逐步深化。

（一）中国的低碳发展势在必行

根据 2010 年 4 月发布的由联合国开发计划署委托中国人民大学完成的报告《中国人类发展报告：迈向低碳经济和社会的可持续未来》表明，中国在制定未来社会和经济发展政策上，除了走低碳之路，别无选择。报告指出，中国目前的增长模式很难长期维持。联合国驻华系统协调代表兼联合国开发计划署驻华代表马和励表示："中国现在处在一个关键时刻，以往的增长模式已经不能够应对新出现的挑战和压力。如果中国想进一步平衡经济发展和环境的可持续性、应对气候变化带来的威胁之间的关系，向低碳发展之路的转变不可避免。"报告发现，在中国一些经济更发达的省份，碳强度反而是最小的，而那

❶ 王毅："当前低碳转型的不确定性和难点"，载《中国产经新闻报》2009 年 12 月 10 日。

些收入和人类发展水平较低的地区，往往保留着较高的碳排放模式。据此，报告认为人类的发展不一定要伴随着温室气体排放量的上升。一个与推进人类发展目标相一致、持续性更强的低碳发展模式是可能实现的。虽然中国以及其他地区过去的经济和社会进步是以包括对环境的危害为代价的，但是未来的发展可以遵循一条完全不同的轨迹。报告认为，随着城市化的发展，中国需要在建筑和电器产品的能源效率上引入并执行严格的标准，并大大减少住宅领域的碳排放。

该报告在试图为中国评估收益的同时，也以现实的角度，考虑到成本。那些解决气候变化所带来的负面影响的政策，将为中国在未来避免高额经济损失，增加巨大的附加收益。报告的作者们承认向低碳模式的转型会产生如失业、物价上涨以及财政收入减少等临时过渡成本，但他们同时也强调这一转型带来的长期性收益，包括新技术上竞争力的增强、国际地位的上升、人类健康危害的减少以及对生态系统的保护。

此外，根据《2050中国能源和碳排放报告》和《中国低碳发展之路：2050年中国能源需求暨碳排放情景分析》[1]，中国走低碳发展道路也是今后经济与社会发展最佳的战略选择。《2050中国能源和碳排放报告》详尽地研究了中国从目前到2050年的社会经济发展趋势；资源、人口、环境和全球变暖等各种限制因素，人均收入、全球化、城市化、工业化、市场化等驱动因素，以及影响能源供需的政策、技术、消费模式、金融财政体制、国际合作等因素的演变对中国2050年的经济社会发展、能源需求和二氧化碳排放的影响。提出了有的放矢、战略性、前瞻性的促进可持续发展和应对气候变化的政策建议。

《中国低碳发展之路：2050年中国能源需求暨碳排放情景分析》以2005年为基准年，2050年为目标年，应用展望与回望相结合，定性与定量相结合，由上而下和由下而上的模型方法相结合以及情景分析等方法，立足当前、着眼长远，探讨了气候变化的事实及其对人类的影响，全球应对气候变化采取的措施及其对未来经济社会的影响，应对全球气候变化中国的挑战和机遇；详细分析了影响中国未来实现“三步走”发展战略目标的各种驱动和限制因素，模拟分析了这些因素对中国2005年至2050年的经济社会发展、能源需求和二氧化碳排放的影响，探讨了不同时段，选择、推广应用不同技术和实施不同政策措施，实现低碳经济情景的主要途径及路线图。

可以预见，如果中国能充分抓住目前的机会并依照报告的建议采取行动，

---

[1] 由美国能源基金会和世界自然基金会中国分会共同资助，国内十几个研究单位共同参与的《中国2050年低碳发展之路》研究项目完成的研究成果。

这将不但有利于中国实现环境上的可持续发展，同时能够创造更多的就业机会，提高资源利用效率，加强能源和食物安全以及提升公民的健康状况。这将是一个和中国自己的小康社会目标相一致、平衡与繁荣发展的社会。

（二）发展低碳经济的机遇和挑战

中国作为最大的发展中国家，发展低碳经济的机遇和挑战并存。探索低碳发展之路从长远看不仅符合世界能源“低碳化”的发展趋势，而且也与中国转变增长方式、调整产业结构、落实节能减排目标和实现可持续发展具有一致性；我国存在利用发展低碳经济的机会，使一些重点行业的节能减排技术取得竞争优势，甚至扮演领先者的角色，并尽早到达碳排放和能源消费的拐点，这从近几年我国开展节能减排的实践中已初步证实；同时一些省份和城市也表现出利用发展低碳经济转变增长模式、寻找新的增长点的积极性，并且已经开展了一些相关的试点工作。另一方面，发展低碳经济、走低碳发展道路需要相当的额外成本和大规模采用低碳相关技术，这将有可能延缓我们的现代化进程。当然，中国实现低碳转型还面临着快速经济增长、国际贸易分工的低端定位、巨大的就业压力、以煤为主的能源结构、技术水平相对落后以及体制机制等方面的障碍。与此同时，作为率先崛起的发展中大国，中国正处在重要战略机遇期，存在利用各种国内外有利条件和要素组合优势较快实现跨越重化工业阶段的历史机会。在常规情况下，未来 20 年全球化石能源供应相对充足，而目前相对较低的能源价格也许是廉价石油时代结束前中国加速工业化的最后时机。从另一角度看，如果中国不能尽快实现包括低碳在内的发展方式转型，也同样面临不可持续的发展风险。因此，中国正处于经济增长机遇和低碳转型的两难选择之中。

无论如何，中国都应该顺应低碳经济发展的潮流和趋势，寻找一条协调长期与短期利益、权衡各类政策目标的低碳发展路径。

（三）低碳发展的战略取向

具有中国特色的低碳发展道路，应该是立足于基本国情并且符合世界发展趋势的渐进式路径，其低碳发展的战略取向应包括以下内容：（1）在可持续发展的框架下，把低碳发展作为建设资源节约型、环境友好型社会和创新型国家的重点内容，并将发展低碳经济作为走低碳之路的重要载体，纳入可持续工业化和可持续城镇化的具体实践中。（2）把“低碳化”作为国家社会经济发展的战略目标之一，并把相关目标整合到各项规划和政策中去。近中期应该把提高能效和碳生产率作为核心，不断降低能源消费强度和碳排放强度，努力减少二氧化碳排放的增长率，实现碳排放与经济增长的逐步脱钩，通过综合措施提高适应气候变化的能力，增加自然生态系统碳汇，降低面临极端天气气候事件的风险和损失。(3) 权衡经济发展与气候保护、近期和远期目标，处理好利用战略机遇期实现重化工业阶段的跨越与低碳转型的关系，同时充分考虑碳减排、能源安全、环境保护的协同效应，有效降低减排成本。充分利用目前国内外相对较好的资源能源条件加速完成重化工业化的主要任务，另一方面利用低碳商机，提高我国重点行业节能减排和低碳技术与产品的竞争力，最大限度地以低成本的清洁增长方式和现实的低碳技术实现阶段跨越，减少潜在的碳排放锁定效应的影响。(4) 加强部门、地区间的合作，吸引各利益相关方的广泛参与，发挥社会各方面的积极性，特别是通过新的国际合作模式和体制创新，共同促进生产模式、消费模式和全球资产配置方式的转变。(5) 积极参与国际气候体制谈判和低碳规则制定，为我国的工业化进程争取更大的发展空间。在近期，通过选取合适的指标（如能耗或碳排放强度），承诺符合国情和实际能力的适当的自愿减缓行动，为防止气候变暖作出新的贡献，提升负责任大国的国际形象。同时，要求发达国家继续率先大幅度减排温室气体，并建立"可测量、可报告、可核实"的技术转让与资金支持新机制。

（四）低碳经济在中国的实践

虽然低碳经济的概念在2006年才被引入中国，但它正迅速从高端概念演变成全社会的行动，在新能源汽车、工业节能、低碳建筑、太阳能、风能、生物质能和地热能等领域都大有作为。2009年8月，气候组织在北京发布了《中国的清洁革命：低碳商机》的报告，得出的结论是，中国正在快速成长为低碳产品和服务领域的世界领跑者，商业投资和经济机会雏形渐显，巨大的市场潜力有待激发。报告认为，随着巨额商业投资流入低碳相关的产业，世界经济向低碳转轨的趋势越发明显。作为全球最大的发展中国家、经济增长最快的国家和温室气体排放大国，中国如何选择发展模式将深刻地影响世界。据气候组织调查，中国企业目前已经在多个低碳产品和服务领域取得世界领先地位，其中以可再生能源相关行业最为突出。报告指出，中国低碳产业的发展在很大程度上应归功于政策引导，但同时应该看到，单纯依赖行政管理手段推动低碳经济发展将出现长期动力不足的情况。如果未来政策能更注重整体战略协调、更强调政策的可持续性和可执行性，鼓励技术研发和推广、推动市场化手段调节、促进商业模式和投融资方式创新，那么低碳市场将得到更快更稳的发展。[1] 2010年，我国确立了首批发展低碳产业、建设低碳城市、倡导低碳生活的试点城市。

当然，中国还必须澄清一些对低碳经济认识上的误区：第一，低碳不等于

---

[1] 章轲："气候组织：中国正成为低碳领域世界领跑者"，载《第一财经日报》2009年8月20日。

贫困，贫困不是低碳经济，低碳经济的目标是低碳高增长；第二，发展低碳经济不会限制高能耗产业的引进和发展，只要这些产业的技术水平在国内领先，就符合低碳经济发展需求；第三，低碳经济并不一定成本很高，减少温室气体排放的很大一部分潜力是负成本的，并不需要成本很高的技术，但需要克服一些政策上的障碍；第四，低碳经济并不是未来需要做的事情，而是应该从现在做起的；第五，发展低碳经济是关乎每个人的事情，防范全球变暖，需要国际合作，关乎地球上每个国家和地区，关乎每一个人。

综观世界各国应对低碳经济发展所采取的行动，技术创新和制度创新是关键因素，政府主导和企业参与是实施的主要形式。对中国来说，发展低碳经济可以从以下几个方面入手：第一，结合我国建设资源节约型、环境友好型社会和节能减排的工作需求，制定国家低碳经济发展战略，开展社会经济发展碳排放强度评价，指导和引领政府、企业、居民的行动方向和行为方式。第二，增强自主创新能力，开发低碳技术和低碳产品。高度重视研发工作，重点着眼于中长期战略技术的储备；整合市场现有的低碳技术，加以迅速推广和应用；理顺企业风险投融资体制，鼓励企业开发低碳等先进技术；加强国际间交流与合作，促进发达国家对中国的技术转让。第三，开征碳税和推行碳交易被认为是有效的经济政策手段，应充分利用节能减排与低碳经济发展之间的政策协同关系，建立适应中国国情的支持低碳经济的市场体系和政策体系。第四，先行试点示范，总结经验逐步推广。在电力、交通、建筑、冶金、化工、石化等能耗高、污染重的行业先行试点，作为中国探索低碳经济发展的重点领域。同时，积极构建“低碳经济发展区”，在东部发达地区和国家重点能源基地选定典型城市进行试验试点，寻求中国的低碳经济发展之路。

总之，中国走低碳发展道路，必须结合国内优先的战略发展目标和各个行业部门的自身特点，把握关键的低碳重点领域，以尽可能低的经济成本和碳排放，获取最大的共同利益，逐步实现整个国民经济的“低碳化”。

第二节　中国低碳经济的发展与法制建设

低碳经济引发的绿色革命被誉为新一轮更高层次的工业革命，其理念在可持续发展的理论基础上有着突破性发展，成为金融危机后世界各国渐趋认同并且付诸实践的主流发展方向和目标。低碳经济作为全球的发展趋势，中国当然毫不例外地参与其中。低碳经济内涵性强，有利于结合科技，调整经济结构；覆盖面广，几乎涉及整个社会、各个行业；影响度大，有序改变当代人与后代人的生产生活方式。面对改革开放以来发展的瓶颈性问题和日益突出的不可持续性矛盾，中国本着自身利益和对国际社会负责的态度，低碳经济的发展方式成了必然选择。

一、中国发展低碳经济的必要性

（一）能源供需安全问题突出

改革开放30多年，我国的产业普遍存在高污染、高能耗和资源性的问题。这种发展方式与低碳经济的低能耗、低排放、低污染、高效能的可持续形态背道而驰。因此，我国有必要调整经济结构，转变生产方式，大力发展新能源与低能耗产业。

当前，我国能源消费结构既不绿色，也不能持续。我国一次能源资源的特点是“富煤、缺油、少气”，煤炭资源列世界第三位（人均占有量低于世界平均水平），也是全球最大的煤炭消费国。我国能源结构中近九成为化石能源，其中煤炭占近七成，石油占近两成，远远超越世界平均水平。煤炭的使用比起其他能源，如石油、天然气，释放出更多二氧化碳。另一方面，我国煤炭清洁利用与利用效率不太理想，致使煤炭的使用释放出的二氧化碳高于合理水平，也间接导致煤炭开采造成的植被破坏、地下水位下降、水土流失、水体污染等环境污染问题更为严重。世界银行报告曾指出世界上污染最严重的20个城市中，中国占了16个。2007年，中国与能源有关的二氧化碳排放超越美国，成为全球第一大排放国；国际能源署预计，即使中国碳排放年增长率减少至2.9%，中国2030年碳排放也将近是2007年水平的一倍。❶

我国能源消费总量已从2000年的13.9亿吨标准煤稳步上升至2008年的28.5亿吨标准煤；能源净进口量（即进口量减去出口量）亦从2000年的4701万吨标准煤急增至2007年的24 606万吨标准煤。❷ 国际能源署2007年报告预测，中国和印度两国在2005至2030年间的能源需求增长率占全球增长的近乎一半，中国在2005至2030年间的能源需求年均增长率预计是2.5%~3.2%，高于1.3%~1.8%的预测世界平均比率。

我国已经成为能源净进口国，能源的对外依存度日益提高。随着国际政治、经济环境中不确定因素和潜在风险不断增加，与国家安全具有紧密联系的能源安全问题将是严峻的考验。无论从国家安全，还是环境保护出发，我国有必要舍弃高碳发展道路，走向低碳经济发展未来。

---

❶ 胡鞍钢：“从‘黑猫’到‘绿猫’：中国减排路线图”，载《21世纪经济报道》2009年11月30日。

❷ 参见《2008中国统计年鉴》（能源）。

（二）经济结构调整势在必行

当前，我国正面临改革开放以来发展的瓶颈性问题。2012 年人均 GDP 是 6076 美元，虽然有部分学者认为中国的人口红利快消灭了，有的不认同，但人口红利显著减少是共识。❶ 劳动成本上涨、发展不平衡、资源枯竭等问题日渐突出，过往比较粗放的低技术劳动密集型加工贸易发展方式难以为继。培育低碳新兴产业，引导企业自主创新，增加科研投入，发展核心技术，实现转型升级，产业转移，行业整合，创建品牌优势，增创新优势，成为我国经济可持续发展的关键。

我国产业结构调整路径

产业领域	调整产业结构的政策导向
培育战略性新兴产业	1. 培育战略性新兴产业是调整产业结构的重点；加大对其政策投入
	2. 大力发展新能源、新材料、节能环保、生物医药、信息网络和高端制造产业
	3. 积极推进新能源汽车、“三网” 融合和物联网的发展
	4. 积极发展循环经济和节能环保产业；大力开发低碳技术，推广高效节能技术；积极发展新能源和可再生能源，加强智能电网建设
传统产业转型与升级	1. 加快淘汰落后产能；促进区域间的产业转移与协调发展
	2. 加强技术改造；引导企业开发新产品和节能降耗；促进企业兼并重组；全面提升产品质量。促使传统产业改造和升级
培加快发展现代服务业	1. 提高服务业在国民经济中的比重
	2. 促进现代服务业发展；大力发展金融、物流、信息、研发、工业设计、商务、节能环保服务等生产相关的服务业；同时大力发展民生相关的服务业和旅游业

资料来源：中国政府工作报告 2010

我国有必要把改革开放的事业推上一个新的关键层次，不盲目追求 GDP 增长，注重发展质量与效益，以后金融危机时代为契机，着力于调整经济结构和转变发展方式（见上表），优化产业结构，发展低碳经济、循环经济，从粗放外延式增长走到可持续的内涵式发展，从主要依靠劳动生产发展走到依靠科技进步、劳动者质素提高、管理创新、知识提高的发展方式。

低碳经济意味着摒弃旧有的低技术、高污染的发展方式，取而代之的是科技含量高、创新能力强、知识水平高、节能减排的发展方式，这本身符合我国新阶段新形势的发展需要，也回应了许多诸如郎咸平这类经济学者关于改革开放以来外资操纵、资源衰竭、企业缺核心技术等痛心的研究成果。

❶ 参见“陈锡康教授发布 2014 年中国 GDP 增速报告”，载中国经济网 2014 年 1 月 17 日。

客观地讲，我国正处于复杂的大变革时期，总体经济结构有待转型。部分企业已经响应了高科技发展的时代号召，渐渐离开单靠土地、厂房及劳动力要素的发展方式。例如，比亚迪和戴姆勒（奔驰制造商）合作，贡献的是专有的新能源电池技术；我国高铁技术出口，也是科技的出口。不少企业已经"走出去"，如吉利通过收购沃尔沃，增强核心技术能力。低碳经济讲求科学技术，而占领科学技术制高点就是攻克国家实力制高点，因此发展低碳绿色经济具有深远的战略意义。

（三）统筹国内国外两个大局

发展低碳经济，同时考虑发展的社会成本，兼顾发展效益，保存环境承载力，保持人与自然和谐，给后代人留下青山绿水，这在我国建设创新型国家中处于重要地位。中国本着自身发展的需要，选择低碳发展道路。低碳经济也是一个国际课题，有其相应的国际秩序。我国走的是市场经济道路，自加入世界贸易组织后进一步融入到国际经济格局。中国的发展离不开世界，世界的繁荣离不开中国，一个崛起的中国对世界是有利的。中国作为一个发展中国家，本着共同但有区别的责任，以负责任的态度承担应对世界气候变化的义务，为人类的共同发展和进步作出努力。

一些国家以碳排放为外交筹码，以"绿色"为口号，形成新形式保护主义的贸易壁垒。在国际碳交易市场上，中国所占的份额只有4.27%，也没有定价权，这种情况在其他领域也普遍存在。中国在政治外交保持韬光养晦的同时也应该争取话语权；在融入世界格局的同时也应当为改变世界格局而努力。当前正是中国凭着后发优势发展低碳经济的契机，争取有效地在有关领域取得领先地位。

二、中国低碳经济发展的重点行业或领域

2009年8月，国务院总理温家宝主持召开国务院常务会议时强调，"要培育以低碳排放为特征的新的经济增长点，加快建设以低碳排放为特征的工业、建筑、交通体系，开展低碳经济试点示范"，首次提出我国要实施低碳经济。全国人大常委会于2009年8月27日表决通过的《关于积极应对气候变化的决议》指出，"要紧紧抓住当今世界开始重视发展低碳经济的机遇，加快发展高碳能源低碳化利用和低碳产业，建设低碳型工业、建筑和交通体系，大力发展清洁能源汽车、轨道交通，创造以低碳排放为特征的新的经济增长点，促进经济发展模式向高能效、低能耗、低排放模式转型，为实现我国经济社会可持续发展提供新的不竭动力"。

在全球范围内，电力行业、交通部门、工业部门、建筑部门分别占总碳排

放的41%、23%、20%和6%；[1] 而我国电力也是二氧化碳排放最多的部门，工业、建筑和交通部门紧随其后。“战争年代靠军队，和平年代靠商队”，培养具国际竞争力的产业与企业有利于国家长远可持续的发展，低碳发展任重而道远。我国关于大力发展低碳工业、建筑、交通体系的先后次序提法是科学的。我国“坚强智能电网”的建设在全球范围内是处于国际领先地位的，特高压与智能电网建设是一流的。因此，低碳建设的重任落在工业、建筑、交通体系。

我国低碳发展方面已经落到实处，并持续发展，低碳工业方面包括淘汰落后产能，鼓励使用清洁能源，严格执行设置环保指标等；低碳建筑方面包括鼓励使用低碳材料和低碳家电等；低碳交通方面包括鼓励新能源汽车研发和高效物流运输系统管理建设。

三、中国发展低碳经济的法制保障

（一）我国低碳经济法制建设的前提

第一，制定低碳经济和环保相关的法律法规，在参考国际经验的同时，必须结合我国国情，从实际出发，实事求是，配合并促进我国各类产业的发展。一些建议，如成立环境警察、环境法庭是很难在全国普遍推行的。

第二，法律具有强制性和普遍性，环境相关法律又是与科学密不可分的，必须具备可操作性，一切规定必须有科学生态环境科技标准为依据，不能脱离低碳经济大局与发展阶段的实际情况。如果时机不成熟，不应急于立法。否则，影响造成的损失难以估量。例如，可再生能源替代传统能源对经济和技术发达程度有很高的要求，中国《可再生能源法》的迅速修改也表明相关法律保障尚欠充分和稳定。2006 年 1 月 1 日开始实施的《可再生能源法》包含了大量鼓励风电产业发展的条款，如可再生能源发电项目的上网电价可以按照有利于促进其开发利用和经济合理的原则确定和调整；国家财政设立可再生能源发展专项资金；金融机构提供有财政贴息的优惠贷款，等等。不过，2009 年 9 月 26 日，国务院 38 号文把多晶硅和风电设备，与钢铁、煤化工等行业共同列为产能明显过剩，重复建设现象严重，需要及时调控的产业。[2]

一些可行的方案可根据各地发展差异，以合理层次和松紧度的法律法规规定。各地可制定适当的地方行政法规，由政府指引；可规范得比国家规范严格；可先行先试，再全面立法。这可以提高稳定性、可变性、灵活性和适应性，但要维持一致性和统一性。至于一些领域如全国性综合运输体系，则有必

---

[1] 2007 年国际能源署数据。

[2] 载 http：//finance. *sina*. com. cn/roll/20091231/23477183359. shtml。

要政策法律一体化。

第三，避免运行变形，环境相关的法律法规的有关主体和调整关系易于变形。低碳经济要避免运动式、口号式及大搞政绩工程、形象工程的盲目建设。金融危机后，有些地方政府大搞所谓的绿色太阳能建设，造成因缺乏相关知识产权的金钱上的浪费，以及因建设和废置造成的污染。

从理念的落实到低碳经济的成功建设，需要政府有效参与、市场机制建立、合理体制改革、人民觉悟提高、法制建设完善的过程。

（二）我国低碳经济法制建设的原则

环境法的基本原则包括落实科学发展观，使经济、社会可持续发展与环境保护相协调；要以预防为主，防治结合，综合治理；合理开发利用自然资源；明确环境责任；以及提高公众参与。我国有必要通过进一步立法，明确低碳经济的法律内容，满足低碳经济发展新形势的需要。

1. 促进经济可持续发展

其一，节能减排，淘汰落后产能，促进经济发展，攻克科技制高点，都是发展低碳经济的必要手段。关于淘汰落后产能方面，更为严厉的产能淘汰细则不断出台。2010 年 2 月 6 日，《国务院关于进一步加强淘汰落后产能工作的通知》（国发〔2010〕7 号）提出，[1] 以电力、煤炭、钢铁、水泥、有色金属、焦炭、造纸、制革、印染等行业为重点，按期淘汰落后产能。各地区可根据当地产业发展实际，制定范围更宽、标准更高的淘汰落后产能目标任务。2009 年 12 月 23 日，《中国人民银行、银监会、证监会、保监会关于进一步做好金融服务支持重点产业调整振兴和抑制部分行业产能过剩的指导意见》强调，[2] 各银行业金融机构要积极支持企业技术改造和淘汰落后产能，禁止对严重产能过剩的产业中的企业和项目发放贷款，加大对节能减排和生态环保项目的金融支持，鼓励金融机构开发低碳金融创新产品，对符合国家节能减排和环保要求的企业和项目按照“绿色信贷”原则加大支持力度，支持发展低碳经济；探索建立和完善客户环保分类识别系统，支持发展循环经济。[3]

其二，资源税改革。资源税预计预料征收方式由从量征收改为从价征收，部分保留从量计征，以平衡不同企业的利益，确保在矿产资源在开发条件不同的情况下，得以充分开采；资源税税率料将提高至约 3%~5%，扭转资源税实际的负税率局面；资源税征收范围将扩大。改革资源税有助于提升不可再生资

---

[1] 载 http：//www. jseic. gov. cn/html/xwzx/tzgg/28733. html。

[2] 载 http：//www. pbc. gov. cn/detail_ frame. asp？ col = 100&id = 3463&isFromDetail = 1。

[3] 同上。

源开采效率和回采率，拉近我国资源税率与国际的差距，解决长期的煤电矛盾。资源税的提高将激励企业技术创新，减少能耗，呼应国家淘汰落后产能、调整经济结构、建构节约型社会的政策。

资源税改革必须充分协调政府、企业和消费者的利益，方法是实行差别性税收政策，允许地方政府在国家规定的税收幅度范围确定本地区具体税率，在加大资源产品价格监控力度的同时，引入多元化竞争，降低市场准入门槛，增加市场的公平和透明，防止税负不合理地转嫁至消费者。

其三，培育新兴产业。扶持新兴产业的基本政策包括财税、补贴、采购和金融措施，降低绿色企业成本，支持技术开发与研究，促进技术进步。补贴政策方面，我国可为高技术低碳行业提供产出补贴或消费者补贴；采购政策方面，政府可优先采购本国绿色企业产品和服务；金融机构可视乎相关企业资金状况给予低息或贴息贷款。碳税收是一个新课题，但相比为绿色特别企业提供各种形式的税收优惠，效果的高下是值得研究的。

2. 预防为主，防治结合

从环境影响评价、环境行政许可制度、环境标准制度与限期治理制度、清洁生产与循环经济制度到环境事故报告制度，可以说一切生产从源头到末端都有法律法规所规范。预防为主，防治结合的原则表明预防的重要性。低碳经济应该从得到源头上保证，在环境影响评价等开始阶段就应含低碳的要求。举个例子，《2010 中国环境绿皮书》指出，北京市作为严重缺水城市，仅洗浴中心每年就耗费高达 8160 万吨水，相当于 41 个昆明湖的湖水。❶ 这说明，做好最早阶段的环评工作，发挥其作用的重要性。另外，假设有事故发生，应立即采取应急机制，公开信息，不得瞒报，并追究责任，充分做好末端的环境监察。

《环境法》的实施需要加强公众参与和监督。政府与企业公开环境资源信息，健全申报登记、标志、标识制度，以及公众查询和获取环境资源信息的制度，既可在源头上保障公众的知情权，又可末端上维护公民的诉讼权。另外，要提倡自觉遵守《环境法》，首先要明确环境法律关系主体的权利和义务，污染源单位和违反《环境法》的法律责任后果。

3. 丰富执法手段，提高执行力度

虽然我国立法尚未完善，可是许多法律法规的要求普遍存在，关键在于执法力度是否足够。环境执法和环境立法同等重要，因此加强《环境法》的宣传教育和执法人员培训工作，普及企业和公众对于《环境法》的认识，提升法制观念刻不容缓。环境执法行为有必要规范化、程序化、制度化，使环境执

---

❶ 载 http：//search. zhnew. net/tqb/text. php？ ud_ key = 11549。

法制度更加健全。

为了给企业和执法者一个标准，各级政府可根据发展状况设置环境保护的标准和指引，做好监督管理工作。香港特区在环保领域具有广泛的清晰指引，让企业与个人有法可依，有所适从。日本除了采用执法手段对付破坏环境的行为外，还利用一些富有特色的执法手段。例如，运用私人污染防治协议，通过地方当局与排污方签订的私人污染防治协议，订立比法律更为严格的排放标准。[1] 这种灵活的协定可以是由法院执行的民事合同，也可以是交由公众监督的较简单的君子协议。中国没有设置强制配额制度、强制购买制度或自愿购买绿色能源制度，这种比较灵活的合同协议方式对于高速发展的中国别具参考意义。

4. 关注低碳交通运输

从我国政府公布的温室气体减排方案分析，交通运输业的减排强度标准低于总体减排强度标准，到2020年国家总体减排强度是40%，交通运输业减排强度是低于或等于20%。从政策和立法进度上来看，低碳交通运输业有很大的成长空间。因此，我国现阶段应当对低碳交通运输业的立法和实施进程作出更为积极和优先的安排，至少不能安排在建筑业之后。

低碳交通运输业专门立法，可借鉴英国的做法，以可再生交通燃料义务作为切入点统领低碳交通运输业。英国的可再生交通燃料义务法令已经形成一个完整的法律系统。仅就《2007年可再生交通燃料义务法令》的规定来看，英国不仅设定了一个独立种类的可再生能源义务，而且围绕可再生交通燃料义务设置了管理机构，建立了独立的绿色证书制度，安排了详细的执行程序（如证书的申请程序）等，我国都可以移植借鉴。

我国交通运输业实施节能减排和低碳经济需要相关领域政策和法律的支持与配合，如《环境保护法》修改时应当在我国环境保护的目的和任务规定中体现气候变化应对与低碳经济的宣示性功能；《海洋环境保护法》中应增加海洋运输低碳经济的规定；《大气污染防治法》中防治机动车船污染的规定中应增加有关低碳经济的内容。此外，《循环经济法促进法》《清洁生产促进法》《环境影响评价法》《固体废物污染防治法》等立法总体看有关低碳交通运输规范也不够充分，有的基本上是空白，应当适时在法律修订中明确体现促进和保障交通运输业实施节能减排和低碳经济的功能。

立法上也应整合相关产业和经济活动。低碳交通运输业不仅涉及物流业，而且与汽车等交通工具制造业（清洁能源、节约能源、温室气体收集等）、城

---

[1] 载 http://www.jcrb.com/n1/jcrb1184/ca578208.htm。

乡规划建设（道路与公共交通）、能源产业（清洁能源）、公众交通消费行为（绿色出行）、税收（燃油税的提高）等密切相关。我国在这些领域已取得的成就也需要在低碳运输立法上得到鼓励和保证。

5. 宣传教育，改变生活方式

2007年党的十七大会议上，胡锦涛总书记提出要“建设生态文明，基本形成节约能源资源和保护生态环境的产业结构、增长方式、消费模式”。我国生态文明理念下的低碳经济关注的不仅是经济和技术领域，更强调的是自然与社会系统，特别是人的环境意识，追求文明水平提高前提下全体成员的自觉行动。我国应做好绿色经济、绿色生活、绿色消费的宣传教育。《2010中国环境绿皮书》在6个城市的调查中发现，我国自2008年实施禁止免费派发塑料袋后，付费购买塑料袋的消费者有所上涨，有偿使用塑料袋的执行率降到了90%以下。❶ 低碳生活的实现，关键是要增强全民低碳意识与环境意识，提高觉悟性与积极性，改变工作、生产、生活方式，倡导理性消费，这样低碳城市与循环经济才有望建成。

我国即将实施的直接与循环经济和低碳经济相关联的一系列法律法规，如《废弃电器电子产品回收处理管理条例》等，其实施机制也很大程度上依赖于企业与公众建立在环境意识之上的自觉行动，把低碳经济与低碳生活结合起来，做到资源节约与环境友好。在迅速提高公众环境意识方面可借鉴美国、日本等国的做法，抓紧制定《环境教育法》。❷ 除了制定低碳的法律法规，也应当鼓励官方机构、半官方机构、民间机构设定和定期更新低碳标准的要求，如2006年的《深圳交易所上市公司社会责任指引》就有了环境保护与可持续发展的内容。❸

6. 建立低碳经济考核体系

我国有必要建立低碳经济统计、监察、评价与考核的科学方法，并建立一套标准。从前些年我国开展的绿色生产总值考核内容显示，我国的低碳经济更应该关注单位生产总值的低碳性，包括能耗、水资源消耗、原材料消耗、释放的污染物、全员劳动生产率和单位土地面积财富贡献率；以节能减排而不是碳减排为核心；确定优先行动领域次序是低碳工业、低碳交通运输业和低碳建筑业，其比例也应合理安排。我国节能减排相关的其他重要产业和行业特别是制造业，以及与增加碳汇、国土整治、资源节约有关的领域等方面也应考虑低碳

---

❶ 载 http：//search. zhnew. net/tqb/text. php？ud_ key = 11549。

❷ 载 http：//www. szse. cn/main/zxgx/200609259300. shtml。

❸ 周珂：“用生态文明打造中国特色低碳经济”，载《人民论坛》2010年02期。

经济的要求。

7. 促进低碳经济发展的部门协调与统筹

协调部门合理分工，加强统筹低碳事业，明确各个部门权责，对于促进低碳经济的建设具有重大意义。以下列举交通与运输以及能源管理为例。

（1）交通与运输。交通运输业长期以来一直是我国经济发展的瓶颈，制约着我国经济的发展，其中一个重大原因是体制问题。我国交通运输业一直实行分散管理体制，交通运输部实际上只管公路、水运和铁路行政职责；铁路运输另有中国铁路总公司承担；航空运输由民航总局管理；与交通运输直接相关的城市交通、交通燃料、汽车业等分别由其他主管部门管理。这种分散管理的体制造成效率低下，政出多门，不能适应现代经济高度配合的系统化要求。

低碳经济作为一种新型的经济形态，体制的优化是制度实施的基本保证，以往以节能减排分配指标的方式在现行体制下不能满足交通运输业可持续发展的目标。为此，国家可以考虑设立专门负责发展现代物流和节能减排的组织机构，并制定统一的物流法律、法规以及节能减排规范，加强管理，从政策、法律法规、行业约束等多个角度做好物流业的节能减排工作，并发展现代物流产业结构以合理配置资源，推动综合运输体系的建立和发展。

（2）能源管理。能源问题是关系我国经济发展、社会稳定和国家安全的重大战略问题。2005 年 6 月 2 日，国家能源领导办公室正式成立，国务院总理温家宝担任国家能源领导小组组长。[1] 能源办的主要职责为承担领导小组的日常工作，督办落实领导小组决定；跟踪了解能源安全状况，预测预警能源宏观和重大问题；组织有关单位研究能源战略和规划；研究能源开发与节约、能源安全与应急、能源对外合作等重大政策；承办国务院和领导小组交办的其他事项。

8. 创新管理方式

（1）合同能源管理。

我国可以发展合同能源管理这种新型市场化节能机制，其实质就是以减少的能源费用来支付节能项目全部成本的节能业务方式。经过几十年发展，源于 20 世纪 70 年代世界能源危机的合同能源管理已在美国、加拿人等国家发展成为新兴的节能产业。这种节能投资方式让企业客户把未来节能收益用于工厂和设备升级，以降低目前的运行成本；或者客户与节能服务公司就节能项目签订合同，两者共同分享节约的能源成本。

上海市 2002 年率先在全国成立“合同能源能源管理指导委员会”，在

---

[1] 载 http：//law. baidu. com/pages/chinalawinfo/5/96/f1135673cee4e4723c7f201a1a9f8675_ 0. html。

"政府指导，市场运作"的原则下推进合同能源管理；并于2008年9月发布《上海市合同能源管理项目专项扶持实施办法》，为符合条件的项目提供财政补贴。目前，合同能源管理"叫好不叫座"，但此政策确实有助于促进新兴低碳产业的发展。

我国政府不断提高重视，出台《加快推行合同能源管理促进节能服务业发展的意见》，明确补贴金额和节约能源计量细则；把合同能源管理项目明确纳入服务税；鼓励银行和担保机构给予合同能源管理服务企业融资支持；建立政府节能服务平台，提供节能技术和节能设备信息；并广泛推广合同能源管理，这样成果将会显现。

（2）低碳林业与农业。

我国把低碳林业纳入低碳经济体系是个创举，丰富了国际气候变化应对的理论与实践。事实上，退耕还林、植树造林等绿色政策实施已有一段时间。低碳林业纳入低碳发展范围，将获得更大发展空间与法律保障。

低碳农业也可称为低碳经济的一部分，在我国法制建设当中，是否可以争取国内国外把低碳农业和低碳林业纳入低碳经济体系是可以研究的。从2010年西南大旱灾，工程人员依靠以节水方式解决耕作困难可见，低碳农业主要体现于生产方式和种子培育，两者均依靠科技力量。我国的《种子法》激励种子行业这个关系到国计民生、国家粮食安全的领域自主创新、掌握核心技术与知识产权，当前也应当更明确突出低碳的要求。

此外，我国建设低碳经济，离不开与世界的共同发展。在新阶段新形势，我国综合实力日益提高的同时，应当充分发挥我国的实力，争取与我国地位相适应的话语权。笔者认为，这可分为两个阶段：第一步，中国要融入国际社会，接纳并参与国际规矩；第二步，中国应参与制定与变更国际规矩。如上所述，当前我国占全世界碳交易的份额非常低，也没有定价权，我国应尽快培育碳交易市场，提高碳市场交易能力，完善相关金融法制规范。低碳经济的春风已经刮起，总之，我国的法制建设将为低碳经济的发展提供更大保障。

第三节 绿色经济在中国的启蒙与复兴[1]

可持续发展的两个要素"限制"与"发展"在实践中经常出现相互矛盾和制约的情形，在国内和国际有关政策的制订上也经常因此而陷入争议与困惑，妨碍了可持续发展的实施。绿色经济的概念为突破可持续发展机制面临的

---

[1] 周珂、欧阳杉："绿色经济在中国的启蒙与复兴"，载《法学杂志》2012年第3期。

这个瓶颈在理念和方法上提供了一个新的机遇和选择，为可持续发展注入了新的活力。目前，绿色经济已经在一些国家取得了令人鼓舞的成功，有必要结合各国的实际推广并鼓励创新。绿色经济体现了生态文明的理念，追求经济发展与环境保护的共赢与和谐。绿色经济的概念在当今经济全球化背景下尤其珍贵，有利于克服经济高度商品化带来的环境问题深化和危机，实现全球经济的可持续发展；绿色经济对中国等经济高速发展的国家尤其重要。在中国经历了举步维艰的绿色经济目前正在获得新的发展契机。

一、绿色经济——可持续发展的机制创新❶

（一）绿色经济与绿色 GDP

1. 绿色经济的提出

深受金融、能源、粮食、气候、制度、道德、信仰等危机冲击的全球经济，迫切需要找到未来经济增长的动力和校正发展方向。“绿色经济”正如联合国秘书长潘基文所说，对发明和创新正产生积极的推动作用，其规模之大，可能是自工业革命以来所罕见的。英国经济学家尼古拉斯·斯特恩指出：“让我们找到一条绿色发展之路，从这场经济萧条中走出来吧，这条路既能使我们的地球减少生态危险，又能促使新投资产生作用，从而为大家创造一种更加安全清洁、更有吸引力的经济。”在美国金融界举足轻重的高盛投资公司作出如下判断：对于可持续性发展来说，绿色经济应该是使美国和世界重新变得美好的复兴之路。❷

“绿色经济”最初是由经济学家皮尔斯在 1989 年出版的《绿色经济蓝皮书》中提出来的，但真正使这一概念在全球范围内具有影响力却是联合国环境规划署的这一倡议。2008 年 10 月和 12 月，联合国环境署发起了在全球开展“绿色经济”和“绿色新政”的倡议，其基本目标是在目前全球多重危机下，通过绿色经济和绿色新政复苏世界经济，创造就业；减少碳排放，缓解生态系统退化和水资源匮乏；到 2025 年实现结束世界极端贫困的千年发展目标。❸该倡议所秉承的宗旨和理念是：经济的“绿色化”不是增长的负担，而是增长的引擎。2009 年联合国环境署国家环境部长会议上正式提出绿色经济

---

❶ 周珂、徐峻：“我国绿色经济面临的挑战与发展契机”，载《人民论坛》2011 年 8 期。

❷ 杨志、王梦友：“绿色经济与生产方式全球性转变——刍议基于‘资本·网络·绿色’框架的新经济”，载《经济学家》2010 年第 8 期。

❸ 俞海、周国梅：《绿色经济：环境优化经济增长的新道路》，载《环境经济》2010 年 1～2 月，第 58～61 页。

倡议，认为绿色经济可以在解决经济危机、创造就业机会和保护环境方面发挥更大作用。随后，绿色经济得到了 20 国峰会的支持，并写入了 20 国峰会的联合声明。至此，绿色经济从理论与学术层面快步走向国际和国家政策操作层面。

2. 绿色 GDP 及核算

绿色 GDP 是指一个国家或地区在考虑了自然资源（主要包括土地、森林、矿产、水和海洋）与环境因素（包括生态环境、自然环境、人文环境等）影响之后经济活动的最终成果，即将经济活动中所付出的资源耗减成本和环境降级成本从 GDP 中予以扣除。从 20 世纪 70 年代开始，联合国和世界银行等国际组织在绿色 GDP 的研究和推广方面做了大量工作。2004 年，国家统计局、国家环保总局正式联合开展了中国环境与经济核算绿色 GDP 研究工作。

绿色 GDP 核算中主要涉及的几个基本概念有：绿色 GDP 总值、绿色 GDP 净值、资源成本和环境成本。（1）绿色 GDP 总值（GeGDP）：绿色 GDP 总值等于 GDP 扣减具有中间消耗性质的自然资源耗减成本。（2）绿色 GDP 净值（EDP）：绿色 GDP 净值等于绿色 GDP 减去固定资产折旧和具有固定资产折旧性质的资源耗减和环境降级成本。（3）资源成本：又称自然资源耗减成本，是指在经济活动中被利用消耗的价值。根据自然资源的特征，有些自然资源具有一次消耗性质，如不可再生的矿产资源、部分可再生的森林资源（用材林）和北方及西部的水资源，这些资源的使用为资源耗减成本，具有中间消耗的性质。有些自然资源具有多次消耗性，如土地资源、部分可再生的森林资源（特用林、防护林等）和南方的水资源，这些资源多次消耗的使用类似于固定资产使用的性质，其资源耗减具有“固定资产折旧”的性质。（4）环境成本：又称环境降级成本，是指由于经济活动造成环境污染而使环境服务功能质量下降的代价。环境降级成本分为环境保护支出和环境退化成本，环境保护支出指为保护环境而实际支付的价值，环境退化成本指环境污染损失的价值和为保护环境应该支付的价值。自然环境主要提供生存空间和生态效能，具有长期、多次使用的特征，也类似于固定资产使用特征。这样，由经济活动的污染造成环境质量下降的代价即环境降级成本，也就具有“固定资产折旧”的性质。

在中国，伴随着经济的迅猛发展，产业废弃物增加、大气和水质被污染以及自然环境遭到破坏等问题日趋严重。在这种情况下，中国开始出现重视环境、促进资源循环型经济发展的动向。作为经济增长指标，中国政府把保护环境纳入了国内生产总值的核算中，拟就了被称作“绿色 GDP”的核算指标，并谋求尽早付诸实施。绿色 GDP 的核算方式是，把在工业生产等过程中发生的耕地减少、大气和水质受到污染以及自然环境荒芜等经济损失换算成金额，再将这部分金额从通常的国内生产总值中扣除。例如，国内生产总值为50万亿人民币，如果环境方面的损失额为10万亿人民币的话，那么绿色GDP则为40万亿人民币。用中国话讲，“绿色”是指“环境优美”。实施绿色GDP的目的是，将经济路线从重视数量向重视质量转换。绿色GDP是由中国国家环保总局和国家统计局共同制定的。环保总局和国家统计局准备选择6个省，开展绿色GDP的试点工作，根据6省的试点工作结果进行一些调整。由于一些省表示出极大的兴趣，到2005年初，试点省份最终确定为北京、天津、重庆、河北、辽宁、浙江、安徽、广东、海南、四川10个省和直辖市。最终确立绿色GDP核算方式还需要一定时间。但是，由于政府提出把保护环境纳入经济增长指标中，因此，中国经济政策今后将逐步从重视量向重视质的方向转变。

（二）绿色经济的解读

绿色经济的概念提出后，经历了各国学者、政治家等纷纷赋予的不同解读过程后，人们对绿色经济的理解渐趋接近。无论字面上如何表述，绿色经济本质上都体现了生态文明的理念，都追求经济发展与环境保护的共赢与和谐。绿色经济的发展意味着绿色将注入生产方式及与之相适应的生产、交换、分配、消费关系中。这就要求，作为经济主体的政府、厂商和居民三方联动、互相配合以保证绿色经济的贯彻和实施。政府，需要搭建绿色经济制度平台（包括强制性制度安排和非强制性制度安排），对厂商的生产行为和居民的消费行为进行引导、规范、监督和激励。厂商，作为全球生产网络和价值网络的一个节点，不仅需要主动绿化自己的生产过程和行为，为消费者或产业链下游提供绿色产品供给、功能维护和回收服务，还要主动对产业链上游企业的产品和行为提出绿色要求。居民，则要主动绿化自己的消费行为，主动使用绿色产品，将自己的货币选票投给绿色企业，给它们以绿色利润回报，激励它们扩大规模创造更多的就业岗位。此外，绿色经济的有效运行还需要绿色物流网络、绿色金融网络、绿色信息技术网络、绿色能源网络平台的强大支撑。在绿色经济网络中，资本追逐利润的过程就是环境保护的过程，二者相辅相成。在此机制下，资本将不仅青睐新兴绿色产业，青睐灰色产业的改造升级，还将致力于帮扶贫穷落后地区的环境保护和可持续发展问题。因此，绿色经济的实施不仅能有效促进绿色就业、创造绿色利润、实现环境保护，促进发展中国家产业升级和经济结构转型，还能为发达国家和发展中国家相互交流绿色技术和资本共同应对全球环境问题提供路径。

在中国，绿色经济一般理解为：以促进经济活动的全面“绿色化”、生态化为重点内容，以绿色投资为核心、以绿色产业为新的增长点，它强调可持续性，充分考虑生态环境容量和自然资源的承载能力。绿色经济的内涵是指那些同时产生环境效益和经济效益的人类活动，它包括两个层面：其一，经济要环保："环保型经济""环境友好型经济"；其二，从环保活动中获得经济效益："从绿掘金"。绿色经济的外延也包括两个层面：其一，对原有经济系统进行"绿化"或生态改造。中国政府所部署的"加快建设以低碳排放为特征的工业、建筑、交通体系等"属于这个范围。其二，发展对环境影响小或有利于改善环境的产业。中国政府部署的"培育以低碳排放为特征的新的经济增长点"属于这个范围，绿色经济的外延为政策制定提供着力点。[1]

在中国，与绿色经济相关的概念还有循环经济和低碳经济。循环经济已有专门立法，[2]它侧重解决资源问题和环境污染问题；低碳经济的概念已出现在中国立法机关的决议和政府工作报告中，[3]它侧重解决温室气体减排和能源问题。相比之下，绿色经济是个更为开放的系统，它以中国政府曾试行的绿色GDP考核为切入点，包括了循环经济和低碳经济的全部内容，而且更强调国民经济发展的方向和增长方式的转变，以及对政府经济行为的生态化约束。这三个概念本质上都是符合可持续发展理念的经济发展模式：有相同的系统观，即人类和自然界相互依存、相互影响；相同的发展观，即经济发展要在资源环境的承载力范围内；相同的生产观，即节省资源的投入，提高利用效率；相同的消费观，即适度消费、物质尽可能多次利用和循环利用；相同的最终目标，即促进人与自然和谐，实现可持续发展。因此，发展绿色经济、循环经济、低碳经济在本质上是一致的。

循环经济是绿色经济和低碳经济可持续发展的经济方式。如果说低碳经济作为应对气候变暖最有效的经济方式是高碳工业化时代最具有特征的可持续发展的经济方式，那么循环经济作为以节约型和环境友好型为特征的经济方式就成为即便在低碳经济时代也能适应可持续发展的经济方式；如果说绿色经济作为应对高碳工业化时代灰色经济的一种最适合人类生存的生态经济，那么循环经济就是构建这种绿色生态经济的方法或实现这种环境的路径。[4]

（三）绿色经济的价值——发展经济与保护环境双赢

联合国在金融危机、能源危机、环境危机等交织融合的时代背景下提出的

---

[1] 夏光："绿色经济新解"，载《环境保护》2010年第7期，第8~10页。

[2] 《中华人民共和国循环经济促进法》于2008年8月29日通过，2009年1月1日起实施。

[3] 见中国全国人大常委会于2009年8月27日表决通过的《关于积极应对气候变化的决议》；2009年8月12日国务院总理温家宝主持召开国务院常务会议时提出，"要培育以低碳排放为特征的新的经济增长点，加快建设以低碳排放为特征的工业、建筑、交通体系，开展低碳经济试点示范。"

[4] 杨志："气候变化与低碳经济、绿色经济、循环经济之辨析"，载《广东社会科学》2009年第6期。

绿色经济就是要解决长期以来经济和环境割裂的两种倾向。其一是绿色不经济，即只注重环保，但无利润可言。其二是只追求 GDP 的数字增长，不注重绿色。而这两种倾向在不同国家有明显的差异。例如，在一些经济发达国家主要问题是第一种倾向，而在中国等发展中国家则经常表现为第二种倾向。这个差异成为实施可持续发展的主要障碍。

绿色经济是一种注重人与自然、人与人和谐共存的可持续发展的经济，既尊重经济社会的再生产，也尊重自然环境的再生产。经济的发展离不开自然环境，其能源、原材料都直接或间接地来自于它；经济的发展也受自然环境的制约，即环境本身也是生产力，包括自然资源力和环境服务力，如遭受破坏，受到影响的还是经济社会本身。针对上述两种倾向，绿色经济既要创造就业、带来利润，成为经济发展的引擎，也要促进转变经济发展方式，实施以“绿色、低碳”为核心的绿色经济，实现经济与环保并重。正如联合国环境规划署可持续资源利用委员会联合主席魏伯乐教授在其著作《五倍级——缩减资源消耗，转型绿色经济》中所提出的转型绿色经济的具体路径那样：贫穷国家可以通过提高教育水平、人均寿命、人均富裕程度以及保持生态足迹实现社会财富翻五番；发达国家可以在不损害人类发展指数的前提下，通过缩小生态足迹来实现这一目标。

（四）一些国家的成功经验

在 2009 年 2 月召开的联合国环境署第 25 届理事会会议暨全球部长级环境论坛上，各国部长对如何推动绿色经济发展也提出了若干具体的建议：一是促请联合国环境署减少讨论，尽快提出关于推动绿色经济的具体行动计划和方案，引领各国促进经济转型、增加就业和减贫；二是推动绿色经济需要资金的支持，特别是要加强绿色融资、筹资与投资，促进产业部门的绿化；三是绿色经济发展需要更为清洁的技术，要进一步加强技术转让，特别是促请发达国家向发展中国家转让更多更清洁的技术；四是要把绿色经济纳入到国家经济发展的总体战略中，将绿色经济理念真正纳入到经济决策者的头脑中去；五是发展绿色经济要充分考虑各国不同的国情需求和优先领域，应用不同的政策工具和措施。世界上一些国家已经开始借其经济刺激计划发展绿色经济，美国、韩国、日本、德国、丹麦、法国和英国等国家已经在它们的巨额经济刺激方案中为环境方面的投资预留了资金。[1]

如英国，在全力打造绿色经济。首先是大力发展绿色能源，其次是推广新

---

[1] 俞海、周国梅：“绿色经济：环境优化经济增长的新道路”，载《环境经济》2010 年 1 ~ 2 月，第 58 ~ 61 页。

的节能生活方式，再次是支持“绿色制造业”，研发新的绿色技术。英国已经在碳捕获等领域占领了绿色产业的技术制高点。绿色战略可有效促使深陷衰退的经济尽快复苏。目前，绿色经济产业是英国几个为数不多的经济增长领域，预计至2015年每年的增长率将超过4%。绿色行业将创造40万个工作岗位，而且这一数字还将不断上升，2020年将有120万人从事绿色工作岗位。此外，从长远来看，绿色经济还能提升未来英国国家和企业的核心竞争力。[1] 在政治方面，从1997年12月通过的旨在限制发达国家温室气体排放量以抑制全球变暖的《京都议定书》开始，经过多年的发展，气候变化已经成为世界政治中的一个重要话题。因此，发展绿色经济也是在争夺“绿色政治”的发言权。

而法国，则借绿色技术撬动经济增长。2008年年底，法国环境部公布了一揽子旨在发展可再生能源的计划。该计划包括50项措施，涵盖生物能源、风能、地热能、太阳能以及水力发电等多个领域。除了大力发展可再生能源，法国还通过节能减排措施推动产业发展，其中成效最显著的是汽车领域。从2008年初开始，法国政府推出“汽车置换计划”。如今，法国政府又将目光投向“低碳汽车”，即电动车和混合动力车。2009年5月，法国总理菲永表示，核能一直是法国能源政策的支柱，是法国竞争力的一张“王牌”。法国政府将不断努力，促进核能产业的发展。

在德国，2009年6月份召开的第四届德国环境、自然资源保护和核能安全部创新会议上，德国外交部长瓦尔特·施泰因迈尔与环境、自然资源保护和核能安全部长加布里尔共同打造了一份旨在推动德国经济现代化的战略文件。文件强调生态工业政策应成为德国经济现代化的指导方针，它包含六个方面的内容：环保政策要名副其实，制定各行业能源有效利用战略，扩大可再生能源使用范围，可持续利用生物质能，推出刺激汽车业改革创新措施及实行环保教育、资格认证等方面的措施。为了实现传统经济向绿色经济转轨，德国除了注重加强与欧盟工业政策的协调和国际合作之外，还计划增加国家对环保技术创新的投资，并鼓励私人投资。德国政府希望筹集公共和私人资金，建立环保和创新基金，以解决资金短缺问题。此外，德国联邦、州和县政府将对商品集中采购政策进行调整，注重采购那些能源利用率高的新产品。

在美国，自奥巴马签署以发展新能源为重要内容的经济刺激计划以来，美国政府在短短半年内动作频频：加大对新能源领域的投入，制定严格的汽车尾气排放标准，出台《美国清洁能源安全法案》等，外界将此视作奥巴马的“绿色新政”。美国发展绿色经济有着多重考虑。首先，这有助于增加就业。

---

[1] 潮伦：“各国大力发展绿色经济应对经济衰退”，载《生态经济》2010年第1期，第12～17页。

其次，发展绿色经济有助于确保美国能源安全。奥巴马的“绿色新政”可细分为节能增效、开发新能源、应对气候变化等多个方面。在节能方面最主要的是汽车节能。此外，美国将大力促进绿色建筑等的开发。另外，美国正在推进的智能电网计划能减少电力运输过程中的浪费，预计 2016～2020 年美国将全面建成统一的“坚强”智能电网。新能源的开发则是奥巴马“绿色新政”的核心。❶ 按照《美国清洁能源安全法案》的条款，美国有权对来自不实施碳减排限额国家的进口产品征收“碳关税”。这种不考虑各国发展阶段和国情的做法其实是一种新的贸易壁垒。德国、瑞典、印度等许多国家批评这种做法不仅违反了世界贸易组织的基本规则，也违背了《京都议定书》确定的发达国家和发展中国家在气候变化领域“共同而有区别的责任”原则，严重损害了发展中国家利益。

韩国欲借“绿色”再创“汉江奇迹”。2008 年金融危机伊始，韩国就提出了“低碳绿色增长”的经济振兴战略，依靠发展绿色环保技术和新再生能源，以实现节能减排、增加就业、创造经济发展新动力三大目标。韩国政府还公布了绿色增长国家战略及五年计划，将在计划的五年期间累计投资 107 万亿韩元（1 美元约合 1 230 韩元）发展绿色经济，争取使韩国在 2020 年年底前跻身全球 7 大“绿色大国”之列。韩国政府在过去的经济危机中，积极进行产业结构调整，推进中小企业转型，在大企业与中小企业间建立绿色伙伴关系，打造中小企业的“绿色王国”。在韩国，绿色增长不仅是一项兴国战略，也是一场政府主导的、自上而下的全民绿色生活革命。

挪威 1978 年就开始了资源环境的核算。重点是矿物资源、生物资源、流动性资源（水力）、环境资源，还有土地、空气污染以及两类水污染物（氮和磷）。为此，挪威建立起了包括能源核算、鱼类存量核算、森林存量核算，以及空气排放、水排泄物（主要人口和农业的排泄物）、废旧物品再生利用、环境费用支出等项目的详尽统计制度，为绿色 GDP 核算体系奠定了重要基础。

芬兰也建立起了自然资源核算框架体系，其资源环境核算的内容有三项：森林资源核算，环境保护支出费用统计和空气排放调查。其中最重要的是森林资源核算。森林资源和空气排放的核算，采用实物量核算法；而环境保护支出费用的核算，则采用价值量核算法。

墨西哥在发展中国家中率先实行了绿色 GDP 核算。1990 年，在联合国支持下，墨西哥将石油、各种用地、水、空气、土壤和森林列入环境经济核算范围，再将这些自然资产及其变化编制成实物指标数据，最后通过估价将各种自

❶ 潮伦：“各国大力发展绿色经济应对经济衰退”，载《生态经济》2010 年第 1 期，第 12～17 页。

然资产的实物量数据转化为货币数据。这便在传统国内生产净产出（NDP）基础上，得出了石油、木材、地下水的耗减成本和土地转移引起的损失成本。然后，又进一步得出了环境退化成本。与此同时，在资本形成概念基础上还产生了两个净积累概念：经济资产净积累和环境资产净积累。这些方法，印尼、泰国、巴布亚新几内亚等国纷纷仿效开始实施。

（五）国外的成功经验及对中国的启示❶

绿色 GDP 是个庞大的系统工程，在实际核算中将遇到很多困难，主要有四大难点：第一，污染损失难量化。绿色 GDP 核算的一个重要内容是对污染损失的估算。然而，各种污染物和受害体之间的定量反应比较难。例如，大气中二氧化硫增加与人们患呼吸道疾病之间的关系还无法准确估算，因大气污染而增加的疾病成本、死亡的生命价值也很难量化。第二，统计指标连续性不够。这给污染的治理成本核算带来困难。例如，目前的统计体系里，只有污水的排放量，没有污水的产生量，无法算出污水的处理量。第三，农村地区出现核算盲点。农村地区是我国现有的环境监测网的薄弱地区，在某些领域甚至出现盲点。第四，相关法规不完善。此外，绿色 GDP 核算是一个系统工程，需要环保、统计、卫生、农业、城建等多个相关部门之间的通力合作，这也增加了实施的难度。从我国绿色 GDP 实施遭遇的困境分析，至少以下国外成功的经验值得我国借鉴。

1. 关于环境定价

从目前来看，其一般做法是，首先由政府部门确定出一定区域的环境质量目标，并据此评估该区域的环境容量。然后推算出污染物的最大允许排放量，并将最大允许排放量分割成若干规定的排放量，即若干排污权。政府可以选择不同的方式分配这些权利，如公开竞价拍卖、定价出售或无偿分配等，并通过建立排污权交易市场使这些权利能合法地买卖。在排污权市场上，排污者从其利益出发，自主决定其污染治理程度，从而买入或卖出排污权。这也就是人们通常所说的排污权交易。通过排污权交易市场，最终就可以确定环境的价格。

2. 健全建立相关制度、实物指标与价值指标并重

目前，中国与绿色经济核算相关的法规制度安排还基本空白，主要包括有关资源环境与统计法规、政策和评价标准、资源环境信息共享等。在资源环境定价方法复杂，没有统一的量化标准情况下，可以考虑实物指标和价值指标并重，没有必要全部追求价值指标。这样做，也可能更容易被接受。

---

❶ 周珂、徐峻："我国绿色经济面临的挑战和发展契机"，载《人民论坛》2011 年 8 期。

3. 绿色 GDP 与公众参与

实施绿色 GDP 核算，要有一个公众参与的社会氛围。要认真收集与了解公众对经济收入和环境破坏的主观评价，这种主观评价的数据应成为绿色 GDP 的重要补充。公众参与和绿色 GDP 有什么关系？这是因为，许多环境因素很难纳入货币核算，国外就发明出了一种可称为公众评估的办法。例如，某些规模巨大的公共工程项目，要核算它的生态影响，不同的核算法有时会产生出不同的结果。所以，环境专家们便诉诸公众的主观评价。围绕这些公共项目，要允许相关的专业部门与较独立的专家机构，在较大的范围内进行公众咨询与调查。将支持和反对的意见都写清楚，最后请公众根据自己的价值判断来进行选择。

二、中国绿色经济启蒙：绿色 GDP 考核遭遇的挫折和启示

绿色 GDP 的提出，实际上是发展观念的创新，是对整个社会科学协调发展的重视，再不是单方面追求经济发展速度的增长。实行绿色 GDP 发展指标，是贯彻落实可持续发展观的一个重要举措，意义十分重大。其一，有利于环境保护的改善。近几年来，由于片面地追求 GDP 的发展，造成环境持续恶化，部分地区出现了环境和生态保护为经济建设“让路”的现象，有的地方甚至以牺牲环境为代价实现经济增长。在此情况下，国家承受的环境压力越来越大。实行“绿色 GDP”的发展指标，可以起到遏制能源和原材料高消耗、污染高排放行业的发展，有利于保护和改善环境。其二，有利于经济增长模式的转变。目前，我国还处于工业化阶段，尚未摆脱粗放型经济增长模式，生产技术和生产工艺相对落后，要保证 GDP 的高速增长，就必须以能源、材料的高消耗为基础，这样就必然造成生产的高成本和资源的惊人浪费。实行“绿色 GDP”的发展指标，有利于我国经济从粗放型增长模式向集约型增长模式转变。其三，有利于国家的协调发展。严峻的事实告诉我们，一味地追求 GDP 的增长，对可持续发展战略构成巨大挑战。许多地方追求眼前利益和短期效益，不把主要精力和财力放在解决薄弱环节上，致使农业基础设施建设、公共医疗卫生体系建设、基础教育设施建设、重大水利设施建设、环境保护和生态建设得不到加强，开发扶持落后地区的政策得不到落实，贫困地区的面貌长期得不到根本改变。实施绿色 GDP 的发展指标，建立绿色 GDP 核算体系，有利于国家的协调发展和社会的全面进步。

然而，绿色 GDP 考核在中国试点并不顺利，遭遇了不少的阻力。中国 20 世纪 80 年代初期以前实施计划经济核算体系；1990 年代中国社会科学院对绿色经济进行了较为系统的研究。在实践方面，2002 年中国修订的国民经济核算体系中增加了自然资源实物量核算表，可视为中国绿色经济实践的雏形。

2004年春季国家正式提出了绿色GDP考核，[1] 并由国家环保总局、国家统计局联合启动了《综合环境与经济核算（绿色GDP核算）研究》项目，这种核算方法下的绿色GDP就是从传统的GDP中扣除资源耗减和环境退化成本，将环境要素纳入国民经济核算体系。“绿色GDP”可概括为“四减一加”，即减去资源能耗、环境退化、生态破坏、污染治理的成本，加上环境和生态改善带来的效益后的国内生产总值，以尽可能真实科学地反映了国民经济增长的实际情况。

最初的计划是在东北、华北、西北、华南、东南、中南各选一个省试点。由于一些省表示出极大的兴趣，试点省份最终确定为北京、天津、重庆等10个省和直辖市。试点工作包括三方面内容：一是建立地区环境核算框架，二是开展污染损失调查，三是开展环境核算。但2006年《中国绿色国民经济核算研究报告2004》[2] 公布后，不少省份就立即要求退出核算试点。至此，绿色GDP遭遇搁置，不再公布。[3] 但绿色GDP的实践并未停止，无论是政界、理论界还是实务界，都在致力于“低碳经济”“绿色经济”“循环经济”等各种可持续发展模式的探索、研究和实践。在此过程中，“绿色GDP”也并未被彻底摈弃，2009年年底，作为过渡性规范的《中国资源环境核算体系框架》进入了多部门会签阶段。但该指标体系只表现大气、水、森林等资源的总体数量，并不为其定价，严格意义上并不能作为可持续发展或绿色经济的评价指标，其约束地方行为的作用非常有限。关于这次挫折，笔者曾撰文分析其中的各方面原因，关键是对经济发展与环境保护的关系如何在制度上合理设计，但这要有个前提，就是如何使这二者有个更紧密联系的机制。[4]

中国绿色经济举步维艰的遭遇表明中国经济发展面临的双重挑战：[5]

第一个挑战是经济全球化和环境保护全球化。中国传统的经济呈现自给自足的特点，中国古代哲学、政治和经济制度都特别提倡经济的非商品性，改革开放之前中国实行的计划经济也主要是自力更生的封闭式经济。三十多年来中

---

[1] 2004年3月10日，胡锦涛主席在中央人口资源环境工作会议上首次明确提出“要研究国民经济绿色核算方法”。之后，国家环保总局和国家统计局提出争取在未来三五年内建立中国的绿色GDP核算体系框架。

[2] 2006年，由国家环保总局和国家统计局联合发布的中国第一份经环境污染调整的GDP核算研究报告——《中国绿色国民经济核算研究报告2004》显示：2004年中国因环境污染造成的损失为5118亿元，占当年GDP的3.05%。排放到环境中的污染物，按照当时的治理技术和水平全部治理所需要支出的虚拟治理成本也将高达GDP的1.8%。

[3] 周珂：“绿色GDP缘何遭地方政府杯葛”，载《法制日报》特约评论员文章，2006年12月22日。

[4] 同上。

[5] 周珂、徐峻：“我国绿色经济面临的挑战与发展契机”，载《人民论坛》2011年8期。

国的改革开放与经济全球化同步发展，给中国经济带来巨大的活力，中国近年来经济的增长主要得益于国际市场，经济对外依存度迅速提高。国际市场的巨大需求刺激了中国制造业的发展，也带动了外国资本的进入，中国经济急剧地转向市场化并与全球经济接轨，商品经济的趋利性使科斯定律环境成本外部化效应在中国高度显现出来。另一方面，中国市场经济并没有经历西方国家渐进的发展成熟过程，对市场经济弊端特别是环境问题弊端的认识能力和修复能力相对更薄弱，环境问题的恶化对经济可持续发展构成严峻的挑战，而中国应对这种挑战的准备和能力都存在先天的欠缺。

经济全球化也促进了全球环境保护的合作。在全球生产网络中，中国产业大多处于价值链的低端，也就是资源密集型产业居多，这使得中国在成为“世界工厂”的同时，不仅直接或间接地出口了大量能源资源，[1]而且在出口产品的同时也把诸如温室气体、废弃物排放等环境问题留在了中国；[2]中国的劳动密集型产业发展迅速，这其中相当一部分是高能耗、高污染、低附加值、技术水平不高的夕阳产业，这在实质上并不利于中国的可持续发展。伴随着快速的工业化和城市化进程，中国的温室气体排放总量增长较为迅速。1970 年到 2007 年间，中国的温室气体排放总量增长了 7 倍多，2007 年中国二氧化碳排放量已经超过美国跃居世界首位。[3] 2010 年中国一次能源消费量为 32.5 亿吨标准煤，同比增长了 6%，成为全球第一能源消费大国。[4]在日益强烈的国际温室气体减排的压力下，中国政府于 2009 年 9 月在联合国气候变化峰会上承诺要继续采取强有力的措施应对气候变化，争取到 2020 年单位国内生产总值二氧化碳排放比 2005 年有显著下降。2009 年 11 月国务院常务会议决定，到 2020 年，中国单位 GDP 的二氧化碳排放比 2005 年下降 40%~45%。中国必须找到一条既要发展经济，又要有效控制温室气体排放的新型的发展道路。

---

[1] 2002 年，中国出口内涵能源 4.1 亿吨标煤，进口 1.7 亿吨标煤，净出口大约 2.4 亿吨标煤，约占中国当年一次能源消费总量的 16%；净出口内涵能源从 2001 年的 2.09 亿吨标煤增长到 2006 年的 6.31 亿吨标煤，呈相对稳定的快速增长趋势。详见潘家华：“中国外贸进出口产品的内涵能源及其政策含义研究”，中国社会科学院工作论文。2005 年中国净出口未锻轧铝 70 万吨，按一吨铝耗电 15 000 度计算，相当于出口 100 多亿度电。据《2006 中国能源发展报告》中初步测算，中国间接出口能源量在 3 亿吨标准煤以上。详见崔民选：《2006 中国能源发展报告》，北京：社会科学文献出版社。

[2] 英国 Tydall 气候变化中心研究公布的研究结果称，2004 年中国净出口带来的碳排放占其全部碳排放总量的 23%。详见 Tao Wang, Jim Watson. 2007, “Who Owns China’s Carbon Emissions?” http://ceh.resourcehub.ssrc.org/who-owns-china2019s-carbon-emissions-1/resource_view, 2011 年 2 月 20 日。

[3] 联合国开发计划署编：《中国人类发展报告 2009/10——迈向低碳经济和社会的可持续未来》，中国对外翻译出版公司 2010 年 4 月版，第 20 页。

[4] 中国能源研究会公布：“我国成为第一能源消费大国”，载《京华时报》2011 年 2 月 26 日。

第二个挑战来自可持续发展的困境。1987 年世界环境与发展委员会在《我们共同的未来》中提出了可持续发展的概念，其出发点是：为了确保人类的持续生存和发展，必须把环境保护与社会经济活动全面、有机地结合起来，并按照生态持续性、经济持续性和社会持续性的基本原则来组织和规范人类的一切活动。其核心思想是：既满足当代人的需要，又不对后代人满足其需要的能力构成危害。其基本内容是：强调人类的发展权利、环境权利和保护环境的义务的统一，当代人和后代人发展机会的平等，环境保护是发展进程的重要组成部分，以及放弃传统发展的方式。1992 年，里约热内卢人类环境会议通过了实现可持续发展的《21 世纪议程》和《环境与发展里约宣言》，21 世纪议程包括了自然资源、全球共有财产保护、人类栖居地管理、化学品与废弃物、国际经济与贸易政策、法律与组织问题、资金问题、技术转让、生活因素的质量（如污染加重、资源消耗和人类健康）等方面内容。

可持续发展的两个要素“限制”与“发展”在实践中经常被理解为相互矛盾和制约，在国内和国际有关政策的制订上也经常因此而陷入争议与困惑，妨碍了可持续发展的实施，这种情况在中国表现得尤为突出。

在中国，环境保护定位为基本国策，可持续发展定位为经济发展战略，这种国家职责的定位来源于中国宪法的规定。❶ 基于这种定位，可持续发展的实施主要取决于各级政府，但是在实践中各级政府对于如何处理好环境保护与经济发展的关系往往不能正确把握，中国绿色 GDP 实施的遭遇集中表现出这种困境，同时显示出对政府经济行为进行生态化约束的瓶颈性状态。

中国可持续发展的困境主要表现为它容易受到经济发展优先性的冲击。原因是多方面的，其一，中国的城市化率水平高速增长，1991 年尚不到 30%，2007 年就已经超过了 45%。❷据统计，全世界城市消耗的能源占全球的 75%，温室气体排放量占全球的 80%。❸ 建筑、交通和工业是城市碳排放的三大来源，同时是能源的三大去向。美国城市二氧化碳排放中，39% 来自建筑物，33% 来自交通工具，28% 来自工业。❹ 因此，随着城市化率的超常快速发展，资源、环境、生态等问题已日益严峻。其二，中国正处于工业化中期，第二产

---

❶ 《中华人民共和国宪法》第 26 条规定：“国家保护和改善生活环境和生态环境，防治污染和其他公害。”

❷ 中国家统计局：《中国统计年鉴 2008》，中国统计出版社 2008 年版。

❸ 何吉多：“中国城市化与碳排放关系实证分析”，载《中国改革热点与难点》第 20 卷第 5 期，2010 年 9 月，第 80 页。

❹ Ruddiman, W. F., 2007. Earth’s Climate: Past and Future (2nd Edition). New York: Freeman W. H & Company, p388.

业的比重已远高于发达国家，这必然会导致更高能耗和污染排放。据统计，钢铁、化工原料、建材水泥、电力、采掘、石油加工、有色冶金等高耗能工业行业是能源消费的主要部门。2007 年，这七个行业增加值仅占全部工业增加值的 37% 和 GDP 的 15.6%，[1] 能源消费量却占工业能源消费的 64.4% 和总能源消费的 45.6%。[2] 其三，中国缺乏自主知识产权的绿色技术。中国在可再生能源领域取得了超乎预期的增长，然而在技术层面上，并没有获得与之相应的发展。在中国风机专利申请数排名前三位的都是来自发达国家的企业，前十位只有 3 位中国申请人。[3]其四，中国“富煤、贫油、少气”的自然资源禀赋，决定了中国能源生产、消费结构均以煤为主，这在很大程度上制约了绿色经济的发展。2008 年中国的能源消费中，煤炭占 68.67%，石油和天然气分别只占 18.78% 和 3.77%。[4]

可持续发展两个要素的理解困境在国际环境保护中同样存在，典型地体现在气候变化谈判中各国的立场和态度上的差异。长期以来，人们把碳的减排往往简单地理解为限制开工率、限制出口、限制消费、限制增长等对经济的负面判断上，这对于基于不同目的把经济增长作为首要目标的国家来说是难以接受的。必须寻求一种把碳减排与经济增长高度结合的新机制。

三、中国绿色经济的复兴

（一）新元素：生态文明与低碳经济

中国绿色经济的复兴可以概括为：以“生态文明”为标志，以低碳经济为重点。2007 年中国提出：“要建设生态文明，基本形成节约能源资源和保护生态环境的产业结构、增长方式、消费模式。”生态文明作为一种新型的文明又被形象地比喻为“绿色文明”。[5] 中国生态文明建设旨在推动整个社会走上生产发展、生活富裕、生态良好的“三生”共赢的文明发展道路，这与联合国绿色经济的概念具有高度的一致性。2009 年以来，在联合国的“绿色经济”和“绿色新政”倡议引领下，主要经济发达国家积极进行一场以发展绿色经济为核心的“经济革命”，将绿色经济作为未来经济的主力引擎。中国政府也积极响应，在气候变化哥本哈根会议前不久，美国奥巴马总统访华发表的中美

---

[1] 中国国家统计局：《中国统计年鉴 2008》，中国统计出版社 2008 年版。

[2] 中国国家统计局：《中国能源统计年鉴 2008》，中国统计出版社 2008 年版。

[3] 联合国开发计划署编：中国人类发展的报告 2009/100——迈向低碳经济和社会的可持续未来，中国对外翻译出版公司 2010 年版，第 20 页。

[4] 中国国家统计局：《中国统计年鉴 2009》，中国统计出版社 2009 年版。

[5] 如果说农业文明是“黄色文明”，工业文明是“黑色文明”，那生态文明就是“绿色文明”。

联合声明中对气候变化应对、环保和能源等涉及绿色经济的重要问题达成共识。2009年8月，国务院总理温家宝主持召开国务院常务会议时提出，“要培育以低碳排放为特征的新的经济增长点，加快建设以低碳排放为特征的工业、建筑、交通体系，开展低碳经济试点示范。”全国人大常委会于2009年8月27日表决通过的《关于积极应对气候变化的决议》指出：要紧紧抓住当今世界开始重视发展低碳经济的机遇，加快发展高碳能源低碳化利用和低碳产业，建设低碳型工业、建筑和交通体系，大力发展清洁能源汽车、轨道交通，创造以低碳排放为特征的新的经济增长点，促进经济发展模式向高能效、低能耗、低排放模式转型，为实现我国经济社会可持续发展提供新的不竭动力。这标志着绿色经济在中国的复兴。

以低碳排放为特征的新的经济增长点，即把碳减排作为推动经济增长的动力，这种双赢的或加法的方法和理念，与绿色GDP考核的制约的或减法的方法和理念形成了明显的对比。这一时期中国实施绿色经济取得的成效主要表现为，在经济保持持续高速增长（年增长超过9%）的同时，资源、能源的消耗、污染物和温室气体的排放同步快速降低。2008年中国单位GDP能耗为1.102，同比降低4.59%，2009年上半年比2008年上半年降低了3.35%。到2009年6月，中国单位GDP能耗在三年半内下降了13.1%。[1] 2010年单位产值能源消费量又比2009年下降了4%。[2] 通过一系列低碳政策和节能措施的实施，尤其是节约能源相关法令的实施，2006—2008年，中国单位GDP能耗的下降相当于节能约2.9亿吨标准煤，相当于减少二氧化碳排放6.7亿吨，[3] 到2010年的五年内中国至少减排了15亿吨二氧化碳。

以河北省张家口市下花园区为例，[4] 这个城市被国务院确定为资源枯竭型城市之一，无论是经济发展，还是环境保护和就业等各方面都承受着更严峻的压力。2009年以来，这个城市运用行政和市场相结合的机制，实施了以低碳为目标的合同型能源管理等绿色经济手段，取得了良好的效果。2010年财政收入比2009年增长超过30%，同时二氧化硫和化学需氧量（COD）等主要污

---

[1] 联合国开发计划署编：中国人类发展报告2009/10——迈向低碳经济和社会的可持续未来，中国对外翻译出版公司2010年版，第65页。

[2] 中国能源研究会公布：“我国成为第一能源消费大国”，载《京华时报》2011年2月26日访问。

[3] 国家发展和改革委员会、国家能源局、国家环境保护部、国家电力监管委员会：“公告全国关停小火电机组情况”，载 http://www.gov.cn/zwgk/2009-03/13/content_1258402.htm，2013年2月20日访问。

[4] 笔者所在大学在该城市设立教学实习基地，所述情况为实证考察结果。

染物减排和能源的节约均达到国家的要求，通过治理北京市水源地洋河及湿地环境等环保和生态建设工程增加了就业，吸引了包括北欧投资银行贷款项目在内的多个低碳环保技术创新的投资项目，真正做到了经济与环保双赢，并为今后的持续发展奠定了坚实的基础。

（二）中国绿色经济展望

1. 国际差距与地区差异

中国作为发展中国家，即使近年来 GDP 增长迅速，但在发展质量、人均占有量等方面与发达国家相比仍有很大差距。绿色经济本质上是人类经济发展的新阶段，是高度生产力经济，离不开先进的环保技术和充足的资金支持。而中国现在的生产力水平特别是技术水平与经济发达国家还有很大差距，在推进绿色经济时宜量力而行、稳步发展，事实上这种经济合理性的要求也是绿色经济的本来之意。

绿色经济是环境保护与经济发展的结合体，具有很强的经济性。中国地区生态系统的差异性较大，经济发展和行业发展不均衡，发展绿色经济不宜按照统一标准来实施，在法律和政策上特别防止“一刀切”现象。中国目前绿色经济的制度支持，宜多采用政策鼓励手段，相关立法应以指导性意见和规范为主，不宜不成熟地出台强制性和指定性规范和法律，而经济和环保的主管部门在此应通力合作，使规范具有超部门的综合性和可操作性。

绿色经济要积极鼓励探索，在科学技术、经济体制和政策法律规范的探索中要积极进行试点工作，要在不同地区不同行业进行不同的典型试点，还要加强国际交流，学习借鉴经验；要加大宣传教育力度，尤其是在公众参与、绿色消费等民主和社会机制方面要特别重视。

2. 优先领域与制度创新

联合国环境署提出了绿色经济发展的 6 个优先领域：清洁技术，可再生能源，生态系统或环境基础设施，基于生物多样性的商业如有机农业，废物及化学品管理，绿色城市，建筑与交通。中国在绿色经济的立法上也要合理确定优先领域，以把有限的资源投入到解决最紧迫的问题上。2009 年中国提出的低碳经济的优先领域是：工业、交通和建筑业。此外，近年来以保护土地、水资源和森林资源为主要目标的生态补偿机制在中国的逐步实施，显示出生态建设也已经成为中国绿色经济的又一个重点领域。

目前中国正在启动转变经济增长方式的行动计划。提高资源生产率是实现世界经济全面转型的有效途径，若要解决好资源环境与经济社会发展之间的关系问题，不能只靠人们的自觉意识，还要综合运用科技、政策及市场的力量。换言之，发展绿色经济不仅需要对现有工业化的物资技术基础包括能源工艺基础进行全面的替代和创新，而且需要经济社会组织包括企业、产业、国民经济和政府与家庭的组织进行调整和创新。而这样的创新，既需要技术上的积蓄，又需要经济上的积蓄，而一旦启动带来的将是全球性绿色工业革命。绿色经济的顺利实施需要技术创新、制度创新、组织创新和管理创新加以保证。[1] 制度创新为绿色经济提供法律和制度的保障，对重点领域尤为重要。

国际上在实践绿色经济的历程中行之有效的制度创新举如绿色投资、绿色金融、环境税、环境标准、环境会计、环境统计、环境保险、环境行政合同、排污权交易制度、公众参与制度等，目前在中国都是研究和实践的热点。比如，绿色投资正在成为经济刺激计划的核心，中国的政策规定要求绿色投资在政府常规预算中要留有一席之地，鼓励创建公私结合的绿色融资机会，创造有利的国内政策环境和国际环境。在中国，需要进一步重视的是，绿色经济不仅仅是政府的事情，还需要企业和消费者全面参与。作为企业，可以参加类似"全球契约"的国际组织，自愿承诺对其包括应对环保问题在内的十大原则，从而规范约束自己的行为趋于绿色。作为消费者，也要提倡所谓负责任的"绿色消费"，可以通过采买绿色产品和绿色服务等消费方式促进企业向绿色转型。

3. 法律的关注重点

目前，中国涉及绿色经济的立法和研究的重点可概括为以下几个方面：(1) 节能减排政策的法律转化。中国节能减排已成为硬性指标，通过行政推动，但市场机制不充分。2009 年中国《可再生能源法》的修改，也强调行政主导。市场机制可借鉴英国可再生能源法，但是中国市场发育程度差，需要谨慎培育与不断完善的过程。(2) 生态补偿制度化。生态补偿机制需要从全局统筹考虑，要建立全国性的生态补偿机制，才能使环境保护步入良性循环的轨道。此外，对那些保护生态有功而造成经济发展滞后的地方，国家应该重点补偿，对于污染下游或牺牲人类共同的资源、环境为代价换取经济增长的地区，应该将生态补偿金提高到一定标准，不能只是"象征性"地扣缴小额补偿金。在法律性质上，这个制度的成长需要更多地引入民法和环境法的机制。(3) 绿色 GDP 考核制度化。绿色考核制度下在由初期的不确定性向确定性转化，目前主要体现在节能减排的考核机制上。例如，《北京 2009 年节能减排行动计划》规定了 6 项完善机制，其中第 2 项是评价考核机制。气候变化应对及低碳经济新能源等方案与绿色 GDP 的衔接。综合看来，我国的绿色 GDP 制度短期

[1] 杨志："气候变化与低碳经济、绿色经济、循环经济之辨析"，载《广东社会科学》2009 年第 6 期。

内不会成为强制性和全国统一性的考核制度，但不排除非官方的考核或地方自行考核。2009 年年底，作为过渡性规范的《中国资源环境核算体系框架》进入多部门会签阶段。但该指标体系只表现大气、水、森林等资源的总体数量，并不为其定价，严格意义上并不能作为可持续发展或绿色经济的评价指标。绿色经济的健康发展，需要一套能够全面覆盖资源环境经济的统计指标体系，以反映资源环境状况及其与经济的关系，衡量评价其质量。绿色经济的可统计、可监测、可衡量、可评估，无论是对经济活动的规划、管理和评价都有重大意义，也是我国更深入参与气候变化应对等国际环境保护的实际行动。（4）绿色经济的实施机制选择。除了继续探索实践行政主导型机制外，还要借鉴市场主导型机制，兼容并蓄二者优点，尽量避免其缺点。在可持续发展的实施机制中，国际社会中比较典型的有两种机制：一是以英国可再生能源法为代表的市场主导型机制，二是以中国绿色 GDP 为代表的行政主导型，这二者都遭遇了挑战，需要更多地相互相借鉴和融合。2009 年 9 月 12 日，斯特恩爵士来中国人民大学做《气候变化经济学》学术报告时特别提到，中国强有力的行政机制有助于低碳经济的推行，而气候变化经济学强调的市场机制与行政机制的结合会大大推进低碳经济的实施效率。

第十章 低碳建筑研究

建筑业一直是全世界能源消耗和温室气体排放的主要领域。发展低碳建筑是应对全球气候变化、加快生态文明建设的需要，是在后国际金融危机时代推进产业转型、引领经济发展新方向的重要举措，也是促进我国房地产业健康可持续发展的需要。低碳建筑的推进需要相关政策法律制度的支持和引导，包括完善建筑物环境影响评价法律制度、建立建筑节能评估体系等。推进低碳建筑不应一刀切，搞行政强制，要结合实际，因地制宜。推动我国低碳建筑发展的法制保障，关键在于健全我国低碳建筑法律体系，在相关法律修订中适时引入低碳建筑的要素，同时建立一套既符合中国实际又有法律法规支撑的可操作的标准，并通过更广泛地适用倡导性、指引性和鼓励性规范，引导低碳建筑的持久发展。

第一节 发展低碳建筑的必要性

一、建筑业节能减排是全球气候变化应对的主要措施

（一）低碳建筑的提出

低碳建筑，又称为绿色建筑、生态建筑等，不管采用哪种称谓，它的实质都是要为人们提供健康、舒适、环保的居住环境。对于低碳建筑的概念，没有一个固定一致的表述，一般认为，低碳建筑是指在建筑材料与设备制造、施工建造和建筑物使用的整个生命周期内，以低能耗、低污染、低排放为基础，在满足人们基本舒适性要求和特殊功能服务需求的同时，减少化石能源的使用，提高能效，最大限度地减少温室气体排放的建筑发展模式。其目的就是通过利用新型的建筑材料减少空气中二氧化碳的排放量，营造良好的城市环境。

低碳建筑是实行低碳经济的重点领域之一。低碳经济的起因不外乎两个方面：一是全球气候变化，二是能源短缺。低碳经济作为一种全新的发展理念，最早来源于2003年英国政府发布的能源白皮书《我们能源的未来——创建低碳经济》。中国低碳经济的含义与英国的基本一致，目前重点放在工业、交通运输和建筑业三个领域。在中国，低碳经济通常被表述为一种“三低”的经济发展模式，即一种以低能耗、低污染、低排放为基础的经济模式，其实质是

能源高效利用、开发清洁及可再生能源、追求绿色 GDP，其核心是能源技术和减排技术创新、制度和产业结构创新以及人类生存发展观念的根本性转变。低碳建筑正是基于此种理念提出的。

低碳建筑的实现还要求在建筑规划设计和拆除的过程中增添低碳绿色的元素。当前，把低碳建筑的理念付诸实践已逐渐成为国际建筑界的主流趋势。我国建筑在二氧化碳排放总量上远远高于运输和工业领域。在发展低碳经济的道路上，建筑的“低碳”和“节能减排”注定成为绕不开的话题。在中国，低碳建筑也越来越受到重视，认可程度不断增强，已经写进国家的发展规划中，如早在《能源发展“十一五”规划》中，我国曾明确提出了单位 GDP 能耗降低 20% 的目标。2009 年 8 月，国务院常务会议提出，要大力发展绿色经济，紧密结合扩大内需促进经济增长的决策部署，培育以低碳排放为特征的新的经济增长点，加快建设以低碳排放为特征的工业、建筑、交通体系。由此可见，我国低碳建筑的推进不仅是应对全球气候变化和实施低碳经济的重要措施，也是促使我国建筑和其中的房地产业科学发展的必然路径选择。

（二）全球建筑业排放温室气体情况

温室气体的排放来自国民经济各产业部门，联合国政府间气候变化专门委员会（IPCC）发布的《第三次评估报告》（IPCC AR3）表明，能源供应、建筑、交通、工业、农业、林业、废物处理是世界温室气体排放的七大关键领域，其中建筑业的耗能是温室气体的主要来源之一。工业发达国家建筑使用能耗占总能耗的 30%～40%，2002 年欧盟 25 国建筑能耗已经占其总能耗的 40.4%。同时，建筑业也是能源需求增长最快的领域之一。建筑能耗占总能耗的比例越大，其温室气体排放则越多。据统计，2002 年约 78.5 亿吨的二氧化碳来源于建筑业中能量的使用，占全球总能量使用产生二氧化碳排放的 33%。同时等量于 15 亿吨二氧化碳的氟化气体也来自建筑中的能耗。[❶] 2004 年，建筑行业的温室气体直接排放（不包括用电产生的排放）约为 50 亿吨二氧化碳当量/年。建筑行业产生的与能源有关的二氧化碳排放大约为 106 亿吨二氧化碳当量/年，约占 2004 年全球排放总量的 33%。而根据预测，到 2030 年，建筑业中的温室气体排放将达到 156 亿吨，约占全球总排放的 34%。[❷] 根据联合国环境规划署在 2009 年 3 月 29 日公布的报告《建筑物与气候变化：现状，挑

❶ 王元丰：《建筑工程与应对气候变化，低碳发展论》，中国环境科学出版社 2009 版，第 421～422 页。

❷ Intergovernmental panel on climate change. Mitigation Contribution of Working Group Ⅲ to the Fourth Assessment Report of the IPCC [R]. 2007.

战与机遇》，建造和维护现有建筑物所消耗的能源占全球能源消耗总量的30%~40%。联合国环境规划署2009年11月份的另一份报告则指出，有三分之一的全球能源使用以及与此相关的温室气体排放来自与建筑物相关的耗能。该报告推算，全球建筑物每年产生86亿吨当量二氧化碳，到2030年这一数字将增至156亿吨，而受人口增长、城市化和现代化进程的影响，发展中国家的建筑物数量到2050年几乎将较现在增长一倍。❶

建筑业的温室气体排放源自建筑的大量能源消耗。新建建筑建造过程中需要消耗大量钢铁、有色金属、水泥、玻璃、塑料等建筑材料，而这些建筑材料的制造、运输、能源生产及加工等涉及的建筑服务环节也消耗着大量的能源。作为建筑生命周期的一部分，建筑的使用管理包括既有建筑中的采暖、空调、照明、家用电器、炊事用具等用能设备的一切应用，同样消耗着大量能源。IPCC于2007年发布的《第四次评估报告》（IPCC AR4）估算，2004年的全球建筑行业温室气体直接排放（不包括用电产生的排放）约为50亿吨当量/年；如果此数据包括用电产生的排放在内，由建筑行业产生的与能源有关的二氧化碳排放大约为86亿吨当量/年，或占2004年全球排放总量的33%。温室气体排放总量（包括用电产生的排放）估计则达到106亿吨二氧化碳当量/年（一致性高，证据量中等）。我国香港特别行政区的建筑耗电量就占整个香港总耗电量近九成。❷ 工业发达国家建筑使用能耗占总能耗的30%~40%，2002年欧盟25国建筑能耗已经占当中总能耗的40.4%。❸ 因此，发展低碳建筑业对于应对气候变化任重而道远。中国作为发展中的大国，应尽早从加快发展低碳建筑入手，更全面充分地应对气候变化。

（三）我国建筑业运行耗能情况

我国目前是世界上最大的建筑市场，全国房屋总面积已超过400多亿平方米，每年新增建筑面积高达18亿~20亿平方米，相当于全球总量的40%。这一速度将在15年左右时间，就可使全国建筑存量翻番。目前，我国95%以上的既有建筑是高耗能建筑，能耗水平与国际先进水平差距较大。❹

我国目前城镇民用建筑运行耗电占我国总发电量的25%左右，北方地区城镇供暖消耗的燃煤占我国非发电用煤量的15%~20%。这些数据仅为建筑运

---

❶ “建筑节能推广有望大幅降低温室气体排放”，载http：//www.chinajnzz.com/news/shownews_17840.htm，2010年4月3日访问。

❷ 载香港特别行政区政府网站，2010－10－25，http：//www.gov.hk/tc/residents/environment/global/climate.htm。

❸ 载《科学时报》2007年11月22日。

❹ 梁语：“未来6年我国绿色建筑占比将达50%”，载中国新闻网2014年4月18日。

行所消耗的能源，建设领域中的建筑业实际上是资源消耗的大户。据计算，其钢材消耗量约占我国钢材生产总量的20%，水泥消耗量约占我国水泥生产量的20%，玻璃消耗量约占我国玻璃生产总量的15%。[1]

从近几年建筑能耗的情况看，我国建筑用能呈现逐年上升的趋势。1995年中国建筑年能耗3.15亿吨标准煤，占能源消耗总量的24.0%；到2002年已达到4.28亿吨标准煤，占能源总能耗的28.2%。虽然建筑能耗占总能耗的比重近年来呈下降趋势，但总能耗仍呈现上升趋势。2006年，我国建筑能耗已达到5.63亿吨标准煤，占能源总能耗的23.1%，二氧化碳排放约14.8亿吨，约占世界建筑业二氧化碳排放的16%。“数据显示：按目前的趋势发展，到2020年我国建筑能耗将达到10.9亿吨标准煤。比三峡电站34年的发电量总和还要多。”[2] 国家住房和城乡建设部副部长仇保兴指出，中国现在已成为全球建材消耗、污染排放和温室气体排放第一大国。[3]

可见，我国目前能源消费结构既不绿色，也不可持续。我国能源结构中近九成为化石能源，其中煤炭占近七成，石油占近两成，远远超越世界平均水平。煤炭的使用比起其他能源，如石油、天然气，释放出更多二氧化碳；加上我国煤炭清洁利用与利用效率不太理想，使用煤炭释放出的二氧化碳高于合理水平。改善我国作为能源净进口国的能源对外依存度的情况，是我国可持续发展的必要，也是增添国家安全保证的需要。因此，推进低碳建筑已是大势所趋，以降低建筑业的能源消耗，做到以节能减排的方式应对全球气候变化更是刻不容缓。

二、低碳建筑是相关行业可持续发展的重要契机

2009年8月12日，国务院首次提出要把加快建设以低碳排放为特征的建筑体系作为绿色经济一部分的新经济增长点。低碳建筑在建筑界的并不是一个新概念，日本建筑师在20多年前就开始在建筑界实践。对于一个资源匮乏的岛国来说，能源就意味着生命，而具有低碳内涵的意念就成为当地大多数建筑师的考虑之一。不过，包括低碳建筑在内的整个低碳经济、低碳生活的概念的广泛推广与应用起源于金融危机后各国寻求经济发展新引擎的探索阶段。此前，人们的意识还普遍在建筑的安全性、耐用性上，不具备完整的低能耗、低

---

[1] 王俊、徐伟：“建筑耗能现状和节能途径”，载《中国科技成果》2006年第19期。

[2] 载《沈阳晚报》2009年10月23日。

[3] 李美娟：“我国成全球建材消耗、污染排放和温室气体排放第一国”，载 http://www.jx.xinhuanet.com/news/2009-11/19/content_18279844.htm，2009年11月20日访问。

污染、低排放的内容。

在能源问题日益严重的今天，我国的大多数建筑却基本上都是高耗能建筑。据了解，目前我国房屋总面积已超过400亿平方米，建筑的单位面积能耗相对较高，而今后每年将新增建筑面积16~20亿平方米，到2020年将新增建筑面积200多亿平方米，能耗问题日益突出。有关数据显示，我国目前房地产建设占据城市中高达70%的能源耗费，而建筑能耗占全社会总能耗的30%左右。如果建一平方米的房子，就要向大气中排放574千克二氧化碳。[1] 如果连同房地产的开发过程中建筑采暖、空调、通风、照明等方面的能源在内，碳排放量将变得相当巨大。低碳建筑的发展能够促进房地产行业的健康可持续发展，也能够开发重大的市场机遇和发展空间。

（一）低碳建筑发展的经济效益

节能减排、推进低碳建筑不但完全可行，而且还具有巨大的经济效益。根据联合国环境规划署在2009年3月29日公布的一份报告《建筑物与气候变化：现状，挑战与机遇》，建筑业只要采取一些简单而且成本较低的措施，就能降低能耗，从而大量减少与能源产业有关的温室气体排放，为减缓全球变暖作出贡献；只要政府加以适当规范并采用更多节能技术，就能大幅减少与建筑业能耗有关的二氧化碳排放。根据联合国环境规划署2009年11月份的一份报告，尽管推进建筑节能需要投入资金，但由此减少的能耗和碳排放完全足够抵消投入的成本。例如，美国纽约的帝国大厦计划投入2000万美元进行节能改进，以便到2013年时将温室气体排放量降低38%，这一行动带来的效果是每年节约440万美元。[2] 根据有关统计，如果一个建筑的总成本增加5%左右的投入，就能取得30%~40%的减排效果，这个市场无疑是巨大的。[3] 2010年1月19日，在由中国房地产研究会、住宅产业发展和技术委员会举办的“企业家责任与低碳地产论坛”上，我国房地产业界的重要企业纷纷走上前台，共同倡导在住宅中广泛使用低碳节能技术。低碳建筑已经是大势所趋。我国《节能中长期专项规划》明确规定，到2010年，新建建筑全面执行节能50%设计标准，直辖市及有条件地区实施节能65%标准。这意味着未来建筑市场将无可避免地被节能低碳建筑占据。我国一连串振兴战略性新兴产业的规划大力扶持了新材料、节能与环保产业等行业，而这些行业的技术进步与创新对于低碳建筑有着相互促进的关系，两者的繁荣为低碳建筑的实现提供了保障。

---

[1] 载《今日早报》2010年2月4日。

[2] 载联合国环境规划署网站，http：//www. unep. org/chinese/，2010－3－16，16：52。

[3] 魏巍：“低碳建筑时代到来”，载《东方今报》2010年1月6日。

（二）低碳建筑是促进清洁生产与循环经济制度的必然要求

推进低碳建筑，是环境法清洁生产与循环经济制度的体现和必然要求。联合国环境规划署在1989年把“清洁生产”定义为：将综合预防的环境策略持续应用于生产过程和产品中，以便减少对人类和环境的风险。《中国21世纪议程》将清洁生产定义为：既可满足人们的需要又可合理使用自然资源和能源，并保护环境的实用生产方法和措施。清洁生产不仅要求生产过程无污染少污染，最大可能地节约资源和能源，而且要求产品的绿化，即减少产品在整个生产周期对人类和环境的影响。[1] 循环经济，则是指在生产、流通、消费等过程中进行的减量化、再利用、资源化活动的总称。循环经济有三大原则：[2] 减量化原则、再利用原则、再循环原则，特别是减量化原则集中体现了低碳建筑的要求，呼应了应对全球气候变暖的时代号召。减量化要求建筑物在整个设计、施工、适用、维修甚至拆迁过程中减少建筑垃圾的排放，减少温室气体的排放，减少对环境和人类的影响，同时减少资源和能源的使用，把节约放在第一位。

三、建筑业是最容易达到节能减排目标的领域

我国政府高度重视气候变化问题，明确提出要把应对气候变化纳入国民经济和社会发展规划，要强化节能减排，努力控制温室气体排放，尝试有助于发展低碳经济的各种途径，着重建设低碳型工业、建筑和交通体系。2009年9月，胡锦涛主席在联合国气候变化峰会上承诺要继续采取强有力的措施应对气候变化，争取到2020年单位GDP二氧化碳排放比2005年有显著下降。2009年11月，温家宝总理主持召开的国务院常务会议决定，到2020年，我国单位GDP的二氧化碳排放比2005年下降40%～45%。2010年4月22日，温家宝总理以国家能源委员会主任身份主持召开国家能源委员会第一次全体会议，再次强调要积极应对气候变化，打好节能减排攻坚战。要把2020年单位GDP二氧化碳减排40%～45%的目标，作为约束性指标纳入国民经济和社会发展中长期规划，着力构建以低碳排放为主的工业、交通、建筑体系。

根据麦肯锡（Mckinsey）的减排措施全球成本曲线图，减少温室气体排放排在前5位的最为有效的方法依次是建筑物绝缘（隔热）、商用车燃料效率、照明、空气调节和水加热（水暖）。另外，根据美国－劳伦斯－伯克利－国家实验室LBNL（Lawrence Berkeley National Laboratory）公布的中国应对气候变

---

[1] 周珂：《环境法》，中国人民大学出版社2008年版，第59页。

[2] 同上书，第65页。

化解决方案，减低建筑物的碳排放被列为中国气候变化解决方案的最为关键的路径之一。

研究表明，虽然建筑行业是社会能源消耗中的大头，却也是可塑性最强的行业。建筑规划设计咨询公司美国 MCM 集团首席执行官迈克·米切尔（Michael C. Mitchell）说：根据专家测算，在投资 20 美元减排 1 吨碳的众多方案中，建筑行业可以实现的方案是其他任何行业的 3 倍之多。[1] 因此，建筑行业具有极大的潜力，是最快可以产生节能减排效果的领域。我国要完成节能减排的既定目标以及履行国际承诺，迈向低碳发展之路，建筑业的"低碳"和"节能"注定成为必然的路径选择。

四、低碳建筑立法的必要性

随着社会的发展，人们的环境意识逐步加强，以低能耗、低污染、低排放为基础的低碳经济理念应运而生，为解决环境恶化和能源短缺提供方向。低碳经济几乎囊括了社会上的各行各业，其内涵也被外延为多个方面：低碳社会、低碳生产、低碳消费、低碳生活、低碳城市等。在众多方面中，低碳建筑常常是被忽略的，但其是发展低碳城市和低碳社会的重要方面，中国也不例外，可以这样说，解决了建筑的高能耗问题就相当于解决了一半的能源消耗问题，而目前来说最为推崇的方法就是发展低碳建筑。低碳建筑起初是作为一种理念提出来的，现在主要也是在概念阶段进行探索，其在现实生活中的作用还远没有发挥出来，主要原因在于，在低碳建筑方面，我国的立法还不够健全。要达到低碳建筑理念所倡导的建筑节能，必须加强这方面的立法，从法律制度上切实的保障节能的实现。一方面，低碳建筑的理念不够深化。低碳建筑的建造者是开发商、地产商，这些主体在实施建造行为的过程中，主要考虑的是自己的经济利益而非建筑本身的生态价值，这样就会导致低碳建筑的理念在现实生活中也仅仅是个口号而已。改变这一现状，仅仅依靠道德是不够的，必须通过法律手段，对建造主体的行为进行规制，使其中的各个环节都在法律范围内进行，以此约束他们的行为，避免他们因为一己私利而违规建筑，逐步实现低碳建筑由道德呼吁到法律强制的转变。另一方面，有关低碳建筑的法律体系自身不完善。虽然，我国已经针对低碳建筑出台了一些规定，也使低碳建筑在一定程度上步入了依法管理的轨道，但是，我国现有的法律无法满足我国现实国情下低碳建筑领域的客观需要，这也是我国低碳建筑步伐缓慢的主要原因之一。因此，完善低碳建筑立法刻不容缓。此外，低碳建筑的实施关系社会生活的方方

[1] 邵乐韵："建筑节能为低碳生活作贡献"，载《新民周刊》2010 年第 11 期，第 41～44 页。

面面，与人们的生活息息相关，低碳建筑立法能有力地保障消费者的合法权益。

第二节 我国发展低碳建筑的现行政策与法律

我国的建筑节能工作从20世纪80年代中期开始，起步较晚。以1986年颁布的《北方地区居住建筑节能设计标准》为标志而启动，经过近20多年的努力，我国建筑节能政策与法律法规迅速发展，日益完善。

一、我国有关低碳建筑的现行政策概述

低碳建筑业的健康发展离不开强有力的政策支撑。我国关于建筑业可持续发展的最早的政策性文件是1994年7月国务院颁布的《中国21世纪议程——中国21世纪人口、环境与发展白皮书》。这份白皮书出台的背景是1992年在巴西里约热内卢召开的联合国环境与发展大会。这次地球峰会形成了《21世纪议程》等重要文件，中国政府在大会上作出了履行《21世纪议程》等文件的庄严承诺。随后，国务院颁布了《中国21世纪议程》，要求各级政府和部门将其作为制订国民经济和社会发展计划的指导性文件。议程的第二部分提出要通过正确引导城市化，加强城镇用地管理，加快城镇基础设施建设和完善住区功能，促进建筑业发展，向所有人提供适当住房，改善住区环境。同时，该议程设定的关于我国国民经济和社会可持续发展的总体战略和政策措施方案也是我国建筑业可持续发展的基本原则和行动纲领。

为进一步推进可持续发展，我国政府于2003年7月制定了《中国21世纪可持续发展行动纲要》。该纲要的一些指导原则、目标以及具体保障措施对建筑业的可持续发展提出了具体要求。例如，经济结构完成从“高消耗、高污染、低效益”向“低消耗、低污染、高效益”转变的规定也是我国目前发展低碳建筑的基础；建设节水型城市和节水型社会，全面节约用水，提高水的利用率；建设有序、文明、祥和的新型社区，创造良好的人居环境；大力发展清洁利用煤炭和热电联产集中供热技术，强化能源节约，提高能源利用效率，减少环境污染；加强城市建设项目环境保护及市容环境管理，减少扬尘和噪音等则为我国低碳建筑的发展提出了具体要求。

2006年3月14日，十届全国人大四次会议通过了国民经济和社会发展第十一个五年规划纲要（以下简称“十一五”规划），涉及低碳建筑的主要规定有：建筑节能，严格执行建筑节能设计标准，推动既有建筑节能改造，推广新型墙体材料和节能产品等；绿色照明，在公用设施、宾馆、商厦、写字楼以及

住宅中推广高效节电照明系统等；政府机构节能，政府机构建筑按照建筑节能标准进行改造等；加强公共建筑和住宅节水设施建设；发展节能省地型公共建筑和住宅；提高建筑物质量，延长使用寿命，提倡简约实用的建筑装修，推进木材、金属材料、水泥的节约代用；完善建筑物能效标准等；大力发展节能环保的新型建筑材料、保温材料以及绿色装饰装修材料。

随后，原建设部于2006年3月15日发布了《建设事业“十一五”规划纲要》，把大力发展节能省地型建筑列为建设事业改革与发展的主要目标之一，并且提出围绕大力发展节能省地型住宅和公共建筑，强化建筑节能技术标准执行监督、实施效果评价监测，建立建筑能耗统计、建筑能效认证、建筑节能性能测评与标识等制度，形成有效的建筑节能行政监管体系；提出加强建筑节能和资源节约宣传，开展标准与技术培训；要求积极推进建设领域国际科技合作；做好《城乡规划法》《建筑法》《建筑节能条例》法律、法规的修订和起草制定工作。

为推动全社会节能，缓解能源约束的矛盾和环境压力，经国务院同意，国家发展改革委于2006年11月发布了《节能中长期专项规划》，这是中国目前最为系统和明确的低碳政策规范。规划指出我国公共建筑和居住建筑全面执行节能50%的标准是现实可行的，与发达国家相比，即使在达到了节能50%的目标以后仍有50%的节能潜力；建筑节能的重点是严格执行节能设计标准，加强政策导向；“十一五”期间重点是政府机构建筑物及采暖、空调、照明系统节能改造；要研究完善节约能源的相关法律，抓紧制定《节约用电管理办法》《能源效率标识管理办法》《建筑节能管理办法》等配套法规、规章；组织修订和完善主要耗能行业节能设计规范、建筑节能标准，加快制定建筑物制冷、采暖温度控制标准等；组织对产品能效标准、建筑节能设计标准、行业设计规范执行情况的监督检查；广泛、深入、持久地开展节能宣传，不断提高全民资源忧患意识和节约意识。

根据《联合国气候变化框架公约》和《京都议定书》的规定，我国在编制完成《中国应对气候变化国家战略》的基础上，制定了《中国应对气候变化国家方案》，并于2007年正式颁布实施。该“国家方案”明确了到2010年中国应对气候变化的目标、基本原则、重点领域及其政策措施。涉及建筑业低碳发展的内容有：在城市推广普及太阳能一体化建筑、太阳能集中供热水工程；修订和完善建筑节能标准，加快制定建筑物制冷、采暖温度控制标准等；加强节能监督检查，对不符合建筑节能设计标准的建筑，不准销售和使用；加强对政府办公建筑和大型公共建筑等公共设施用能情况的监督；加强对建筑节能设计标准执行情况的检查；研究制定发展节能省地型建筑和绿色建筑的经济激励政策；积极推广应用新型墙体材料以及优质环保节能的绝热隔音材料、防水材料和密封材料，提高高性能混凝土的应用比重，延长建筑物的寿命；重点研究开发绿色建筑设计技术，建筑节能技术与设备，供热系统和空调系统节能技术和设备，可再生能源装置与建筑一体化应用技术，精致建造和绿色建筑施工技术与装备，节能建材与绿色建材，建筑节能技术标准，既有建筑节能改造技术和标准；进一步推广包括节约建筑材料的“四节”（节能、节水、节材、节地）建筑，积极推进新型建筑体系，推广应用高性能、低材耗、可再生循环利用的建筑材料；加强国际技术合作，推广建筑节能技术、新型墙体材料技术等的应用与推广，将对减缓温室气体排放产生重大影响。

2008 年 10 月 29 日，中国政府发布《中国应对气候变化的政策与行动》白皮书，将建筑业列为重点节能减排领域，第四部分“减缓气候变化的政策与行动”中很多内容都与建筑业节能减排有关，如“加快实施重点节能工程，采用财政补贴推广使用节能灯 5000 万只的任务已在各地组织实施，近三年将推广使用节能灯 1.5 亿只以上”，提出“积极推广节能省地环保型建筑和绿色建筑，新建建筑严格执行强制性节能标准，加快既有建筑节能改造，1.5 亿平方米供热计量和节能改造任务分解到了各地区，在 24 个省市启动国家机关办公建筑和大型公共建筑节能监管体系试点工作”。“实施有利于节能的经济政策：出台支持企业节能技术改造、高效照明产品推广、建筑供热计量及节能改造等资金管理办法。”“中央国家机关开展了空调、照明、锅炉系统节能诊断和改造，完成了办公区所有非节能灯具的改造。”在第五部分“适应气候变化的政策与行动”中要求，“编制城市防洪排涝计划，提高城市防洪工程设计规范的标准。在重大工程的设计、建设和运行中考虑气候变化的因素，相应制定新的标准，适应未来气候变化的影响”。[1] 并且要求加强法制建设，与建筑业有关的是进行《节约能源法》的修订和国务院办公厅下发《关于严格执行公共建筑空调温度控制标准的通知》；国家确定了一批将重点研究的减缓温室气体排放的技术，其中与建筑业有关的为节能和提高能效技术、可再生能源和新能源技术。

国家为推动可再生能源建筑应用的发展，相继出台了实施意见、专项资金管理办法等一系列文件。具体包括：《财政部、建设部关于推进可再生能源在建筑中应用实施意见》《财政部、建设部关于印发〈可再生能源建筑应用专项资金管理暂行办法〉的通知》、《财政部、建设部关于加强可再生能源建筑应用示范管理的通知》等。同时，国家将从应用模式、法律法规、技术标准、

[1] 《中国应对气候变化的政策与行动》，新华网 2008 年 10 月 28 日授权发布，2010 年 3 月 18 日访问。

技术支撑、能力建设五大体系做好引导和宣传。此外，其他相关的政策性文件还有：我国先后发布了《国家中长期科学和技术发展规划纲要》《气候变化国家评估报告》以及《国家环境保护"十一五"规划》三个大的纲领性文件。2003年以来，国务院还先后发布了《节能中长期专项规划》《关于做好建设节约型社会近期重点工作的通知》《关于加快发展循环经济的若干意见》以及《关于加强节能工作的决定》等政策性文件。

二、我国促进低碳建筑发展的现行法规体系分析

（一）有关低碳建筑的相关法律及其规定

1. 国际公约和战略性决议

1992年全国人大常委会批准了《联合国气候变化框架公约》，2002年批准了1998年签署的《京都议定书》，根据《中华人民共和国环境保护法》第46条的规定，这些国际公约都具有中国法律同等的效力，当发生法律冲突时，适用国际条约的规定，但我国声明保留的条款除外。

2009年8月27日，全国人大常委会表决通过了《关于积极应对气候变化的决议》，这是目前低碳建筑业政策法律体系中最高等级的法律规范。决议明确提出要加强应对气候变化的法制工作，"把加强应对气候变化的相关立法作为形成和完善中国特色社会主义法律体系的一项重要任务，纳入立法工作议程。适时修改完善与应对气候变化、环境保护相关的法律，及时出台配套法规，并根据实际情况制定新的法律法规，为应对气候变化提供更加有力的法制保障。按照积极应对气候变化的总体要求，严格执行节约能源法、可再生能源法、循环经济促进法、清洁生产促进法、森林法、草原法等相关法律法规，依法推进我国应对气候变化工作。要把应对气候变化方面的工作作为人大监督工作的重点之一，加强对有关法律实施情况的监督检查，保证法律法规的有效实施"[1]。要采取措施积极应对气候变化，强化节能减排，努力控制温室气体排放，要立足国情发展绿色经济、低碳经济，加快发展高碳能源低碳化利用和低碳产业，建设低碳型工业、建筑和交通体系。这份法律性的决议对我国应对气候变化和发展低碳经济的立法进程以及现有法律的适应性修改起到了极大的推动作用。

2. 建筑法与节能法

目前我国制定的与低碳建筑最密切相关的法律法规主要有《中华人民共

[1] 参见全国人大常委会《关于积极应对气候变化的决议》。

和国节约能源法》《中华人民共和国建筑法》《民用建筑节能条例》《公共机构节能条例》以及地方颁布的部分规定，等等。其中，《节约能源法》和《建筑法》的效力层次属于“法律”，有一定的强制性，而《节约能源法》侧重的是的工业节能，《建筑法》中大多是一些鼓励支持的政策性条文，二者对建筑低碳领域缺少具体明确的法律规定，缺乏可操作性。《民用建筑节能条例》相比较而言具有较高的操作性，但是它主要是一些原则性的规定，而且是部门规章，法律效力低，强制性弱。现分述如下。

1998 年施行的《中华人民共和国建筑法》第 4 条规定：国家扶持建筑业的发展，支持建筑科学技术研究，提高房屋建筑设计水平，鼓励节约能源和保护环境，提倡采用先进技术、先进设备、先进工艺、新型建筑材料和现代管理方式。

2007 年修订并于 2008 年施行的《中华人民共和国节约能源法》将建筑业确定为重点节能领域，从建筑节能标准的制定到建筑节能的具体实施以及法律责任都作了详细规定，并且将建筑节能列为单独的一节予以规定。《节约能源法》第 14 条规定了建筑节能的国家标准、行业标准以及地方建筑节能标准的制定机关分别是国务院建设主管部门和省、自治区、直辖市人民政府建设主管部门。《节约能源法》第三节建筑节能共有七条，分别就建筑节能的监督管理、房地产企业的义务、公共建筑的温度控制制度、用热计量及收费制度、节约用电管理以及鼓励使用节能材料和可再生能源作了详细规定。第 79 条和第 80 条分别规定了建设单位、设计单位、施工单位、监理单位违反建筑节能标准的法律责任和房地产开发企业在销售房屋时未向购买人明示所售房屋的节能措施、保温工程保修期等信息的法律责任。处罚措施包括责令改正、罚款、降低或吊销资质等级证书以及赔偿。根据《节约能源法》，国务院于 2008 年 10 月颁布施行了《公共机构节能条例》。该条例对公共机构的既有建筑和新建建筑从节能管理、节能措施以监督管理方面都作出了具体规定。

2008 年 10 月 1 日颁布实施的《民用建筑节能条例》是专门规范建筑物节能减排的法规，主旨在于加强民用建筑节能管理，降低民用建筑使用过程中的能源消耗，提高能源利用效率。该条例是在总结多年来民用建筑节能工作实践及国内外相关立法经验基础上制定的一部法规，是《节约能源法》的重要配套法规。该条例对新建建筑节能、既有建筑节能、建筑用能系统运行节能以及法律责任都作出了详细而具体的规定。该条例进一步突出了建筑节能在我国经济社会发展中的战略地位，明确了法律调整范围，健全了管理制度，完善了激励机制，确立了民用建筑节能的管理和监督主体，强化了有关各方的法律责任，增强了法律的针对性和可操作性，它的颁布实施为有效推进民用建筑节能工作提供了重要的法律保障和有效的监管手段，将极大地推动我国民用建筑节能工作健康快速发展。

2006年3月7日，原建设部和国家质量监督检验检疫总局联合发布了国家标准《绿色建筑评价标准》。同年6月1日，此标准正式实施，成为我国第一部从住宅和公共建筑全寿命周期出发，多目标、多层次地对绿色建筑进行综合性评价的推荐性国家标准。《绿色建筑评价标准》将绿色建筑定义为：在建筑的全寿命周期内，最大限度地节约资源（节能、节地、节水、节材），保护环境和减少污染，为人们提供健康的使用空间，与自然和谐共生的建筑。低碳建筑的努力方向与绿色建筑是一致的，低碳建筑突出了降低碳排放这个角度，目标与指标很明确。

3. 绿色建筑标准

在相关的标准方面，原建设部陆续发布了《民用建筑节能设计标准》《夏热冬冷地区居住建筑节能设计标准》《夏热冬暖地区居住建筑节能设计标准》和《公共建筑节能设计标准》《绿色建筑评价技术细则》等国家标准，覆盖了我国不同气候的民用和公共建筑。我国已经基本建立了由国家标准、地方标准以及规范性标准化文件为补充的建筑节能技术标准框架体系。2006年3月，原建设部与国家质检总局联合发布了工程建设《绿色建筑评估标准》（GB/T 50378—2006），这是我国第一部从住宅和公共建筑全寿命周期出发、多目标、多层次对绿色建筑进行综合性评估的国家标准。2007年8月，建设部又颁布了《绿色建筑评估标识管理办法》，该办法对绿色建筑评估标准进行应用推广和认证，绿色建筑工作开始走向深入。

4. 可再生能源法

2006年实施并于2009年修订的《中华人民共和国可再生能源法》体现了国家对能源的高度重视。该法的主要功能是促进可再生能源的开发利用，改善能源结构，保障能源安全，保护环境，实现经济社会的可持续发展。其中对建筑业应对气候变化的规定非常具体。例如，国家鼓励单位和个人安装和使用太阳能热水系统、太阳能供热采暖和制冷系统、太阳能光伏发电系统等太阳能利用系统，国务院建设行政主管部门会同国务院有关部门制定太阳能利用系统与建筑结合的技术经济政策和技术规范；房地产开发企业应当根据前款规定的技术规范，在建筑物的设计和施工中，为太阳能利用提供必备条件；对已建成的建筑物，住户可以在不影响其质量与安全的前提下安装符合技术规范和产品标准的太阳能利用系统，但是，当事人另有约定的除外。

5. 清洁生产与循环经济促进法

2003年施行的《中华人民共和国清洁生产促进法》的主旨在于促进清洁生产，提高资源利用效率，减少和避免污染物的产生，保护和改善环境，保障人体健康，促进经济与社会可持续发展。其中有关建筑业应对气候变化的有关内容包括：规定了建设部门的清洁生产和节能环保方面的职责、建设项目和建设工程的环保节能要求等。该法第 24 条规定，建筑工程应当采用节能、节水等有利于环境与资源保护的建筑设计方案、建筑和装修材料、建筑构配件及设备。建筑和装修材料必须符合国家标准。禁止生产、销售和使用有毒、有害物质超过国家标准的建筑和装修材料。第 38 条规定了法律责任，如果生产、销售有毒、有害物质超过国家标准的建筑和装修材料的，将依照产品质量法和有关民事、刑事法律的规定，追究其行政、民事、刑事法律责任。

2009 年开始实施的《中华人民共和国循环经济促进法》明确规定了建筑业的节能减排，对建筑设计、施工、建材、建筑物使用等方面节约资源和能源都作出了具体规定。该法以下规定直接适用于建筑业：国家对建材、建筑等行业年综合能源消费量、用水量超过国家规定总量的重点企业，实行能耗、水耗的重点监督管理制度；建筑设计、建设、施工等单位应当按照国家有关规定和标准，对其设计、建设、施工的建筑物及构筑物采用节能、节水、节地、节材的技术工艺和小型、轻型、再生产品。有条件的地区，应当充分利用太阳能、地热能、风能等可再生能源。国家鼓励利用无毒无害的固体废物生产建筑材料，鼓励使用散装水泥，推广使用预拌混凝土和预拌砂浆。城市人民政府和建筑物的所有者或者使用者，应当采取措施，加强建筑物维护管理，延长建筑物使用寿命。对符合城市规划和工程建设标准，在合理使用寿命内的建筑物，除为了公共利益的需要外，城市人民政府不得决定拆除。建设单位应当对工程施工中产生的建筑废物进行综合利用，不具备综合利用条件的，应当委托具备条件的生产经营者进行综合利用或者无害化处置。

6. 环境保护法

1989 年修订的《中华人民共和国环境保护法》作为我国环境保护的基本法，主要是通过规定排污标准，建立环境监测、防污设施建设三同时，交纳超标准排污费等制度，保护和改善生活环境与生态环境，防止废气、废水、废渣、粉尘、恶臭气体、放射性物质以及噪声、振动、电磁波辐射等的排放，防治污染和其他公害。该法主要使用与传统的环境保护和污染防治，除了在总则的第 4 条笼统性地规定“国家制定的环境保护规划必须纳入国民经济和社会发展计划，国家采取有利于环境保护的经济、技术政策和措施，使环境保护工作同经济建设和社会发展相协调”外，并没有具体的有关应对当今气候变化的内容，也没有明确体现温室气体减排的功能。

（二）部门规章及有关部委文件

作为建筑业的主要管理部门，住房和城乡建设部于 2007 年 6 月 26 日发布并实施的《建设部关于落实〈国务院关于印发节能减排综合性工作方案的通知〉的实施方案》，规定了建筑业节能减排的工作目标和总体要求和主要的工作措施。此外，还有2005年7月1日制定的《公共建筑物节能设计标准》、2005年5月31日制定的《关于发展节能省地型住宅和公共建筑指导意见》、2005年4月15日制定的《建筑部关于新建居住建筑严格执行建筑节能标准的通知》等。

金融危机后，我国各部委在2009年底开始陆续出台规范性文件，重点扶持低碳经济的新兴产业，淘汰落后产能，直接或间接地为低碳建筑注入动力。

相关部委	相关文件及重点内容
银监会	制定《关于进一步做好金融服务支持重点产业结构调整产业振兴和抑制部分行业产能过剩的指导意见》，对战略型新兴产业拓宽金融创新产品，优化信贷管理制度并加大扶持力度。
税务总局	制定《关于公布环境保护节能节水项目企业所得税优惠目录（试行）的通知》，制定支持新兴产业的相关税收政策。
发展改革委	制定《国务院关于加快培育战略性新兴产业的决定》，加快培育新兴产业创业投资，增加产业基金筹募资金的渠道；在部分战略性新兴产业领域启动实施一批带动作用强、市场前景好的重大工程和专项。
工信部	制定《战略性新兴产业发展规划》，制订战略性新兴产业重要领域研究的专项规划，如重大节能装备、新材料、节能与环保材料、生物医药、集成电路、平板显示、软件、宽带及移动通信，新能源汽车、航空、海洋工程装备、卫星及应用等领域；加快重点科技领域技术创新和产业化进程，结合重点产业技术改造和重大科技专项，着力突破一批制约产业发展的核心关键技术，加快推进大飞机、TD－SCDMA新一代移动通信、高档数控机床及基础装备制造等重点领域的产业化、规模化进程。
国资委	结合编制“十二五”规划和落实重点产业调整规划，引导国有资本向高新技术和战略型新兴产业加大投入。
保监会	鼓励保险资金以股权投资、债券投资或其他适合方式积极参和促进战略新兴产业发展。
财政部等	加大资金投入，支持节能环保、新能源汽车产业发展和新能源开发的力度：2010年中央预算安排的节能减排专项资金达到500亿元；安排可再生能源发展专项资金109亿元，可再生能源电价附加收入100亿元；中央财政节能减排和新能源发展专项合计安排709亿元。制定加快信息等其他战略性新兴产业发展的资金支持政策。加快实施科技重大专项，安排专项资金，保证16个重大科技专项顺利实施。启动首台奖励制度，鼓励和支持高端制造业和重大技术创新。对采购和使用高端技术装备的业土单位，给予必要的鼓励，以鼓励重大资产装备的运作，提高国产高端自主研发和高端技术装备创新能力。

续表

相关部委	相关文件及重点内容
科技部	以培育战略性新兴产业和形成区域经济增长为主要任务，推动二次创业，使高新区成为培育战略性新兴产业的重要载体，打造一批具有国际竞争力的战略性新兴产业基地；把低碳技术、新能源技术、动力电池、互联网、智能电网等一些领域，作为优先发展的技术领域，要掌握核心技术，尽早实现自主知识产权；加大对前沿性、关键性、基础性和共性基础研究的支持力度。
能源局	《新兴能源产业发展规划》已上报国务院，即将公布的《“十二五”节能环保产业发展规划》突出清洁能源和可再生能源，包括水电、核电、风力发电、太阳能发电、沼气发电，以及地热利用、煤的清洁利用等；在先后次序上，提出大力发展生物质能、太阳能、地热能、风能等可再生能源，有序发展水电，积极发展核电；制定促进绿色经济、低碳经济发展的财税、金融、价格等激励政策。

（三）地方法规和地方政府规章

为了积极应对气候变化，落实《民用节能条例》和国家有关建筑节能减排的决策，很多地方政府都制定了建筑物节能的相关文件，如《北京市“十一五”时期建筑节能发展规划》《河北省建筑节能（2007—2010 年）发展规划》《宁波市建筑节能发展规划纲要》《大连市 2009 年建筑节能减排工作要点》《太原市人民政府关于加强建筑节能工作的意见》《浙江省公共建筑节能设计标准》《陕西省建筑节能条例》《河南省关于加强节能工作决定的实施意见》等。从 2011 年年底到 2012 年一季度，全国共有 20 余个地方政府陆续出台了建筑节能相关政策和地方性规范，对建筑节能提出具体要求。

三、我国发展低碳建筑的相关政策与法律规定简评❶

我国促进低碳建筑发展的政策与法规体系还处于初创阶段，从总的方面来说，法规的体系性较弱，政策规范为主，专门性立法不多，且大部分专门规范等级较低，相关性规范分布领域广泛，发展空间广阔。我国低碳建筑方面的立法对于低碳建筑标准的规定较多，但对于与之相关的其他方面还没有形成较为完善的法律法规，比如对低碳建筑的规划设计方面的规定多有缺失。随着国家对建筑业节能减排重视程度的不断提高，建筑业低碳发展的政策支撑和法律保障体系将逐步得到完善。

从具体的立法方面来说，以下内容仍有待进一步完善：（1）《建筑法》作为国家法律，具有很高的权威性。虽然涉及建筑节能，但对建筑节能为“支持”“鼓励”和“提倡”，缺乏强制性规定。另外，《建筑法》没有关于绿色建筑、低碳建筑方面的规定，更无从提起具体的约束条款了。（2）虽然制定

❶ 周珂、尹兵：“我国低碳建筑发展的政策与法律分析”，载《新视野》2010 年第 6 期。

和修改了《节约能源法》，并对建筑节能作了较为详细的规定，但有法不依，执法不严的现象严重，配套法规不完善，操作性上有待改进，仍然存在一些地方和单位未予以细化和实施，也无考核、无量化、无审计，能耗管理存在很大漏洞。能效标准制定工作滞后，虽然陆续制定和颁布了各气候区建筑节能50%的设计标准，但是缺乏相应的实施细则和强制措施予以保障。（3）《可再生能源法》规定房地产开发企业应当在建筑物的设计和施工中为太阳能利用提供必要的条件，但《中华人民共和国建筑法》却并无此等要求。制度配合与协调的不到位，无疑会严重制约和影响《可再生能源法》的实施及其效果。（4）中国的绿色建筑评价体系受美国LEED（Leadership in Energy and Environmental Design）影响较大，而且更注重节能，但是在碳排放约束方面还是空白。欧盟早在20世纪90年代启动的一些示范项目，除了要求节能、节水外，已开始要求控制二氧化碳等温室气体和污染气体排放。（5）强制性规范较多，且在强制性规定方面，主要是以各项“环境标准”为主，缺乏相关的立法来明确建筑节能的管理模式和可操作的具体实施办法，无法保证建筑节能低碳的有效实行。反之，倡导性规范较少，缺乏有效的经济激励机制。据有关资料测算，当住宅建筑节能30%以上时，要增加造价约3%~6%，当节能50%时，造价增加可达6%~11%。节能建筑造价增加了，却缺乏经济调控的激励措施，这就使得建设单位缺少了实施建筑节能的主动性和能动性。国内外实践表明，节能在很多方面属于市场失灵的领域，需要政府宏观调控和引导。目前在财税政策上对建筑节能改造、节能设备研制和应用以及节能奖励等方面，支持的力度不够。（6）环境标准体系不完善，环境标准以节能标准为主，但法律没有规定建筑物质量标准、建筑物寿命和拆迁标准，直接导致现实中较为突出的建筑物“短命”问题。住建部副部长仇保兴在第六届国际绿色建筑与建筑节能大会上称，中国是世界上每年新建建筑量最大的国家，每年20亿平方米的新建面积，相当于消耗了全世界40%的水泥和钢材，却只能持续25~30年，建筑物“三十而夭”。建筑物平均只有30年的寿命❶，为社会带来的代价就是高成本，拆除和建设的成本本身就很高，而且大大浪费很多可利用的材料。高排放，在于建筑物的建设与拆除，以及建筑物料的制造与废置产生大量温室气体。我国建筑物寿命较短，是基于建筑物质量较差和盲目拆迁，这与低碳建筑的要求是完全背道而驰的，而改善的方法是以立法的方式确定可操作的环境标准体系。

总之，建筑业的耗能是温室气体的主要来源之一，建筑业也是可以较快产

---

❶ 参见“住建部：中国建筑平均寿命仅30年，年产数亿垃圾”，载中国日报网2010年4月6日。

生节能减排效果的领域。在全球性气候变化和能源短缺的背景下，寻求低碳的经济发展模式已经成为当务之急。我国要完成节能减排的既定目标以及履行国际承诺，迈向低碳发展，建筑业就需要走"低碳"和"节能"之路。建筑业的低碳发展离不开强有力的政策支撑与法律保障。目前我国低碳建筑业政策法律体系处于初创阶段，需要结合我国国情、借鉴国外先进经验，通过政策与法律的衔接、修订法律等方式予以进一步完善。

第三节　建立健全促进我国低碳建筑发展的政策与法律体系[1]

一、主要发达国家关于低碳建筑政策与立法的先进经验

随着气候变暖，低碳经济、低碳城市、低碳建筑在全球范围都成了热点，一些国家在完善政策和立法方面值得我国借鉴。

（一）英国

2002 年加入《京都议定书》以后，英国颁布了一系列强制性的温室气体减排的法律法规。国际上最早提及低碳经济的正式文件是 2003 年英国的能源白皮书《我们能源的未来：创建低碳经济》，英国可再生能源法实施的三个重点领域之一是供热（heat），即建筑能源问题。2002 年，英国颁布的相关建筑法规规定了建筑行业能耗标准。英国政府于 2006 年对《建筑规范》进行了调整，建筑物的预计二氧化碳排放量和二氧化碳目标排放率的计算被纳入为关键指标之一[2]。2006 年英国的可持续住宅法规确定了著名的标准评估程序等级（Standard Assessment Procedure Rating），要求从 2008 年起，对所有新建建筑能耗/二氧化碳排放进行强制性评价，争取到 2016 年所有新建建筑达到二氧化碳完全零排放。[3]

2007 年，英国政府颁布了"可持续住宅标准"，对住宅建设和设计提出了可持续性新规范，其最大的特点是节能环保，并颁布相应的节能等级证书。英国政府宣布，未来将为每一个房子的节能程度作评比划分等级，就像每一个电器产品都有节能等级一样。英国政府计划，引进新的房屋交易信息，其中将包括房子的节能等级证书，按照计划，一个独立的监察机构将负责评比房子的能

---

[1] 周珂、尹兵："我国低碳建筑发展的政策与法律分析"，载《新视野》2010 年第 6 期。

[2] 安迪·福特："低碳建筑的未来"，载《世界建筑》2010 年第 2 期，第 44～53 页。

[3] Camilleri, M. J., A draft climate change sustainability index for house [R]. study report No. 95 (2000), BRANZ.

源使用表现，评比之后划分由A到G不同的节能等级，A级的节能能力最优，G级节能能力最差，节能等级证书还会说明这栋房子的能源消耗效率和生产这栋房子所需能源而释放出的二氧化碳对环境的影响。被评为节能效果差的住房，购买者可由政府设立的“绿色住宅服务中心”提供免费或优惠的改进能源效率的措施。

（二）美国

美国将低碳经济作为未来发展之路的重要战略选择，于2007年7月提出《低碳经济法案》。虽然法案没有法律效力，但美国对这方面的立法高度关注，积极论证，一旦需要随时可通过并实施。2009年1月，美国奥巴马政府提出“绿色新政”的经济刺激计划，其中包括要投资建筑节能改造工程，特别是政府机构以及公共机构设施的节能改造，同时促进普通家庭住宅的节能；2009年3月，美国众议院能源委员会向国会提出了“2009年美国清洁能源与安全保障法（American Clean Energy and Security Act of 2009）”法案，该法案明确规定了政府向新建建筑和现有商业建筑和住宅的节能改造提供援助，同时法案还指示环保署制定建筑物能效评估办法。美国环保局对有利于节能的建筑材料授予“能源之星”标志，而其采购法规定政府必须采购“能源之星”认证产品。“能源之星”间接地成为政府强制性行为，是国外产品进入美国市场的技术壁垒。购置有能源之星标识的建筑，可申请低息抵押贷款。同时为了让低收入家庭也能节约能源，美国发起了低收入家庭住宅节能计划，使低收入家庭免费得到政府节能改造。

（三）日本

日本作为一个资源匮乏的岛国，很早就开展了低碳社会情景研究和行动计划。2008年5月，研究小组发布了《面向2050日本低碳社会情境的12大行动》报告，其中对住宅行业提出了低碳发展路线图。2009年4月，日本发表了以“低碳革命”为核心的经济刺激计划。计划从“家电节能”“建筑低碳化”“交通运输低碳化”“促进可再生能源发展”以及“绿色金融”五个领域进行激励制度与经济手法的创新。其中从低碳化住宅建设、办公楼节能和推进绿色IT三个方面发展低碳建筑。[1]

（四）德国

德国的《关于新建筑物节能法》从当地的气候条件出发，对德国建筑物夏季隔热、冬季保温的建筑标准进行强化和完善。[2] 德国的《能源节约法》规

---

[1] 蔡林海：《低碳经济大格局》，经济科学出版社2009年版，第74～75页。

[2] 马宏亮：“国外建筑节能政策比较”，载《科协论坛》2010年第1期，第113页。

定，消费者购买或租赁房屋时，建筑商必须出示一份“能耗证明”，告诉消费者该住宅每年的能耗，新法规还鼓励企业和个人对老建筑进行节能改造，并实行强制报废措施。

（五）瑞典

瑞典政府加大对节能减排的资金投入（财政预算），以城市为单位，推进建筑节能。根据瑞典政府的成功经验，从2003至2008年的多个回合中，瑞典政府支持了大约18亿克朗用于气候投资项目（Klimp）。瑞典经验正在全欧洲推广。“城市将扮演重要角色”，瑞典环境部国务秘书法莱莫曾对CBN记者表示，目前减排已经不是一个国家需要达成的总体目标，而项目分解到各个城市，城市又将建筑节能减排作为其中十分关键的一环。

综观发达国家政府在推动低碳建筑中的实践经验，可以发现有以下共同点：（1）制定切实可行的技术规范；（2）强制性立法和经济激励性相结合；（3）培养公民的低碳环保意识；（4）在政府机构等公共建筑中率先执行低碳标准；（5）国家大力支持低碳技术研究。发达国家在推动低碳建筑中有很多值得我国借鉴的地方。由于各国社会发展阶段和经济发展程度的不同，我国政府可以根据我国的国情，学习它们的先进经验，充分发挥政府职能，开展对低碳建筑的推广工作。

二、完善符合我国国情的低碳建筑政策与法规体系

低碳经济在全球范围内是一个创新领域，我国推进低碳建筑是机遇大于挑战。低碳建筑的发展需要依赖技术、市场与资金的支持，与环境、经济、社会的大环境密不可分，而这正是环境法学的意义所在。低碳建筑是一个广而深的概念，从建筑规划、建筑施工、建材选择（外墙、玻璃、门窗等）、家电选择到建筑拆除都涉及低碳建筑。“低碳”有成本，但也有回报，回报率的高低取决于技术水平。因此，我国应重点推动低碳技术的研发与突破，继续扶持战略型新兴产业，攻克核心科学技术的制高点，实现低碳建筑和与其环环相扣的产业共同繁荣。由于科学技术具有不确定性和可变性，现阶段不必通过政策和法律强制推行今后有机会被视为低水平的技术和产品。

我国正处于高速发展的时期，低碳建筑的法制建设无法一步到位是理所当然的，不适宜操之过急，搞一刀切。在法律层面上，从目前我国的立法情况和各地的法规和规章制定情况来看，现行许多部法律法规规章已经涉及建筑物节能减排，至少目前没有必要仿效美国制定《低碳经济法》或《低碳建筑法》（事实上美国也仅停留在法案层面）。我国的低碳建筑法制建设宜多采取引导性的规范，调动市场的积极性，按照生产力和生产关系

及经济基础与上层建筑关系的客观要求，配合我国社会经济总体发展有效推进。为了促进低碳建筑的相关市场制度的立法，可以有所创新，适当超前，但不适宜在不确定的科学领域盲目超前先行。当前，我国推进低碳建筑应当抓好以下几方面的法制工作。

（一）科学制定促进低碳建筑的规划

响应低碳潮流，推进低碳经济和低碳建筑是一个系统性工程，其中科学规划是基础，起统领全局的作用。国家要按照低碳建筑和循环经济法的要求，深化、细化低碳建筑的发展规划，特别关于制定有关建筑物寿命的规划，采取全寿命周期的分析方法，在设计、施工、运行特别是拆除再利用等方面都要使建筑对环境的干扰达到最小，“使建筑寿命（因为短视的城市规划和不当的大拆大建）从现在的平均35年也应该提高到100年甚至更长久，延长建筑的寿命就等于节能减排”。[1]

推进低碳建筑的规划需要因地制宜，结合实际，充分配合地方特色。城市间地理气候、发展状况、建筑密度等等的不同，都会致使不同城市对于低碳建筑有着不一样的需要。举个例子，在我国香港特别行政区和南方城市，人们普遍较为喜欢设有阳台的房子，香港特区政府在2001年和2002年为了推动环保及创新建筑设计推出新作业指引，把环保阳台（称阳台为环保，因为阳台可以发挥缓和气温的作用，遮挡阳光直射进室内，减低室温；又可在下雨天时不把窗户关上，保持室内通风）、公用平台花园、预制组件外墙等豁免计入建筑面积内（由于实用面积计算的问题，现在香港特区正在讨论是否收紧有关豁免）。在我国北方，基于天气与温度的不同，人们不存在这方面的偏好。由此可见，在不同的城市，低碳的细节未必一致，这也说明我国的低碳建筑立法总体上不应一刀切，而地方的低碳建筑法律法规应当发挥地方特色，因地制宜，顾及长远。

我国低碳建筑的长远发展应当要实现规模经济效益，现阶段应合理地扩大采用倡导性、指引性、鼓励性的法规和规章大力振兴与建筑业相联系的新兴产业。香港特别行政区的建筑工程广泛采用预制组件，即把例如预制外墙、楼梯、半预制地台板、混凝土板等的半制成品或组件预先制造，再运送至最后应用的地方安装。香港特别行政区政府及其半官方机构（如香港房屋委员会）普遍认可预制技术是高效率的建筑方法，可有效减少环境污染、物料浪费和物流管理的问题，又可减少建筑和维修工程所产生的噪音和尘埃。我国各地发展

---

[1] 仇保兴：“我国建筑节能潜力最大的六大领域及其展望”，载 www. mohurd. gov. cn，2013 年 4 月 9 日访问。

水平差异较大，如果在一些城市集中发展各类低碳高技术的建筑组建，达到产业整合、规模经济、品牌效应和城市间合理分工，形成低碳建筑及其相关行业产业化，将会促进创新型经济与集约型经济的共同发展。这过程需要具有地方特色，符合地方实际的长远规划，并以地方性法规、规章作为支撑。

（二）完善现有制度的低碳保障功能

第一，综合分析我国现行的低碳建筑法规体系，积极推进建筑物的节能减排。《循环经济促进法》《节约能源法》等法律中都提到了相关的激励政策，要抓紧制定并完善行政、经济、财政、金融、税收等政策法规来激励、督促、激发各主体的积极性和自觉性，推进低碳建筑的发展。要完善环境影响评价制度，完善建筑节能标准，建立建筑节能设计和评价制度，建立建筑节能评估体系，建立和完善能效标准标识制度。对于传统的环境标准制度要与时俱进地完善，应对气候变化和低碳建筑的要求，在完善节能标准的同时，适当地增加建筑物质量标准、建筑物寿命标准和拆除标准，并加紧出台相关政策或法规，严厉禁止没有质量问题的建筑提前被拆毁，以最大限度地避免浪费，减少温室气体的排放。

第二，修订相关法律，增加低碳内容。在修订《建筑法》《环境保护法》等相关法律时，增加低碳建筑和绿色建筑的内容，并要增加相关约束性条款，新的条款要具有强制性和可操作性；在绿色建筑评价标准中增加碳排放约束方面的内容。同时要做好部门规章与上位法的衔接。

第三，建立建筑节能标准体系，实行建筑能耗测评，实行准入制度，不符合建筑节能标准的建筑工程，建设主管部门不得批准开工建设；已经开工建设的，应当责令停止施工，限期改正；已经建成的，不得销售或者使用。

第四，严格环境行政执法，对“应当标注能源效率标识而未标注的，由产品质量监督部门责令改正，处三万元以上五万元以下罚款”，“固定资产投资项目建设单位开工建设不符合强制性节能标准的项目或者将该项目投入生产、使用的，由管理节能工作的部门责令停止建设或者停止生产、使用，限期改造；不能改造或者逾期不改造的生产性项目，由管理节能工作的部门报请本级人民政府按照国务院规定的权限责令关闭”❶。

第五，法律法规的制定需要时机的配合，而大发展和经济剧变是低碳建筑立法的最佳时机。处于高发展水平的香港特别行政区至今没有一套与低碳建筑相关的法律制度，是因为香港地区在建筑大发展的时期，低碳的理念并不普及；而当经济发展到一定水平，各类利益团体浮现时自然会使立法过程变得复

❶ 《节约能源法》第68条。

杂，世界各地的立法处境莫不如此。世界各地的低碳立法较容易出现在经济急速变化时期，如美国就在金融危机后以此作为走出经济困境的举措。中国内地的建筑正在大规模发展，低碳建筑在立法条件和相关立法的预期效果上较为优越。

（三）健全政府部门之间的协调配合机制

建筑节能低碳是一个系统工程，有关部门要密切合作，严格执法。党的十七大在“加快行政管理体制改革，建设服务型政府”的要求中指出：“加大机构整合力度，探索实行职能有机统一的大部门体制，健全部门间协调配合机制。”推进建筑物节能减排，要建立相关主管部门高效的协调管理机制：建设行政主管部门是建筑节能工作主管和综合协调部门；发展改革部门对新型建筑材料、节能建筑工程建设和改造的立项审批及资金安排按照国家有关规定予以支持；科技部门要组织有关技术研究和重点技术攻关；经济部门要组织相关建筑材料的研发生产；质监部门要做好建筑节能产品、设备质量安全工作；税务及有关部门对新型建筑材料、建筑节能工程建设和运营的有关税费按国家规定实行减免优惠；物价部门按国家有关价格政策法规确定公用事业附加费征收标准和方式；编制、人事、财政部门要做好有关推进建筑节能的机构、人员、经费等相关工作——各部门要各司其职，密切配合，提高管理的质量，共同推进我国低碳建筑的发展。

在发展低碳建筑的同时，应当协调政府、市场、监管单位三者之间的关系，充分考虑市场中开发商、消费者等企业和个人的利益。香港特别行政区一向奉行政府促进、市场主导、建筑相关行业自我监管的原则。由香港地产建设商会筹办及资助的香港环保建筑协会设立的“香港建筑环境评估法”（HK－BEAM），透过颁发独立证书确认环保大厦建设，但由于申请认证一直只是自愿参与性质，推行多年以来，涵盖层面仍然有限。可见，低碳建筑需要政府立法，统筹大局，才能实现建立社会切实需要的环境标准法律体系；需要市场的认可，建立可持续发展的低碳建筑及相关市场，提高消费者的低碳意识和选择空间；需要明确监管的角色，维护低碳建筑市场的公平正义，保护市场参与者的利益。在低碳建筑法制建设层面上，最大的关键在于加强政府部门的协调配合，达到政府立法和监管机制的有效衔接。

（四）发挥政策与法律的协调作用

低碳建筑政策与法律的功能是为了促进和规范建筑业的低碳发展并预防产生新的环境问题。同时也要注意，对于不成熟的低碳建筑技术和标准，政策和法律也不能强制推广。为此，一是在工具的选择上，应处理好政策与法律的关系。政策虽有灵活性、及时性等诸多优势，但也存在不稳定性、多变性等缺点，相反法律则具有长期性、稳定性和可预期性的特点。因此，如何做好发挥二者的调节功能和优势并做到互补和统一，无疑是今后低碳建筑政策与法律保障体系建设应解决的难点和重点问题之一。二是注意政策工具的多样化和相互协调。在低碳建筑领域，我国长期坚持节能优先的政策，目前已经制定和实施了不少促进建筑节能的法律法规和政策措施，但多数以行政命令的方式推行，经济激励措施的作用还有待加强。在政策设计中不仅需要采取更为形式多样的不同政策工具，而且在政策设计中还要特别注重发挥不同政策措施之间的协同作用。三是完善相关政策，确保《民用建筑节能条例》贯彻实施。《民用建筑节能条例》颁布实施以来，为建筑节能工作带来了巨大的改变。关键性的转变是过去建筑节能工作是完全靠行政命令推动的，现在已经有了法律依据的保障。然而，《条例》的完全贯彻实施需要进一步完善相关政策。如通过建筑能耗统计、能效审计等方法确定用能定额；建立建筑能效测评标和建筑用能系统运行管理制度；促进建筑节能技术的优化升级；建立建筑节能专项检查、监督管理和考核评价制度体系；建立合同能源管理办法和相配套的融资制度；建立建筑节能市场监管体系；建立完整的建筑节能标准体系等。在完善相关政策时，要特别关注我国农村住房建筑不规范、建筑物能耗大的现状，以促进农村民用建筑的节能环保。

（五）促进 CDM（清洁发展机制）在建筑领域的应用

CDM（清洁发展机制）及 PCDM（Programmatic CDM，规划方案下的清洁发展机制）是全球应对气候变化制定的温室气体减排交易机制。建筑领域的温室气体减排量潜力巨大，但到目前为止，尚没有注册成功的建筑类 CDM 项目。[1] 建筑物的能源消耗是多方面的，包括电、燃气、煤、水，并且这些能源在建筑中可以部分实现相互替代，这些都为建筑领域实施 CDM 制造了障碍。PCDM 项目可以将多个分散的减排项目整合为一个项目，并且非常适合政策或措施的复制和推广应用，更适用于建筑类项目。另外，可以开展 CDM 项目示范。示范项目可以简化建筑物的用能情况，减少建筑领域中对 CDM 机制不相适应的部分，对全社会起到宣传作用，提高 CDM 的社会影响。

此外，开展低碳建筑的宣传教育。媒体和舆论不应该一方面宣传节能减碳，一方面又铺天盖地地宣传着高碳不节能的生活方式（如豪华别墅、大排量汽车等）。要通过政府制定政策、大众媒体宣传、义务教育等方式，普及低碳理念，使低碳生活方式得以推广，使低碳建筑具有存在的市场

---

[1] 郝斌、林泽："建筑节能领域应用清洁发展机制研究"，载《暖通空调》2009 第 11 期，第 17～20 页。

基础。

总之，建筑业是中国节能减排，走向低碳发展的重要领域之一。当前全球都在积极推广低碳建筑，但对不同的国家有不同的含义，利益不一样，代价也不一样。中国的低碳发展不能仅仅是简单的节能减排、限制排放，我们需要的是以更智慧的环境友好、资源节约的方式发展。我国建筑业的低碳发展及其政策法律体系的建立和完善同样需要在此理念下展开。

第十一章　低碳交通研究

第一节　交通运输业实施低碳经济的必要性

一、低碳交通发展的历史背景及其概念

（一）低碳交通发展的历史背景

随着全球人口和经济规模的不断增长，人类活动，尤其是能源使用所带来的后果已经给全世界敲响了警钟。为应对全球环境危机和改变当前日趋严重的气候变暖的趋势，各国在追求经济发展的同时普遍作出了理性的选择——从盲目追求经济效益的提高和物质财富的极大增长转向可持续发展，"低碳经济""低碳发展""低碳生活方式""低碳社会""低碳城市""低碳交通"等一系列新概念、新政策应运而生。自从2003年英国率先在其白皮书《我们能源的未来——构建一个低碳社会》中提出低碳经济的概念以来，低碳经济作为一种经济发展模式得到了全世界的高度认同，原生的低碳经济理念也得到不断的完善与更新。

在全球多重危机下，世界各国不再只着眼于单纯的碳减排机制，而是转向更加全面和长远的考虑——寻求新的发展方式，走可持续发展道路。发展绿色经济，为促进全球经济恢复作出重要贡献，保持并创造就业机会以及保护弱势群体；降低碳依赖程度和减缓生态退化，推动经济走上清洁而稳定的发展道路；促进可持续的包容性增长，实现千年发展目标（MDG），在2015年之前消灭极端贫困。[1] 全球正处于绿色的经济转型时期。

（二）低碳交通的概念

全国人大常委会于2009年8月27日表决通过的《关于积极应对气候变化的决议》指出：要紧紧抓住当今世界开始重视发展低碳经济的机遇，加快发展高碳能源低碳化利用和低碳产业，建设低碳型工业、建筑和交通体系，大力发展清洁能源汽车、轨道交通，创造以低碳排放为特征的新的经济增长点，促

---

[1] 联合国环境规划署："全球绿色新政政策简报"，载 http：//www. unep. org/chinese/documents/GGND_ policy_ brief_ Chinese. pdf，2009年3月。

进经济发展模式向高能效、低能耗、低排放模式转型，为实现我国经济社会可持续发展提供新的不竭动力。[1] 交通运输业实施以“节能减排”为主要内容的低碳经济被列为中国应对气候变化的优先行动领域之一。

低碳交通是低碳经济的重要组成部分，是人类低碳发展方向下体现在交通领域的一种新的发展模式，它以低能耗、低排放、低污染为基本特征，通过技术创新、组织创新和发展模式创新等方法提升交通工具能效，优化交通运输结构，最终实现交通运输领域的可持续发展。在当今全球绿色经济转型时期，交通领域在实现低碳发展的同时应抓住历史机遇实现对传统交通运输产业的绿色转型并大力发展战略性新兴产业。从产业角度可以对低碳交通的外延作两种划分：一是改造传统的交通运输产业（该产业属于第三产业），在该产业经济转型的过程中应注重优化交通运输结构，创新交通运输业的管理体制；二是大力发展节能与新能源汽车产业（该产业属于第二产业），提高传统燃油交通工具能效，推进我国经济发展方式的战略转型。

二、交通运输业的温室气体减排是气候变化应对的重要措施[2]

全球气候变化应对的重要领域是交通运输业的温室气体减排与低碳经济的实施。从世界范围看，交通运输是温室气体排放的主要领域之一，根据2007年欧洲运输部长会议《减少运输二氧化碳排放报告》，2003年经济合作组织（OECD）国家来自燃油消费排放的二氧化碳中，交通运输（包括营业性运输及私人运输）占到34%，其中公路为23%，水路为2%，航空为6%，其他为3%；在全世界范围内，交通运输占28%，其中公路为18%，水路为2%，航空为5%，其他为3%。[3] 中国交通运输业排放的二氧化碳约占全社会的22%，交通运输对氮氧化合物排放的贡献率在50%以上，80%~90%的一氧化碳来自交通部门。在减排的社会责任中，运输业排在第一位。[4]

经济全球化促进了交通运输业的迅速发展，以大量消耗矿石能源为特征的现代交通运输业成为温室气体的一个重要来源，为此，WTO《技术性贸易壁垒协定》第1条第2.2节有关技术法规对贸易限制的合法目标中包括保护环

[1] “全国人民代表大会常务委员会关于积极应对气候变化的决议”，载http：//www.npc.gov.cn/npc/xinwen/2009-08/27/content_1538232.htm，2009年8月27日。

[2] 周珂、梁文婷、李姗姗：“论构建我国低碳交通运输法律体系”，载《法治研究》2011年02期。

[3] 王海潮：“推进节能减排发展绿色航运”，载《中国海事》2008年第7期，第61~62页。

[4] 李连成：“节能减排是‘十二五’交通发展的重要任务”，载《交通环保》2009年第2期，第44~45页。

境，第4条第4款有关制定技术法规应使用的国际标准中特别列举了“由于基本气候因素或地理因素或基本技术问题”。联合国《气候变化框架公约》第4条规定，“承诺，1. 所有缔约方，考虑到它们共同但有区别的责任，以及各自具体的国家和区域发展优先顺序、目标和情况，应在所有有关部门，包括能源、运输、工业、农业、林业和废物管理部门，促进和合作发展、应用和传播（包括转让）各种用来控制、减少或防止《蒙特利尔议定书》未予管制的温室气体的人为排放的技术、做法和过程”。《京都议定书》第2条第1款（a）项中规定：“采取措施在运输部门限制和/或减少《蒙特利尔议定书》未予管制的温室气体排放”；第10条（b）项中规定：“（一）此类方案，除其他外，将涉及能源、运输和工业部门以及农业、林业和废物管理”。

中国既是温室气体排放大国，又是交通运输业迅速发展的国家。虽然目前中国交通运输业温室气体排放占社会总排放比例低于发达国家，但排放规模的迅速扩张将使这个比值急剧增长。交通运输业是中国能源消费增长最快的行业。近年来，随着机动化的快速发展，交通领域能源消费急剧增长。目前，中国的交通运输业实施以“节能减排”（即节约能源资源和减少污染排放）为主要内容的低碳经济被列为中国应对气候变化的优先行动领域之一。2009年8月，国务院总理温家宝主持召开国务院常务会议时强调，“要培育以低碳排放为特征的新的经济增长点，加快建设以低碳排放为特征的工业、建筑、交通体系，开展低碳经济试点示范。”2009年9月，胡锦涛主席在联合国气候变化峰会上承诺，争取到2020年单位GDP的二氧化碳排放比2005年有显著下降，[1] 2020年非化石能源占一次能源消费的比重达到15%，研发和推广气候友好技术。中国交通运输业在管理体制、技术、经济等方面较多地保留了传统机制，低碳经济的实施既是应对气候变化的全球一致行动，也是推动中国交通运输业可持续发展的重要契机。可见，交通运输业实施节能减排和低碳经济是中国履行这一国际承诺的重点行动领域。

三、中国交通运输业实施低碳经济成为必然选择[2]

改革开放以来，中国公路、铁路、水路等运输方式发展速度很快，1978年到2008年，高速公路从无到有已超过6万公里，铁路规模由5.17万公里增

---

[1] 2009年11月25日，温家宝主持召开的国务院常务会议决定，到2020年我国单位GDP的二氧化碳排放比2005年下降40%~45%。

[2] 周珂、梁文婷、李姗姗：“论构建我国低碳交通运输法律体系”，载《法治研究》2011年第2期。

长到8万公里，航道整治力度的加大也使水路运输四通八达，但可持续发展能力面临严重挑战。据统计，中国公路水路运输能耗占全国石油及制品消耗总量的比重超过了30%，并成为温室气体和大气污染排放的重要来源；中国的能源利用率与世界同类先进水平相比也明显偏低，货车油耗比国外先进水平高30%左右，内河船舶油耗比国外先进水平高20%以上。不合理的运输方式不仅增加了能源消耗，也增加了我国物流成本，据统计，我国的物流成本大约相当于GDP的20%，远高于美国、德国的10%和日本的6.5%。❶

成品油是运输领域最主要的能源，2007年运输领域成品油消耗占交通运输用能的比重约为94%。交通运输领域也是最大的石油资源消耗部门，其石油消耗量占全国石油消耗量的50%左右，其中大约95%的汽油、60%的柴油和90%的煤油被各类交通工具所消耗。从增速比较看，交通运输业能源消耗增速高于全社会能源消耗的增速。“十一五”前两年交通、仓储和邮政业用能年增长11.42%，比全社会用能年增长率高2.7个百分点。❷

交通能源的高消耗、低效率和石油对外依存度膨胀三箭齐发，严重威胁中国交通运输业乃至整个国民经济的可持续发展。交通运输业是能源消费增长最快的行业，中国能源对外依存度不断提高、能源的稀缺性等因素使交通运输业发展面临着越来越严格的能源约束。2007年进口石油21 139万吨，石油消费对外依存度由1995年的6.60%快速提高至2007年的49.05%，节能减排和低碳经济已成为交通运输业健康持续发展的唯一出路。

四、实施低碳经济是中国交通运输体制改革的重要契机

交通运输业长期以来一直是中国经济发展的瓶颈，制约着中国经济的发展，其中一个重要的原因是体制问题。中国交通运输业一直实行分散管理体制，交通运输部实际上只管公路和水运，铁路运输另有原铁道部（现为中国铁路总公司）管理，航空运输由民航总局管理。此外，与交通运输直接相关的城市交通由住房和城乡建设部管理，燃料由能源局管理，汽车业由国家发展与改革委员会和工业信息化部管理。这种分散管理的体制造成效率的低下，不能适应现代经济高度配合的系统化要求。低碳经济作为一种新型的经济形态，体制的优化是制度实施的基本保证，以往以节能减排分配指标的方式在现行体

---

❶ 曹玲：“减排承诺掷地有声 现代物流势在必行”，载《中国水运报》2009年12月29日，转引自中国水运网，2012年2月21日访问。

❷ 李连成：节能减排是“十二五”交通发展的重要任务，载《交通环保》2009年第2期，第45页。

制下不能满足交通运输业可持续发展的目标。例如，交通运输业节能减排存在着节能新技术相对滞后和节能产品信誉差的问题，节能新技术、新能源运用发展滞后于国家号召建立节约型社会发展的基本要求，高档次低能耗车辆的价格对于目前从事货运物流的企业和经营者来说还是可望而不可即的，能源新技术产品缺乏可信度和使用效果不佳，都造成企业节能工作上的淡化。[1] 无论是主管部门还是专家学者都越来越多地关注完善体制与实施低碳经济的关系问题。例如，在2009年底召开的第七届中国物流企业家论坛上，专家们建议，国家可以考虑设立专门负责发展现代物流和节能减排的组织机构，并制定统一的物流法律、法规以及节能减排规范，加强管理，从政策、法律法规、行业约束等多个角度做好物流业的节能减排工作，并发展现代物流产业结构以合理配置资源。[2]

第二节 发达国家发展低碳交通的政策和法律

一、各发达国家发展低碳交通的主要政策与措施

在低碳交通领域，美国、日本和欧盟各主要发达国家始终走在前列，它们均根据各自国情实施了多种政策法律措施，如制订包括低碳交通在内的低碳经济发展战略和规划、制定严格的排放标准、实施积极的环境经济政策以及建立综合运输体系等，这些政策措施对本国实现交通的可持续发展起到了重要作用，同时为我国发展低碳交通提供了较为宝贵的借鉴经验。

（一）制订低碳交通发展战略和规划

发达国家首先以制定和发布战略或规划的方式明确低碳交通发展的基本目标和拟采取的政策措施。这些国家通常从优化能源结构和运输结构入手，将其战略规划的重点集中在两个方面：第一方面是关于新能源的开发利用以及新能源交通工具的研发生产与推广的战略规划；第二方面是关于促进交通运输业低碳化发展的战略规划。

1. 新能源和新能源交通工具战略规划

（1）美国

奥巴马政府将能源问题作为其未来政策的重点。2009年2月，美国正式

---

[1] 李方媛、姜坤："道路货运业节能减排的切入点"，载《综合运输》2008年第10期，第61页。

[2] 曹玲："减排承诺掷地有声 现代物流势在必行"，载《中国水运报》2009年12月29日，转引自中国水运网，2012年2月21日访问。

出台了《美国复苏与再投资法案》，投资总额达7870亿美元，主要用于新能源的开发和利用，包括发展高效电池、智能电网、碳储存和碳捕获、可再生能源（风能和太阳能等）。以发展新能源为核心，辅之以节能和提高能效，构成了奥巴马能源战略的主要框架。❶ 新能源汽车成为新能源战略的重要组成部分，在未来18年美国的汽车燃料利用效率将提高至少1倍；美国还将提供40亿美元政府资金支持汽车制造产业升级，生产节能高效的混合动力汽车，到2015年节能车销量超过100万辆。❷

（2）日本

作为《京都议定书》的发起国和倡导国，日本在全球低碳交通的建设中一直处于领先地位。由于日本是能源资源严重匮乏的国家，因而，在低碳社会建设过程中节能和发展新能源始终是其战略的重点。

2006年，日本在原有"日本生物质能源综合战略"的基础上，对该战略进行了进一步完善，主要是加速运输部门生物质燃料的利用，并通过政策调整强化各个领域的具体落实。该战略进一步明确了下一步的具体目标和主要宗旨，即全部废弃物的生物质利用在2010年要达到80%，未利用生物质的利用率达到25%。主要宗旨是：防止地球温暖化，建立循环型社会，培育新产业的竞争力，通过政策实施促进生物质的利用。❸ 2006年6月，日本出台了《国家能源新战略》，提出从发展节能技术、降低石油依存度、实施能源消费多样化等6个方面推行新能源战略，2030年前将日本的整体能源使用效率提高30%以上；发展太阳能、风能、燃料电池以及植物燃料等可再生能源，降低对石油的依赖；推进可再生能源发电等能源项目的国际合作。❹

2008年7月，日本政府发布了"低碳社会行动计划"，在减少汽车排放的温室气体方面，计划提出到2020年前，大幅提高电动汽车等新一代节能环保汽车的普及程度，并在日本建立半小时即可完成汽车充电的快速充电设施。❺ 2009年，日本政府正式提出一项总金额为1540亿美元的经济刺激计划，其中包括电动汽车实现"低碳革命"在内的环境保护项目。同年，日本政府又推

---

❶ 金名："奥巴马启动美国新能战略"，载《生态经济》2009年第9期，第12~15页。

❷ 徐岩："美国：新能源成为经济复苏引擎——国外低碳经济政策与法规介绍（下）"，载《中国石油和化工》2010年第8期，第13~14页。

❸ 周扬："日本的新能源战略"，载《北京农业》2007年第9期，第49页。

❹ 赵刚："日本力推多项战略全力建设低碳社会"，载《中国科技财富》2009年第12期，第50~53页。

❺ 新华网："日本内阁通过'低碳社会行动计划'"，载 http://news.xinhuanet.com/newscenter/2008-07/29/content_8844174.htm，2011年6月13日访问。

出了《绿色经济与社会变革》的政策草案，进一步落实减少温室气体排放等各项措施。❶

（3）欧盟

随着气候变化问题日渐升温，欧盟在力求引导世界低碳经济发展的同时，重视将低碳经济作为各国新的经济增长点，并将低碳经济写入欧盟未来发展战略规划中。2007 年初，欧盟委员会提出欧盟一揽子能源计划，到 2020 年将温室气体排放量在 1990 年基础上至少减少 20%，将可再生能源占总能源耗费的比例提高到 20%，将煤、石油、天然气等一次性能源消耗量减少 20%，将生物燃料在交通能源消耗中所占比例提高到 10%，以及在 2050 年将温室气体排放量在 1990 年的基础上减少 60%~80%。在同年 11 月 22 日通过的欧盟能源技术战略计划中鼓励推广包括风能、太阳能和生物能源技术在内的“低碳能源”技术，以促进欧盟未来能源可持续利用机制的建立和发展。❷ 在其 2011 年颁布的《2010—2020 欧盟交通政策白皮书》中提倡大力推广新能源汽车的使用，将未来欧盟的交通运输重点放在公共运输上，同时提出了 2050 年交通运输领域的温室气体排放减少 60% 的目标。❸

2. 交通运输业战略规划

（1）美国

美国联邦运输部（the Department of Transportation，DOT）制订 5 年期的战略规划，如 DOT Strategic Plan 2000—2005、DOT Strategic Plan 2006—2011 等，并且是不定期滚动修订的。战略规划的核心是战略目标的确定以及围绕战略目标的详细规划。各版本战略规划确定的主要战略目标随着不同的发展阶段及不同时期的发展环境会略有所不同。❹ 但是，纵观其发展历程可以看到，美国交通运输战略规划始终将环境保护作为其发展主线之一，如 DOT Strategic Plan 2006—2011 将环境管理战略目标确定为其六大核心目标之一。该战略规划提出两大环境管理战略目标，即减少交通运输和设施对环境的污染以及其他负面影响并简化对交通基础设施项目的环境评价。并为实现该战略目标采取多项战略措施。❺

---

❶ 孟晶：“日本：政策引导抢占技术制高点——国外低碳经济政策与法规介绍（中）”，载《中国石油和化工》2010 年第 8 期，第 12 ~ 13 页.

❷ COM（2007）723.

❸ COM（2011）144.

❹ 李欠标：“美国运输战略规划的特点及启示”，载《综合运输》2008 年第 12 期，第 63 ~ 66 页。

❺ U. S. Department of Transportation. the United States Department of Transportation's Strategic Plan for Fiscal Years2006 - 2011. 2006，pp 35 - 39 . available at http：//www. dot. gov/stratplan2011/.

在美国联邦运输部5年期战略规划的基础上，运输部的相关组成部门也根据本部门的职责范围，制订相应的5年期战略规划。如运输统计局的运输统计战略规划，海运管理局的海运管理局战略规划，联邦铁路管理局的铁路研究、发展及示范性项目的战略规划，运输部研究、创新技术管理局的运输研发及技术战略规划等。许多州级运输发展规划也有与运输部相类似的内容及模式。❶

（2）欧盟

长期以来，欧盟及其各成员国对交通领域的可持续发展都给予了高度重视，并首先通过总体规划对交通领域环境保护和节能减排作出全方位安排。欧盟1992年发布的第五个环境行动计划将交通行业列为共同体优先采取可持续发展行动的领域之一，建议采取可持续的交通政策。与该计划相呼应，欧盟委员会于1992年2月发布了题为“共同体有关可持续交通策略”的绿皮书。该绿皮书提出必须认真对待环境问题并保持交通的可持续发展，并指出标准化措施（standardisation measures）、市场组织措施（market organisation meeasures）、成本收费措施（cost－charging measures）和研发创新措施（research initiatives）等促进可持续交通的政策措施。❷

通过分析可以总结出发达国家低碳交通战略规划具有以下特点：第一，战略规划的形式。发达国家一般通过国家计划、综合战略等文件发布低碳交通的战略规划，如美国交通运输部的交通运输规划、日本“国家新能源战略”和“低碳社会行动计划”等。第二，战略规划的内容。发达国家主要在两个领域实施低碳交通战略。一是在交通运输领域实施“可持续的交通政策”以减少温室气体的排放，西方学者将“可持续的交通政策”纳为三方面内容，即避免（Avoid）、转变（Shift）和改善（Improve），即ASI战略。该战略综合一系列措施以更高效的方式减少交通运输总量和运输时间，并促进高燃油经济性运输方式的发展。❸ 二是能源领域。交通工具与人们日常生活的关系日益密切，其产量和销售量也随着人们生活水平的提高而迅速增长，因而，交通运输成为全球重要的能源消耗领域，为保障本国或地区的能源安全，各国采取各种措施缓解对化石能源的依赖，转而大力开发和利用新能源，以低碳的非化石能源作成为新时期能源战略和低碳交通的重点。

---

❶ 李欠标：“美国运输战略规划的特点及启示”，载《综合运输》2008年第12期，第63～66页。

❷ COM（92）46.

❸ European Environment Agency Report，Towards a resource－efficient transport system－TERM 2009：indicators tracking transport and environment in the European Union，Denmark，EEA，2010，pp 22－23.

（二）制定燃油经济性标准和低碳燃油标准

1. 燃油经济性标准

提高燃油效率是促进交通节能减排的重要举措，而燃油经济性标准则成为各国衡量机动车能效的重要指标，国际能源署 2008 年报告指出，通过技术改进，预计到 2030 年新轻型车辆的燃油经济性可提高 50%，这意味着可以节约 50 万吨燃油并可实现二氧化碳年削减量 1Gt 的目标。❶ 美国和日本通常以"油行程"来表示，如美国以每加仑燃油能行使的历程数，即英里/加仑为单位来表示。我国和欧盟地区国家一般用行使百公里所消耗的燃油量来表示，即升/100 千米。燃油经济性包括轻型车辆燃油经济性和重型车辆燃油经济性。❷

（1）美国

1975 年，美国通过并实施了《能源政策与节约法》，为提高交通工具的燃油效率，该法案建立了针对小轿车和轻型卡车的公司平均燃油经济性标准（CAFE Standard，Corporate Average Fuel Economy Standard）。以英里/加仑为单位，每个制造厂每年销售的各型小轿车或轻型货车（总重小于 8500 磅，即 3855 千克），以其所占总销售量的百分比作为加权系数，乘以该型车辆的燃油经济性（汽车行驶消耗 1 加仑汽油或等量的其他燃料行驶的里程数），再将各车型的加权燃油经济性加起来，得到该厂的总平均燃油经济性值，即公司平均燃油经济性。对达不到要求的公司进行惩罚，对高油耗的车辆加征燃油税。❸

2010 年 4 月，美国交通部和环境保护部对公司平均燃油经济性标准作出进一步修改，规定到 2006 年燃油经济性达到 35.5 mpg，相当于燃油消耗量 6.6 L/100km，与 2005 年相比将减少 30%。❹

（2）日本

日本政府为汽油和柴油驱动的轻型乘用车和商用车制定了一系列的燃油经

---

❶ IEA Information Paper，Review of International Policies for Vehicle Fuel Efficiency，2008，available at http：//www.iea.org/papers/2008/Vehicle_Fuel.pdf.

❷ IEA Information Paper，Transport Energy Efficiency：Implementation of IEA Recommendations Since 2009 and Next Steps，2010，available at http：//www.iea.org/papers/2010/transport_energy_efficiency.pdf.

❸ National Highway Traffic Safety Administration. CAFE Overview. available at http：//www.nhtsa.gov/cars/rules/cafe/overview.htm.

❹ IEA Information Paper. Transport Energy Efficiency：Implementation of IEA Recommendations Since 2009 and Next Steps，2010. available at http：//www.iea.org/papers/2010/transport_energy_efficiency.pdf.

济性标准，标准限值基于按重量分类的平均燃油经济性。❶ 以汽油为燃料的机动车将于2010年达标，而2005年是柴油车达标时间。假定机动车构成比例没有变化，这些目标意味着相对1995年平均燃油经济性14.6km/L，到2010年汽油乘用车燃油经济性将提高23%，柴油车燃油经济性将提高14%。❷ 在日本销售的大多数机动车于2002年已经达到上述标准并且超过了2010年的燃油经济性目标，因此2006年12月，日本又提出了更高的燃油经济性目标，即到2015年新乘用车平均燃油经济性从2004年的13.6 km/L提升至16.8 km/L，增幅24%。❸

为减少能源消耗和应对气候变暖问题，在2006年，日本以2015年为目标年建立了全球第一个重型车辆的燃油经济性标准。

（3）欧盟

与其他国家的普遍做法不同，欧盟通过与欧洲汽车生产商协会签订自愿协议的方式来削减乘用车二氧化碳排放量。1998年3月签订的ACEA（Association des Constructeurs Européens d' Automobiles）协议是一个集体承诺，欧洲汽车生产厂商协会及它的成员承诺自愿消减在欧盟销售的机动车二氧化碳排放率。该协议建立了整个汽车工业在欧洲销售的新机动车的平均机动车排放目标，即到2008年，在欧洲销售的新机动车要达到每公里行驶排放140克二氧化碳的平均目标，并且有可能将该协议延伸到2012年的120克二氧化碳每公里。与美国、日本的强制性二氧化碳减排标准相比，这种自愿性目标有更多的不确定性。❹

事实也证明了通过自愿减排协议无法实现其减排目标。因此，欧盟考虑采取强制性手段。2008年12月17日，欧盟理事会批准了关于制定新的乘用车二氧化碳排放标准规则的立法提案，对汽车尾气实施严格的强制性限排标准。

---

❶ 日本车选择燃油经济性目标的方法叫“top runner”，即首先确定在每个重量级中具有“最优”燃油经济性的汽车，并以其燃料经济性水平作为本重量级汽车的燃油经济性标准，同级新车在目标年均要求达到该标准。这项政策的实施迫使所有汽车生产厂家不断提高汽车燃油经济性和技术水平。参见陈春梅、姚占辉、纪世才、贾小龙：“美日汽车燃油经济性标准及对我国的启示”，载《公路与汽运》2008年第9期，第8～10页。

❷ Feng An, Amanda Sauer, Comparison Of Passenger Vehicle Fuel Economy And Greenhouse Gas Emission Standards Around The World, available at http://www.pewclimate.org/docUploads/Fuel%20Economy%20and%20GHG%20Standards_010605_110719.pdf.

❸ Feng An, Deborah Gordon, Passenger Vehicle Greenhouse Gas and Fuel Economy Standards: A Global Update, The International Council on Clean Transportation, 2007, pp12～13.

❹ Feng An, Deborah Gordon, Passenger Vehicle Greenhouse Gas and Fuel Economy Standards: A Global Update, The International Council on Clean Transportation, 2007, pp12～13.

到2012年，欧盟境内销售的新车平均二氧化碳排放量应比现在削减25%，降至每公里120克，到2020年降至每公里95克。到2012年，汽车生产商须将新乘用车平均二氧化碳排放控制在每公里130克，剩余10克的减排量可通过“其他补充方式”实现，包括提高空调节能性、改进轮胎以及推广使用生物燃料等。❶ 欧盟议会于2009年4月23日通过了该项提案，颁布《关于建立新乘用车排放绩效标准的法规》（Regulation（EC）No 443/2009 Of The European Parliament And Of The Council of 23 April 2009 Setting Emission Performance Standards for New Passenger Cars as Part of the Community's Integrated Approach to Reduce CO_2 Emissions from Light-Duty Vehicles），并在欧共体各国强制实施。该法规规定到2012年，汽车生产商在欧盟范围内65%的新注册车辆的二氧化碳排量应达到不超过130g/km的目标，2013年时这一比例达到75%，2014年提高到80%，2015年起所有车辆都需要达到这一标准。❷ 从2012年起，如果汽车生产商平均二氧化碳排放量超过了该法规规定的限值则需为其超额排放缴纳罚金。❸

2. 低碳燃油标准

西方发达国家的经验表明，虽然替代燃料对于减少交通领域温室气体排放贡献巨大，但不同的替代燃料在其生命周期内温室气体排放量差别甚大。为了量化交通替代燃料的温室气体减排，欧盟和美国加州通过开发低碳燃料标准对交通替代燃料进行规范，以燃油生命周期内温室气体的排放量作为最终依据对替代燃料进行评价，衡量其减排力度，从而解决替代燃料的可持续发展问题。❹ 低碳燃油政策旨在减少燃油链在其生命周期内（原料的勘探/原料种植、原料运输、燃油生产和精炼、燃油配送和汽车消耗）温室气体排放强度。该政策将可以监测燃油链上每一个环节的排放，从而合理建议燃油链生命周期内平均温室气体减排比率。为了制定这样的政策，首先必须建立一个标准方法学作为工具来衡量燃油链生命周期内温室气体排放强度，而这样一个标准方法学则成为了低碳燃油政策发展的关键。❺ 目前建立低碳燃油标准的国家和地区主

---

❶ COM（2007）856.

❷ OJ L 140，5. 6. 2009，p. 6.

❸ OJ L 140，5. 6. 2009，p. 4.

❹ 程裕富、康利平、方芳、安锋：“建立低碳燃油标准，推动替代燃油发展”，载《环境保护》2008年第5期，第23~24页。

❺ 能源与交通创新中心（iCET）、国务院发展研究中心产业经济研究部、英国E4tech Ltd：“中国低碳燃油标准与政策背景报告”，载 http：//www. icet. org. cn/adminis/uploadfile/program% 20report/中国低碳燃油标准与政策背景报告 . pdf，2011年6月15日访问。

要包括美国加州的《低碳燃油标准》，欧盟的《生物燃油指令》《可再生能源指令》以及2009年的《燃油质量指令》和欧盟内部较为典型的英国《可再生交通燃料义务法规》。

（1）美国加州

2007年，美国加州州长施瓦辛格签署S-01-07执行指令，建立了低碳燃料标准，该标准旨在通过减少交通运输燃料生命周期内的碳强度来削减加州温室气体的排放，实现到2020年加州由交通运输产生的温室气体排放强度减少10%的目标。[1] 2009年4月，加州空气资源委员会通过了低碳燃料标准，标准将"生命周期温室气体排放"（Lifecycle greenhouse gas emissions）概念引入法律规范中，指燃料整个生命周期内温室气体的排放总量（包括直接排放以及显著的间接排放，如土地使用改变过程中产生的显著排放），整个生命周期包括从原料生产或提炼、配送到最终消费者使用商品燃料的所有阶段。[2] 适用该标准的燃料范围十分广泛，包括加州新配方汽油、柴油、化石压缩天然气或化石液态天然气、沼气压缩天然气或沼气液态天然气、电力、压缩或液态氢、氢混合燃料、乙醇容量大于10%的混合燃料、生物柴油混合燃料、变性燃料乙醇、纯生物柴油以及其他液态或非液态燃料。[3] 加州低碳燃料标准另一个重要的特点是实施碳交易制度，激励低碳燃料的生产和使用，以此减少碳排放。

（2）欧盟

为推动可再生能源的发展和减少交通运输过程中的温室气体排放，《关于促进生物燃油或可再生燃油在交通中使用的指令》（Directive 2003/30/EC of the European Parliament and of the Council of 8 May 2003 on the promotion of the use of biofuels or other renewable fuels for transport）（以下称《生物燃油指令》）奠定了欧盟可替代燃油发展的基础，该指令明确了各成员国生物燃油或其他可再生燃油在市场中的比例，要求各成员国确保2005年生物燃油在交通燃油中的比例达到2%，且以此为基准，每年增加0.75%，到2010年实现5.75%。[4]

2009年的《可再生能源指令》（Directive 2009/28/Ec Of The European Parliament And Of The Council Of 23 April 2009 On The Promotion Of The Use Of Energy From Renewable Sources And Amending And Subsequently Repealing Directives 2001/77/EC And 2003/30/EC）对《生物燃油指令》的目标加以延续，提出到

---

[1] Executive Order S-01-07.

[2] 17. CCR. 95481.（a）.（28）.

[3] 17. CCR. 95480. 1.（a）.

[4] OJ L 123, 17. 5. 2003, p. 44.

2020年欧盟范围内可再生能源比例为20%，可再生交通能源供给应占交通燃油供给总量的10%。[1]

2009年4月，欧盟对《燃油质量指令》作出修改，引入一项燃油生命周期内温室气体排放的强制性监测报告机制，要求燃油供应商从2011年起每年向成员国指定机构报告在该国供应的燃油和能源的碳强度（greenhouse gas intensity），并确保燃油生命周期内（如生产、运输和使用）的温室气体排放在2011年到2020年之间每年削减1%，到2020年减少10%。为实现该目标，指令提出其中6%的目标可通过设定中间目标来实现，如2014年完成2%，2017年完成4%；另外4%的目标，其中2%可以通过技术革新来实现，剩余2%可以通过从CDM市场购买核证减排量（CERs）来实现。[2]

欧盟各成员国也相继通过立法来推动生物燃油的发展，具有代表性的是英国2008年颁布的《可再生交通燃料义务法规》（Renewable Transport Fuels Obligation）。与加州《低碳燃油标准》相同之处在于，该法规要求道路运输燃油供应商须保证其所供应的燃油中生物燃油占一定的比例，到2013年生物燃油在整个道路燃油供应量中的比例应达到5%。生物燃油供应商以每升生物燃油或每公斤生物甲烷为单位获得“可再生交通燃油证书”（Renewable Transport Fuel Certificate，RTFC），供应商可以互相买卖证书，以帮助他们完成可再生交通燃料的供应义务。[3]

低碳燃油标准有利于促进能源结构的调整，鼓励能源供应商投资于低碳燃油的生产和销售，提高高碳化石燃油的能效并对节约能源起到推动作用，从而有效地减少交通领域温室气体排放。但是，目前关于该项政策争论最多的是低碳燃油对环境的负面影响，如生物燃料的大规模生产可引起土地利用的改变以及由此导致温室气体增加。土壤是重要的碳储存库，改变土地利用会影响土壤与大气之间碳的传送。在《京都议定书》规范下，政府的政策措施要与环境相关联，在改变土地利用方式前，必须考虑土壤中有机物的变化。[4]

欧盟2009年的《燃油质量指令》和英国《可再生交通燃料义务法规》对与生物燃油相关的可持续发展问题给予了关注，欧盟2009年《燃油质量指令》规定，如果由于土地利用方式的改变致使土地碳储量损失在一个合理的

---

[1] OJ L 140, 5.6.2009, p.17.

[2] OJ L 140, 5.6.2009, p.95.

[3] The Renewable Transport Fuel Obligations Order 2007,（UK）.

[4] European Commission DG Environment News Alert Service, The effects of future land use change on EU soil carbon stocks, available at http://ec.europa.eu/environment/integration/research/newsalert/pdf/14si2.pdf.

期限内不能由生物燃油带来的温室气体减排量补偿的话，那么土地就不能被用作生物燃油的生产。[1] 英国《可再生交通燃料义务法规》规定燃油供应商也必须如实汇报他们的燃油能否达到《可再生燃油法规》设定的可持续发展标准，这个可持续发展标准的评定因子包括土地使用变化、生物多样性、水、土壤、空气质量和社会责任等。[2]

但是，目前各国并没有关于规范生物燃油可持续发展性的强制标准。为鼓励燃油供应商提供可持续的生物燃油，降低生物燃油工程的间接土地使用改变（indirect land – use change，iLUC）风险，英国可再生燃油局（the Renewable Fuels Agency）提供了一项《碳与可持续性技术指南》，供应商在其年度可持续性报告中可自愿使用。[3] 由此也可以看出生物燃油所带来的环境风险引起了科学界和政策制定者的高度关注，为降低各种环境风险，强制性标准是促进生物燃油可持续发展所必备的政策措施。

（三）实施财税政策

实现交通的可持续发展和促进温室气体减排，发达国家在交通领域实施的财税政策主要包括以下几种。

1. 税收政策

（1）美国

A. 汽车耗油超标税

美国关于机动车燃油经济性的财政政策起源于 1978 年的《能源税法案》，为了减少美国消费者对高耗油机动车的购买，该法案实施了汽车耗油超标税，该税收是对未达到最低燃油经济性要求的新车生产商征收的一种消费税，起征点从 1980 年的 15mpg 上升到 1990 年的 22.5mpg，但是，汽车耗油超标税的不足之处在于它并不适用于小型面包车、越野车（SU-Vs）和轻型货车。[4]

B. 新能源汽车税收抵免

美国政府在 2005 年颁布的《能源政策法案》中为新型混合动力轻型车提

---

[1] OJ L 140，5.6.2009，p.90.

[2] The Renewable Transport Fuel Obligations Order 2007，（UK）.

[3] Department for Transport，Carbon and sustainability technical guidance，2011，available at http：//www.dft.gov.uk/publications/carbon – sustainability – technical – guidance/.

[4] Hui He，Anup Bandivadekar，A Review and Comparative Analysis of Fiscal Policies Associated with New Passenger Vehicle CO2 Emissions，Washington DC ：International Council on CleanTransportation ，2011，pp17 – 18.

供了高达3400美元的税收抵免。[1] 该项政策在生产商完成60 000辆销售量的过程中逐步停止适用。除了对混合动力车实施税收刺激外，美国还为购买可替代燃料机动车提供了一系列的联邦税收抵免。这些可替代燃料包括乙醇、压缩天然气（CNG）和稀薄燃烧柴油。目前的适用范围是某些使用压缩天然气和稀薄燃烧柴油的机动车。这些税收政策凸显了美国政府对于石油独立和安全问题的关注。[2]

（2）日本

对于能源消费99.9%依赖于进口的日本来说，提高燃油效率和发展新能源汽车是其能源战略的重中之重。1999年，日本《能源节约法》修改之际确定了各种车型燃油效率比1995年提高22.8% 的目标。自该目标确定之后，高能效车型得到快速发展。[3] 2001年，日本政府制定并实施了“汽车税收体系绿化计划”，通过降低汽车购置税的税率，促进低能耗、低排放汽车的生产和销售。在该绿色税收计划中，星级标签用来表示机动车污染物排放等级，四星级代表该机动车无二氧化碳尾气排放，这也就意味着至少比2005年日本排放标准低75% 。达到2010年国家燃油经济性指标的15%以上的机动车有资格获得燃油经济性标签。同时获得四星标签和燃油经济性标签的机动车才可享受税收减免待遇。[4]

（3）欧盟

A. 乘用车碳税

2005年7月5日，欧盟委员会提出了一项草案（COM（2005）261）[5]，建议成员国重建乘用车税收体系。该项草案旨在通过消除成员国之间乘用车转移的税收障碍来改善欧盟内部市场的运作，同时通过调整注册税和年度流转税

---

[1] 在美国，税收抵免意味着所得税中美元对美元的税收减免，如500美元的税收抵免就是将2000美元的税负减少为1500美元。

[2] Hui He，Anup Bandivadekar，A Review and Comparative Analysis of Fiscal Policies Associated with New Passenger Vehicle CO2 Emissions ，Washington DC ：International Council on Clean ，2011，p. 19.

[3] Motoyuki，Suzuki，Yoshitsugu Hayashi，and Hirokazu Kato，“Japanese Efforts to Solve Environmental Problems with a Focus on the Transport Sector”，ed. in Transport Moving to Climate Intelligence New Chances for Controlling Climate Impacts of Transport after the Economic Crisis，Springer Sciencc and Business Media，LLC，2011，pp88 ~ 89.

[4] Hui He，Anup Bandivadekar，A Review and Comparative Analysis of Fiscal Policies Associated with New Passenger Vehicle CO2 Emissions，Washington DC ：International Council on Clean ，2011，pp27 ~ 28.

[5] 虽然该项草案最终未获批准，但是其中有两部分内容是值得关注的：首先，所有或者主要的汽车税都应以机动车二氧化碳的排放量为基准；其次，机动车税应按所有权或者年度纳税，而不是只在购买时纳税。参见 OECD（2010），Stimulating Low - Carbon Vehicle Technologies，OECD Publishing. ，p. 87。

的税基将乘用车二氧化碳排放量作为要素考虑其中，从而促进交通的可持续发展。[1] 目前，机动车碳税已在欧盟范围内确立起来，19 个欧盟成员国使用该项税收。以英国为例，年度流转税以二氧化碳排放量为税基，对于二氧化碳排放量超过 255 g/km 的汽车来说，税率范围从£ 20（101～110 g/km）或£ 10（可替代燃料）到£ 435（汽油、柴油）或£ 425（可替代燃料）。2010 年 4 月 1 日起施行首年注册税，范围从£ 110（131～140 g/km）到£ 950。公司自用汽车税率从汽车价款的 5%（碳排放为 75g/km）到 35%（碳排放为 235g/km 以上）。柴油汽车需要支付 3%~35% 的附加费，电动汽车则享受免税。[2]

欧盟各成员国对购买和使用电动汽车和包括插电式混合动力汽车、传统混合动力汽车在内的混合电动汽车均采取了税收优惠政策。以英国为例，电动汽车和碳排放量在 75g/km 的插电式混合动力汽车可获得高达 5000 英镑或者相当于其价款 25% 的补贴。电动汽车可免征年度流转税，另外英国政府对于公司所使用的电动汽车在首次注册日起五年内免征公务车辆使用税。小型电动运输车的收益所得可免税五年。[3]

B. 能源碳税

2003 年 10 月，欧盟部长理事会通过了旨在重构共同体能源产品和电力的税收框架的能源税指令 2003/96/EC。

该指令扩大了能源产品范围，即从矿物油扩展到包括煤、天然气在内的所有能源产品和电力。指令分别对动力燃料、工业或商业用途燃料以及加热燃料和电力设置了最低税率，即成员国所适用的税率不应低于指令中所规定的最低税率。

为减少对进口能源的依赖和削减碳排放，指令提出增加激励措施以提高能效，并且为削减碳排放允许成员国对企业实施税收刺激措施。指令授予成员国可以实施一定的减免税优惠政策的权利，在交通领域可以免税的情形有以下两种：①作为航空燃料供应的能源产品，不包括用于私人娱乐飞行的能源产品；②在欧盟水域内用于航行（包括捕鱼）燃料供应的能源产品，私人娱乐航行和船舶用电除外。成员国有权适用完全或部分减免税政策和其他政策的情形有：①航空领域在财政控制下，为了研发更为环保的产品或与开发可再生能源

---

[1] COM（2005）261.

[2] The European Automobile Manufacturers Association, Overview Of CO_2 Based Motor Vehicle Taxes In The Eu, available at http://www.acea.be/images/uploads/files/20110330_CO_2_tax_overview.pdf.

[3] The European Automobile Manufacturers Association, Overview Of Purchase And Tax Incentives For Electric Vehicles In The EU, available at http://www.acea.be/images/uploads/files/20110330_EV_tax_overview.pdf.

有关的能源产品；②生态燃料；③来自太阳能、风能、潮汐、地热或生物、废弃物产生的能源；④用于铁路、民航、内陆水运客货运输等的能源产品和电力；⑤为在内陆水道上航行（包括渔业）而非用于个人娱乐的船艇，提供燃料的能源产品和轮船所发的电力；⑥作为推进剂的天然气和液化气。[1] 2011年4月13日，欧盟委员又提交了一份关于修改能源产品税收方面过时规则的草案，将二氧化碳排放量和燃烧值纳入其中。[2]

2. 其他财政政策

除利用税收政策推动交通领域节能减排之外，发达国家还采取补贴、补助金等财政政策促进新能源交通工具的开发利用。

近年来，为应对国家能源安全问题，美国出台了新的财政政策来推动电动汽车和利用可替代燃料如乙醇的机动车的研发和生产。为了推广新能源汽车，美国国会参议院于2009年批准旧车换现金（Cash for Clunkers）法案，按照这项总投资额10亿美元的计划，如果车主以每加仑里程18英里或以下的旧车换取每加仑里程至少22英里以上的新车，则将可获得3500美元的补贴；如果新车的每加仑里程较旧车高出10英里，则车主将可获得4500美元的补贴。

2010年1月，日本经济产业省推出“低碳型创造就业产业补助金”制度，对电动车用锂离子电池、LED芯片、太阳能电池制造等日本具有明显市场优势的战略性新兴产业进行补助，5月又提高了该补助总金额。据日本经产省预计，日本此类产业占全球的40%~50%，为了确保这一份额，到2020年需要2.5万亿日元的设备投资，并创造出33万个就业机会。截至2010年5月中旬，日本经产省已经对42家企业补贴了297亿日元，并带动这些企业进行设备投资1400亿日元。[3]

（四）构建综合交通运输体系

1. 美国

为促进物流业的进一步发展，提高运输效率，减少能耗，美国政府高度重视交通设备的标准化和各种交通方式的联合运作。1991年颁布《多式联运法》，大力提倡多式联运的发展。《2000—2005年运输部战略计划》提出多式联运是美国运输系统四大特征之一。1996年《美国运输部1997—2002财政年度战略规划》指出，美国运输最大的挑战是建立一个以国际为范围、以多种

---

[1] 崔晓静：“欧盟能源税指令及其对我国的借鉴”，载《武大国际法评论》2007年第2期，第230~242页。

[2] COM（2011）169/3.

[3] 孟晶：“日本：政策引导抢占技术制高点——国外低碳经济政策与法规介绍”，载《中国石油和化工》2010年第8期，第12~13页。

运输方式联合运输为形式、以智能化为特征，并将自然环境包含在内的运输系统。《国家运输科技发展战略》规定，交通产业结构或交通科技进步的总目标是：建立安全、高效、充足和可靠的运输系统，其范围是国际性的，形式是综合性的，特点是智能性的，性质是环境友善的。[1] 目前，美国已拥有世界上最完善的综合运输体系，形成全国统一、职能明确、权责清晰的综合运输管理体制，在规划、设计和建设的各个环节，高度重视综合枢纽和大型换乘中心的建设，解决好各种交通方式之间、综合交通网点与线之间、城市对外交通与内部交通之间的协调与连接，实现各种交通方式的立体、无缝、便捷连接。

2. 日本

为解决温室效应和大气污染等各种问题，日本政府联合物流业界在干线运输方面积极推动运输模式转换（由汽车转向铁路和海上运输），构建干线联合运输系统；在市内运输方面，推动共同配送系统，最终控制污染排放。为使装卸搬运集约化并实现各种方式联运，日本国土交通省制定了一系列装卸运输标准，统一了货架、托盘、集装箱的尺寸标准，甚至24小时便利店的货物配送都有专用的、可回收的集装箱。[2]

3. 欧盟

在欧盟各种交通方式中，公路的环境影响最大（公路交通排放的二氧化碳占交通排放总量84%），空运次之，铁路、水运较小。欧盟在1992年发布的第五个环境行动计划中建议至2020年，新铺铁轨9 000km，改进现有铁轨15 000km，发展高速铁路，其速度达160～300km/h，最理想的是250～300km/h，以替代长途公路运输。欧盟还计划至2020年建立一个统一的欧洲铁路系统。[3] 欧盟提出建设“海上高速公路”，提供高效、便捷的服务，并加强港口建设，使水运网络形成良好的衔接。[4] 除了优化运输结构，欧盟还注重将多种交通方式整合在一个有效的交通链中，推行多式联运。1992年，欧盟颁布了在成员国之间建立关于混合货物运输（combined transport）的指令，发挥公路运输、铁路运输、内陆水运和海运等多种运输模式在运输潜能和降低环境影响等方面的固有优势，从而提高欧盟内部货物运输的整体效率。[5]

---

[1] 叶蕾、麦强、王晓宁、安实：“国外物流节能减排措施综述”载《城市交通》2009年第9期，第27～31页。

[2] 同上书，第27～31页。

[3] 肖主安、陆根法：“欧盟可持续交通政策概述”，载《环境保护》2005年第12期，第68～70页。

[4] 李沛恒：“美国与欧盟的交通政策对比分析”，载《交通标准化》2009年第2～3期，第2016～218页。

[5] OJ L368，17.12.1992，pp 38～42.

二、发达国家政策法律措施对我国的启示

在全球能源危机和气候变化问题共存的背景下，以绿色经济转型为契机，以科学发展观为指导，通过进一步完善政策法律措施促进交通领域温室气体的减排是实现我国交通可持续发展目标的重要之举。应借鉴西方发达国家发展低碳交通的政策法律经验，以我国具体国情为基础，综合考虑环境效益、社会效益和经济效益，注重政府引导与市场机制的有机结合，完善相关政策法律措施。

（一）制定国家低碳交通发展的总体战略规划

低碳交通的总体战略规划可以根据产业划分为两个部分：第一部分是交通运输业的战略规划，第二部分是节能和新能源汽车产业的战略规划。就交通运输业的战略规划而言，交通运输部已经正式发布《交通运输“十二五”发展规划》。《规划》紧紧扣住“科学发展”这一主题，紧紧围绕“加快转变发展方式”这条主线，切实突出了“三个服务”的交通运输发展宗旨，充分体现了“适度超前”的交通运输发展战略，是引领和指导交通运输行业加快转变发展方式、大力发展现代交通运输业的纲领性文件。[1]

为应对国际金融危机的影响，稳定汽车消费，加快结构调整，增强自主创新能力，推动产业升级和促进我国汽车产业持续、健康、稳定发展，我国于2009年颁布了《汽车产业调整和振兴规划》，并提出了“新能源汽车战略”。由工信部牵头组织编制的《节能与新能源汽车产业发展规划（2011—2020）》被视为引导今后十年节能与新能源汽车产业发展的纲领性文件，规划不仅将明确新能源汽车产业发展的方针、路线、规模，而且对整个产业链（包括关键零部件的研发生产、市场推广、配套设施、售后服务和回收利用等环节）都有全盘的规划。[2]

（二）制定并完善燃油经济性标准与低碳燃油标准

制定严格的燃油经济性标准和低碳燃油标准是我国目前削减交通领域温室气体排放的重要手段，前者旨在通过先进技术改进交通工具的发动机装置，提高燃油经济性，加强政府对交通工具生产的管理；后者则强调控制燃油生产、运输、使用的整个周期内的碳密度，从而减少二氧化碳排放。我国已经颁布并

---

[1] 运输部：“交通运输‘十二五’发展规划”，载 http://www.gov.cn/gzdt/2011-05/27/content_1872025.htm，2011年6月29日访问。

[2] 中国科学院可持续发展战略研究组：《2011中国可持续发展战略报告——实现绿色的经济转型》，科学出版社2011年版，第191页。

实施了两阶段的燃油经济性标准，但是与发达国家的油耗标准和二氧化碳限制标准相比还存在一定的差距。在低碳燃油标准方面我国仍存在立法空白。

1. 燃油经济性标准

我国于2005年7月1日和2008年1月1日分别开始实施第一、第二阶段乘用车燃料消耗量限值标准。2009年年底，《第三阶段乘用车燃料消耗量评价方法及指标》（以下简称新标准）标准草案已获通过。与以往不同，《第三阶段乘用车燃料消耗量限值标准》不再以单一车型为限制对象，而是参考美国《公司平均燃料经济性法》，将车企旗下所有车型纳入整体评估范围，即车企年产各类车型的油耗加权平均值不得超过限值标准。新标准将提出渐进式目标，设定适当的过渡期，最终使我国乘用车平均燃油消耗量到2015年降为7L/100km左右。❶ 但是这一指标折算成碳排放量后仍高于发达国家的目标值。由于汽车燃油消耗量和二氧化碳排放量有着直接的对应关系，用二氧化碳排放限值控制其汽车燃油消耗是发达国家的普遍做法，如欧盟通过减少汽车二氧化碳排放的指令来限制新车的排放，到2015年，欧洲新车平均排放将逐步降至每公里130克二氧化碳，到2020年为95克/公里。美国的目标是到2016年平均二氧化碳排放每公里155克。日本的目标是2015年155克，2020年115克，而我国尚没有将二氧化碳纳入标准法规体系中。虽然环保部于2009年下发了关于征求国家环境保护标准《环境标志产品技术要求 轻型汽车（征求意见稿）》意见的函（该标准是推荐标准），但是目前国内车企离达标还有很大的距离。因此，建立与国际接轨的油耗标准和建立二氧化碳限制标准是完善节能与新能源汽车产业标准法规体系，促进企业技术升级的关键。

2. 低碳燃油标准

发达国家的经验表明发展可替代燃油，减少化石燃油的使用比例是交通领域节能减排的有效途径。随着我国机动车需求量和能源需求量的不断增长，制定低碳燃油政策，建立低碳燃油标准体系是我国目前进行能源结构调整和应对气候变化的必要手段。我国对清洁燃气、生物燃料及“电”、“氢”燃料等低碳汽车燃料的推动，给予了一定的政策支持，也逐步形成了一定的市场规模。但总体上，仍存在目标规划不明确、政策扶持与实施不到位、关键技术待突破、标准与市场体系待完善等问题，尤其缺乏真正以“低碳强度”为核心思想的政策导向。❷ 低碳燃油标准仍处于探索时期，能源与交通创新中心与国务

---

❶ 张海燕：“乘用车油耗限值标准即将升级”，载《中国质量报》2010年6月29日，第51页。

❷ 能源与交通创新中心（iCET）：“中国发展低碳汽车燃料政策建议报告”，载http：//www.icet.org.cn/adminis/uploadfile/201142612552738878.pdf，2011年6月29日访问。

院发展研究中心、中国标准化研究院、国家环境保护部机动车排污监控中心和英国 E4Tech 公司合作，共同研发了“发展推动中国低碳燃料标准及政策，促进温室气体减排”项目，该项目已拟定两项国家推荐性标准《交通燃料使用前各生命周期阶段温室气体排放的评价原则和要求》和《交通燃料使用前各生命周期阶段温室气体 报告与核查要求》，并报国家标准化管理委员会审批。[1]

考虑到我国仍处于工业化进程中，各地经济发展不平衡以及仍将在相当长的时间内主要依赖传统化石能源的能源结构等因素，发展低碳燃油不能盲目照搬西方发达国家的做法，而必须建立在我国具体国情的基础之上，将低碳燃油政策、标准与可持续发展纳入同一体系进行综合考量。首先，应建立中国汽车燃料信息报告系统，要求中国燃料供应商（包括外资供应商）提供所供应燃料的燃料类型、燃料来源、燃料生产企业和工艺及温室气体排放情况、环境与社会影响等方面的信息报告，由此开发出一套政策评价工具，为政府的政策制定提供科学依据。其次，应坚持可持续发展原则，适度、循序渐进地设定低碳燃油利用目标及燃料平均碳强度目标。政府应定期审议低碳汽车燃料目标及燃料平均碳强度目标的执行情况并进行披露，并根据实施情况、燃料技术发展水平等因素适当调整政策和实施战略。[2] 最后，由于生物燃料的大规模生产带来食品安全、原料价格增长、使用化肥和杀虫剂对环境和生态造成的负面影响，因此，应建立生物质燃料的可持续性标准评估体系，可持续发展标准的评定因子包括土地使用变化、生物多样性、水、土壤、空气质量和社会责任等，并将该可持续性标准评估体系与环境友好汽车评估体系有机结合，从生物燃料使用前到使用过程中的各生命周期阶段进行全过程环境影响评估。

（三）实施积极的财政政策

运用财税政策推动低碳交通的发展已经成为发达国家的普遍做法并以实践证明该政策已在减少交通温室气体排放方面取得了显著成效。我国也应借鉴发达国家经验，通过进一步改革税收体制，完善绿色税收体系，并提高对节能和新能源汽车研发和推广的补贴力度，扩大补贴范围。

1. 税收政策

我国实施了促进节能和新能源汽车税收政策，主要包括增加高耗油汽车的

---

[1] 参见能源与交通创新中心（iCET）：“中国发展低碳汽车燃料政策建议报告”，载 http：//www. icet. org. cn/adminis/uploadfile/201142612552738878. pdf，2011 年 6 月 29 日访问。

[2] 能源与交通创新中心（iCET）：“中国发展低碳汽车燃料政策建议报告”，载 http：//www. icet. org. cn/adminis/uploadfile/201142612552738878. pdf，2011 年 6 月 29 日访问。

消费税、降低节能环保车辆的消费税、小排量汽车购置税优惠、成品油税费改革，以及实施车船税改革等。这些政策对于减少温室气体排放均起到了较为积极的作用。

但是，从欧盟实施机动车碳税的效果来看，如果将二氧化碳排放量纳入汽车购置税中考量，不仅不会是燃油税的重复，反而会对燃油税起到很好的补充作用。因为消费者往往具有一定的盲目性和短视性，即当其购买机动车时，往往更多地考虑价格而不是今后燃料品种和消耗量，因而将汽车购置税与二氧化碳排量相挂钩，有利于积极引导消费者的低碳消费，并通过价格信号和低碳信号引导企业生产和机动车市场结构改良优化。[1]

我国目前实施的车船税以排量递增税率，然而当前发动机技术已经使大排量机动车可以排放较低水平的污染物（CO、HC、NOx、PM 等），这不仅使车船税的节能目的引发质疑，而且其节能效果与燃油税也有重复之处。同时，科学测算结果显示机动车排量与油耗之间的线性正相关关系非常显著，如果以碳税为立税依据，不仅能使消费者考虑到成本问题，而且会产生主动减少碳排放的心理作用。[2] 因此，在我国今后税收体制改革和完善过程中，发达国家机动车碳税是值得研究并借鉴的。

2. 补贴政策

发达国家在节能与新能源汽车产业发展初期都将财政政策作为政府重要的调控手段来推动该产业的市场化发展，并起到了积极的作用。我国政府采用补贴的方式来培育节能与新能源汽车市场，在公共服务用车方面，主要通过“十城千辆”计划对 25 个试点城市的公交、出租、公务和市政用车进行补贴。在私人购车方面，除了在 6 个试点城市实施私人购买新能源汽车的补贴计划外，还通过“节能产品惠民工程”给予符合条件的节能汽车 3000 元/辆的补贴，将补贴扩大到全国范围内。[3]

2006 年石油涨价后，为了降低涨价对公共事业部门、农业生产部门等带来的负面影响，财政部出台了燃油价格补贴政策。由于新能源汽车对石油的依赖性较小，因此，财政部可以考虑将燃油价格补贴政策转化为汽车购置补贴，对购置新能源汽车的，给予相当于一年燃油价格补贴额的补贴。[4] 该项补贴最

---

[1] 蔡博峰：“国际机动车碳税对我国的启示”，载《环境经济》2011 年 1 ~ 2 月刊，第 66 ~ 71 页。

[2] 同上。

[3] 中国科学院可持续发展战略研究组：《2011 中国可持续发展战略报告——实现绿色的经济转型》，科学出版社 2011 年版，第 176 页。

[4] 高小萍：“推进新能源汽车产业发展的财政政策思考”，载《中国科技投资》2010 年第 7 期，第 71 ~ 73 页。

初可以公共交通工具作为试点，并逐步扩大到私人领域。同时，应适度增加节能和新能源汽车的各项补贴额度。

（四）构建以多式联运为核心的综合交通运输体系

建设综合运输体系是一种促进现代物流业发展的有效手段，而多式联运是综合运输体系的核心，是运输系统的内部强健的结构。但我国当前现代物流业的发展还面临着诸多问题，如综合运输体系建设落后，多式联运发展水平偏低，不同方式之间的政策、法规、标准不衔接、不统一等问题。我国可以从完善多式联运入手，逐步提升物流业水平和质量，从而助推节能减排事业的发展。[1] 由于多式联运涉及不同交通方式，因此，建立综合的管理体制是推动多式联运发展的前提条件。为构建一个“便捷、通畅、高效、安全的综合运输体系”，2008 年的国务院机构改革方案指出为改进运输组合效率，发挥系统整体优势，组建新的交通运输部。将交通部、中国民用航空总局的职责，建设部的指导城市客运职责，整合划入该部。组建国家民用航空局，由交通运输部管理，并将国家邮政局改由交通运输部管理。2013 年 3 月，第十二届全国人大第一次会议审议通过了国务院机构改革和职能转变方案，不再保留铁道部，组建中国铁路总公司，承担铁道部的企业职责；组建国家铁路局归入交通运输部管理，承担原铁道路的行政职责。目前在完善管理体制的同时，还应制定和实施综合运输体系发展战略和多式联运发展专项规划，应将温室气体减排作为战略规划的目标之一纳入其中，此外，还应注意协调针对各种运输方式的政策法律之间的关系。

第三节　我国低碳交通运输业的政策与法律[2]

一、历史沿革

我国低碳交通运输的实施既是应对气候变化的全球一致行动，也是加强我国交通运输业可持续发展能力建设的重要契机。

在政策方面，中国交通运输业减少污染排放和节约能源的规定可以溯及 20 世纪 90 年代初期制订的《中国 21 世纪议程》，其中对中国交通运输业可持

---

[1] 曹玲：“减排承诺掷地有声 现代物流势在必行”，载《中国水运报》2009 年 12 月 30 日，第 7 版。

[2] 周珂、梁文婷、李姗姗：“论构建我国低碳交通运输法律体系”，载《法治研究》2011 年 02 期。

续发展能力建设设计了原则和行动方案。国外提出低碳经济不久，中国政府即结合本国的实际，提出了“节能减排”的方针，并在2006年3月制订的国家“十一五”规划纲要中将其列为两个主要约束性指标：到2010年单位GDP能耗比2005年降低20%，主要污染物排放总量减少10%。根据这个政策性规定，2008年6月18日交通运输部提出了运输行业节能减排的主要目标：与2005年相比，到2010年和2020年，营运货车单位运输量能耗分别下降5%和16%，营运船舶单位运输量能耗分别下降10%和20%（其中海运船舶分别下降11%和20%、内河船舶分别下降8%和20%），港口生产单位吞吐量综合能耗分别下降5%和10%。2009年8月，国务院常务工作会议提出建立包括交通运输业在内的低碳经济试点示范，这标志着中国在气候变化应对领域对内加大了力度，对外更注重与国际行动的一致性。与主要作为经济指标的节能减排方针相比，低碳经济更强调从经济形态上的变革与创新，强调各经济产业部门的配合与协调，而且从生产领域扩大到消费领域，这对于低碳交通运输业提出了更高的要求。

在立法方面，全国人大常委会于2009年8月27日表决通过的《关于积极应对气候变化的决议》指出：要紧紧抓住当今世界开始重视发展低碳经济的机遇，加快发展高碳能源低碳化利用和低碳产业，建设低碳型工业、建筑和交通体系，大力发展清洁能源汽车、轨道交通，创造以低碳排放为特征的新的经济增长点，促进经济发展模式向高能效、低能耗、低排放模式转型，为实现我国经济社会可持续发展提供新的不竭动力。这个法律性的决议推动了中国气候变化和低碳经济的立法进程，从国家行政规范层面上，交通运输业低碳经济目前基本限于政策规范，但部门规章和地方规章的制定是很积极的。例如，浙江省交通运输部门交通运输节能减排专项行动方案已制订并实施，计划于2009年至2012年开展道路运输结构优化、水路运输结构优化、港口设施技术改造、废旧沥青再生利用、隧道照明技术改造和驾驶培训设施技术改造六大交通节能减排行动。按照该方案，到2012年，浙江省营运客货运输车辆单位能耗与2008年相比将下降4%，内河货运船舶平均油耗下降6%，沿海货运船舶平均油耗下降8%，沿海港口万吨吞吐量综合生产能耗降低8%，内河港口万吨吞吐量综合生产能耗降低5%。[1]

中国在低碳经济的立法进程上借鉴了英国的做法，但又有所不同。根据英国《可再生能源法》的制度安排，英国实施低碳经济的三个领域现行的次序是电力、

[1] 曹玲：“减排承诺掷地有声 现代物流势在必行”，载《中国水运报》2009年12月29日，转引自中国水运网，2012年2月21日访问。

运输和供热，而中国低碳经济官方提出的概念和立法进程上这个次序是电力、建筑业（供热）和运输。中国电力行业的节能减排和新能源替代在21世纪初就已启动并有专门立法，在建筑供热领域，《民用建筑节能条例》（国务院令第530号）也于2008年8月7日实施，但低碳交通运输业的专门性行政法规目前尚未出台。可以判断，这是由于考虑到中国交通运输业发展水平相对滞后，低碳经济的实施可能会加重交通运输业的负担，因而将其安排在较后的次序。

二、中国交通运输业低碳经济政策法律体系

中国交通运输业低碳经济政策法律体系处于初创阶段，以政策规范为主，专门性立法不多，且大部分专门规范等级较低，相关性规范分布领域广泛，发展空间广阔。

（一）中国交通运输业低碳经济的法律

最高效力等级的规范是全国人大常委会于2009年8月27日通过的《关于积极应对气候变化的决议》。此外，1992年中国全国人大常委会批准了《气候变化框架公约》，1998年中国签署并在2002年批准了《京都议定书》，根据《中华人民共和国环境保护法》的规定，这两个国际公约与中国法律具有同等的效力，当国内法律与国际公约冲突时，优先适用国际公约。中国交通运输业发展低碳经济的法律规定主要包括：

第一，2009年开始实施的《中华人民共和国循环经济促进法》中有关机动车节油、报废机动车船及其部件再利用等规定直接适用于交通运输业。该法的有关条文包括第21条：国家鼓励和支持企业使用高效节油产品。内燃机和机动车制造企业应当按照国家规定的内燃机和机动车燃油经济性标准，采用节油技术，减少石油产品消耗量。第38条：对废电器电子产品、报废机动车船、废轮胎、废铅酸电池等特定产品进行拆解或者再利用，应当符合有关法律、行政法规的规定。第40条：国家支持企业开展机动车零部件、工程机械、机床等产品的再制造和轮胎翻新。

第二，2007年修订的《中华人民共和国节约能源法》中有关优先发展公共交通、鼓励使用非机动交通工具出行、提高运输组织化程度和集约化水平及能源利用效率、鼓励开发使用节能环保型交通运输工具及清洁燃料和石油替代燃料、加强燃料消耗监督管理等规定。该法的有关条文包括第43条：县级以上地方各级人民政府应当优先发展公共交通，加大对公共交通的投入，完善公共交通服务体系，鼓励利用公共交通工具出行；鼓励使用非机动交通工具出行。第44条：国务院有关交通运输主管部门应当加强交通运输组织管理，引导道路、水路、航空运输企业提高运输组织化程度和集约化水平，提高能源利

用效率。第 45 条：国家鼓励开发、生产、使用节能环保型汽车、摩托车、铁路机车车辆、船舶和其他交通运输工具，实行老旧交通运输工具的报废、更新制度。国家鼓励开发和推广应用交通运输工具使用的清洁燃料、石油替代燃料。第 46 条：国务院有关部门制定交通运输营运车船的燃料消耗量限值标准；不符合标准的，不得用于营运。国务院有关交通运输主管部门应当加强对交通运输营运车船燃料消耗检测的监督管理。

第三，2006 年实施、2009 年修订的《中华人民共和国可再生能源法》，这是中国修订最快的法律之一，表明其适用性面临较多的变数。从新能源替代和减少温室气体减排的功能上看，这个法律的一般规定不排除适用于交通运输业，但在第四章“推广与应用”的规定中只提电力和房地产业而不包括交通运输业。

第四，1989 年修订的《中华人民共和国环境保护法》第 4 条规定，各级公安、交通、铁道、渔业管理部门根据各自的职责，对机动车船污染大气实施监督管理。第四章对防治机动车船污染作出专章规定。但这些规定直接适用于传统的污染防治，并没有明确体现温室气体减排的功能。目前这部法律正在修改过程中，2014 年 4 月将第四次提交全国人大常委会审议，是否将气候变化应对内容写入该法正在论证。

第五，2003 年实施的《中华人民共和国清洁生产促进法》第 21 条规定，生产大型机电设备、机动运输工具以及国务院经济贸易行政主管部门指定的其他产品的企业，应当按照国务院标准化行政主管部门或者其授权机构制定的技术规范，在产品的主体构件上注明材料成分的标准牌号。

此外，1999 年修订的《中华人民共和国海洋环境保护法》对船舶运输污染防治作出规定，但主要功能限于对海洋水体的污染防治，与气候变化和低碳经济相关功能的规定并不明显。

（二）中国交通运输业节能减排和低碳经济的政策法规

中国交通运输业节能减排和低碳经济的政策法规是近年来中国行政规范的热点之一，主要内容如下。

一是中国政府有关应对气候变化和节能减排的政策性规定，主要包括：如 2008 年 10 月 29 日中国政府发布的《中国应对气候变化的政策与行动》白皮书，第四部分减缓气候变化的政策与行动第一项是加大科研力度来应对气候变化，第二项是节约能源和提高能源利用效率来应对气候变化，都直接与交通运输业有关。

二是 2006 年 11 月国家发展改革委发布的中国第一个《节能中长期专项规划》，这是中国目前最为系统和明确的低碳政策规范。该规划分析了中国能源消费特点、能源利用状况、节能工作存在的主要问题、节能工作面临的形势和任务，提出了节能的指导思想、原则和目标，节能的重点领域、重点工程及保障措施。与交通运输业相关的内容包括：（1）2010 年新增主要耗能设备能源效率达到或接近国际先进水平，部分汽车、电动机、家用电器等达到国际领先水平。(2) 交通节能的重点是新增机动车；研究鼓励发展节能车型和加快淘汰高耗油车辆的财政税收政策，择机实施燃油税改革方案（2008 年已实施）；取消一切不合理的限制低油耗、小排量、低排放汽车使用和运营的规定；根据美国、日本、欧洲等国家的经验，制定和实施机动车燃油经济性标准并实施车辆燃油税等相关制度，制定机动车燃油经济性标准，建立和实施机动车燃油经济性申报、标识、公布三项制度等。（3）铁路运输要加快发展电气化铁路，实现铁路运输以电代油；航空运输要采用节油机型，加强管理，提高载运率、客座率和运输周转能力，提高燃油效率，降低油耗。水上运输要通过制定船舶技术标准，加速淘汰老旧船舶；采用新船型和先进动力系统；发展大宗散货专业化运输和多式联运等现代运输组织方式；优化船舶运力结构，提高船舶平均载重吨位等。(4) 农业、渔业机械方面，淘汰落后农业机械；采用先进柴油机节油技术，降低柴油机燃油消耗；推广少耕免耕法、联合作业等先进的机械化农艺技术；在固定作业场地更多地使用电动机；开发水能、风能、太阳能等可再生能源在农业机械上的应用。通过淘汰落后渔船，提高利用效率，降低渔业油耗。(5) 统一规划交通运输发展模式，制订符合我国国情的交通运输发展整体规划。特大城市要加快城市轨道交通建设，形成立体城市交通系统，大力发展城市公共交通系统，提高公共交通效率，抑制私人机动交通工具对城市交通资源的过度使用。

三是作为交通运输业最主要的管理部门，交通运输部于 2007 年 6 月 4 日制定和发布了《营业性车辆燃油消耗准入与退出专项行动计划》，这个行动计划确定了有效推动公路运输的节能降耗，推广油耗低、性能好的运输车辆，汽车制造企业通过优化设计等技术手段降低现有车辆油耗，制定车辆油耗限值应注意机动车排放标准，实施油耗退出分阶段执行等事项。并确定了工作目标、任务、分工、进度计划。此外还有 2008 年 7 月 29 日制定的《公路、水路交通实施〈中华人民共和国节约能源法〉办法》，2009 年 2 月制定的《资源节约型环境友好型公路水路交通发展政策的通知》，2009 年 11 月制定的《道路运输车辆燃料消耗量检测和监督管理办法》，2013 年发布的《加快推进绿色循环低碳交通运输发展指导意见》等部门规章。

四是作为环境保护综合管理部门，国家环境保护总局（现在的国家环境保护部）于 2007 年 11 月 26 日发布的《国家环境保护“十一五”规划》规定，大型、特大型城市要把防治机动车尾气污染作为改善城市环境质量的重要内容。进一步提高机动车排放控制水平，规范在用机动车环保年检工作。改善油品质量，提高燃油的利用效率。大力开发和使用节能型和清洁燃料汽车，降低机动车污染物排放。

此外，与交通运输业相关的其他管理部门如中国铁路总公司、民航总局、工业和信息化部等也制定和实施了有关节能减排的部门规章。例如，工业和信息化部制定了《新能源汽车生产企业及产品准入管理规则》，自 2009 年 7 月 1 日起施行；《轻型汽车燃料消耗量标示管理规定》，自 2010 年 1 月 1 日起施行。财政部和科技部制定了《节能与新能源汽车示范推广财政补助资金管理暂行办法》，于 2009 年 1 月实施。

（三）评价与展望

总体上看，中国交通运输业节能减排和低碳经济法制建设由于这个产业面临的体制和经济技术水平问题而有相当大的压力和难度，但是国家对此重视的程度逐步提高，并充分借鉴国外的先进理念和制度，在政策与立法上积极论证，并进行试点，总结经验后将迅速地推广。部门和地方政府也有较高的热情。实践中以下三个问题应当关注。

1. 交通运输业节能减排和低碳经济政策法律如何定位

从中国政府公布的温室气体减排方案分析，交通运输业的减排强度标准低于总体减排强度标准（到 2020 年国家总体减排强度是 40%，交通运输业减排强度是低于或等于 20%）。从政策和立法进度上来看，交通运输业节能减排和低碳经济也滞后于建筑业。很明显，低碳交通运输在中国低碳经济的三足中是条短腿。英国 2008 年以前的政策到 2020 年可以达到的状态下，运输业对于减排的贡献率大大高于供热（建筑业），只有在可再生能源 15% 的目标所决定的减排状态下，供热（建筑业）才高于运输业。[1] 但是英国可再生能源 15% 的目标在 2008 年的实施并不很理想。这表明，第一，低碳建筑业更多地依赖于可再生能源；第二，可再生能源至少在现阶段加速替代传统能源还有相当大的难度，在建筑业方面更明显；第三，低碳交通运输业即使在可再生能源有限增长的状态下，仍然有很大的成长空间；第四，可再生能源替代传统能源对经济和技术发达程度有很高的要求，中国在这方面远不及英国等发达国家，中国《可再生能源法》的迅速修改也表明这方面的法律保障尚不够充分和稳定。有鉴于此，我国现阶段应当对低碳交通运输业的立法和实施进程作出更为积极和优先的安排，至少不能安排在建筑业之后。

---

[1] 吕霞："英国可再生能源法研究"，载中国能源法网，2010 年 2 月 20 日访问。

2. 用低碳交通法律的一体化推动交通运输业建设综合运输体系

现代交通运输业的一体化提高了效率，有效地减少了温室气体和污染物排放。按照资源消耗低、环境污染少的要求，建设现代物流业是传统交通运输产业转型升级的根本方向。但中国当前现代物流业的发展还面临着诸多问题，如综合运输体系建设滞后，多式联运发展水平偏低，不同方式之间的政策、法规、标准不衔接、不统一等问题。[1]

建设综合运输体系是一种促进现代物流业发展的有效手段，而多式联运是综合运输体系的核心，是运输系统的内部强健的结构。1991 年，美国颁布《多式联运地面运输效率法》，掀起了多式联运发展高潮，并日益建立起一个统一、无缝、有效、经济、安全的联运系统，而它完善周密的海铁联运体系极大地促进了其港口物流业的发展。交通运输业内部分工和结构调整也为推动低碳交通运输提供了一个重要和良好的契机，应把符合温室气体减排作为建设综合运输体系重要的决策因素。这在客观上也要求中国现行交通运输业节能减排和低碳经济政策法律的一体化，改变目前部门各自制定规章的做法。而政策法律的一体化将反过来有力地推动综合运输体系的建立和发展。

3. 建立和完善交通运输业节能减排和低碳经济政策法律体系

结合中国的实际，这个体系应当包括三个组成部分：[2]（1）低碳交通运输业专门立法，可借鉴英国的做法，以可再生交通燃料义务作为切入点统领低碳交通运输业。英国的可再生交通燃料义务法令已经形成一个完整的法律系统。仅就《2007 年可再生交通燃料义务法令》的规定来看，英国不仅设定了一个独立种类的可再生能源义务（The renewable transport fuel obligation，RTFO），而且围绕可再生交通燃料义务设置了管理机构（The Office of the Renewable Fuels Agency），建立了独立的绿色证书（RTF certificates），安排了详细的执行程序（如证书的申请程序，Application for RTF certificates），等等，中国都可以移植借鉴。（2）立法上整合相关产业和经济活动。交通运输业温室气体减排不仅涉及物流业，而且与汽车等交通工具制造业（清洁能源、节约能源、温室气体收集等）、城乡规划建设（道路与公共交通）、能源产业（清洁能源）、公众交通消费行为（绿色出行）、税收（燃油税的提高）等密切相关。中国在

---

[1] 曹玲：“减排承诺掷地有声 现代物流势在必行”，载《中国水运报》2009 年 12 月 29 日，转引自中国水运网，2010 年 2 月 21 日访问。

[2] 周珂、张卉聪：“论我国城市绿色公共交通的法制化”，载《法学杂志》2014 年第 2 期。

这些领域已取得的成就[1]也需要在低碳运输业立法上得到鼓励和保证。（3）相关领域立法引入低碳交通运输要素。如前所述，与国外特别是经济发达国家相比，中国交通运输业实施节能减排和低碳经济面临更为巨大的压力和负担，因此它更需要相关领域政策和法律的支持与配合，如《环境保护法》修改时应当在我国环境保护的目的和任务规定中体现气候变化应对与低碳经济的宣示性功能；《海洋环境保护法》中应增加海洋运输低碳经济的规定；《大气污染防治法》中防治机动车船污染的规定中应增加有关低碳经济的内容。此外，《循环经济法促进法》《清洁生产促进法》《环境影响评价法》《固体废物污染防治法》等立法总体看有关低碳交通运输的规范也不够充分，有的基本上是空白，应当适时在法律修订中明确体现促进和保障交通运输业实施节能减排和低碳经济的功能。

总之，我国交通运输业实施节能减排和低碳经济既是国际气候变化应对的需要，也是我国经济社会可持续发展和交通运输业体制改革的需要。我国交通运输业实施节能减排和低碳经济既面临挑战，同时有更广阔的成长空间和发展机遇。我国交通运输业实施节能减排和低碳经济政策的法律定位应当调整和提升，注重政策法律体系的建立和完善，并借此推动我国交通运输业建设综合运输体系和增强可持续发展能力的进程。低碳交通运输业专门立法，可借鉴英国的做法，以可再生交通燃料义务作为切入点统领低碳交通运输业；立法上整合相关产业和经济活动。与经济发达国家相比，我国交通运输业实施节能减排和低碳经济面临更为巨大的压力和负担，因此它更需要相关领域政策和法律的支持与配合，在法律修订中适时引入低碳交通运输的要素。

第四节　可量化低碳公路养护及其法律保障[2]

低碳公路养护作为低碳交通一个重要的组成部分是不可或缺的。公路养护过程中有大量的碳排放，需要准确的数据加以认定，为低碳公路养护的可量化奠定基础。不同的路面养护方法和工艺，对环境的影响以及碳排放量也各不相同。对比路面养护技术的优劣时，不但需要对路面养护效果、路面功能好坏、使用的寿命、交通影响大小、对环境的影响程度等方面进行评价，还应对养护

[1] 例如，笔者的学生王庭义博士研发的汽车气压制动系统获创新中国专利榜十大发明奖，并运用于2008年北京奥运会环境治理。这项技术不仅提高了汽车制动效率，而且节省了燃油，减少了温室气体和其他污染物的排放。

[2] 周珂等："中国可量化低碳公路养护及其法律保障"，载《公路》2013年第3期。

材料应用的碳排放量、施工机械的碳排放量以及施工过程中的碳排放量等方面进行测定和评价，对路面预防性养护技术的选择进行综合分析，选择最优的方案，达到路面使用性能、经济效益、社会效益和环境效益最优。低碳公路养护应通过法律确认和推广，鼓励优胜劣汰，规范行业准则。

一、低碳公路养护必要性分析

人类出行方式不同，碳排放亦有很大不同。[1] 测算表明，在等量运输下，铁路、公路、航空能耗比是 1.9：3：18.6。在运输方式中，公路和航空运输耗油最大，而铁路是耗油最少的运输方式。我国公路的平均能耗是铁路的 5～10 倍，美国是 3 倍。我国铁路运输外部成本是公里的 1/11，货运成本则是 1/25。[2] 面临环境的巨大压力，鉴于公路交通在我国交通系统中所占的重要地位，低碳公路的建设养护研究势在必行。

在过往的十多年间，中国每年以 3000 公里至 4000 公里惊人庞大的沥青高速公路建造速度建立全国的高速公路网，并以 2020 年达到全国总数 85000 公里为目标。这尚未计算数以百万公里计的城乡国道，这些建成的道路早已面临大中小修的时期。目前各种道路养护大都是高排炭及高重复率，每年国家耗费以数以千亿计算。2004 年 8 月，加拿大国家工程研究院院士尔玛工程博士于中国公路学会曾发表 4 年研究报告，统计中 40 条高速公路，总长约 3000 公里，但超过 90% 不合格，如果不注重养护，每年损亏将超过千亿人民币，足以建设两个国际性水平的机场，若以此作为基数，那么中国所有高速公路每年所亏损的数额足以建设超过 20～30 个国际性水平的机场。而其中高碳排量更是不计其数。为了量化这些养护方法，应作多方面碳排量的分析和比较，追求低碳排绿色经济的养护技术和材料，并且提议应当建立适当的环境法规，给予引导及监管。

低碳交通是指在交通出行的各个环节全面关注温室气体排放问题。在现实中，在无大规模替代能源出现前，化石能源的使用量难以从根本上减少。因此，发展低碳交通的前提手段是节能，其次才是使用替代能源。节能领域可覆盖到交通建设、交通工具、交通设施、交通管理等方面。传统观点只是关注与

---

[1] 2009 年的《世博绿色出行指南》指出，不同交通工具的温室气体排放存在较大差异，据日本对各种运输方式的二氧化碳排放比例的调查结果表明，小轿车为 52%，货运车为 31%，航运为 6%，航空为 3%，其他为 5%。以欧盟为例，公路交通碳排放占交通领域碳排放的 72%，铁路则以 1.6% 的碳排放完成了 10% 的运量，铁路是最环保的运输方式。英国研究机构认为，铁路运输中二氧化碳的每人每公里排放量是公路的一半，是国内短途航空的 1/4。载 http：//www.cleanair.net.cn/page_2_11_1.html，2012 年 4 月 5 日访问。

[2] 穆献中：《中国低碳经济与产业化发展》，石油工业出版社 2011 年版，第 95 页。

交通运输工具的减排，而不重视交通基础设施的减排。但是，作为交通运输行业重要组成部分的交通基础设施不容忽视。相对于水路运输业的码头，航空运输业的机场建设，公路运输业中公路建设养护更值得人们关注。交通运输的载体是交通工具和交通设施。对于公路运输而言，公路条件是影响交通能耗水平的重要因素。一般地，高等级公路比低等级公路节能，目前，我国高等级公路比普通公路油耗节约20%以上。但是，公路建设的能源消耗非常巨大，造成在建设过程中碳排放也是一个非常巨大的数字。公路高路堤填筑、高边坡修筑、沥青的铺筑以及桥梁、隧道的修建等等，都需要消耗大量的原材料，这些原材料的获得是通过消耗大量化石能源和排放大量碳实现的。因此公路建设过程低碳化的规划和实施，是一个亟待解决的重要课题。❶ 低碳化公路的建设不仅包括公路工程设计、施工过程中的低碳化，还包括公路养护过程的低碳化。目前采用的传统公路养护工艺，从根本上来说还是高碳排放的，因而，如何减少公路养护过程中的碳排量，确立一套科学可行可量化的低碳公路养护标准成为当务之急。所以，低碳公路养护作为低碳交通一个重要的组成部分是不可或缺的。公路养护过程中，不仅对环境影响巨大，而且还有大量的碳排放，这些都需要准确的数据加以认定，为低碳公路养护的可量化奠定基础。所以，低碳公路养护是低碳交通的一个重要的组成部分，也是促进低碳交通的重要步骤。

在公路的建设和养护过程中，如果是采用传统模式，其程序包括了开山采石、沥青的提取、沥青混合料的拌合、公路建设材料的运输、路面的铣刨和摊铺、废弃渣土运输等一系列过程，而这些过程中都是高碳排放量工序。❷ 我们下面采取定量分析的方法，分析传统公路养护过程中的碳排放。开山采石中，按照目前我国每年公路养护所需的石料5000万吨计算，那么一个采石场中以5只风枪每天工作八小时计算，那么其耗电量是800度，每年生产石料50万吨就会产生230吨的二氧化碳，那么我国每年道路养护所需石料造成的将是2.3万吨二氧化碳的排放。这还没有计算开山采石破坏山林能吸收的二氧化碳量。在石料运输过程中，按照目前载重卡车30升/百公里耗油量计算，将5000万吨石料运输至10公里外的搅拌厂，那么需要20吨位的卡车运输250万次，这将会产生4万吨二氧化碳排放。沥青材料的拌合中，我国公路养护每年的市场是2.4亿吨沥青拌合料，按照1吨拌合料产生18公斤二氧化碳排放量

❶ 孙建卫、赵荣钦、黄贤金、陈志刚："1995—2005年中国碳排放核算及其因素分析研究"，载《自然资源学报》2010年8月。

❷ "算算公路养护碳排放这笔账"，载中国高速公路网，www.china-highway.com，2011年3月25日访问。

计算，5000 万吨公路养护沥青拌合料产生 90 万吨二氧化碳。将这 5000 万吨沥青拌合料运输至 10 公里外的施工现场，大约有 4 万吨的二氧化碳排放。同样，传统工艺中产生的5000 万吨渣土运输也是有大约 4 万吨的二氧化碳。在进行公路大修中，采用传统工艺会造成车辆拥堵、车行缓慢，堵塞在途中的车辆会造成大量的碳排放。加上沥青提取、路面铣刨、路面摊铺产生的碳排放，公路养护中一年产生的二氧化碳约为 110 万吨。❶

国内外就碳排放的基础性研究工作已有很大的成果，在交通运输业方面的碳排放研究也有初步的进展，但是就公路设施的低碳研究尚是一个空白，即迄今为止尚未看到有关公路设计、施工、运营过程中如何实现低碳化的研究成果，且国内外均未对公路设计、施工、运营过程中的碳排放作出定量的研究分析。为了使公路运输业尽快实现低碳化，对于道路的设计、施工、运营过程中的碳排放进行定量研究，进而制定出一整套评价低碳道路的可行性指标至关重要，借此才能为公路运输的碳排放提供一套量化指标，以推进我国的低碳化道路的发展，达到节能减排的目的。

低碳交通是实现低碳经济的重要组成部分，也是具有挑战性的部分。交通运输行业不仅涉及交通运输工具的减排，还涉及交通基础设施建设的减排；交通运输行业不仅方式众多，而且其涉及的技术种类以及行业众多。更为重要的是，随着社会经济结构的变化，以及经济全球化的兴起，交通运输行业对于整个社会经济的支撑作用也是越来越明显，并且其在整个社会中的能耗以及碳排放都是逐步增长的，所以，交通运输行业减排任重道远，低碳交通不能一蹴而就，低碳经济的实现离不开低碳交通的实现。

就目前而言，低碳公路养护技术并没有统一的行业标准，为了将低碳公路养护技术最终定量化，进而标准化，并通过法律加以固定，必须有强有力的数据支撑，并就低碳公路养护技术作出实证的比较研究，为低碳公路养护行业的成熟提供实证案例。

二、公路养护碳排放测量

（一）范围与标准

公路建设和使用过程中碳排放测试和碳排放量研究，是一个系统和庞大的工程，必须对公路建设过程中涉及的方方面面进行测试、计算，测定公路工程建设中使用原材料的碳排放量，机械设备的碳排放量以及各种构筑物施工过程

❶ “交通运输碳排放量增长率达 25% ——不可忽视的低碳领域”，载 2010 年 1 月 7 日中国传动网，http：//www. chuandong. com/about/index. asp，2012 年 4 月 5 日访问。

中其他碳排放量，最后计算得到公路施工建设过程中的总碳排放量。❶ 在研究的同时，也可以对比环保节能新材料、新技术、新工艺等在公路中应用的碳排放量、制定出节能环保的公路建设碳排放量标准，以此标准为基准，综合评价一条公路建设是否达到碳排放量的标准，以及研究分析减低碳排放量的对策和措施。作为对环境保护的贡献，公路建设中应该将碳排放评价作为除造价评价外的另外一项重要的评价手段，对公路建设的碳排放进行规范和要求。

作为对公路建设和养护施工过程中碳排放研究的初步探索，本文将对沥青路面预防性养护技术的几种方法进行施工过程和运营过程中碳排放量的研究，比较目前沥青路面预防性养护技术对环境（或对温室效应）的影响，为选择合适的预防性养护技术提供基础数据，同时为今后研究公路建设和运营中碳排放评定提供技术的方法。

（二）公路养护技术分类

沥青路面预防性养护是一种在路面无结构性损坏、不存在功能性缺陷的情况下采取的对现有路面进行有计划的养护措施，以达到保持或提高路面使用性能、延长路面使用寿命和减少路面养护寿命周期成本的目的，简称预养护（PPM）。实践表明，预防性公路养护及时可以延缓公路损坏，延长路面的使用寿命，延迟昂贵的路面大修和重修，是一种投入少、效果好的公路养护技术。

目前，公路沥青路面预防性养护技术主要有：沥青再生还原材料（沥青处治（还原）技术）、微表处、超薄磨耗层、雾封层等。(1) 沥青再生还原技术能够很好地预防沥青路面早期病害的产生，并能使沥青各方面使用性能得到恢复。沥青再生还原处治后 4 ~6h 内即可开通交通。(2) 沥青路面微表处技术是一种沥青路面早期预防性养护技术，该技术应用于高等级公路预防性养护时，可以明显改善路面的路用性能，延长路面的使用寿命，微表处后 1 ~2h 即可开放交通。(3) 超薄磨耗层具有平整度好、抗滑性高及耐久、降噪等优点，施工结束后可 1 ~2h 可以开放交通。(4) 雾封层是预防性养护常用技术之一，该技术以低廉的建设成本、快速的施工过程及优良的使用性能而被高速公路建设广泛应用，经雾封处治后的路面能很快进行通车。通过这些技术处治方法在施工以及后期运营阶段二氧化碳的排放量的检测，以对各种预防性养护技术的环保性进行评价，使公路预防性养护达到“低碳、环保”的要求。

目前，对公路建设和养护过程中碳排放量的检测还没有成熟的方法，本研究借鉴对空气中碳排放量的检测方法，对施工过程中以及通车后不同时间的碳

---

❶ 杨秦：“碳排放数据困扰中国公司”，载《中国经济导报》2010 年 2 月 17 日。

排放量进行检测。已有研究表明，空气中温室气体（碳排放气体）主要为二氧化碳和一氧化碳，为了对比不同的预养护技术的碳排放量，选择二氧化碳排放量作为评价指标。二氧化碳排放量大的环保效果差，同时测定不同时间的二氧化碳排放量评价不同预防性技术对环境影响的持续性。

三、低碳公路养护技术的法律保障

法律在低碳公路养护技术方面，首先是确认其价值，低碳公路技术的推广是实现低碳交通、低碳经济发展的重要组成部分，也是人类应对气候变化、能源危机的重要手段，必须尽快予以推进；其次，法律确认低碳公路养护技术的标准，推进真正低碳技术的推广，促进整个行业的良性发展；最后，法律制定鼓励优秀技术、淘汰落后技术的规范，实现低碳公路养护行业的优胜劣汰，维护行业准则。所以，以法律推进低碳公路养护技术的发展，势在必行。

（一）低碳公路养护技术立法目的和价值取向

低碳公路养护技术立法之终极目的在于实现环境正义，促进低碳经济发展，实现人与自然的和谐，直接目的则在于实现经济发展与自然环境的和谐，推进我国低碳公路养护事业的发展。低碳公路养护技术，可以实现经济发展与环境资源相协调，而实现环境正义和环境公平也就成为低碳公路养护技术立法的基础目的。就直接立法目的而言，低碳道路养护技术立法需要实现经济发展与环境保护之间的协调和双赢，促进低碳公路养护行业的发展，从而为实现低碳交通、保证低碳经济发展奠定基础。

低碳公路养护技术立法价值与其伦理基础及立法目的一脉相承——生态和谐，是低碳公路养护技术立法追求的目的性价值；生态效率，是低碳公路养护技术立法的工具性价值。[1] 低碳公路养护技术立法要实现生态的和谐，包括三方面的内容：代内生态和谐，其关注同代人之间的生态和谐问题，具体需要注意国际间的生态和谐、地区间的生态平衡和同代人之间的生态和谐；代际生态和谐，既世代人之间的纵向生态和谐，要注意当代人活动对于自然资源的开发利用和对于环境破坏的程度，当代人对于修复改善自然环境所作出的努力以及现代人对于后代人的补偿能否实现等问题；种际生态和谐，即人类与其他物种之间的生态和谐，其实，我们应该认识到的是保护自然环境就是保护人类自己，爱护其他物种就是爱护人类自身。人与自然之间的公平交易，不仅是保护环境的利益，使人类与环境之间建立一种和睦的符合伦理要求的关系，也是保护人类自身利益的需要，达到局部利益与整体利益、短期利益与长期利益之间

---

[1] 杨泽伟：《发达国家新能源政策法律与政策研究》，武汉大学出版社2011年版，第163页。

的平衡。[1]

低碳公路养护技术立法之工具性价值在于实现生态效率，要求我们关注经济社会发展价值量与环境资源消耗之间的实物比。一个国家的整体生态效率可以用以下公式计算：生态效率（资源生产率）＝经济社会发展（物质量，即GDP总量）/资源环境消耗量（实物量，即资源环境消耗的实物量）。对于公路养护行业，也适用于这个原理，即如何以最小的资源消耗量和碳排放量实现公路养护效果的最大化。中国的国情以及目前的环境现状都需要我们提高生态效率，而实现低碳公路养护行业的生态效率是低碳经济发展的题中之义。

（二）法律推进低碳公路技术规范确立

低碳公路养护技术的推广是实现低碳交通的一个重要方面，而低碳交通又是我国低碳经济的发展的一个重要组成部分。积极推进低碳公路养护技术的发展，是实现低碳交通的内在要求。低碳公路养护的推广，不仅是企业的责任，也是政府、行业组织等各方面主体共同推进的目标。但是，要想根本上实现低碳公路养护的推广和发展，必须要有法律作为强有力的后盾。法律不仅是维护行业秩序，促进低碳公路养护良性发展的重要手段，其对于低碳公路养护的标准化确立也是最根本的保证手段。对于低碳公路养护，我们需要的不仅仅是口号式的作秀或者是仅仅停留在口头的宣传，而不注重实际的效果。

低碳公路养护技术必须标准化，这是行业发展所必需的，可以促进优秀技术和优秀企业的发展，防止一些企业仅仅是拿低碳作为宣传或者是广告，这需要法律的保障。法律可以将低碳公路养护技术标准予以确认，确定低碳公路养护的技术标准和行业规范，从而从根本上实现公路养护的低碳化。法律作为最具有强制性和权威性的规范，其在低碳公路养护的发展中应该有所作为。法律通过对行业标准的确认以及强制标准的认证，可以促进真正低碳公路养护产业的发展，淘汰落后技术，发展先进技术，最终实现我国低碳公路养护行业的崛起，从而推进低碳交通的发展，进而实现低碳经济的发展。

（三）法律推行量化低碳公路养护技术

低碳公路养护技术的推广需要各方面的合力。其中涉及企业、政府、行业协会等主体，但根本上还需要法律的推动。企业对于低碳公路养护技术的发展可以提供实证支持，提供数据支撑，从而为低碳公路养护技术的发展提供经验。企业可以做的，政府也可以做。低碳减排可以从行业做起，也需要政府的推广和支持。在沥青公路养护方面积累的经验和数据同样可以应用到其他的行业和领域。比如，北京市政府要实现公路养护碳减排强度降低百分之多少，每

[1] 李挚萍：《经济法的生态化》，法律出版社2003年版，第34页。

年降低百分之多少，它可以把任务交给一个专业科研能力强的单位处理，帮忙设计，怎么样把碳全部或一部分减排下来，引进技术、负责实施和组织，最后也有监督和认证，凡此种种，不一而足。这样通过可以量化的低碳减排技术以及数据的支持，最终将低碳技术推广到可以应用的行业和领域。如果说通过能源管理实施下来，通过企业、政府有关机构找到中国节能联盟，它就可以认可你的技术，并推荐可靠的方案和技术，所以最终效益体现，应当是通过合作能源管理之后。但是要从根本上推进低碳公路养护技术的发展，还需要法律的确认。

（四）低碳公路养护技术立法制度构建

结合我国自然资源环境的状况以及低碳公路养护技术的实际水平，在低碳公路建设养护立法中，应着力构建以下一些相互衔接的低碳公路养护基本法律制度。

1. 鼓励、限制或者禁止名录制度

要建立低碳公路建设养护名录与循环示范制度，国务院有关部门要根据经济社会发展情况，依据相关制度制定低碳公路产业政策，不定期制定和公布国家鼓励、限制和禁止的工艺、产品目录，对于消耗高、污染重、效率低的落后工艺、设备实行强制淘汰制度。国家还应制定相关产业政策鼓励低碳公路建设养护发展，定期发布关于符合国家要求的技术、工艺、设备名录。授权地方政府部门对于符合经济发展产业政策、采取国家鼓励发展的生产工艺或生产符合目录中鼓励发展的工艺、产品的单位、项目进行认定。[1] 也要建立重点企业强制工艺革新制度。低碳公路建设养护作为一种新的技术方法，必然会对传统的生产经营模式提出改进要求。政府在推进新工艺技术过程中，必然会受到许多传统企业的抵触。因此，要制定标准和奖罚措施，将达不到工艺要求的企业列入强制名单，进行严格监管，重点突破。要求列入强制名单的企业必须按照国家规定的标准进行整改。

2. 公路养护技术市场准入制度

低碳公路建设养护离不开市场的推进，但是也要符合市场规则和环境保护等方面的市场准入条件，主要表现为：技术和设备等是否符合国家的标准，环境影响评价结果是否合格，产品能否再生或者再利用。实现道路建设养护的优化提升是发展低碳公路建设养护的一条基本主线，而科学完善的市场准入制度，是从源头实现低碳公路建设养护的重要措施。首先，对生产过程管理实行环境准入，通过建立环境污染强度指标和资源消耗指标限制，制定环境影响评

---

[1] 乔刚：《生态文明视野下的循环经济立法研究》，浙江大学出版社2011年版，第328页。

价和产业指导政策等制度，对于不合格企业实行限制，对于合格企业实行优先立项、财政补贴、投资倾斜等优惠政策；其次，对产品实行环境准入管理，达标企业进行鼓励，不达标企业予以限制。本制度主要从以下两个方面进行设置：一是针对高能耗、高污染技术、项目提高市场准入门槛；二是针对低能耗、低污染企业放宽市场准入资本限制，通过特许经营等方式吸引和规范社会资本的流向。不断加强我国市场准入制度的建设，不仅可以促进专业化和规模化企业介入低碳公路建设养护产业，促进低碳公路建设养护，还可以确立国内市场低碳公路建设养护的绿色秩序，建立自己的绿色标准。❶

3. 低碳公路养护技术规划制度

低碳公路建设养护是一种新的技术，从传统公路建设养护到新技术的过渡不是一蹴而就的，需要一个较长的时间过程。为了明确低碳公路的发展目标，指导低碳公路建设养护，需要在立法中确立低碳公路建设养护的规划制度。低碳公路建设养护立法应该对低碳公路建设养护提出明确要求：一是将低碳公路建设养护纳入国家经济社会发展规划之中，把低碳公路的建设养护确立为道路建设发展的基本目标之一并进行全面规划；二是将低碳公路建设养护作为重要的原则，用低碳公路理念指导编制相关的专门规划，引导和加快产业结构、产品结构的调整；三是要用低碳公路建设养护的理念指导地方公路建设规划，促进地方公路建设养护的低碳化。通过规划，确立低碳公路建设养护的发展方针、分期目标、考核目标、计划性对策和重大项目等事项；解决低碳公路建设养护的发展目标、发展重点、路径选择、保障措施等；确立重点技术、重点企业名录，搭建一个全面促进低碳公路建设养护的政府平台。

4. 公路养护有毒有害物质禁止制度

有毒有害物质一旦进入环境之中就很难消除，其对于人类健康和环境的危害将是长期性的，因而，在公路养护过程中，从源头上禁止有毒有害物质进入环境是有效的措施。因此，在低碳公路养护技术立法中，要对公路养护技术中有毒有害物质的名单目录以及环境容纳量进行规定，实行有毒有害物质名录制度，从源头上保证环境安全。❷ 具体而言，对于在目前经济条件和技术条件下能够替代的公路养护过程中需要的有毒有害物质，要采取其他产品和技术；对于目前的经济技术条件还不能替换的公路养护有毒有害物质，应该允许其继续使用，但是应该限制其使用的数量和范围，并采取相应的技术手段消除减小其危害。有毒有害物质禁止制度并不只是具有禁止和限制的

❶ 陶伦康：《循环经济立法理念研究》，人民出版社2010年版，第313页。
❷ 刘学敏：《循环经济与低碳经济》，现代教育出版社2011年版，第187页。

内容，还应该发挥鼓励替代的效果，积极促进新技术和新产品的投入使用。可能有毒有害物质禁止制度会导致公路养护成本的暂时加大，但是从长远来看，该制度节约了将来必然存在的巨额有毒有害物质的处理费用，有利于经济的长远发展。

5. 公路养护技术绿色核算制度

无偿占有社会共有的资源环境，是传统公路建设养护的症结，也是道路建设养护中外部效应难以根除的主要原因。这不仅造成了资源的浪费，而且造成了碳的高排放。因而，发展低碳道路建设养护就必须从企业自身和国家层面建立一套绿色的公路养护技术核算制度，改变现有的公路养护核算机制，把碳排放量纳入经济考核，实行资源的有偿使用。该项制度包括两个方面：一是改变传统的国民生产总值（GDP）核算方法，在道路建设养护中推行绿色 GDP 制度，明确规定 GDP 的核算方法，核算范围和核算内容，建立绿色的道路养护技术核算制度；二是健全法律法规，推行绿色会计制度，依据会计准则所规定的有关环境原则设计会计制度，使绿色会计具有实际可操作性，为我国建立公路养护技术的绿色核算制度奠定可靠的微观基础。绿色公路养护技术核算制度的确立，有助于真正从数量上核算公路养护碳排放，为公路养护技术低碳化提供数据上的支持。

6. 低碳公路养护技术经济激励制度

低碳公路建设养护在发挥政府指导作用的同时，需要充分发挥经济杠杆作用，通过经济杠杆制度，完善低碳公路建设和养护的价格形成机制，刺激企业的行为，引导社会投资取向，形成低碳公路建设养护的市场调节基础，调动企业、公众参与低碳公路建设养护的积极性。本制度主要从以下四个方面构建：一是通过价格、税收、费用等经济杠杆，合理调整低碳公路建设养护产品的比价关系，完善低碳公路建设养护的价格形成机制；二是运用企业名录和押金制度，刺激企业的生产机制，改变整个公路建设养护系统的生产模式；三是利用国债、贷款、基金等经济杠杆，引导社会投资，促进低碳公路建设养护的发展；四是通过政府采购和招标，扩大低碳公路建设养护产品的市场消费需求，激发企业从事低碳公路建设养护的热情，引导绿色消费取向。

总之，在现有的技术条件下，对于各种公路养护技术的碳排放作出检测是必要的，也是可行的。要通过理论模型、实践检验对不同公路养护技术的碳排量进行对比，最终得出较为稳定可信的数据，以支撑公路养护行业低碳化行业标准的确立。可量化的低碳公路养护技术是公路养护行业的发展趋势，各种公路养护技术只有经过量化的对比研究才能比较各种养护技术之间的优劣，为整个公路养护行业提供数据上的支持和行业标准，进而推进整个低碳公路养护行业的标准化和规范化。法律在低碳公路养护技术方面，首先是确认其价值；其次，确认低碳公路养护技术的标准，推进真正低碳技术的推广，规范和促进行业的良性发展；最后，法律制定鼓励优秀技术、淘汰落后技术的规范，实现低碳公路养护行业的可持续发展。

第十二章　城市低碳发展研究——苏州的实践

第一节　我国地方应对气候变化与发展低碳经济的政策和法律

一、我国各地城市发展低碳经济的政策与法律措施

（一）北京市发展低碳经济的政策与法律措施

北京市为发展低碳经济，首先是加快社会转型，调整能源结构，加快新能源产业的发展。新能源产业是实现可持续发展的战略产业，是建设“人文北京、科技北京、绿色北京”的重要载体，目前北京市正力争建设成为新能源产业的研发中心、示范中心和高端制造中心。八达岭新能源产业基地重点定位于发展风能、太阳能等新能源产业，目前已汇集了中材科技、中国节能投资集团、英利（中国）绿色能源、中科院电工所等一批新能源领域的企业和研发机构。根据新能源产业迅猛发展的需要，基地制定了《新能源产业基地发展规划》及《推进实施方案》。❶ 为推进清洁能源与可再生能源利用，北京市还成立了太阳热能、太阳能光伏、风能、生物质能、浅层地能和核能 6 个产业技术联盟，总称为“首都新能源产业技术联盟”。❷ 依托占全国 1/4 的新能源领域科技资源和全国领先的创新能力，《北京市振兴发展新能源产业实施方案》确定了北京市新能源应用的六大示范工程。新确定的六大工程将推动高端产品的应用，助力北京成为新能源应用的示范城市。❸ 2010 年 1 月北京市政府出台《北京市加快太阳能开发利用促进产业发展指导意见》（以下简称《意见》），这也是第一份以北京市政府名义颁布的促进新能源发展的综合政策。根据《意见》，北京将从 2010 年开始重点实施六大“金色阳光”工程，加快太阳能

---

❶ “北京建新能源产业基地 打造未来首都经济新引擎”，载 http://www.gov.cn/jrzg/2009-06/10/content_1336708.htm，2010 年 5 月 20 日最后访问。

❷ “北京市近期将重点发展风能、太阳能等新能源产业”，载 http://www.gov.cn/jrzg/2009-06/18/content_1343696.htm，2010 年 5 月 20 日最后访问。

❸ “北京确定新能源应用 6 大工程 将推动高端产品应用”，载 http://www.gov.cn/gzdt/2009-10/13/content_1437336.htm，2010 年 5 月 20 日最后访问。

的开发利用，力争成为太阳能研发高端制造和示范中心及一流阳光都市，抢占新能源产业发展制高点，发展绿色低碳经济。六大“金色阳光”工程是：“2万千瓦光伏屋顶工程”“5万千瓦光能示范上网电站工程”“阳光校园工程”“光能热水工程”“阳光惠农工程”和“园林阳光夜景工程”。❶

另一方面，北京市积极促进清洁生产，调整产业结构。“十一五”以来，北京市大力推进产业结构优化调整，率先提出“以奖代补”政策和“委办联动”的管理方式，同时辅以相关替代产业促进政策，鼓励高污染、高耗能、高耗水“三高”企业主动退出北京。为此，北京市相关部门积极引导企业开展清洁生产和节能改造，相继制定并发布了《北京工业能耗水耗指导指标》等一系列指导性指标和政策，与年耗能2万吨标煤以上的重点用能企业签订节能目标责任；安排9455万元工业发展资金和中小企业专项资金，支持企业开展节能、节水和清洁生产技术改造；相继投入1652万元用于支持5大生态园区建设项目。❷ 北京于2006年颁布《北京市节能监察办法》，该《办法》中规定了节能监察人员实施节能监察时依法履行的职权。该《办法》还详细规定了各种浪费能源的罚则，包括“违反限制使用的产品、设备、工艺和材料的规定的，由节能监察机关责令限期改正，逾期不改，对被监察单位处1万元以上、3万元以下罚款”等。❸

此外，北京还加强节约型城市的建设。北京市制定了《北京城市总体规划（2004—2020年)》，对土地、水资源、能源和环境——支持城市持续发展的四大支柱作出了具体的安排和规划，力求打造“节约型”城市。❹

（二）天津发展低碳经济的政策与法律措施

天津市为发展低碳经济，一是加强节能降耗。天津市政府发布《关于加强节能工作的决定》提出“十一五”期间全市节能降耗的主要目标，并制定了《天津市节能监督检测管理办法》《天津市节水条例》《天津市节能条例》等规章，在此基础上，为促进天津经济技术开发区节能降耗和环境保护工作，建设资源节约型和环境友好型城区，经济开发区发布了《天津经济技术开发

---

❶ “‘绿色低碳北京’蓝图徐徐展开”，载 http://www.ditan800.com/bj/chengshizonghe/3877/，2010年5月20日最后访问。

❷ “首都工业已经提前两年实现‘十一五’节能目标”，载 http://www.gov.cn/jrzg/2009-12/16/content_1489063.htm，2010年5月20日最后访问。

❸ “北京市将建立节能监督执法队伍实施节能监察”，载 http://www.gov.cn/gzdt/2006-06/15/content_311245.htm，2010年5月20日最后访问。

❹ “打造‘节约型’城市——细读北京城市总体规划（2004—2020年）之五”，载 http://www.bjtx.org/aoyun/20073822232_504724.htm，2010年5月20日最后放问。

区加强节能降耗、环境保护的实施方案》和《天津经济技术开发区促进节能降耗、环境保护的暂行规定》。该《规定》对水资源优化及节约、能源优化及节约等领域进行了专门规定，并设立“泰达节能降耗、环境保护专项资金”，支持开发区节能降耗、环境保护工作的开展。[1] 开发区先后发布了两批《天津经济技术开发区节能降耗、环境保护重点鼓励项目名录》，对重点鼓励项目进行专项补贴以促进节能降耗技术的研发和应用。[2] 二是大力发展循环经济。2005 年 10 月，天津经济开发区被列为首批“国家循环经济试点”单位。开发区先后成立了环境管理体系与清洁生产推进办公室、生态工业园建设领导小组、循环经济促进委员会，负责与循环经济相关各项工作的计划、组织、实施和管理。树立循环经济理念，在企业发展中潜移默化地开展工作。开发区积极倡导生态设计、环境会计等管理方式，推进清洁生产。目前，已有 60 多家企业建立了 ISO 14001 环境管理体系。在鼓励社会组织参与循环经济方面，开发区于 2002 年成立了“绿色之友”民间环保组织，借鉴一些发达国家的先进经验，在国内率先成立了“泰达废物最小化俱乐部”，组成企业、专家间自愿性联盟，开展技术交流、信息共享、方案改进等活动，促进企业推行清洁生产。2003 年开发区编制完成了《天津开发区生态工业园建设规划》。2006 年制定了《循环经济试点实施方案》，对所有进区项目实施环保一票否决，杜绝高能耗、高污染的项目进入，实现向“选商选资”转变。[3] 而且，《天津经济技术开发区“十一五”生态建设与环境保护专项规划》提出了循环经济发展的七项措施。[4] 三是大力发展风电产业。开发区制定《天津经济技术开发区风电产业发展规划》，按照该规划，开发区将建成中国最大的风电设备生产制造基地、总装发运中心与技术服务中心。开发区将成立“风电产业专家咨询委员会”，邀请风电产业专家担任顾问，就风电产业的规划、配套政策、专业化配套设施、发展重点和招商方向提出建议。在空间规划上，将在开发区西区围绕

---

[1] 天津经济技术开发区管理委员会：“天津经济技术开发区促进节能降耗、环境保护的暂行规定”，载 http：//www. nan - gang. gov. cn/tzshow. aspx? typemenu = 1&typemenusub = 6&channel = 32&webnewsid = 177，2010 年 5 月 20 日最后访问。

[2] 天津经济技术开发区管理委员会：“天津经济技术开发区节能降耗、环境保护重点鼓励项目名录（第一批）、（第二批）”，载 http：//www. nan - gang. gov. cn/tzlist. aspx? typeid = 119&typemenu = 1&typemenusub = 6&channel = 32，2010 年 5 月 20 日最后访问。

[3] “政府主导铺就循环经济路——天津经济技术开发区循环经济发展系列报道之一”，载《中国环境报》2007 年 10 月 26 日。

[4] 天津经济技术开发区环保局：“天津经济技术开发区“十一五”生态建设与环境保护专项规划”，载 http：//www. teda. gov. cn/html/teda_ index/FZGH11738/2008 - 03 - 20/Detail_ 434942. htm，2010 年 5 月 20 日最后访问。

Vestas、东汽风电规划相应区域，建立风电装备产业园。同时，与国内外风能相关行业协会进行合作，筹划举办国家级风电产业论坛暨风能设备展。在人才供应上，开发区将积极推动开发区职业技术学院、滨海技能培训中心与相关企业合作，开设风电技术专业课程和培训班，为风电产业培训专业技术人才。❶

（三）上海发展低碳经济的政策与法律措施

上海市的能源对外依存度高达 90% 以上，是一座一次性能源资源匮乏的特大型城市。因此，在未来发展道路的选择上，上海必须走低碳发展之路，才能积极应对气候变暖问题，从根本上缓解能源压力，实现可持续发展。❷《上海市能源发展"十一五"规划》确定了"十一五"期间本市能源发展的总体方针：保障能源安全，强化能源节约，重视发展新能源和可再生能源，实现能源与环境协调发展。❸《上海市节能减排工作实施方案》进一步明确了到 2010 年，全市万元生产总值综合能耗比 2005 年下降 20% 左右等节能降耗目标，并确定了十大节能重点工程。❹ 过去 10 年来，上海的产业结构调整和生态建设加强，特别是"十一五"规划以来以"二氧化碳和其他污染物协同控制，城市环境问题与全球环境问题协同解决"为导向的节能减排，为上海建设低碳城市打下了很好的基础条件。❺

1. 七管齐下加强工业节能

《上海市 2010 年节能减排和应对气候变化重点工作安排》提出了万元生产总值综合能耗要比 2009 年下降 3.6% 左右，完成"十一五"期间下降 20% 左右的目标，为此上海市经济和信息化工作委员会与各工业集团、区县代表签订了 2010 年工业节能目标责任书，将"七管齐下"抓落实：一是明确责任目标，切实落实工业节能任务。通过调控新增用能，上海市进一步分解落实各工业集团和区县重点用能单位的用能指标。二是加大节能技改力度，整体提升上海工业能效。三是加强产业结构调整力度，挖掘节能潜力。上海市将确保完成调整淘汰项目 600 项至 700 项，实现节约标准煤 90 万吨以上。四是积极推进

---

❶ "天津经济技术开发区风电产业发展规划"，载 http://www.teda.gov.cn/cms/cms/upload/info/200905/446149/124625964441848473.pdf，2010 年 5 月 20 日最后访问。

❷ "上海：低碳发展的路径已清晰可见"，载《经济日报》2009 年 1 月 31 日，第 3 版。

❸ 上海市人民政府："上海市能源发展'十一五'规划"，载 http://www.shanghai.gov.cn/shanghai/node2314/node2319/node12344/userobject26ai8773.html，2010 年 5 月 20 日最后访问。

❹ 上海市人民政府："上海市节能减排工作实施方案"，载 http://www.shanghai.gov.cn/shanghai/node2314/node2319/node2404/node18120/node18121/userobject26ai11978.html，2010 年 5 月 20 日最后访问。

❺ 诸大建："上海建设低碳城市的战略思考"，载 http://views.ce.cn/view/society/201005/02/t20100502_21350653.shtml，2010 年 5 月 20 日最后访问。

合同能源管理，加快发展节能服务业。五是扎实推进社会节能工作，全面推广高效节能产品。实施“千万节能灯进家庭”上海市政府实事工程。六是深入开展清洁生产与资源综合利用，努力实现工业节能减排全程控制。七是切实推进节能监察。[1]

2. 七大举措推动建筑节能

一是抓好试点示范，引领节能工作。根据不同类型建筑的节能要求，开展节能技术系统试点示范。二是抓好法规建设，完善推进网络。制定和出台《上海市建筑节能条例》《上海市建筑节能示范项目管理办法》《上海市建筑节能减排项目专项扶持管理办法》和《上海市民用建筑能效测评标识管理暂行办法》等相关规定。三是抓好节能改造。以政府办公建筑和大型公共建筑作为既有建筑节能改造的先导，根据不同类型建筑特点采取不同节能技术和措施，推行既有建筑节能改造工作。四是抓好用能管理，完善市场监控机制。积极推进政府办公建筑和大型公共建筑节能监测平台建设，进一步完善用能调查、能耗统计、能耗公示、能效测评标识等工作，建立长效能耗管理机制。五是加大新技术、新材料的推广应用力度，重点是节能材料、资源综合利用材料和利用固体废渣的新型墙材；探索对新型建材实行“推荐目录”的管理模式。六是抓好市场监管，推进散装水泥、墙材革新工作。七是抓好固体废渣综合利用，规范产品市场。[2]

3. 加大对交通节能的财政支持力度

《上海市2010年节能减排和应对气候变化重点工作安排》将加速淘汰老旧汽车，支持乳化柴油、电电混合汽车等扩大利用，推进实施一批交通节能技改项目作为年度交通节能目标。[3] 加强对交通节能减排的财政支持，出台了《上海市交通节能减排专项扶持资金管理办法》，明确以专项扶持资金的办法，补贴本市交通节能减排的实施和推广，支持对象和范围中包括“通过规模化（60辆以上）使用燃油添加剂等技术，排放减少40%以上的项目”，对于“被替代燃料每吨标准油3000元给予补贴”。[4]

4. 推动示范区建设

为把低碳技术与区域功能定位相结合，提高城市可持续发展力，上海目前

---

[1] “上海‘七管齐下’推进工业节能”，载《经济日报》2010年5月5日，第16版。

[2] “上海七大举措推动节能建材业发展”，载《中国建材报》2009年5月14日，第1版。

[3] 上海市政府：“上海市2010年节能减排和应对气候变化重点工作安排”，载 http://www.shanghai.gov.cn/shanghai/node2314/node2319/node12344/userobject26ai21782.html，2010年5月20日最后访问。

[4] 上海市交通委：“上海市交通节能减排专项扶持资金管理办法”，载 http://www.shjjw.gov.cn/gb/jsjt2009/node13/node1515/node1518/userobject7ai4097.html，2010年5月20日最后访问。

已确定三个低碳示范区，分别是崇明、临港和虹桥商务区。

崇明生态岛将在三个方面进行低碳实践：低碳社区建设，引进全国乃至全世界最先进的技术，运用到当地建筑、交通、能源、资源循环技术等各领域；发展低碳农业，使岛上80万亩农田实现现代化；探索新型旅游发展方式，在岛上引入交通诱导系统，减少私家车比例，提高新能源轿车的使用率，使崇明成为“绿色旅游”的榜样。

临港新城和虹桥商务区探索的是低碳功能区建设。临港是上海制造业的重要基地，将在风能、光电、智能化港区、绿色物流等方面推进低碳实践。虹桥商务区的低碳核心，主要表现在城市空间布局、交通组织、能源利用及建筑设计4个方面，舒适的步行环境、节能通风的绿色建筑、发达的公共交通，都将在这里一一实现。❶

（四）潍坊市发展低碳经济的经验

潍坊市为促进低碳经济的发展，积极推进低碳社区建设。建筑领域的节能改造和新能源应用是潍坊低碳经济发展的重点工作。2009年，潍坊市政府相继发布了《潍坊市人民政府关于加快推进既有居住建筑供热计量及节能改造工作的意见》❷ 和《潍坊市人民政府关于进一步做好建筑领域可再生能源推广应用工作的意见》❸，加强对既有建筑的节能改造和可再生能源的推广应用工作。2010年，政府出台《关于建设低碳示范社区的指导意见》，力争在两年内建成12个低碳示范社区。根据指导意见，将在低碳社区推行“6+X”体系，强制选择太阳能建筑一体化技术、墙体保温材料及节能门窗、供热分户计量装置、节能照明产品、地源热泵和绿地系统6个必选项目。另外，要具有应用沼气、雨水收集、中水利用、LED照明、新型墙体维护结构、光伏发电、智能新风系统、垃圾无害化处理等自选项目中的内容。❹

另一方面，推动培育开发清洁发展机制（CDM）项目。鉴于加快推动培

---

❶ “上海确定三大低碳示范区”，载《解放日报》2010年3月24日，第1版。

❷ 潍坊市政府：“潍坊市人民政府关于加快推进既有居住建筑供热计量及节能改造工作的意见”，载 http：//www. weifang. gov. cn/WFZW/ZFWJ/WZF/200908/t20090819_ 304154. htm，2010年5月20日最后访问。

❸ 潍坊市政府：“潍坊市人民政府关于进一步做好建筑领域可再生能源推广应用工作的意见”，载 http：//www. weifang. gov. cn/WFZW/ZFWJ/WZF/200908/t20090828_ 314741. htm? searchword =% E4% BD% 8E% E7% A2% B3% E7% A4% BA% E8% 8C% 83% E7% A4% BE% E5% 8C% BA% E5% BB% BA% E8% AE% BE% E6% 8C% 87% E5% AF% BC% E6% 84% 8F% E8% A7% 81&x = 11&y = 11，2010年5月20日最后访问。

❹ “潍坊开建17个低碳社区”，载 http：//new. sina. com. cn/c/2010－04－05/072817324440s. shtml，2010年5月20日最后访问。

育开发清洁发展机制（CDM）项目，是落实科学发展观的重要举措，对推进经济结构调整、转变增长方式、改善环境质量、推动经济社会又好又快发展具有重要意义，市政府发布《潍坊市人民政府关于加快推动培育开发清洁发展机制（CDM）项目的实施意见》，《意见》明确指出发展CDM的目标任务，确定重点推动培育开发的CDM项目包括地热能（地源热泵供热、制冷利用）项目、风力发电项目、生物质能项目开发、太阳能项目开发。并建立扶持和奖励机制，综合运用投资、财税、价格、土地、信贷等经济杠杆，对重点发展行业的新能源的项目建设企业给予特殊的政策扶持。❶

（五）烟台市发展低碳经济的经验

烟台市采取多种措施促进节能减排工作的开展：（1）坚决控制高耗能、高污染行业过快增长。一是严格控制新建高耗能项目。严把土地、信贷两个闸门，提高节能环保市场准入门槛，认真落实新建项目节能评估审查和环境影响评估制度，尤其对年度综合用能超过2000吨标准煤、用电超过200万千瓦时的项目，严格执行项目核准程序，建立审批问责制，不达标的项目坚决不予审批、核准或备案。严格控制电力、有色、建材等高耗能行业过快增长。二是有效调控高耗能企业增长。提高高耗能产品差别电价标准，对水泥、钢铁等行业的限制类、淘汰类企业实行差别电价政策；对超标准耗能企业实行用能加价政策；严肃查处违反国家规定和政策的行为。三是加快发展低耗能、高附加值产业。大力发展电子信息、生物工程等低投入、低能耗、低污染、高效益产业，加快建设先进制造业基地。优先发展金融、物流、旅游、文化、商贸等现代服务业，提高服务业在整个国民经济中的比重。❷（2）加快淘汰落后生产能力。按照国家、省的统一部署，抓紧出台相关政策，制订淘汰落后产能分年度的具体工作方案，认真落实《烟台市“十一五”主要污染物总量削减目标责任书实施方案》，有计划、有步骤地对高耗能、高污染企业实行“关停并改转”，鼓励和引导企业淘汰落后生产能力，提高节能减排水平。❸（3）切实搞好重点行业、企业节能减排。以电力、建材、冶金三大高耗能高污染行业和110户重点用能企业为重点，加强能源统计和考核等基础管理，建立节能统计制度和能

---

❶ 潍坊市政府：“潍坊市人民政府关于加快推动培育开发清洁发展机制（CDM）项目的实施意见”，载http：//www.weifang.gov.cn/WFZW/ZFWJ/WZF/200905/t20090508_271141.htm，2010年5月20日最后访问。

❷ “山东省烟台市多措并举抓好节能减排”，载http：//www.sd.xinhuanet.com/news/2007-06/25/content_10397666.htm，2010年5月20日最后访问。

❸ “山东省烟台市多措并举抓好节能减排”，载http：//www.sd.xinhuanet.com/news/2007-06/25/content_10397666.htm，2010年5月20日最后访问。

源利用状况报告制度（如发布2008年度全市110户重点用能企业节能目标责任考核情况表）开展对标管理活动，与国际国内同行业单位产品能耗先进水平相对照，分析行业现状，选准节减标杆，推广先进典型。❶（4）全面实施节能减排重点工程。一是加快现役燃煤电厂脱硫工程建设。加强对现役燃煤电厂脱硫工程建设现场的监督检查，严格工程阶段性考评，加大处罚力度。二是加快城市污水集中处理工程建设。加快市、县污水处理厂新建、扩建工程，健全完善市区雨污分流工程；进一步提高污水综合处理能力，削减化学需氧量和氨氮排放量；大力推行中水回用，力争年底全市污水处理厂中水回用率达到10%。三是加快垃圾处理工程建设。加快推进莱州、招远、莱阳等6座城市生活垃圾无害化处理场建设，完善市区生活垃圾收集系统；加快建设、交通、消费领域节能减排工程建设，积极开发利用核能、水能、风能、太阳能、生物质能等可再生能源。❷（5）积极推进节能减排科技进步。一是加大节能减排改造力度。实施工业炉窑改造、区域热电联产、余热余压利用、电机系统节能、绿色照明等十大节能工程；积极运用先进技术，对中小工业锅炉进行改造；采取等离子点火、热电冷三联供等技术，对电力生产、输配与热力系统进行改造。二是加强节能减排技术和信息服务建设。推行合同能源管理（EMC）、节能自愿协议、电力需求管理，建立清洁发展机制。在工业、农业、建筑业等重点领域集中推广重大节能减排技术。三是搞好节能减排示范工程的推广。加快推进106个市级节能和循环经济项目，抓紧建设一批环境友好企业、生态工业园区、循环经济示范园区，重点培育3个循环经济型县市区、5个循环经济型园区和30个循环经济型企业，逐步构建循环经济产业链。抓好住宅小区太阳能与建筑一体化建设的试点和推广应用，实施供热分户计量收费试点政策，推进太阳能路灯示范应用工程。❸（6）加强节能减排管理。一是加大组织领导力度。市、县两级成立以市（县市区）长为组长的节能减排工作领导小组，部署节能减排工作，协调解决工作中的重大问题。二是加大资金投入力度。积极探索“以奖代补”的资金使用新模式，建立政府引导、企业为主和社会参与的节能减排投入机制，拓宽节能减排融资渠道。按照“谁污染，谁治理；谁投资，谁受益”的原则，促使企业开展污染治理、生态恢复和环境保护。进一步抓好监测预警体系建设。三是加大激励约束力度。建立健全节能减排工作

---

❶ “山东省烟台市多措并举抓好节能减排”，载 http：//www. sd. xinhuanet. com/news/2007－06/25/content_ 10397666. htm，2010年5月20日最后访问。

❷ 同上。

❸ 同上。

责任制，层层签订责任状，分解目标任务，落实工作责任，并将节能减排任务指标纳入经济社会发展综合评价体系，作为领导干部政绩考核的重要内容，实行一票否决。认真落实国家和省、市有关节能减排的政策规定和奖励办法，充分运用财税政策、价格杠杆和法律手段，鼓励和支持企业进行节能减排的技术改造。四是加大行政执法力度。组建专门的执法监察队伍，开展环保执法行动，从严查处影响经济发展、危害群众环境利益的违法行为。五是加大舆论宣传力度。建立全社会参与的宣传教育工作机制，凝聚全社会力量，共同推进节能减排工作。[1]

（六）日照市发展低碳、循环经济的经验

日照市在发展循环经济过程中，全面抓好“三个循环”：小循环”，培育生态型企业，构筑循环经济微观基础；“中循环”，建设生态产业和工业园区，构筑循环经济示范基地；“大循环”，打造环境友好型产业体系，努力建设循环型社会。逐步形成了发展循环经济的基本框架：一是加强政府推动力度。市政府成立了发展循环经济建设节约型社会领导小组，建立了联席会议制度，并制定实施了《日照循环经济市发展规划》《关于发展循环经济建设节约型社会的实施意见》《关于做好建设节约型社会近期重点工作的通知》《加快中水回用设施建设的通知》《关于进一步加强节能工作的意见》《日照市节能减排综合性工作实施方案》等文件，特别是以市政府令的形式制定出台了《日照市城市节约用水管理办法》《日照市循环经济促进办法》《日照市石材业循环经济促进办法》，为该市发展循环经济提供了法规政策依据。政府将节能减排工作等循环经济指标纳入了经济社会发展综合评价和年度考核体系，并与各区县政府和重点耗能企业签订了节能目标责任书。[2]

二是推进循环节约型工业的发展。引导企业运用高新技术和先进适用技术改造升级，加快新技术、新产品开发，加大了对高耗能高污染行业进行节能减排技术改造的支持力度，将节能减排等循环经济项目全部纳入市百项重点项目管理。加强环境管理，积极推行清洁生产，使污染防治由末端治理为主向生产全过程控制转变。着重抓了发电、造纸、食品、化工等行业的清洁生产工作。建立了节能减排指标分析和公报制度，及时调度和监控企业节能减排情况，定期向社会公布节能减排指标完成情况，接受社会监督。加大工业“三废”（工

[1] “山东省烟台市多措并举抓好节能减排”，载 http：//www.sd. xinhuanet.com/news/2007－06/25/content_10397666.htm，2010 年 5 月 20 日最后访问。

[2] “日照市人民政府关于印发日照市循环经济实施方案的通知”，载 http：//law. baidu.com/pages/chinalawinfo/1699/43/96477046a261998a9ca47e3bf41d7998_0.html，2010 年 5 月 20 日最后访问。

业固体废弃物、放散气、废水废液）综合利用力度，引导企业对生产过程中产生的废渣、废水、废气、余压余热等进行回收利用。❶

三是加强建筑节能。在全市城市规划区范围内全面实施了居住建筑节能65%、公共建筑节能50%的建筑节能设计标准。实施了建筑节能从规划审批、施工图审查、施工许可、节能建筑的认定到工程竣工验收备案全过程的管理。在建筑物外维护结构功能、采暖空调系统节能、绿色照明、太阳能等可再生能源利用方面积极采用新技术、新材料、新工艺。制定《日照市人民政府办公室关于在全市逐步禁止生产实心粘土砖（瓦）的通知》（日政办发〔2007〕62号），实行了墙改与建筑节能督查管理制度，加大了对建筑节能违法行为的处罚力度。积极推广节水新技术、新设备、新工艺，依靠科技节水。❷

第二节 苏州工业园区发展低碳经济的法律与政策措施

一、江苏省发展低碳经济的政策措施

江苏省既是我国经济发展最快的省份之一，也是我国经济、环境、社会系统协调发展，逐步提高生态效率，破解资源环境约束的示范性地区。但江苏省现有产业结构仍不可避免地沿袭了粗放型的经济增长模式，无论是从能源结构还是产业结构来看，都属于高碳排放型。江苏“十一五”规划纲要中指出，在建设资源节约型社会方面，坚持开源节流并重、节约优先的原则，以节地、节能、节水、节材为重点，制定差别化政策，大力推进全社会资源节约，提高资源利用效率，构建节约型社会。在建设环境友好型社会方面，坚持环保优先，推进生态省建设。实行最严格的环境保护制度，加大环境保护和生态建设投入，有效控制环境污染和生态破坏。“十一五”期间，全社会环保投资占地区生产总值的比重提高到3%左右。在发展循环经济方面，以新型工业化为导向，重点从企业、园区、社会三个层次，大力推行“减量化、再利用、资源化”的循环发展模式，推进全国首批循环经济试点省份工作，建立政府推动、公众参与、市场主体作用充分发挥的循环经济发展机制。在资源管理方面，按照“有限开发、有序开发、有偿开发”的原则，加强对土地、水、矿产、岸线和海洋资源的管理。

---

❶ “日照市人民政府关于印发日照市循环经济实施方案的通知”，载 http://law.baidu.com/pages/chinalawinfo/1699/43/96477046a261998a9ca47e3bf41d7998_0.html，2010年5月20日最后访问。

❷ 同上。

在“十一五”规划纲要的指导下，江苏省颁布实施了《江苏省生态公益林条例》(2006)、《江苏省建筑节能管理办法》(2009)、《江苏省公共机构节能管理办法》(2009) 等规章，并出台多项节能减排措施：在工业节能重点工程方面，突出冶金、化工、建材、纺织、电力等重点行业，围绕工业锅炉(窑炉) 节能改造、电机系统节能改造、工业余热余压利用、能量系统优化等实施节能改造，积极争取国家财政奖励、中央预算内投资资金和利用省级节能和发展循环经济专项资金，组织实施540 多项节能改造项目。按照“十一五”期间建设60 万千瓦能效电厂的目标积极推进能效电厂建设。

在重点企业节能方面，启动了“百家企业节能行动”，选择年耗能6 万吨标准煤以上的111 家重点耗能企业，在开展能源审计的基础上，制定节能目标，指导、督促企业完善节能管理制度。

在严控工业能耗过快增长方面，江苏省制定实施了固定资产投资项目节能评估和审查管理暂行办法，对固定资产投资项目按项目管理权限开展专题评估和审查，加快淘汰落后产能和深入开展化工生产企业专项整治。

在工业循环经济发展方面，江苏省以工业“三废”综合利用为重点，推进资源化。❶

二、无锡市发展低碳经济的政策与法律措施

(一) 建立企业“能评”准入制

2007 年，无锡市政府出台《无锡市产业合理用能评估审核暂行办法》，规定年综合能耗消费总量1000 吨标准煤或年用电200 万千瓦时以上的新上项目，必须通过合理用能评估审核；现有高能耗行业和整治企业要定期进行合理用能评估；年综合能耗消费总量5000 吨标准煤以上的单位，也要参照该办法进行合理用能评估。“能评”中的相关标准基本要高于国家标准。重点用能单位必须建立和完成能耗定额管理制度，执行能源利用状况分析报告制度。❷

(二) 加强建筑节能

2008 年，《市政府关于加强建筑节能工作的通知》明确了“十一五”期间无锡实现建筑节能80 万吨标准煤的总量目标，要求全市新建住宅和公共建筑必须全面执行50% 的建筑节能标准。为实现这一目标，2010 年无锡市将实

---

❶ “江苏：节能减排实现重点突破”，载 http://finance.sina.com.cn/roll/20090617/09202899235.shtml，2010 年6 月11 日访问。

❷ 易均、江山：“无锡‘源头节能’迈出实质性步伐”，载《国家电网报》2007 年5 月19 日，第2 版。

施绿色建筑“4610”计划，以推动低碳城市建设。“4610”计划是指：实施4项扶持政策：可再生能源开发利用的政策奖励、获国家绿色建筑星级标准的政策支持、既有建筑节能改造的政策支持、绿色节能公共建筑的政策支持；6大节能技术：地源热泵应用、太阳能利用、雨水收集与水资源利用、新型墙体材料应用、节能门窗应用、地下空间利用；10大亮点工程：选择并培育公共建筑、住宅项目、既有建筑改造工程等10个项目作为市级建筑节能亮点工程。[1]

（三）推进节能产品研发和应用

2007年市政府出台《无锡市节能产品评审管理办法》，对符合与该种产品有关的质量、安全和环境标准要求，在社会使用中与同类产品或完成相同功能的产品相比，其能源使用效率（能效）指标达到国内先进水平的产品颁发节能产品证书。获得“无锡市节能产品证书”的产品列入本市节能新技术、新产品推荐目录。选用“无锡市节能产品”的单位可优先列入省、市节能专项扶持资金备选项目，从而推动节能产品的研发和应用。[2]

三、苏州工业园区发展低碳经济的政策措施

苏州工业园区2004年开始创建生态工业示范园区，园区通过在经济发展、生态工业、污染控制、环境保护、生态修复等方面的不懈努力，在2008年5月，园区顺利通过生态工业示范园区验收，成为国家首批生态工业示范园区。通过生态工业示范园区的创建，苏州工业园区为创建生态文明打下了坚实的基础。

（一）在发展循环经济方面的政策措施

1. 优化提升产业结构，转变经济发展方式

园区大力推动产业结构向“微笑曲线”两端延伸。通过绿色招商，初步形成了以集成电路、光电、汽车及航空零部件、软件及服务外包、生物医药、纳米技术以及新材料、新能源以及节能技术为特色的高新技术产业集群。2009年，高新技术产业产值占工业总产值比重达到61%，集聚各类研发机构160家，近年来R&D投入占GDP比重持续提高，2008年达到4.2%。现代服务业也呈现倍增发展势头，环金鸡湖金融商贸区、综合保税区、中新生态科技城、国际科技园、阳澄湖休闲旅游度假区等重点服务业集聚区加快发展，三产增加值占GDP比重每年提高2个百分点，2008年达到32.5%，形成了以高新技术

---

[1] 浦敏琦：“无锡实施绿色建筑低碳计划”，载《新华日报》2010年1月11日。

[2] “无锡市节能产品评审管理办法”，载 http://www.wxjnw.com/2007/news_view.asp?newsid=942，2010年5月20日最后访问。

产业为主导、先进制造业为支柱、现代服务业为支撑的现代产业体系。

2. 强化绿色招商和环保前置审批

园区不断加大择商选资力度，提高引资质量和水平，鼓励引进资源能源消耗少、污染排放量低的高新技术产业和现代三产服务业，对资源能源消耗高、污染物排放量大、环境风险大的项目实施更高标准的一票否决，2008 年生态工业园区建设以来否决不符合环保要求的项目近 100 多个，投资金额近 6 亿美元。

3. 坚持在园区层面完善生态工业网络构建，按生态补链原则引进关联企业，构建工业共生网络，促进产业结构生态化

目前，园区已初步形成了半导体、光电一体化、精密机械和新材料等为核心的产品和产业链。例如，世宏、和舰、AMD、奇梦达等公司形成的集成电路产业链，三星、日东、友达、日立等公司形成的 TFT - LCD 产业链，三井、德联、高德等公司形成的电子线路板产业链，旭电、大众、诺基亚等公司形成的无线通讯设备制造产业链，金龙、优美科、博世、东机工等公司形成的汽车零部件产业链。

通过静脉产业链的构建，实现废物再利用和资源化产业集群化，积极推动区域动脉产业与静脉产业协调互动发展。针对区内电子信息、精密机械等产业密集的特点，构建了多条以电子废弃物回收综合利用为主体的静脉产业链，有针对性地引进了投资额均在 1000 万美元以上的高水平的资源回收公司，提高了废弃物回收处置和资源化利用的技术水平。同时积极探索电子产品回收工作新思路，成功引进了既不会产生二次污染，又在生产者责任延伸方面起到示范作用的富士施乐产品回收项目。

4. 坚持以企业为主体，深入开展循环经济工作

园区积极引导企业从产品设计、原料选用、工艺控制、厂房建设等不同层面开展清洁生产、中水回用和节能降耗等循环经济试点，贯彻“减量第一”的最基本要求，切实降低了企业本身的资源消耗和废物产生，降低了园区总的物耗、水耗和能耗。其中和舰科技等多家耗水量较大的企业实施了厂内中水回用，年节约用水 1000 多万吨，目前园区企业工业用水重复利用率已超过 90% 。第一热源厂、华润雪花啤酒公司等单位完成了清洁能源替代改造工程。生益科技、和舰科技等企业开展了废异丙醇等有机溶剂资源化再生利用试点。安德鲁电信、三星半导体建立绿色采购计划和环保供应链等。全区共建成三星半导体、和舰、格兰富、清源华衍等循环经济示范企业 100 多家，友达光电等 162 家单位被评为市级绿色等级企业，建成环境友好企业 18 家；264 家单位通过 ISO 14001 认证，另有 40 多家单位正在实施 ISO 14001 认证，认证单位数在

全国开发区继续保持领先。

5. 利用园区优势，积极倡导绿色物流

苏州物流中心在国内率先引入现代绿色物流的理念，通过现代化物流管理模式和技术优化物流过程，积极推进“虚拟口岸”及物流平台建设，采用共同配送、区港联动、双向空陆联程（SZV）等模式，降低物流时间和成本，提高物流效率。在有效精简物流环节的同时，优化整合了车辆、场地，使物流周期比传统模式缩短了20%~50%，不但缓解了交通压力，还降低了运输能耗20%以上，每年减少油耗约4000升，减少了物流的能耗和污染物排放。

（二）在生态环境保护方面的政策措施

1. 提高环境基础设施建设水平

园区目前已完成了自来水厂二期、污水处理厂二期扩建及园区第二污水厂新建工程，日供水、污水处理能力分别达到45万吨和35万吨，污水厂排放标准执行国家最严格的一级A标准；园区完善了污水管网建设，实现了区域（包括农村）污水管网100%全覆盖，并在已投用的43座污水泵站全部安装了TOC在线监测系统，初步实现了区域污水水质智能远程监控。同时园区将循环经济理念融入环境基础设施建设中，作为省内首家区域性中水回用项目，园区污水处理厂中水回用一期工程1万吨/天的中水供给蓝天热电公司作为冷却水补给水使用，热电厂产生的蒸汽用于污水处理厂的污泥干化，实现了环保基础设施的生态补链。2009年初，园区组建了苏州工业园区中法环境技术有限公司，正式启动了江苏省首个污泥干化焚烧项目，预计于2010年建成投产，工程采用安全、环保、节能的工艺，利用园区东吴热电厂生产的蒸汽将园区污水处理厂产生的湿污泥干化，干化污泥与煤掺和后送入热电厂锅炉内焚烧，以回收干化后污泥的能量。以上措施有效地减少了区域污染物排放总量，提高了资源利用效率和产出效益，并为污水处理厂的扩建创造了条件。

2. 加强生态保护，改善生态系统和生态功能

园区进一步加大了沿湖、沿河、沿路绿化力度，园区建成了沙湖生态公园、白塘生态植物园、方洲公园等一批生态公园和公共绿地，全区绿地覆盖率达45%；全面实施了金鸡湖、阳澄湖、独墅湖、斜塘河等水环境综合治理，开展水生动植物放养种植工作，有效遏制了蓝藻产生，水体水质明显改善，并开创了“清淤—治水—取土—造景”相结合的环境综合治理新模式。

3. 创新环境管理手段

园区成功开发了“园区固体废物处置管理系统”，提高了固体废弃物处置管理工作的效率。同时园区在全省率先建设集环境管理、环境质量监控、污染源监控、环境基础设施监控、危险废物管理监控、放射源监控等为一体的环境

综合监控系统，进一步提升了环境管理效率和水平。最近，为了全面整合园区数字化、信息化的环境管理能力，园区又开展了环境保护信息化规划，未来将进一步提升园区环境管理工作的效率。

4. 在生态社会建设方面的政策措施

园区大力开展绿色政府、绿色社区、绿色学校、绿色乡镇、绿色建筑创建活动。制定下发了《苏州工业园区加快生态工业园区建设工作意见》《苏州工业园区绿色建筑评奖办法》《苏州工业园区关于发展循环经济、推进生态工业园区建设若干政策措施》等文件。以绿色学校、绿色社区创建为载体，在学校和社区层面推广生态建设，定期开展环保志愿者招募工作和以闲置物品交换为主题的“邻里互助广场”“跳蚤市场”“汽车后备箱跳蚤市场”等活动。

除此之外，园区还在科技创新和人才高地建设方面作出政策倾斜，为生态工业园区的建设提供了坚实的技术基础。

（三）碳边界调节措施及苏州工业园区的政策应对

苏州工业园区以制造业为主要支柱，产业模式呈现两头在外的明显外向型特征，在国际社会碳边界调节措施和国内外碳税措施的影响下，为保持其外向型经济在国内外市场中的竞争力，园区应在以下方面采取应对措施。

在园区层面，应密切关注国内外关于低碳经济的政策和法律动态，继续坚持以企业为主体，深入开展循环经济工作。在国家和地方节能降耗政策的指导下，推行清洁生产，对园区内企业实施清洁能源替代改造工程，进一步提高能耗标准，降低园区总的物耗、水耗和能耗，从而降低出口型产品的碳税，避免受到国际市场严格的环境标准的限制。

处于国际化市场激烈竞争的企业所面临的最大挑战，就是要设法突破绿色壁垒，增强环境竞争力。园区企业必须进行绿色创新，实施绿色营销战略。通过规范企业行为，要求在企业生产经营活动的全过程，体现可持续发展的目标、方针、政策和规章制度，通过绿色设计、绿色包装、绿色服务和绿色标志等环节开发绿色产品。[1]

第三节　苏州市发展低碳经济政策法规评述

1993 年，国务院批准苏州市为较大的市，根据按照《中华人民共和国地方组织法》的定义，“较大的市”专指经中华人民共和国国务院批准、拥有与

[1] 周珂、高桂林、王权典：《突破绿色壁垒方略——企业环保法治的理论与实践》，化学工业出版社 2004 年版，第 73 页。

省会（自治区首府）城市相同的地方性法规和规章制定权的城市，即“在不同宪法、法律、行政法规相抵触的前提下，可以制定地方性法规”。苏州市是社会主义市场经济发育较早和对外开放度较大的沿海经济发达地区。近几年来，苏州经济有了突飞猛进的发展，经济总量已经居全国大中城市的前列。经济的发展，对法制建设的要求越来越高。在应对气候变化发展低碳经济方面，苏州市人大和政府都给予了高度重视，并出台了一系列相关地方性法规、政府规章和政府规范性文件。苏州工业园区不是一个独立的行政机构，工业园区管理委员会只是市政府的派出机构，有关园区问题的立法权仍要由苏州人大及其常委会和苏州市政府来行使，因此，苏州市人大及其常委会、苏州市政府及其各部门颁布实施的法规、规章和规范性文件的效力也同样适用于苏州工业园区，苏州工业园区管理委员会负责执行苏州市的政策法规，并可在不同上级政策法规相抵触的情况下发布相关政策文件。

一、苏州市低碳经济政策法规概况

苏州市一直将城市生态环境的改善作为城市可持续发展的重要环节，并逐步加强生态法制建设。《中共苏州市委关于制定苏州市国民经济和社会发展第十一个五年规划的建议》中指出，要推进资源节约利用和循环经济建设工作。坚持开发节约并重、节约优先，增强全社会节约意识，大力推进节地、节水、节能、节材，提高资源集约利用水平。……发展节水产业，强化城市生活节水管理和水资源综合利用，建设节水型城市和节水型社会。推行节能降耗，严格控制高耗能项目，优化能源结构，建立以电力为核心的能源多元化供应体系。实施《苏州市循环经济发展规划》，推行清洁生产，减少污染物排放量，实现资源利用最大化。采用低投入、低消耗、低排放、高效率的经济运行模式，重点从企业、区域、社会三个层面推进循环经济建设。搞好国家、省循环经济试点，开展循环经济型农业、工业、服务业和生态型居住区建设，倡导绿色生活方式和健康文明、节约资源的消费模式，实现自然生态系统和社会经济系统的良性循环。[1]

苏州市关于低碳经济的立法分为三个层次：苏州市人大及其常委会颁布的地方性法规、苏州市政府及其各部门颁布的政府规章和政府规范性文件。以总体规划和专门规划作为纲领和指导性文件，主要包括污染防治、循环经济、城市绿化以及节能减排等多个方面的内容，涉及低碳建筑、低碳交通、清洁和可

---

[1] “中共苏州市委关于制定苏州市国民经济和社会发展第十一个五年规划的建议”，载 http：//www.2500sz.com/news/sz/2005/11/23/sz－14－20－06－3569.shtml，2010年7月30日最后访问。

再生能源以及城市废弃物处理等多个领域。

二、苏州市低碳经济法制建设中存在的问题及完善建议

（一）苏州市关于低碳经济的法规

目前，苏州市地方性法规中于低碳经济的法规主要有《苏州市阳澄湖水源水质保护条例》《苏州市城市绿化条例》和《苏州市节水用水条例》，缺乏节能减排方面的地方性法规，而这部分内容多以规范性文件等较低效力等级的形式发布。鉴于苏州市发展节能工作的重要性和紧迫性，建议制定专门的条例，如《苏州市节约能源条例》和《苏州市清洁和新能源条例》，从而在立法层面赋予低碳经济较高的效力等级，使其能够在法治轨道上更加有力的推行和发展。

（二）低碳交通领域

苏州市2004年颁布了《苏州市机动车、助力车排气污染防治管理办法》，《办法》中规定机动车、助力车的规划和发展应当与城市规模、道路状况、环保要求和社会需要相协调（第4条）。并规定了机动车、助力车应当报废的限制条件（第7条）以及排放检测所采用的限值，同时也有必须安装符合国家产品标准的尾气净化处理装置的强制性规定。

《苏州市环境保护蓝天工程方案（2007—2010年）暨2007年行动计划》中规定，为了改善本市空气环境质量，实现生态市建设目标，促进经济、社会、环境的全面协调可持续发展，应控制机动车污染排放。严格执行机动车尾气排放标准，新车实施国家第Ⅲ阶段（欧Ⅲ）尾气排放标准；积极推进欧Ⅲ油品的供应工作；加强机动车排气检测设施建设。实施对机动车排气“简易工况法”检测，强化对机动车排气污染的监管；坚持公交优先。加快规划建设公交专用车道，改善公交车行驶条件；积极推进清洁公交体系建设。

《苏州市加强节能工作的实施意见》将加强交通节能纳入重点节能领域工作，在作为苏州市“十一五”十大重点节能工程之一的节约和替代石油工程中，交通运输业的节替油发展方向包括：（1）汽车节油——推广高效节油汽油机和柴油机生产技术，整车轻量化技术，电力电子传动系统，轿车和轻型汽车用柴油机，载重车用大功率节能柴油机，鼓励废油回收和再利用。（2）清洁燃料汽车——开发应用燃气汽车；开发生产混合动力汽车的电池、发动机、电机、制动能量再生系统，改善电池能量密度、充电时间、循环寿命，先在城市公交车上应用。（3）城市公共交通——大力发展轨道交通和大运量快速公共汽车系统；采取有效措施推动智能交通系统的发展和保留人行道、自行车道系统。（4）水路运输——发展水路运输，改善航道条件；实现船舶大型化、

规范化，推广使用标准化船型，淘汰挂桨机船；进一步减小船舶阻力，提高推进效率；船舶节能技术的推广应用和设备改造；改善燃油品质；提高船舶运输组织管理水平。从目前立法情况来看，苏州市关于低碳交通的立法主要停留在政策层面，而且没有针对该领域的专门政策，如专门规划或计划。法规和规章中主要侧重于限制机动车和助力车尾气排放方面的内容，并没有对该领域的节能减排内容进行具体规定。

鉴于苏州市大力发展低碳交通的需求，建议在以下方面对其进行具体和深化：第一，制订低碳交通专门规划，作为指导性文件。规划应将苏州市交通战略划分为近期措施、中期措施和长期措施三个阶段，分阶段、分目标实施。涉及公共交通、私人交通、水路交通、城际铁路、货运及其燃油能耗标准等多项内容。公共交通领域可以借鉴西方发达国家的做法，推行 TOD 模式（Transit-oriented Development），即大力发展以公共交通为导向的发展模式。以一个公共交通站点为社区中心，通过合理的设计，鼓励人们较少地使用汽车，更多地乘坐公共交通工具。这样的一个公交社区以公交站点为中心向外延伸大约 1/4 英里（约 400 米），相当于步行 5 分钟的距离，位于社区中心的是公交站点及环绕在其周围的公共设施和公众空间。公交站点充当与周围其他区域联系的枢纽。[1] 第二，制定关于鼓励汽车节油和使用清洁燃料的政府规章，对生产新能源汽车的企业和新能源汽车的购买者给予奖励，从而大力推进新能源汽车的市场化。第三，可以在国家已有的燃料能效标准基础上制定更加严格的能效标准，进一步促进清洁能源和新能源的推广和应用。

（三）低碳建筑领域

建筑节能工程是苏州市“十一五”十大重点节能工程之一，鉴于目前建筑用能效率低、污染严重，单位建筑面积能耗比气候条件接近的发达国家高 2～3 倍，节能材料产品性能不能满足市场需求，节能建筑的质量还存在一定的隐患，节能运行管理薄弱等问题，该工程要求城镇以上所有新建居住建筑和公共建筑必须全面执行节能 50% 的节能建筑设计标准，并逐步过渡到节能 65% 的设计标准。采用新技术、节能建材、节能设施，建设低能耗、超低能耗及绿色建筑。新建建筑的节能要实行从规划、设计、施工图审查及施工、监理、验收和销售等全过程的严格监管，使节能设计标准得以切实实施。既有建筑采用新技术、新材料对既有建筑的围护、空调、热水供应、电气、炊事等方面进行改造。开展再生能源示范活动，探索推广机制和模式，包括太阳能利用和可再生能源技术集成等。完善新建建筑设计规范，推行建筑物与可再生能源一体化进

---

[1] 马强：“近年来北美关于“TOD”的研究进展”，载《国际城市规划》2009 年增刊。

程。结合社会主义新农村建设，凡新设计的农村住宅都应将太阳能纳入建筑设计规范，逐步实现太阳能建筑一体化。全市每年规划建设一批太阳能示范社区、太阳能应用示范单位，并给予扶持和奖励。[1]

苏州市政府还发布了《苏州市人民政府办公室印发关于进一步推进墙体材料革新和实施建筑节能意见的通知》《建筑外墙外保温系统规划管理规定》和《关于加强新建民用建筑设计方案征求建筑节能意见管理工作的通知》等规范性文件。

温室气体的排放来自国民经济各产业部门，其中建筑业的耗能是温室气体的主要来源之一，同时，低碳建筑在节能减排措施中见效最快，节能潜力最大。因此，建议苏州工业园区围绕以下几点加强在建筑领域的节能减排力度，大力发展低碳建筑。

第一，严格执行国家和地方新建建筑节能法律法规和标准。目前，我国已经颁布实施《民用建筑节能条例》等法律法规和几十项重要的国家标准和行业标准，江苏省也颁布实施了《江苏省建筑节能管理办法》，苏州工业园在新建建筑的设计、施工、验收等各个环节应严格执行国家和地方的法律法规和标准，根据国家推广使用、限制使用和禁止使用目录，采用民用建筑节能的新技术、新工艺、新材料和新设备，限制使用或者禁止使用能源消耗高的技术、工艺、材料和设备。

第二，加快既有建筑节能改造。园区建设主管部门应当对本行政区域内既有建筑的建设年代、结构形式、用能系统、能源消耗指标、寿命周期等组织调查统计和分析，制订既有建筑节能改造计划，明确节能改造的目标、范围和要求。依照民用建筑节能强制性标准，优先采用遮阳、改善通风等低成本改造措施。

第三，加大财政支持，推动可再生能源的应用。把太阳能光电建筑应用作为园区发展低碳建筑的重要内容，根据《关于加快推进太阳能光电建筑应用的实施意见》《可再生能源建筑应用专项资金管理暂行办法》和《太阳能光电建筑应用财政补助资金管理暂行办法》，支持光电项目的推广和应用。

（四）加强环境治理专项资金对节能减排的支持力度

园区颁发了《苏州工业园区环境保护引导专项资金管理暂行办法》，专项资金适用范围包括重点污染减排项目、区域性生态保护和污染防治项目、污染防治新技术新工艺及促进循环经济发展的推广应用项目、环境监管能力建设项目、生态社会建设项目等方面，原则上对申报项目以实际发生费用的5%~

---

[1] 参见《苏州市人民政府关于印发苏州市加强节能工作的实施意见的通知》。

10% 进行资助。该项措施能够有效地推动循环经济的发展，促进节能减排。建议今后进一步加大对重点能耗领域的支持力度，尤其要加强对工业、交通和建筑中节能减排项目和可再生能源应用项目的支持力度。

第四节 国外城市低碳发展案例研究及对苏州工业园区的启示

一、英国低碳经济发展情况研究及对苏州工业园区的启示

（一）英国低碳经济发展的理念及总体架构

根据英国政府能源和气候变化部的资料显示，英国政府制定了详细的“英国政府低碳转型方案”，以对英国低碳经济的发展进行总体规划。该转化方案的主要目标即是达到英国政府承诺的在 2020 年以 1990 年的排放量为基准减排 34% 的目标。该方案，作为英国政府一系列名为“建设不列颠的未来”的经济方案的核心，据英国政府网站介绍，是以将英国建设为一个更干净、绿色和繁荣的居住地的前景为主目标的。

英国作为第一次工业革命的先驱，进入 21 新世纪之后，又成为全球低碳经济的积极倡导者和先行者。英国政府 2003 年首次以政府文件的形式正式提出低碳经济概念，不仅着力于解决其国内的减排和替代转型问题，而且积极推动世界范围的低碳经济，从低碳技术研发推广、政策法规建设到国民认知姿态等诸多方面，都处在领先位置。其主要做法是：

第一，把发展低碳经济置于国家战略高度。与许多国家多少有些迫于无奈的被动姿态不同，英国将低碳经济视为未来企业和国家竞争力的核心所在，并希望借此重塑自己的国际政治经济地位。早在 2003 年的能源白皮书中，英国政府就明确宣布到 2050 年从根本上把英国变成一个低碳经济国家，不仅要通过发展、应用和输出低碳技术创造新的商机和就业机会，而且要在支持世界各国向低碳经济转型发展方面成为欧洲乃至世界的先导。

第二，政府为主导，大力促进商用技术的研发推广，占领低碳产业的技术制高点。英国政府希望以此降低能源替代的成本，并通过向全球提供技术转让和服务而获得经济社会效益。英国知识产权局 2009 年推出向低碳技术发明在专利体系中提供优先权的举措，并与其各大贸易伙伴就签署该环保专利快速通道体系展开协商。该举措着眼于为英国低碳技术领域的创新企业提供更为快速地获得高质专利权的机会，进而帮助企业产品更快速地进入市场。

第三，英国社会运用多种手段引导人们向低碳生活方式转变。例如，要求

所有新盖房屋在2016年达到零碳排放，目前新建房屋中至少有三分之一要体现碳足迹减少计划，不使用一次性塑料袋，等等。前首相布朗公开建议政府官员购买使用环保汽车。相关社团组织也发挥了相当作用，它们提供和传播低碳经济信息与知识，辅之以有针对性的意见和指引，循序渐进地改变国人的行为方式。

第四，致力于开辟新的洁净能源。英国发挥其海岛国家的自然优势，技术研发和运用上注重利用海洋资源，在发展海上风能、海藻能源等低碳能源方面居于全球领先水平。其苏格兰地区拥有世界上第一个海洋能源中心和第一个并入电网的商业波浪能发电站，同时拥有欧洲最大的陆地风电厂，提供苏格兰总电量的2%。2008年，英国政府确定在十年内建成33GW风力发电能力的目标，意味着在包括英吉利海峡在内的全部英国大陆架上都将开发风电园，届时可向2500万户家庭供应电力。

（二）英国低碳经济发展的具体措施

英国低碳经济发展的主要措施包括以下九条：（1）所有英国政府的重要部门都将被要求规定其自己的碳排放预算，并将被要求给出自己的碳排放计划。（2）在2020年使电力供给的40%来自可再生能源。（3）明确英国政府油气和电力市场办公室在此低碳经济转型计划中的责任。（4）通过约32亿英镑的拨款让家庭的能源利用变得更加高效，其中包括推广智能能源表，推广将节约能源省下的费用加倍返还的经济激励措施，推广使用干净能源金钱激励措施和推广城市间低碳竞赛等措施。2020年英国家庭的具体减排指标为2008年水平的29%（5）通过建立强制性社会价格支持体制，指导基层低收入家庭绿色家庭推广计划，增加免费提供的能源节约设备数量等措施保护低收入人群。（6）通过在离岸风能能源上的1.2亿英镑投资和在海洋能源上的6000万英镑投资，来将英国树立为一个绿色工业的基地，并通过对高排放工业的限制性措施和对绿色工业的鼓励性措施，在2020年达到工业2008年水平13%的减排指标。（7）在欧盟框架下帮助降低新车的碳排放量到2007年水平的60%。（8）提供应对农业生产中碳排放的第一个正式框架，通过鼓励农民减排和适当经济激励，实现2020年在农业方面减排2008年水平6%的目标。（9）确立政府对于能源安全的远景规划。

（三）英国低碳经济发展的经验总结及对苏州的启示

由于英国低碳经济发展起步较早，而且涉及领域广泛、技术相对成熟，因此可以为苏州工业园区低碳经济发展提供许多借鉴经验。主要集中在以下亮点：英国的绿色交通计划、贝丁顿零化石能源生态社区和政府主导作用。

1. 英国绿色交通计划

英国政府的绿色交通计划也包含在英国政府低碳经济转型计划中，主要措施可以分为技术层面和政策层面两个方面。在技术层面主要包括：（1）继续努力提高传统机动车能源燃烧效率。（2）2009 年与 2010 年投资 3000 万英镑以研发低碳巴士科技。在政策层面可以借鉴的措施主要有：（1）自 2011 年起对低碳车辆提供 2000 英镑到 5000 英镑不等的补助，并由政府出资 3000 万英镑来支持在英国国内建立电动汽车充电基础设施网络。（2）以 2900 百万英镑作为奖励鼓励英国城市竞争成为全国第一个可持续发展交通城市。（3）在 2008 到 2011 年间投资 1.4 亿英镑来鼓励自行车的使用，并投资 500 万英镑来改善自行车的存储条件。（4）向全国征收强制性公交车费以支付老年人和残疾人免费乘坐公交车的费用。

2. 贝丁顿零化石能源生态社区

该项目将众多节能减排的措施集中于一个小生态村中，理念超前且颇具创意，切实有效地减少了二氧化碳的排放量。该生态村位于伦敦南部萨顿区贝丁顿地区，是英国最大的零碳生态社区。生态村于 2000 年动工，2002 年建成。该生态区的设计理念是希望建造一个“零化石能耗发展社区”，即整个小区只使用可再生资源产生满足居民生活所需的能源，不向大气释放二氧化碳，因此是一个“零碳排放”项目，其目的是向人们展示一种在城市环境中实现可持续居住的解决方案以及减少能源、水和汽车使用率的各种良策。整个小区占地 1 公顷，共有 99 套住宅，1405 平方米的办公区以及一个展览中心、一家幼儿园、一家社区俱乐部和一个足球场。生态村共有居民 210 人，工作人员 60 人。该生态社区主要具有以下特点。

第一，充分利用可再生资源。贝丁顿生态村的设计标准要求非常高，尤为强调对阳光、废水、空气和木材的可循环利用，各种节能措施都是从环保角度考虑，而且简便易用，经过证明都切实有效。生态区域开发集团的杰西卡小姐认为贝丁顿生态村项目可以作为新建住宅的一种参考模式。

第二，利用阳光和导热材料采暖。英国为高纬度岛国，冬季寒冷漫长，有半年时间都为采暖期。为了减少采暖对能源的消耗，设计师精心选择建筑材料并巧妙地循环使用热能，基本实现了“零采暖”。生态村的所有住宅都朝南，为的是最大限度地从太阳光中吸收热量。每家每户都有一个玻璃阳光房，玻璃材料都是双层低辐射真空玻璃。夏天将阳光房的玻璃打开后就成为敞开式阳台，有利于散热，冬天关闭阳光房的玻璃可以充分保存从阳光中吸收的热量。此外，所有的办公室都朝北，这样可以避免办公室各种办公设备除了本身使用时产生的热量之外，再额外吸收阳光导致过热，另外还可以避免阳光直射电脑屏幕对人的眼睛产生不良影响。办公室的玻璃材料为三层真空玻璃，可以最大限度地保存热量。生态村所有住房和办公室都安装了低能耗灯具和节能设备，从而减少了用电量。

第三，妥善利用水资源。生态村除了安装有自来水管道外，还将雨水利用了起来，从而减少了自来水的使用量。比如，各家各户的马桶都是通过使用从屋顶收集的雨水来冲洗的。每栋房子的地下都安装有大型蓄水池，雨水通过过滤管道流到蓄水池后被储存起来。蓄水池与每家厕所相连，居民都是用储存的雨水冲洗马桶。冲洗后的废水经过生化处理后一部分用来灌溉生态村里的植物和草地，一部分重新流入蓄水池中，继续作为冲洗用水。所有马桶均采用控制冲水量的双冲按钮，能够做到节约用水。由于利用了雨水，居民自来水的消耗量降低了47%。此外，每户还安装了不少的节水装置。比如，生态村的节水喷头每分钟水流量为14升，而普通喷头为每分钟20升；节水龙头都有水流自动检测功能，其每分钟流水量为7升，而普通水龙头每分钟为20升；双冲马桶一次冲水量为2~4升，而普通马桶为9.5升。另外，住宅的屋顶种有景天属植物，目的是减缓雨水流到地表的速度，防止因雨水流速过快导致地表积水。

第四，通风系统先进。生态村的风帽，成为了生态村的标志性景观。这是住宅楼的通风设备，所有风帽随着风向不断转动，源源不断地将新鲜空气输入每个房间，同时将室内空气排出。进来的空气被出去的空气加热，因此室内温度不会因为空气的流动而有所下降。

第五，利用废木头发电并制造热水。在生态村的东面，有一个功率为130千瓦的小型热电联产厂，利用废木头发电。在传统的发电过程中，发电所产生的热能都挥发掉了。而借助小型热电联产厂，发电过程中产生的热量可以得以保存并用来制造热水。热水通过一个由超导管道组成的小型社区供暖系统输送进每家每户。每户人家在门厅过道位置都安装有一个1米多高的热水筒，小型热电联产厂产生的热水就进入到这个筒里。水筒上方有一个散热器，当室内温度低于18摄氏度时，散热器还能自动释放热量，起到保温作用。该热电联产厂还与国家电网相连，在生态村用电量较低时，产生的多余电能可以输送进国家电网。

木头是生物能源，属于可再生资源，燃烧木头不会对地球造成负担。木头燃烧时释放的二氧化碳又被成长的树木等量吸收，符合零温室气体排放原则，因此是一种零碳燃料。热电厂使用的都是些废木料，等于变废为宝。热电厂52%的废木料都取自方圆35英里以内的地区，这样做可以减少因长距离货运对空气产生的污染。据统计，这一做法一年可以少排放120吨的二氧化碳。由于生态村采用了很多节能措施，因此老百姓可以少交水电费。面对伦敦每年都在不断上涨的水电燃气费，这一点无疑对老百姓最有吸引力。

第六，实行绿色交通计划。交通对能源的消耗占到整体能源消耗量的30%。贝丁顿生态村为降低交通对能源的消耗，实行了一项“绿色交通计划”，旨在提倡步行、骑车和使用公共交通，减少对私家车的依赖，这使得该村私家车行驶里程数比当地平均水平低了50%。该计划的内容主要有三点：一是减少居民出行需要。生态村中的办公区为部分居民提供了在社区内工作的机会。住宅和办公空间的联合开发，使这些居民可以从家中徒步前往工作场所，从而减少了社区内的交通流量。同时，为减少居民驾车外出，生态村也作了多方面的努力。比如，生态村附近有一个“农场商店”，居民可以打电话订购食品和蔬菜，商店负责送菜上门。另外附近农庄的人每星期也带着各种蔬菜水果来生态村一次，居民可以前来选购。由于每家都有一个小花园，有不少居民就在自家花园里种植蔬菜和农作物。二是推行公共交通。生态村附近有良好的公共交通网络，从生态村步行到公交车站或火车站均不超过10分钟。生态村还为电动车辆设置了免费的充电站。其电力来源于所有家庭房顶装配的太阳能光电板。光电板总面积为777平方米，峰值电量高达109千瓦时，可同时供40辆电动车充电。三是提倡合用或租赁汽车。生态村成立了伦敦第一家汽车俱乐部，鼓励居民租车外出。此外，生态村还提倡居民合乘一辆私家车上班，改变“一人一车”的浪费现象。

3. 政府主导的以民间经济力量为驱动力的低碳经济发展模式

英国低碳经济发展的一个显著模式即为“政府投资、企业运作”，经过多年的发展和变革，这一模式已经逐渐成为英国推动低碳经济被证明行之有效的模式。2001年，英国成立碳信托有限公司，主要资金来源于气候变化税，收益循环投入。目前已累计投入3.8亿英镑，主要用于促进研究开发、加速技术商业化和投资孵化器三个方面。碳信托公司的宗旨是通过投资开发低碳技术、捕捉低碳技术的商业机会，向企业和公共部门提供专家咨询、资助和认证服务，协助完成减排目标，激发低碳产品和服务的市场需求，最终帮助英国迈向低碳经济。该公司自成立以来，已帮助众多英国公司累计减排1700万吨二氧化碳，节省能源支出超过10亿英镑。该公司2006年提出的PAS2050碳测量系统，2009年正式被英国标准协会推出，成为测量产品碳足迹的新标准，被认为是企业第一次有了强制性的、统一产品和服务的碳足迹测定标准。该标准将帮助企业了解自己产品对气候变化的影响，并据此采取减少供应链中碳排放的针对性措施。

2009年，英国能源和气候变化部提出了一个新计划：拟在全球范围内大力推广碳捕存技术，并将在今后的碳预算中作出相应安排。碳捕获和储存技术（CCS）可以把消耗能源所排放的二氧化碳“捕捉”起来并储藏在沉积盆地或海底。据专家估计，如果全面应用，可使人类的减排成本降低 30%。英国计划在国内建设四座规模宏大的 CCS 示范工程，并将规定所有新建煤电厂至少须有 25% 的产能安装碳捕存设施，凡不具备碳捕存能力的煤电厂都应关闭。

从以上三个低碳经济发展特色案例来看，英国不仅在绿色交通、低碳社区建设这些各发达国家普遍重视的领域有所发展，还独自开创了“政府投资、企业运作”的行之有效的发展方法。这种发展方法毫无疑问既具有政府部门运作所具有的明确的目标指向性，同时也拥有企业化运作的高效率和竞争能力，这种运作模式格外值得苏州园区进行参考和借鉴。

二、澳大利亚低碳经济发展及对苏州工业园区的启示

（一）澳大利亚低碳经济发展的理念及总体架构

澳大利亚政府发布了“降低碳污染计划”的政策白皮书。白皮书中列出了澳大利亚中长期降低温室气体排放的目标和实现这些目标的主要途径——澳大利亚温室气体排放贸易机制计划。

澳大利亚是一个炎热干燥的国家，气温的上升和降水形势的变化将对澳大利亚产生严重影响。另外，作为小型并以开放资源为基础的经济体，无效和无序地降低全球温室气体排放的行动会使澳大利亚面临重大经济影响。在澳大利亚政府的计划中，澳大利亚将实现《京都议定书》的目标，在 2008—2012 年把温室气体排放量控制在高于 1990 年温室气体排放量 8% 的水平以内。这是告别过去趋势的重要标志。如果没有政策指导，澳大利亚的温室气体排放量将比 1990 年的水平高 24%。白皮书规划了澳大利亚将如何在其历史上首次逆转温室气体排放轨道。到 2020 年，澳大利亚的温室气体排放量将在 2000 年的水平上最少降低 5%、最多降低 25%。这相当于较 1990 年的水平降低了 4%~24%，从而推动澳大利亚实现到 2050 年温室气体排放量在 2000 年的水平上降低 60% 的长期目标。

（二）澳大利亚低碳经济发展的具体措施

澳大利亚政府对低碳经济的发展目前还处于规划阶段，按行业来看主要措施如下。

（1）能源行业。能源行业在 2010 年的温室气体排放量占到了澳大利亚总量的 35%，而该行业有潜力贡献减排总份额的 31%。澳大利亚政府的研究指出，该行业有希望在海岸线上的风能、生物能和太阳能发电方面取得突破。

（2）林业行业。林业行业有潜力贡献减排总份额的 28%。其中，该行业

主要的减排机会在于对被砍伐林区的重新种植，尤其在于一些边缘化的土地。政府计划通过财政刺激来增加林业行业的利润，以刺激土地拥有者和林业企业拥有者们进行重新种植。

（3）工业。工业有潜力贡献减排总份额的15%。这些潜力被计划由增加的能源利用效率和改良的过程控制系统来实现。另一方面，新的科技进步在铝业等传统高排放行业也提供了减排的可能性。政府计划通过鼓励能源控制，提供更多信息，以及鼓励建立资源的减排目标来促成减排目标。

（4）农业。农业有潜力贡献减排总份额的13%。这其中的78%都将通过土地碳元素封存技术实现。为了达到此目标，政府计划推广碳价，即通过支付给农民其促成减排数量相对应的金额来激励农民和土地拥有者配合减排计划。

（5）建筑业。建筑业有潜力贡献减排总份额的11%。其中的77%都将在商用建筑业领域内实现。据报告显示，在此行业中减少碳排放事实上对于企业来说是有利可图的，并且可以通过削减不必要的设备和更好的管理现有系统来实现。并且政府仍计划引入碳价机制来进一步鼓励减排。

（6）交通业。交通业可以提供2020年减排计划中的小部分，即6$MtCO_2e$。这一部分中的68%可以通过提高传统车辆燃料的效率来实现。政府计划通过设立强制性的排放标准，对低排放车辆进行财政补贴，对燃料中的碳征收更高的税费并鼓励更多的公共交通使用来达到。

（三）澳大利亚低碳经济发展的经验总结

澳大利亚的减排和低碳经济发展方案与其他发达国家相比，有一个较为显著的不同，即在其对成本核算的高度重视和对实际效率的侧重。澳大利亚政府的减排方案草案中，成本核算方面的内容所占比重非常之大。具体来看，澳大利亚政府在研究报告中，先预测了不减排的发展情况，即不作为的未来排放量，作为基准量。然后对各项减排措施分别进行了核算，最终得到了作为与不作为对温室气体排放量的差别比较。之后，澳大利亚政府又对以上减排措施的实施成本进行了核算，并对不作为情况下温室气体过度排放可能造成的外部性和其他影响进行了成本估计，最终得到了实行各项减排方案的社会成本度量。这一度量过程有助于澳大利亚政府直观地统计整个减排项目的成本与收益，并根据机会成本和未来收益的量化比较找到最切实可行的减排路线。这一方法，可以提供清晰的成本—收益分析，并且利于开展减排的成本控制，并对减排效果建立量化的衡量体系。这一方法毫无疑问是值得苏州园区借鉴的。

三、德国弗莱堡市低碳经济发展情况研究

德国弗莱堡市位于巴登－符腾堡州布雷斯劳地区，只有22万人口。但是

这个小城却是2008年上海世博会城市最佳实践区参展城市之一，从而在全世界面前展示一种可持续发展的城市形态。走可持续发展道路，迎接未来挑战，保障生活品质，这是弗莱堡市发展的总方向，也是弗莱堡高质量发展的动力。弗莱堡“绿色之都”的城标涵盖了诸多理念，这些理念相互补充，完美地体现在城市管理和规划政策之中。现在，“绿色之都”弗莱堡被世界各地许多城市和社区视为楷模，其城市管理和规划的经验值得包括苏州工业园区在内的中国各大城市学习和借鉴。

（一）德国弗莱堡低碳经济发展的具体措施

1. 德国弗莱堡的能源政策

作为黑森林之都，弗莱堡市面积的50%属于自然风景区和自然保护区；有超过60%的面积为森林所覆盖。22000多株街道绿化树木和公园绿化树木，以及3800个小花园，密切了弗莱堡人与自然的关系。德国的能源政策首先是降低城市总体能源的消耗量，第二步是提高能源的使用效率，最后则是逐步提高以太阳能为代表的绿色能源的使用份额。以当地的维多利亚宾馆为例：炎炎夏日，依靠在整个宾馆里循环的地下水以及来自黑森林的清爽凉风，这里几乎不用空调制冷；到了冬天，宾馆里会使用当地非常流行的高能木屑供热。所谓高能木屑，其实就是用家具厂以及其他林木工厂加工过程中产生的废料木屑压制而成的燃料棒。其燃烧效率非常高，整个维多利亚宾馆一年使用的高能木屑仅仅会产生两盆灰烬。此外，每个房间都安装了隔热、隔音效果极佳的玻璃窗，保证了室内的温暖与静谧。在宾馆的楼顶，还有一个铺设了太阳能电池板、架有发电风车的花园，这使得宾馆的能源很大程度上能做到自给，其余电量也大多来源于热电联供方式。

弗莱堡在太阳能利用方面成效显著。弗莱堡是全德国太阳能应用最发达、最普及的地方，平均每位居民拥有36.7kWp的太阳光能容量，不仅是全德之冠，更在全球名列前茅。弗莱堡年平均日照时数超过1800小时，属于德国日照最丰富的城市之一。在弗莱堡，人们比其他地方更先意识到利用太阳能对气候保护、经济发展和城市繁荣的重要意义。众多设计项目，均是这种“敢为天下先”精神的体现。德甲球队弗莱堡SC的主场巴登诺瓦足球场是世界第一个采用太阳能装置的足球场。此外，任何居民想在屋顶上加装太阳能光电板，除了可获得10年或20年不等的3%~4%低息贷款补助设备与施工成本外，更可获得20年保证收购太阳光电的优惠电价措施。

30多年来逐步往太阳能发展，使太阳能行业在弗莱堡亦有举足轻重的地位，诸多太阳能厂也移到弗莱堡，包括Solar Fabrik就在此地设厂。目前，弗莱堡汇聚了80家大小不一的太阳能应用公司，提供上千个工作机会。此外，全欧最大的太阳能光电展 Intersolar 也连续数年由弗莱堡主办，每年有来自全球500 余家太阳能应用公司参与 Intersolar 太阳光电展，吸引来自全球3 万余名买家。私立和公立科研中心，如德国弗劳恩霍夫研究院 ISE 等是弗莱堡从事可再生能源研究的核心单位。德国精英大学之一的弗莱堡大学也设立了可再生能源研究中心，并开设了“可再生能源精英管理”硕士研究生班。环境保护与经济增长不仅不相矛盾，而且环境经济以及相关的专业性旅游、专家会议和博览会已经成为弗莱堡的支柱产业之一。

2. 德国弗莱堡的垃圾处理

除了积极有效的能源政策，垃圾的分类处理在弗莱堡也已蔚然成风。城市生活垃圾因其成分复杂、数量大、处理困难等问题，对环境的压力越来越大。解决城市生活垃圾的根本出路在于提高垃圾的回收利用率，减少垃圾的产生量。弗莱堡的垃圾处理措施主要有以下几点。

（1）关于垃圾有效利用及控制的政策措施。首先，弗莱堡的垃圾回收再利用有政策保障，自 1991 年起，垃圾回收利用在弗莱堡就已成为行为准则，采取各种物质刺激手段控制垃圾量。例如，弗莱堡正在实行的不同容量垃圾桶租借制度，使得少扔垃圾的用户就可以少交垃圾桶的租金，就是鼓励减少垃圾产生量的举措之一。此外，还有包括对使用环保产品提供补贴，对集体合用垃圾回收桶的住户降低它们的垃圾处理费用，对居民自做垃圾堆肥进行补助等，均取得了良好的效果，目前城市近 80% 的用纸均为废纸回收加工纸。其次，为了提高塑料瓶和玻璃瓶的回收，弗莱堡利用经济手段加以引导。各个商店在出售饮料时，塑料瓶或玻璃瓶的相关“租金”也被计入了商品售价，在退回瓶子后可返还租金。

（2）垃圾源头分类技术及焚烧、取暖技术。首先，弗莱堡有一套成熟的垃圾分类标准。例如，绿色垃圾箱主要用于放置各种纸张包括信封、各种宣传册、印刷品、纸箱、杂志、目录、大包装纸袋、洗涤用品包装箱、报纸；黄色垃圾箱（袋）主要用于放置铝薄包装废弃物，如酸奶杯盖、巧克力包装膜、软管等；棕色垃圾箱用于存放来自厨房和花园产生的有机垃圾，如蔬菜、果皮、树枝、生物垃圾收集袋（纸制品）、花土、蛋壳、咖啡残渣及过滤袋、鱼骨头（用纸包裹好）、树叶、坚果果皮、杂草、热带和亚热带水果果皮（如柠檬、橙子皮等）、未经处理的锯末和木材纤维、花枝、剩菜剩饭（用纸包好）、袋泡茶叶、变质的食物（用纸包好）、一次性纸杯、头发等；灰黑色垃圾箱用于存放不能回收利用的剩余垃圾；因卫生方面的原因，以下垃圾必须用纸包好再放进灰色垃圾桶内：妇女用卫生巾、宠物草垫、膏药、绷带、止血塞、动物粪便、药棉和药棉棉杆、尿布。而玻璃瓶也按不同颜色玻璃分开存放，分为棕色玻璃、绿色玻璃（蓝色、红色和黑色）及白色玻璃。眼镜片、耐火玻璃（钢化玻璃）、白炽灯泡、玻璃镜子不能放入玻璃贮存容器内，需放进灰色垃圾桶。详细而科学的垃圾分类为垃圾回收利用奠定了良好的基础。其次，垃圾的分类在产生源头就已经开始，在专业人员的指导下，居民根据不同成分垃圾的利用及处理途径，对其进行科学分类、收集，这样有效地提高了垃圾的分类及资源优化，并且节省了大量时间。再次，弗莱堡具有先进的垃圾焚烧及供暖技术。从 2005 年开始，弗莱堡市区内不可回收垃圾被运往南郊 20 公里处的 TREA 垃圾处理站焚烧。TREA 有很高的环保标准，焚烧过程中持续的高温杜绝了污染，保证了垃圾处理的安全性。垃圾焚烧过程中产生的余热，可保证 25000 户人家的供暖。城市 1% 的用电，亦来自利用垃圾发酵产生的能量。

（3）积极的宣传和教育。弗莱堡城市清洁服务公司（ASF）从 1994 年起，即与学校和市生态站共同举办讲座和参观活动，表演“垃圾”戏剧，培养少儿的环境意识。此外，还举办各类竞赛活动，并在课堂上进行环保教育。控制垃圾量和垃圾的分选处理，体现了从“用过即扔”的消费方式向注重环保、走可持续发展道路的发展过程。

3. 新城：沃邦与丽瑟菲尔德的低碳经济发展模式

弗莱堡市有两例可持续城区发展的典范：新城区丽瑟菲尔德新区（Rieselfeld）和由旧军营改造而成的沃邦小区（Vauban）。丽瑟菲尔德新区坐落于弗莱堡西郊，是巴登 - 符登堡州最大的新区发展项目之一。该区用地面积 70 公顷，计划建造住房 4200 套。截至 2010 年，新区内居民逾万人。丽瑟菲尔德新区从 1994 年开始建设施工，该新区项目所蕴含的城市规划理念来源于一个在“城市发展及环境规划创意大赛”中获得一等奖的规划设计。沃邦地区原为二战后法国占领军兵营，面积 38 公顷，1992 年法军撤离之后，这里便成为一个新兴的住宅城区，现有居民 5000 人左右。

（1）丽瑟菲尔德新区和沃邦小区的整体规划思想。丽瑟菲尔德新区和沃邦小区的设计没有僵化的功能分区，而是将居住、工作、购物、娱乐、休闲集中起来考虑，注重功能的空间混合和集中布局。城区里基础设施齐全，在步行范围内有学校、幼儿园、集市广场、青少年活动中心、居民活动站、商贸市场和各式各样的商店，提供有 600 个左右的就职岗位，使得城区居民流动的短程性成为可能，也一定程度上缓解了交通压力。这种在一个地方提供整体服务设施的模式，就是新城市主义的规划理论的核心思想，它带来了职住近接、便利的交通、舒适的环境和良好的开放空间，形成了景观优美、友好和充满活力的传统邻里社区感受。

（2）丽瑟菲尔德新区和沃邦小区的交通措施。这里大部分居民区内的街道不允许停车，汽车只允许因为接送或运送的原因作短暂停留。私人汽车可以长期停存在小区的公共停车库中，在居民区内，汽车只允许以步行速度（小于10公里/小时）行驶。居民区街道于是成为人际交流、邻里活动和儿童活动的场所。在一些“儿童游乐街区”里，禁止机动车辆行驶，从而杜绝正在玩耍儿童的安全隐患。在整个新区内优先发展公共交通、步行道、自行车道。区内三个有轨电车车站，使所有居民都能方便地乘坐公共交通在15分钟内到达市中心。

（3）丽瑟菲尔德新区和沃邦小区的节能措施。丽瑟菲尔德新区和沃邦小区以生态目标为导向，如推广低能耗建筑，通过电热联产电站给小区供暖，综合利用太阳能、雨水回收再利用，建设高质量的公共、私人绿地以及自然保护区等。在建设的过程中，沃邦小区内的古树大多得以保存，城区街区之间铺设有五个南北方向的绿化带，不仅能改良社区小气候，而且也是儿童们游乐的场所。在丽瑟菲尔德新区以及沃邦城区的附近均有社区公园、自然保护区和自然风景区，它们不仅具有不可替代的生态作用，而且也能为那些不方便出远门的老人等提供一个亲近自然的好去处。

（4）丽瑟菲尔德新区和沃邦小区的建筑措施。沃邦与丽瑟菲尔德的生态可持续发展的社区模式，不仅体现在自然环境生态方面，更体现在社会生态的呵护与营造方面。在沃邦最初计划中，要在这个城区建起多种形式的公寓楼，实现建筑结构以及建筑形式的有机结合，以满足不同层次市民的购房需要。而团购建房小组的形式使得市政府这个目标的实现成为可能。团购建房小组的组建原则很简单，几户人家联合起来就是一个团购建房小组，他们一起购买地皮，制订共同的建筑方案，一起聘请建筑师和建筑公司装修公司等，以此方式节约时间和成本。通过共同规划、共同建筑，可以形成一个良好的邻居集体。团购建房小组这种重要特性，也正是许多家庭加入的动机所在。

除了团购建房小组集体购置的房屋外，在丽瑟菲尔德新区和沃邦城区中还有开发商建造的住宅、社会住房以及经济适用房。在区域范围内建立这样多样性的住宅制度，实现经济适用房的合理分布，可以达到分散低收入人群，为他们提供更多就业机会，增加融入社会主流生活的可能，实现居住—就业平衡的目的，并能减少辍学、犯罪等社会问题。通过创造拥有多样性住宅的社区，使得不同收入、不同家庭结构、不同年龄的居民可以有多种选择，有助于创造一个健康和谐的城市环境。

4. 弗莱堡市老城区的保护改造与城市交通体系

城市保护性更新改造使得弗莱堡的老城，特别是内城居住和生活条件大幅改善，内城重新恢复活力。弗莱堡老城改造更新有以下特点：（1）针对小地块阶段性改造，改造项目都会进行公开投标，在改造中有居民的积极协作与参与。(2) 社区性的改造更新时，居民、房主与企业等都会共同参与改造，同时规划部门和社区委员也会提供信息和咨询指导。(3) 从20世纪80年代开始，以中期改造项目计划为主。(4) 法律规定的改造过程时间一般为8年(不超过10年)，准备性调查和实施通过公开投标，委托给合格的设计事务所或公司。

把老城区改造成以步行街区为主的规划是弗莱堡整体交通规划政策的一个重要组成部分。其宗旨在于：交通设施的新建和扩建不能对城市社会发展和生态环境带来过多的负面影响。弗莱堡交通规划政策的核心，在于鼓励人们使用对环境——自然环境和社会环境——危害小的交通工具和设施，包括提倡步行，使用自行车和公共交通工具等。为了实现城市可持续交通，弗莱堡交通规则政策的首要目标是最大程度地降低市区交通流量。具体方法如下：

首先，通过密集城市结构以使交通尤其是私家车从城市外围快速通过，尽量避开住宅区。其次，强化各城区中心区的功能，将城市发展区域集中于公交干线附近，重点发展现有城区，避免向外郊扩张。无论是新设立的丽瑟菲尔德新区、沃邦小区还是老城大学区的改造，均遵循中心市场理论，在住宅区附近设立商品供应网点，保证居民在步行距离内就能获得必需的商品及服务，而不主张在城郊兴建超级市场。再次，大力发展公共交通事业。通过新增线路和班次以及一系列的车辆现代化措施后，弗莱堡的有轨电车和公交巴士乘坐更为舒适便捷。目前，弗莱堡所有的大城区均通有有轨电车，65%的市民居住在有轨电车沿线附近，2008年的乘客突破7000万人次。同时，私人汽车的使用比例则从38%降至30%，每千人平均拥有423辆车，与德国其他大城市相比，弗莱堡的私人汽车拥有密度最低。目前，弗莱堡拥有自行车超过10万辆，稠密的自行车专用道已经连接成网，总长度达500公里。另外，市内还有9000个存车处，以便于其转乘公交车。在火车内也专门设有自行车车厢，处处为骑车人提供便利。

(二) 德国弗莱堡低碳经济发展措施总结及对苏州工业园区的借鉴

从上面的例子中可以看到，弗莱堡市从最开始就确立了一个宏伟而又十分有意义的目标，即成为一个真正意义上的低碳之都。随后，弗莱堡市从能源政策、垃圾处理、新城区开发和交通等4个方面，以周密而现实的一系列计划为核心，逐步开展工作实施城市的目标。由此来看弗莱堡市，从发展模式到具体发展措施，都是非常值得苏州借鉴的。

其一，弗莱堡市的能源政策：大力发展太阳能。弗莱堡极其重视太阳能的发展及利用，不依赖核能。这是一方面通过加强太阳能技术的推广和普及，另一方面通过降低太阳能技术走进普通家庭的门槛从而得以实现。因此，苏州在发展新能源时特别应该加大新能源技术的研发，并且尽可能转化为成本低、可操作性强的技术成品，这样才能被广为采用。

其二，弗莱堡市的垃圾处理政策，最大限度地发挥了居民的积极性和热情。通过当地居民的努力，垃圾分类才得以最有效的实施。同时，当地居民的热情又有效地推动了垃圾处理技术在当地的发展。因此，苏州工业园区在垃圾处理方面，可以借鉴弗莱堡的经验，首先要从源头抓起，科学地对垃圾进行分类。其次，还要调动广大居民的积极性，做好宣传和教育工作，使其真正参与到低碳措施中去，切实实现低碳生活的改变。再次，要加大垃圾处理技术的研发，实现既能回收利用又对环境无污染的双重目的。

其三，弗莱堡市的新城区开发项目对苏州中新科技城的借鉴意义。这些社区在规划之初就已经确立了低碳环保的发展目标，从而在发展中目标能得到有效的贯彻及实现。因此，苏州在建设中新科技城时，首先就应该从规划抓起，突破原有的功能区划分，切实贯彻以人为本的思想，从达到人类生存最佳状态出发来设计和开发。

其四，弗莱堡市的特色交通规则。主要比较有特色的措施是：将基础设施合理地布局在居住小区步行距离内和建立稠密的自行车交通网。第一条基本上消除了人们日常生活中对机动车的需求，而第二条则为人们的低碳出行提供了强有力的安全保障，从而极大地激励了人们骑自行车出行的愿望，这两条为苏州园区在进行绿色交通方面提供了可借鉴经验。

四、国内外城市的低碳经济发展案例经验总结及对苏州工业园区的借鉴意义

（一）国内外区域低碳经济发展案例经验总结

我国在低碳经济领域的发展才刚刚起步，各方面还有待成熟，为此我们引用了三个比较有代表性的国家及城市。英国可以说作为低碳经济的先驱，不仅其从国家宏观战略对于低碳经济给予足够的重视，而且其贝丁顿社区更是广为人知，先进的循环利用技术以及低碳理念都给我们很大的启示；澳大利亚更是从经济的角度直观地对于减排作了一个作为和不作为的对比，这不仅对于苏州工业园区，就是对于我国来说都可以作为低碳之路可行性分析的有效工具；德国弗莱堡这个在世博会上抢人眼球的低碳展馆之一，相对符合苏州工业园区地域小的特征，而且其具体做法可实施性强。通过对案例的详细研究以及横纵对比，我们可以总结出一些共性，以供苏州工业园区参考。

1. 从政策角度

各个案例无论在产业上还是具体技术上都有相应的措施予以保障，例如，上海两个工业园区都有专门的园区生态建设部门，专门制订生态园区建设的各项措施，都有相应的政策及资金保障；杭州萧山工业园区不仅有详细的组织机构及其职责明细，而且还有具体的管理措施可供参考；德国弗莱堡市对于垃圾处理方面亦是如此，出台了专门的处理措施及奖励、补贴制度。

2. 从技术层面

这些案例之所以是典型，都是因为在某些领域的技术发展相对处于领先地位，也经过实践的验证切实取得了良好的成效。例如，英国的贝丁顿及弗莱堡的丽瑟菲尔德新区和沃邦小区，在低碳、生态社区方面它们处于领先地位，不仅新能源技术广为采用，而且节能技术也相对成熟；上海漕河泾技术开发区的重点产业生态化改造的各项措施、上海莘庄的集中供热技术、杭州萧山的工业经济转型升级及第三产业的发展措施等不仅取得了显著的成效，而且在国内也相对处于领先的地位。

3. 从宣传力度

每个案例都少不了对本地区低碳经济的宣传和教育，上到政府官员，下到企业居民，都通过开展各种各样的方式大力宣传低碳经济的理念，实现低碳生产、低碳技术、低碳产品、低碳生活、低碳消费等的转变。不仅在硬件上抓紧研发，而且注重软实力的提高，从而实现整体低碳经济的发展和进步。

（二）苏州工业园区可借鉴的经验及具体建议

苏州工业园区在2008年3月成为由环境保护部、商务部、科技部联合授牌的第一批国家生态工业示范园区。成立16年来，开发建设和改革创新取得了丰硕成果，成为全国水平最高、竞争力最强的开发区之一，综合发展指数被国家商务部评为全国同类开发区之首。苏州工业园区在前期循环经济及生态工业园区的建设过程中，积累了良好的条件。例如，苏州工业园区的和舰科技已经实现了晶圆制造的“零污染”；苏州工业园区也已经着手打造生态示范区的示范项目——中新科技城；在资源综合利用、循环经济推广、生态社会构建、环境管理创新等方面也取得了显著成绩。同时，我们也不能回避一些突出的问题，主要是环境容量方面及产业持续节能减排的潜力方面。前者，苏州工业园区处于太湖环境敏感地区，由于爆发水污染危机，国家对邻近地区污染排放的要求极其严格，要求污染物减排甚至零排放。后者则体现出后期减排任务非常艰巨。因此，通过国内外区域低碳经济发展案例研究及经验总结，又围绕苏州目前的具体难题，以下经验值得借鉴。

1. 领导重视是园区建设的关键

根据上海市、英国、德国弗莱堡的经验总结，我们不难看出其成功的最核心的经验就是领导的理念。首先，领导要下定决心，要积极地转变观念，不能局限于眼前的经济社会利益，不能局限于眼前的发展模式带来的收益。其次，领导采取一些行之有效的措施，如成立专门的低碳园区建设委员会，要有专款专项专人管理；要出台一些具体的任务指标，切实落实到重点企业及耗能大户的头上。例如，上海市与重点企业签订任务书；加大宣传力度，把政府的声音变为社会的行动。切实从企业，从居民抓起，既发展低碳经济，还要发展低碳生活，既要转变生产方式，还要转变生活方式。

2. 项目推进是低碳示范园区建设的核心

新鲜事物的推广需要示范带头，苏州工业园区也应该建设低碳社区、低碳商业区和低碳产业园区等低碳发展综合实践区，以促进低碳技术的集成应用，带动低碳经济的发展。低碳经济示范区可以侧重于倡导绿色消费、绿色经营的理念，形成低碳消费应用方式。提高公众意识和公众参与积极性，兴建低碳或零碳城镇及其基础设施。这方面，低碳社区可以参照英国贝丁顿及德国弗莱堡两个新城的做法。消费低碳化建设，发展绿色建筑，推动绿色交通等均有可供参照的具体措施。在亮点项目方面，主要应该在原有优势的基础上进一步发展。例如，苏州工业园区污泥干化处置工程项目是江苏省内率先启动建设的规范化污泥干化处置项目，是园区启动“生态优化行动计划”，建设“生态文明示范园区”的标志性工程。

3. 能源结构创新及产业结构调整推进低碳经济发展

在推广清洁能源方面，要依靠科技进步培育新的经济增长点，以清洁能源高新技术及其产品的开发、推广和应用为依托，大力发展清洁能源产业。根据苏州工业园区的资源特点可以选取两个切入点：科技创新、产业结构调整。减少排放的途径包括能源结构低碳化和产业结构低碳化。重点推广技术成熟的太阳能和风能，这里可以参照河北保定及德国弗莱堡的具体做法。增加能源技术研究投入，革新现有能源的利用方式。例如，加快水能资源开发和利用，以低碳的天然气代替煤、水电代替火电，逐步形成以清洁能源为主的能源结构。生产低碳化建设方面，要加大产业结构调整力度，可以参照上海的重点产业生态化改造策略以及萧山工业园区产业结构调整策略，尽快形成苏州工业园区先进制造业与现代工业服务业的“双引擎”结构，深度贯彻循环经济理念，将低碳理念贯穿其中。

4. 加大宣传力度，进行消费低碳化建设，推动绿色交通，提高低碳意识

在这方面其他城市均提供了比较成熟的经验。如在企业生态文化建设方面：

在企业广泛宣传生态设计、清洁生产审核、ISO 14001 环境管理体系认证等；建立企业生态文化的教育和培训制度，通过制定员工手册、企业规章把生态行为准则纳入员工考核的指标，作为奖惩的依据，培养与确立企业员工的环境保护与生态建设观念。同时树立模范生态企业，为企业进行生态文化形象设计。加强社区生态文化建设，倡导绿色消费模式：把社区生态文化建设与社区日常工作有机结合起来，向居民积极宣传绿色消费等，不断推进生态文化建设，提高公众参与生态工业建设的积极性与自觉性。绿色交通的措施就更为详细，国外案例这方面均有涉及而且较为突出，这些都值得苏州工业园区参考及借鉴。

此外，应积极探索二氧化碳捕获技术应用，从而减少碳排放。在进行产业低碳化的同时，也应该注重二氧化碳捕获技术的发展及应用。

总之，苏州工业园区在进行低碳经济建设时要紧紧把握住三个原则最核心的原则：牢牢把握追求绿色 GDP 这一低碳经济的实质；紧紧抓住推进技术创新这一低碳经济的核心；重视完善政策制度这一低碳经济发展的保障。

主要参考文献

中文部分

1. 国务院关于应对气候变化工作情况的报告（2009）.

2. 中国应对气候变化的政策与行动2013年度报告.

3. “十二五”控制温室气体排放工作方案.

4. 工业领域应对气候变化行动方案（2012—2020年）.

5. 全国人民代表大会常务委员会关于积极应对气候变化的决议.

6. 杨兴：气候变化框架公约研究——国际法与比较法的视野［M］. 北京：中国法制出版社，2009.

7. 国家气候变化对策协调小组办公室、中国21世纪议程管理中心. 全球气候变化——人类面临的挑战［M］. 北京：商务印书馆，2004.

8. 姜冬梅、张孟衡、陆根法. 应对气候变化［M］. 北京：中国环境科学出版社，2007.

9. 气候变化绿皮书：应对气候变化报告（2010）坎昆的挑战与中国的行动［M］. 北京：社会科学文献出版社，2010.

10. 吉登斯. 气候变化的政治［M］. 曾湘荣译，北京：社会科学文献出版社，2009.

11. 杨泽伟. 发达国家新能源政策法律与政策研究［M］. 武汉大学出版社，2011.

12. 周珂. 中欧气候变化与社会生态运动比较［M］. 北京：法律出版社，2013.

13. 周珂，［奥］约瑟夫·鲍姆. 国际与国内视阈下共同但有区别责任原则的理论与实践［M］. 北京：法律出版社，2014.

14. 金名. 奥巴马启动美国新能战略［J］. 生态经济，2009（9）.

15. 万钢. 积极应对全球气候变化［J］. 资源环境与发展，2008（1）.

16. 李佩成. 关于气候变化的哲学思考［J］. 地球科学与环境学报，2008（4）.

17. 胡鞍钢，管清友. 应对全球气候变化：中国的贡献［J］. 当代亚太，

2008 (4).

18. 秦大河. 全球气候变化对中国可持续发展的挑战 [J]. 中国发展观察, 2007 (4).

19. 秦大河. 中国气候与环境演变来源 [N]. 光明日报, 2007-07-05.

20. 周剑, 何建坤. 欧盟气候变化政策及其经济影响 [J]. 现代国际关系, 2009 (2).

21. 臧扬扬. 欧盟及其主要国家应对气候变化的政策与立法概述 [J]. 南京工业大学学报 (社会科学版), 2010 (3).

22. 邓梁春. 美国气候变化相关立法进展及其对中国的启示 [J]. 世界环境, 2008 (2).

23. 邵冰. 日本参与国际气候变化合作及其动因 [J]. 长春大学学报, 2011 (5).

24. 李艳芳. 各国应对气候变化立法比较及其对中国的启示 [J]. 中国人民大学学报, 2010 (4).

25. 常纪文. 二氧化碳的排放控制与《大气污染防治法》的修订 [J]. 法学杂志, 2009 (5).

26. 王明远. 中国应对气候变化战略、政策与法律述评 [G]. 气候变化应对与低碳经济法律国际研讨会论文集, 2010-06.

27. 高桥滋. 日本有关气候变化以及低碳社会的对应——以法律框架为中心 [G]. 气候变化应对与低碳经济法律国际研讨会论文集, 2010-06.

28. 曹明德, 等. 《中国已有相关法律与应对气候变化内容分析》课题中期报告 (非正式出版物).

29. 王 曦. 论欧盟温室气体控制法律和政策的方法论意义 [J]. 西南政法大学学报, 2008 (10).

30. 杨 志. 气候变化与低碳经济、绿色经济、循环经济之辨析 [J]. 广东社会科学, 2009 (6).

31. 联合国气候变化框架公约.

32. 京都议定书.

33. 欧盟可再生能源指令 (Directive 2009/28/EC).

英文部分

1. N. Stern. The Economics of Climate Change: The Stern Review [M]. Cambridge University Press, 2007.

2. Jon Hilsenrath, Cap – and – Trade's Unlikely Critics: Its Creators, The Wall Street Journal, AUGUST 13, 2009.

3. John C. Dernbach and Seema Kakade, "Climate Change Law: An Introduction", Energy Bar Association Energy Law Journal.

4. Cinnamon Carlarne, "Climate Change Policies an Ocean Apart: EU & US Climate Change Policies Compared", Penn State Environ – mental Law Review, Spring, 2006.

5. Commission of European Communities, "2020 by 2020 Europe climate change opportunity," Brussels, 23.1.2008, COM (2008) 30 final.

6. Annual European Union greenhouse gas inventory 1999 – 2009 and inventory report 2011, EEA Technical report, No, 2/ 2011.

7. Directive 2009/28/EC of 23 April 2009 on the promotion of the use of energy from renewable sources and amending and subsequently repealing Directives 2001/77/EC and 2003/30/EC. OJ L140, 5.6.2009.

8. V. Lowe, Sustainable Development and Unsustainable Arguments", in A. Boyle and D. Freestone (eds) International Law and Sustainable Development Past Achievements and Future Challenges, Oxford Oxford University Press, 1999.

9. Camilleri, M. J., A draft climate change sustainability index for house [R]. study report No.95 (2000), BRANZ.